AF358522

Martínez Olguín, Juan José
    El parpadeo de la política / Ensayo sobre el gesto y la escritura - 1a ed . - Ciudad Autónoma de Buenos Aires : Miño y Dávila, 2021.
    216 p. ; 22,5 x 14,5 cm.

    ISBN 978-84-18095-47-4

    Thema: QDTS [Social & political philosophy]; QDT [Topics in philosophy]

    BISAC: LAN009050 [Linguistics / Sociolinguistics]; PHI019000 [Political]

    WGS: 710 [Social sciences, law, economy / Social sciences general]; 730 [Social sciences, law, economy / Political science]

Edición: Primera. Febrero de 2021

ISBN: 978-84-18095-47-4
Depósito legal: M-14050-2020

Código Thema: QDTS [Filosofía social y política]

Diseño: Gerardo Miño
Armado y composición: Laura Bono

Página web: www.minoydavila.com

Mail producción: produccion@minoydavila.com
Mail administración: info@minoydavila.com

Dirección: Miño y Dávila s.r.l.
Tacuarí 540. Tel. (+54 11) 4331-1565
(C1071AAL), Buenos Aires, Argentina.

Juan José Martínez Olguín

El parpadeo de la política

ENSAYO SOBRE EL GESTO Y LA ESCRITURA

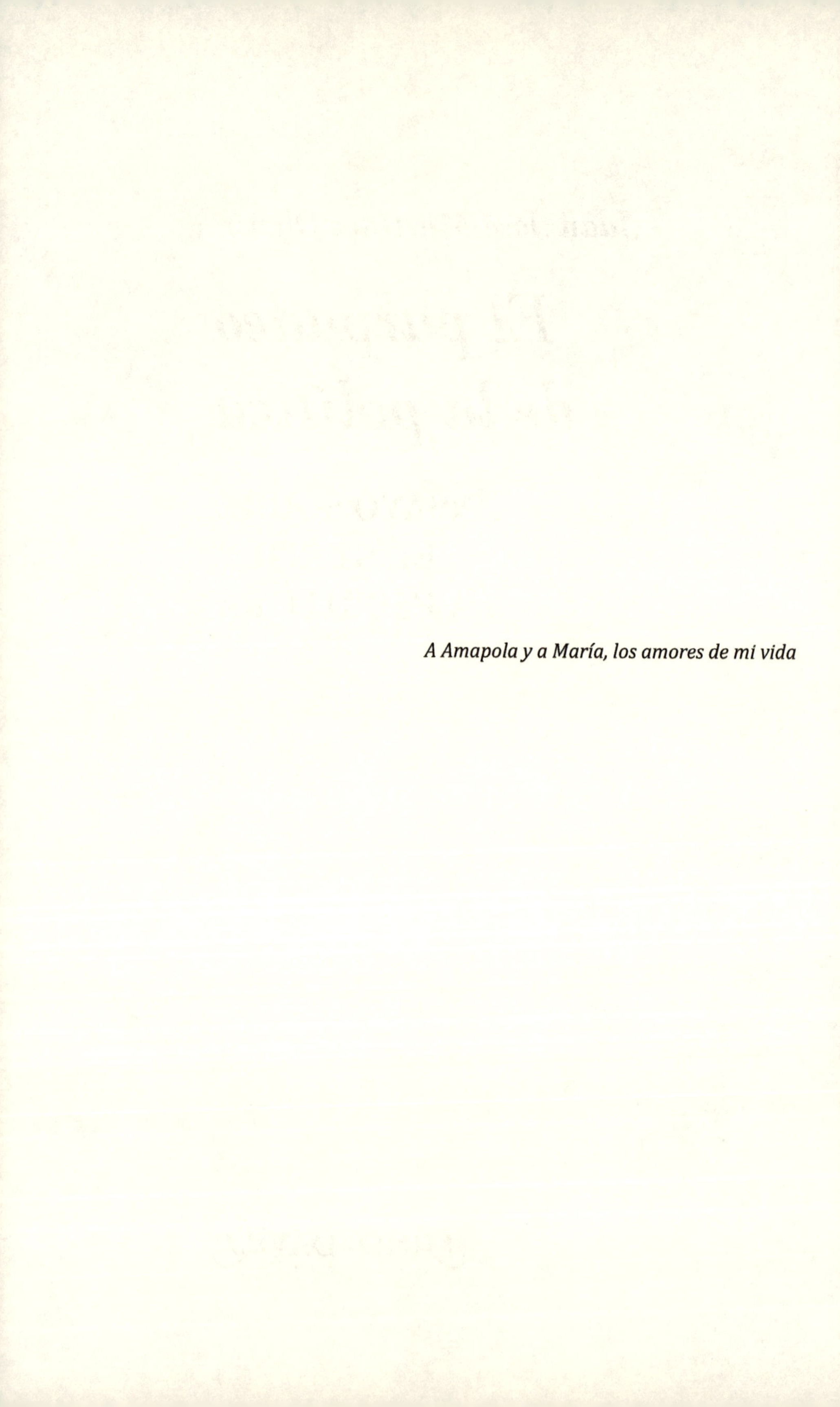

A Amapola y a María, los amores de mi vida

ÍNDICE

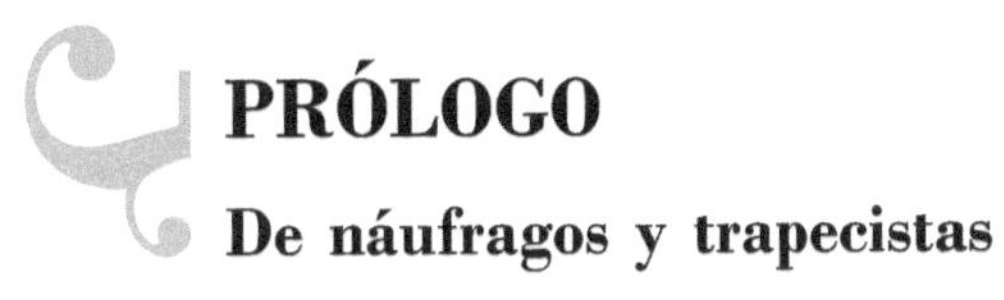

PRÓLOGO

De náufragos y trapecistas

por Eduardo Rinesi

¿Y si el hombre fuera un animal político –se pregunta Juan José Martínez Olguín cerca del final del estimulante recorrido que propone en este libro– no porque habla sino porque escribe, no *cuando* habla sino *cuando* escribe? ¿No cuando hace oír su voz en la proximidad compartida del espacio público, de la asamblea o del encuentro vivo, presentemente vivo, entre los cuerpos, sino cuando, en silencio y soledad, incluso a veces en secreto, construye a través de la escritura, con unos otros (sus lectores) que en algunas ocasiones sabe pero que por regla general *no* sabe –no *puede* saber– quiénes son o quiénes puedan ser, una cierta forma de comunidad? A esa comunidad, a ese *tipo* de comunidad, la filosofía francesa del siglo XX, de la que este libro de Martínez Olguín es fuertemente tributario, la ha calificado ora como imposible, ora como inconfesable, ora como revocada o "des-obrada". ¿Pero no es acaso a esta misma revocación, a esta misma des-realización (y por cierto: a esta misma imposibilidad), a lo que nos hemos habituado a dar, en la tradición de esa misma filosofía francesa contemporánea, el viejo nombre de *política*? Hay política, en efecto, justo porque nunca son precisos, y siempre son, por el contrario, objeto de disputa y de redefinición, los límites, las formas de organización y las divisiones del campo en el que son posibles las conversaciones en torno a lo común. Así, si el problema de la escritura nos dice algo sobre el problema de la política es porque el tipo de conversación que propone la escritura pone en crisis esos límites, esas formas de organización y esas divisiones, y esto porque –y en la misma medida en que– esa escritura está siempre dirigida a un otro o a unos otros que necesariamente habrán de completarla (de *suplementarla*) después y en otro sitio.

Así, la ruptura de la "unidad fonocéntrica" entre cuerpo y habla, entre el cuerpo (del) que habla y los cuerpos (de los) que escuchan, lejos de constituir un motivo para tener que deplorar, como lo ha hecho la gran tradición anti-representacionalista desde Rousseau, alguna forma de la degradación o de la muerte de la política en manos del imperio de los signos o del simulacro, es quizás justo lo que nos *permite* pensar la política en un sentido propio o fuerte. "Emancipatorio", escribe Martínez Olguín. Hay política, entonces, hay política en un sentido propio, fuerte o emancipatorio, porque la escritura nos permite construir, *contra* el señorío de los modos de organización de lo sensible, es decir, de las cosas y de las relacio-nes en el aquí y ahora en que escribimos, otra forma de comunidad: la comunidad entre el que escribe, entre el que en la soledad en la que escribe inscribe la marca de su yo en su escritura, y el que o *los* que, en otro lugar y en otro tiempo, *pero siempre ya entrevistos en y por la acción misma de escribir*, completarán (suplementarán) con su lectura el gesto del que antes escribió. El ejercicio de la lec-tura, en efecto, está en la misma base, desde el comienzo y como *presupuesto*, es decir, como condición o como garantía, del ejercicio de escribir. De otro modo: que no hay escritura –escribe Martínez Olguín– sin la *posibilidad* de la lectura. Es interesante esta idea de "posibilidad", que si por un lado determina el estatuto, digamos, hi-potético o conjetural –es decir, "espectral"– de la figura de ese otro (de la necesaria presencia, aunque sea ausente, o mejor: *justo por-que no puede sino ser ausente*, de ese otro que es el posible o poten-cial lector "que, como un espectro, recorre el espacio que inaugura el que escribe"), por el otro configura la acción misma de escribir como algo del orden de la apuesta.

Es tentador sugerir que esa apuesta se parece mucho a la del náufrago que mete lo que escribe en una botella y tira la botella al mar, y proponer que todo escritor es en el fondo ese náufrago, que espera que del otro lado alguien abra esa botella. Pero me gusta más la figura que usa Ricardo Piglia (y que me indica, charlando sobre esto, mi amiga Antonia García Castro) a cierta altura del primer tomo de *Los diarios de Emilio Renzi*, cuando compara al narrador con un trapecista que se lanza al vacío y, después de dar dos saltos mortales en el aire, atrapa las manos de su compañero. Eso es narrar, escribe Piglia: "tirarse al vacío y confiar en que algún lector lo sostendrá en el aire". (Por cierto: Al comienzo del canto IV de *La Odisea*, el joven Telémaco, que llevaba unos quinientos versos navegando en procura de noticias sobre la suerte de su padre, llega a los dominios del gran Menelao, a quien encuentra celebrando, con toda su corte, las bodas de su hija. El clima era de felicidad, de alegría, de fiesta: había comida y bebida, "un aedo divino cantaba tañendo su gran lira", y –atención– "un par de payasos hacían cabriolas". O, en otra traducción: "dos volatineros *pirueteaban* al son de la melodía". Piruetear, hacer cabriolas: es extremadamente sugestiva la presencia, en este relato –que compone, con *La Ilíada*, la primera obra *escrita*, la primera *pirueta*, de la literatura occidental– de estos dos payasos voladores dando vueltas por el aire a la espera, cada uno, de que el otro los agarre de las manos.) Escribir, entonces, es como apostar o como lanzarse al vacío, sin saber si del otro lado (un "otro lado" que hay que imaginar en otro lugar y en otro tiempo), si en el lugar de la "cierta ausencia" en el que el escritor está obligado a imaginar –a *esperar*– a su lector, habrá en efecto alguien apostado para justificar ese salto, ese *gesto*, con su lectura.

Esta figura, sonoramente derrideana, de la "cierta ausencia" en la que hay que suponer o sospechar al otro del acto de escribir (en la que, para ponernos a escribir, debemos suponer o sospechar al otro de esa escritura que emprendemos) es la que da el tono del *tipo de comunidad* que este libro nos invita a imaginar. Que es una comunidad *política*, entonces, justo porque no es un dato de la realidad sino una apuesta de la imaginación. Martínez Olguín insiste, en lengua heideggeriana, en que esta comunidad es menos del orden de lo óntico que del orden de lo ontológico, pero ya que recién citamos a Derrida podemos hacernos los graciosos y agregar nosotros, repitiendo uno de los conocidos juegos de palabras del autor de *De la grammatologie* y de *Spectres de Marx*, que el saber que puede saber sobre ese orden es en realidad menos una *onto-logie* que una *hanto-logie*: menos un saber sobre el ser de las cosas que un saber sobre el no ser (mejor: sobre el ser-no-siendo) de los espectros. De lo que ya fue pero no deja de insistir aun después de ya haber sido, pero también, y acaso sobre todo (y acaso sobre todo en este libro, y acaso sobre todo –me gustaría sugerir– en este tiempo de catástrofe planetaria que vivimos, que nos exige poner en discusión, en una amplia conversación entre todos los hombres y mujeres de la Tierra, las condiciones mismas para la vida humana en el planeta), de lo que, no siendo todavía, no deja sin embargo de anunciarse todo el tiempo como posibilidad, como promesa o como proyecto. Me gusta leer la cabriola de este libro como una apuesta a favor de ese proyecto: el de construir, bajo la forma de una conversación, *sub especie conversationis*, ese gran sujeto colectivo al que vale la pena seguir dando el bello nombre de *humanidad*.

INTRODUCCIÓN

Más allá de la forma que adoptó en un principio, de las lecturas que en algún sentido o en otro lo iniciaron y lo fueron en el transcurso del tiempo modificando, la pregunta que estuvo en el origen de este ensayo fue siempre la misma. Diría, para ponerlo rápidamente en palabras, que esa pregunta es la ya clásica pregunta por la política. Y digo clásica porque ella está ligada, precisamente en su origen, al pensamiento clásico, es decir a Aristóteles y a la filosofía griega. La pongo entonces en palabras: ¿qué es la política? ¿Cuándo y dónde hay política? ¿Qué es lo que hace que eso que es o eso que identificamos como una experiencia política, sea *efectivamente* una experiencia política? ¿Cómo y cuándo tiene lugar una práctica a la que podemos asignarle el estatuto de política? Porque a pesar de que en estos años esa pregunta y su enorme abanico de posibilidades –que no se agota de ningún modo en la limitada enumeración que menciono más arriba– haya sido siempre la misma, ella no dejó de estar sujeta, precisamente desde el inicio, a un sinnúmero de contratiempos y desventuras. Es decir: no siempre la respuesta o el camino que había adoptado para responderla fue necesariamente el mismo. Quisiera entonces volver acá, y en primer lugar, sobre estos contratiempos o desventuras o, mejor aun, sobre los desafíos y los caminos diversos y no tan diversos a los cuales el intento por responderla fue llevándome a lo largo de este trayecto. Y la razón por la cual quiero volver sobre esto es una razón tan profunda como sencilla: por un lado, porque el espíritu de este trabajo está en gran parte descrito por esas desventuras o por esos caminos que recorrí al realizarlo y, por el otro, porque la transformación de esa pregunta y de la forma de transcurrir por su respuesta explica mejor que cualquier otro intento por qué este ensayo pudo tener lugar y sobre todo por qué el lugar que ahora ocupa tiene en el centro de su tratamiento al siempre maltratado problema de la escritura.

Comencemos entonces por el comienzo: en un primer momento el interrogante sobre la política adoptó una formulación bien precisa. Al inicio, ese interrogante estuvo determinado por el interés que despertaron en los primeros pasos de este trabajo las prácticas y las experiencias de los obreros peronistas durante el primer período de la "Resistencia peronista". Sabemos bien lo que con ese nombre se designa en la historia argentina: el largo período de proscripción del peronismo que, como producto del decreto 4161, inicia la autodenominada Revolución Libertadora para asestarle un golpe de muerte definitivo al movimiento político de mayorías que había fundado el derrocado Juan Domingo Perón. El célebre decreto que tenía como objetivo desterrar no solo los restos simbólicos sino materiales del peronismo abarcaba desde el pasaje a la ilegalidad del partido peronista hasta la más llana y obtusa prohibición de la mención de los nombres de Perón y de Evita y de cualquiera de los símbolos que directa o indirectamente estuvieran relacionados con los líderes de esa identidad política. Entonces: ¿en qué sentido nuestro interrogante podría estar determinado por este interés en la Resistencia peronista? Básicamente a través del tenue hilo que entrelaza (o que podría haber entrelazado porque al fin y al cabo ese hilo nunca fue hilvanado puesto que esa investigación quedó trunca) la vieja categoría que sintetiza buena parte de las preocupaciones que ocupan, desde hace algún tiempo, a la filosofía política, la categoría de emancipación política o humana, con las prácticas y las experiencias clandestinas de los obreros peronistas durante este período tan singular de la historia argentina, en términos generales, y de la historia del peronismo en términos particulares[1]. La formu-

---

1   El origen de esta categoría tan pesada para la historia de la filosofía política, la categoría de emancipación política o humana, es fácilmente delimitable si nos detenemos en el adjetivo que la acompaña: si hablamos de emancipación humana nos ubicamos probablemente más cerca de la tradición marxista, cuyo texto de referencia tiene al joven Marx y su famoso escrito *Sobre la cuestión judía* como protagonistas, y si hablamos de emancipación política es más probable que estemos en las proximidades de la tradición contemporánea de la filosofía política, es decir de autores como Badiou, Rancière o Laclau, para nombrar solo algunos de los ejemplos más resonantes.

lación precisa que, en suma, había adoptado nuestro interrogante en este primer momento podemos enunciarla como sigue: ¿en qué medida las prácticas clandestinas de los obreros peronistas podrían ser leídas a la luz de la noción de emancipación política o humana? ¿Cuánto de esas prácticas y de esas experiencias, que involucraban desde la impresión y la distribución –siempre clandestina– de volantes y manifiestos políticos en las fábricas hasta las reuniones ambulantes de militantes en colectivos o en casas particulares, eran efectivamente lo que podríamos llamar experiencias y prácticas de emancipación política o humana?

Quizás ni siquiera haga falta mencionarlo puesto que hoy en día su nombre está muy fuertemente ligado a esta categoría de emancipación política, pero este primer período del trabajo estuvo condicionado en su dimensión teórica y filosófica por los textos de Jacques Rancière y más precisamente por ese hermoso y profundo libro, escrito en los límites de la literatura y la filosofía, que lleva por título *La noche de los proletarios*[2]. Por aquél entonces lo que explicaba casi unilateralmente la influencia de este texto, y más ampliamente de la filosofía de Rancière en el camino que había tomado era la convicción de que en *La noche de los proletarios* el filósofo francés ponía en juego una hipótesis que sin dudas aparecía como una hipótesis absolutamente singular e inédita para lo que podemos llamar el campo de la filosofía política. Sumergido en los archivos de los obreros saint-simonianos y de trabajadores de distintos oficios del siglo XIX, la noche se revelaba para esa capa de individuos hiper-explotados por el capitalismo de aquella época como un tiempo glorioso al que esos obreros y trabajadores podían destinarle mucho más que las horas de sueño que demandaban los largos días de trabajo: escribir poesía, intercambiarse cartas que relataban los lamentos por los que tenían que pasar cada uno de ellos en sus actividades laborales, convertirse en periodistas o cronistas de los periódicos que ellos mismos publicaban y editaban se mostraba, para Rancière, que recolectaba cada una de esas experiencias como producto de un vibrante trabajo de archivo cuyos documentos fueron en parte publicados en otro libro[3], como una verdadera apertura hacia lo que

---

2   Rancière, Jacques: *La nuit des prolétaires*, Paris, Fayard, 1981.

3   Me refiero al libro *La parole ouvrière*, cuya selección de textos fue hecha por el propio Rancière y por Alain Faure –y cuya edición francesa estuvo a cargo primero por Christian Bourgois Éditeur y luego por La fabrique–.

hasta entonces, *y como resultado de otras condiciones*, designábamos en la tradición de la filosofía política con la noción de emancipación política. Resalto "como resultado de otras condiciones" porque precisamente allí radicaba la originalidad de la hipótesis que ponía en juego el texto rancièriano: esas prácticas y esas experiencias obreras que Rancière recogía en *La noche de los proletarios* no se realizaban en la esfera pública sino en la esfera privada. Por primera vez en la filosofía política –e insisto en remarcarlo: *en la filosofía política*, puesto que "desde la filosofía" el estoicismo y el último Foucault, para mencionar solo algunos ejemplos, ya habían marcado un cierto camino en ese sentido– alguien osaba en escribir sobre la emancipación política o humana para referirse a prácticas que no ensanchaban el ámbito de la esfera pública sino que borraban, de otro modo, la diferencia entre lo público y lo privado desde la oscuridad, desde *la noche*, de experiencias que no salían del mundo de lo privado[4].

Pero el impulso y la influencia que ejerció este texto de Rancière en el comienzo del trabajo, que comprendía básicamente, para decirlo sin rodeos y con algo de esquematismo, la interpretación de las prácticas y las experiencias de los obreros peronistas a la luz de *La noche de los proletarios*, chocó rápidamente con lo que al poco tiempo se convertiría en mi nuevo "objeto de trabajo": la escritura. Lógicamente leer las prácticas y las experiencias de los trabajadores peronistas de la primera etapa de la Resistencia a la luz del texto rancièriano involucraba en algún punto seguir el camino que el propio Rancière había trazado para realizarlo. Primero, dicho de otro modo, era necesario hacer mi propio trabajo de archivo: había que sumergirse, como Rancière, en los documentos y en los testimonios de esa época, es decir del período de la Resistencia. Y aquí, si se quiere, se mostró también rápidamente un primer obstáculo: los archivos de la Resistencia peronista eran tan fragmentados y poco cuidados, es decir conservados, que no me fue nada fácil dar con ellos. Pero entre periódicos clandestinos, volantes, entrevistas a los "resistentes" y otros testimonios llegué a recopilar una buena cantidad de documentos. Está claro, por ende, que este primer obstáculo no fue el *verdadero* obstáculo. El verdadero obstáculo –decía– llegó

---

4   Puedo ver, en el vértigo de lo que escribo, que en algún punto esa hipótesis de Rancière y ese primer camino que tomó este trabajo sigue en contacto con la hipótesis y el camino que finalmente adopté como definitivo: escribir, inscribir el gesto como lo más específicamente humano, no deja de ser una práctica que se realiza en el ámbito privado.

     El parpadeo de la política

con la escritura, cuando el trabajo de archivo ya había terminado y lo que restaba era el trabajo de escritura, el ejercicio de escribir sobre lo que había investigado. Pero: ¿en qué medida la escritura puede convertirse para el que escribe en un obstáculo? Diría que por medio de dos vías en principio fácilmente identificables. La primera y probablemente la más frecuente es la que surge cuando la escritura parece desaparecer con el intento de llevarla a cabo o de materializarla. Es decir: cuando *se vuelve carne* la sensación de que las palabras "no salen" y el papel en blanco parece agigantarse con el intento de llenarlo con palabras, de escribirlo o de transformarlo en texto. Pero existe también una forma más profunda, puesto que revela un problema más profundo, por un lado, y porque muestra, por el otro, la verdadera empresa de la escritura como empresa política –volveremos enseguida sobre esto– por la cual la escritura se vuelve un escollo para el que escribe, aunque no siempre este último se dé cuenta de esto –y de ello, en efecto, se deriva la posibilidad de la escritura como práctica política–. Esta segunda vía, que desde luego es la que se presentó en el transcurso de mi trabajo, es tan difícil de describirla como –insisto– fácil de identificarla. Para resumirla en una frase lo que registra en cierto grado esta segunda vía es una cierta sensación de extrañeza o ajenidad en relación con lo que se escribe, o mejor dicho, en relación con lo que fue escrito –una sensación, en efecto, que en la lengua francesa puede designarse con algo más de precisión a través de la palabra *étrangeté*, que remite no solo al sentido de lo que es extraño sino al mismo tiempo a lo que es singular: lo extraño en su singularidad, o mejor aun la singularidad de una extrañeza, una extrañeza muy singular es, precisamente, lo que en esa sensación se viene a reflejar–. Y se trata de una extrañeza muy singular puesto que aquello frente a lo cual uno se siente extraño no deja de ser lo que uno mismo plasmó, produjo, es decir escribió. ¿Quién no se sintió alguna vez extraño o ajeno a lo que escribió, al papel escrito que, delante de nosotros, viene a dar cuenta a pesar de ello de que efectivamente *se* escribió?

Al poco tiempo de haber terminado con la recopilación y la clasificación de los documentos sobre el período de la Resistencia me dispuse entonces a escribir los primeros borradores de mi futuro trabajo en base a un conjunto de hipótesis que no solo habían surgido de mi lectura de *La noche de los proletarios* sino también de la lectura misma de los documentos que había recopilado. Llegué a escribir no pocas páginas sobre el tema, algunas de las cuales fueron publicadas como artículos en algunas revistas académicas, pero tan pronto comencé con la relectura de lo que había escrito esa sensación de extrañeza –o de *étrangeté*– empezó a hacerse cada vez más potente: cada vez que releía lo que había escrito, lo que había escrito me resultaba cada vez más extraño. Y quiero aclarar un punto por demás importante en este *racconto* o relato: no era en absoluto el tema que había elegido lo que despertaba ese sentimiento. Es decir: el "origen" de esta sensación de extrañeza no estaba en el tema, en el hecho de haber escrito sobre el tema de la Resistencia. El origen estaba, por el contrario, en la escritura, en la forma en la que había escrito eso que aún hoy y a pesar de esta desventura sigue pareciéndome un fenómeno bastante singular y sin dudas harto interesante en la historia argentina y en la del peronismo.

Llego así, para avanzar más rápidamente, al momento crucial que va a marcar en adelante el futuro de este ensayo. Repito: el momento en el que reconozco que la extrañeza de leerme a mí mismo venía de la escritura misma, de la forma en la que había escrito sobre determinado tema y no del tema sobre el cual había escrito, de lo escrito y no ya de aquello sobre lo que versaba lo escrito. ¿Y por qué hablo de este punto de llegada como un momento crucial? Porque la cuestión de la escritura se transmuta y cambia, a partir de aquí, de estatuto. Ya no se trataba únicamente de un obstáculo que iba erosionando lentamente la práctica misma de la escritura, puesto que nadie escribe para sentirse un extraño en su propia escritura. Ahora, dicho de otro modo, la escritura no solo aparecía ante mis ojos como una piedra molesta que perturbaba el camino que recorría. Se trataba de algo mucho más profundo. La escritura se había convertido, a lo largo de este trayecto que había iniciado hace algunos años como producto, decía, de una investigación sobre un período muy particular del peronismo, en un verdadero problema. Y digo en un verdadero problema en dos sentidos bien precisos: en primer lugar en un problema práctico. Para escribir un texto es necesario *escribir* el texto. Pero a esta altura del recorrido que había hecho escribir era un problema porque para escribir no solo hay que tener algo de tiempo. Hay que tener confianza. No se puede escribir si no hay un mínimo de confianza que impulse esta práctica. Y es allí, si se quiere, cuando el obstáculo ya no solo es una piedra sino un problema: cuando se pierde la confianza. Cuando se pierde la confianza en la escritura ya no hay escritura posible. ¿Quién escribe sin un mínimo de confianza en lo que escribe? En primer lugar, entonces, he aquí la escritura como problema práctico.

En segundo lugar, y más importante aun, la escritura se había convertido en un problema teórico. Y éste es, insisto, el tipo de problema que va a precipitar el giro nodal que va a realizar mi trabajo. La pregunta que surge de todo esto es, en suma, la siguiente: ¿en qué sentido la escritura puede convertirse en un problema teórico? Pues bien: no en el sentido que desde Platón –pasando por Rousseau, Lévi-Strauss y Derrida– la escritura es para la filosofía un problema filosófico. Desde luego que algo de esta dimensión de la escritura como problema está en la forma en la que ella se convierte en lo que sigue en un problema teórico –y, en efecto, algo de esta dimensión efectivamente tratamos en este ensayo–. Quiero decir: no se trata únicamente del problema que en la filosofía describe la relación que existe entre la escritura y el sentido, entre la verdad o el ser y la forma en la que ellos se dan a ver (o no) en la escritura. La distancia que percibía con mi propia escritura, dicho de otra manera, me había revelado otro registro a partir del cual podemos dar cuenta del estatuto de la escritura como problema filosófico o teórico. Y es precisamente este otro registro el que me conducía, sin haberlo querido, a la pregunta que había motorizado desde el principio el trabajo: la pregunta por la política. Si, por un lado, esta condición inédita de la escritura, su nuevo estatuto, me alejaba del tema que había elegido para abordar la respuesta a la pregunta por la política, por otro lado esa misma condición me acercaba por otra vía a la misma pregunta que desde siempre me había movilizado. El camino de la escritura como problema filosófico se cruzaba, así, con el camino que demanda el abordaje del problema de –o de la pregunta por– la política.

Quisiera entonces referirme a esta forma en la que dos caminos se cruzan que, insisto, fue el resultado de una experiencia singular: mi experiencia como investigador del fenómeno de la Resistencia peronista, a partir de una frase que en gran medida sintetiza la sensación de extrañeza que está en el origen de ese cruce: cada vez que me leía, me leía pero *no me veía* en lo que había escrito. Digamos, por lo tanto, que lo que sintetiza esa sensación de extrañeza es un hecho que surge de la lectura de mí mismo: el hecho de *no verme* en las páginas que escribía, *la imposibilidad de verme* en mi propia escritura[5]. Creo sin dudas que este hecho es por sí solo un verdadero acontecimiento filosófico en el sentido de aquello que no puede sino interesarle a la filosofía como disciplina. Pero no tardé demasiado en darme cuenta de que no solo se trataba de un acontecimiento filosófico sino también de un acontecimiento político, es decir de un hecho que debería interesarle no solo a la filosofía sino también a la filosofía política. Y aquí, precisamente, es cuando los caminos de la escritura y de la política se cruzan. Entonces: ¿por qué no verse en lo que uno escribe podría interesarle a la filosofía política? ¿Por qué esa distancia podría revelar la dimensión política de la escritura? En primer lugar, y esto es en efecto lo que intentamos demostrar una y otra vez a lo largo de este ensayo, porque la práctica de la escritura no se circunscribe únicamente, y como quisiera Condillac, a grabar nuestros pensamientos o ideas para transmitírselos en algún momento –cuando tengan la posibilidad de leerlos– a las personas ausentes, a quienes no están en el instante en el que escribimos. La escritura es, muy por el contrario, la práctica a través de la cual se inscribe o se graba la humanidad del que escribe. Es la forma a partir de la cual nos grabamos, nos inscribimos, en lo que

---

5   Por supuesto que esta imposibilidad de verse en lo que uno escribe –lo que más arriba designábamos como una sensación de extrañeza a partir del término francés *étrangeté*– es estructural en la escritura puesto que ésta implica un desplazamiento continuo del que escribe. Sin embargo, en este desplazamiento hay algo que permanece, el gesto del que escribe, que si bien pertenece al orden de lo evanescente o de lo que no puede ser descrito, inscrito o registrado plenamente, el único modo de acercarnos a su economía es a través de distintas metáforas o conceptos (la metáfora de verse en la escritura, por ejemplo, o el concepto de la *trace* de la *trace,* concepto al que volveremos en el anteúltimo capítulo) que en la medida en la que pertenecen al orden del lenguaje, es decir que solo podemos aludir a ellos a través de la lengua, no pueden sino remitir a una imagen plena. Es decir: el horizonte de la metafísica y del logocentrismo, como supo indicarme oportunamente Gerardo Aboy Carlés en lecturas previas de este ensayo, es insuperable y solo podemos desplazarlo desplazándonos al interior de ese mismo horizonte. Si bien desarrollaremos más detalladamente esta cuestión en las páginas que siguen y a lo largo de todo el trabajo, quisiera destacar que nos ocupamos en particular de este desplazamiento del yo en la escritura a partir de la poesía de Fernando Pessoa en un pequeño texto titulado: *Devenir autre: l'écriture comme geste éthique,* texto que fue objeto de una ponencia que presenté en la Bienal de Filosofía Práctica, evento realizado en la Universidad del Egeo en Rodas, Grecia, gracias a la invitación a participar en la misma por parte de mi querida amiga y colega la Profesora Elena Théodoropoulou. Martínez Olguín, Juan José: "Devenir Autre: l'écriture comme geste éthique", en *Actes de la 1ère Biennale de Philosophie Pratique et Apliquée,* Elena Théodoropoulou (dir.), Rodas, Grecia, Laboratoire de Recherche en Philosophie Pratique, 2019.

escribimos. Lo que de la escritura revela su condición política es, así, la inscripción de la presencia del que escribe bajo la forma del *gesto* que soporta su escritura.

Pero antes de avanzar más lejos con el argumento propongo detenernos en esta singularidad "tan singular" que describe este ejercicio de inscripción de la humanidad del que escribe en lo escrito. Y ello para aclarar dos cuestiones decisivas: por un lado, que esa inscripción no es nunca la inscripción de una humanidad plena, es decir plenamente presente en lo que se inscribe. Nunca nos inscribimos o grabamos en el papel escrito de forma plena. En primera instancia, y como bien reconocía Platón en el diálogo entre Sócrates y Fedro, porque el que escribe no está nunca presente para responder por lo que escribe. La escritura trata siempre con presencias que no son plenas, con personas que no se presentan nunca plenamente, *en persona*, en el papel escrito. Porque aun cuando la persona que escribió esté presente para leer lo que haya escrito, o para responder ante la lectura ajena de su propio texto, responderá siempre con la voz, en voz alta (o quizás, por qué no, con otro texto) pero en todo caso responderá siempre en un presente y en un lugar que es heterogéneo al presente y al lugar en el cual se produjo o tuvo lugar lo que escribió. Esta es una condición estructural de la escritura. La escritura abre una brecha, una distancia temporal y también espacial, o por ello mismo espacial puesto que el espacio es siempre una variable del tiempo, entre lo escrito y el que produjo lo escrito. Cuando escribimos no podemos hablar sobre lo que escribimos, contar sobre lo que estamos escribiendo sin interrumpir el momento en el que estamos escribiendo. Lo que escribimos es siempre lo que *ya* se escribió, es siempre lo que *fue* escrito. Si la escritura estría el tiempo es porque ella desdobla a la humanidad del que escribió en dos humanidades temporalmente "divididas", es decir separadas en el tiempo: entre la humanidad del que *aún* no escribió y la del que recién terminó de hacerlo. Desde ya que no se trata de dos personas distintas en sentido estricto pero sí de dos "personas" separadas en el tiempo. Nótese que en el habla o en la palabra hablada esta brecha no es nunca abierta ya que la voz no involucra la separación temporal del que habla; aunque bien sea, como bien señala Derrida, producto del fenómeno de la autopercepción, del sistema del "oírse-hablar", la palabra hablada se da siempre a percibir como una presencia plena, continua, sin alteridad o interrupción: nos escuchamos hablar en el mismo momento en el que estamos hablando. Por otro lado tampoco hay allí inscripción. Salvo, naturalmente, que la voz sea grabada. Volveremos sobre todo esto más adelante.

La segunda razón que describe esta singularidad "tan singular" de la inscripción que se produce en la escritura está dada por lo que de esa inscripción se inscribe en el papel escrito. Y es éste, si se quiere, el punto fundamental sobre el cual gira el argumento central de este trabajo. Lo que se inscribe del que escribe, la humanidad del que escribe que permanece en el texto escrito no *solo* es la palabra escrita, la idea o el tema que desarrolla en la escritura, sino el gesto a partir del cual esa palabra es dicha y, en el caso de la escritura, grabada e inscrita en el mismo momento en el que ella es asumida. Es en este segundo sentido, entonces, que la humanidad del hombre no está nunca en la escritura plenamente presente en el papel o la palabra escrita. Toda la complejidad de la escritura como práctica política se revela, precisamente, a partir de esta dimensión de lo que en la escritura permanece como aquello que está más allá de la palabra propiamente dicha, es decir del *sentido* comunicado por la escritura. Y esta dimensión es la que ocupa el gesto como la especificidad más propia de la inscripción que se pone en juego, una y otra vez, en *cada* escritura. Para empezar, entonces, el gesto con el cual soportamos la palabra dicha, a partir del cual una palabra es asumida, tiene el estatuto de aquello que se presenta sin estar nunca plenamente presente, o que solo se presenta en el mismo momento en el que se borra y desaparece como gesto "que tiene lugar en un presente". El carácter evanescente del gesto, el desplazamiento continuo del presente y del "tener lugar" en el que éste se hace presente, la presencia del gesto como "lo que se pierde continuamente" es la característica más propia de un tipo de esfera de la experiencia humana que escapa a la palabra y al *logos* aunque no deje de depender, intrínsecamente, de esta misma esfera, la de la palabra y el *logos,* de la que es al mismo tiempo irreductiblemente heterogénea. Si el gesto con el que soportamos la palabra escrita se inscribe en el papel escrito, esta inscripción es siempre, en suma, la inscripción de lo que no puede ser ni totalmente grabado ni totalmente inscrito. Se inscribe y se borra en el mismo momento en el que se inscribe, o solo se inscribe a condición de perderse en la inscripción misma. El gesto es en cuanto tal inaprensible en la medida en la que es imposible que sea *retenido* como una inscripción completa o como la presencia plena de lo inscrito en lo escrito. Pero que sea inaprensible no significa, sin embargo, que no sea transmisible, que no se dé a percibir, o mejor aun a sentir, aunque siempre se sienta o se perciba como *la pérdida* de lo que acaba de ser percibido o sentido. Pero avancemos un poco más en la estructura de esta idea y miremos con más detenimiento esta forma no plena, esta forma incompleta de la inscripción de lo que aquí llamamos el gesto, entendido, éste, como la característica más propia, que para nosotros es también la característica más propiamente humana, y por lo tanto política, de la escritura. ¿Por qué el gesto no puede inscribirse plenamente y, por ende, hacerse plenamente presente en el movimiento por el cual, aun así, no deja de inscribirse? Porque en cuanto tal, en su estatuto más específico y singular, el estatuto de lo evanescente o de lo que está sin estar presente, el gesto, no responde ni al dibujo que deja la inscripción de la escritura ni tampoco responde, estrictamente hablando, al sentido que en ella se comunica y que se inscribe como la significación de lo dicho en la palabra escrita. Es decir: el gesto no se inscribe ni *como* dibujo ni *como* sentido. Es por ello que, por un lado, la humanidad que se inscribe y permanece en la escritura, el gesto del que escribe, no puede nunca reducirse al tema o a la idea que se desarrolla en el texto escrito. Porque –insistimos– el gesto no responde a la esfera del sentido, de la palabra o del *logos* como la esfera de lo que puede ser comunicado en un discurso aunque dependa enteramente de ella. El gesto le escapa al sentido, lo soporta, pero no se reduce a él, valga la redundancia, *en ningún sentido*. Pero, por otro lado, si el gesto del que escribe no pertenece a la esfera del sentido tampoco pertenece a la esfera de lo que está completamente por fuera del *logos* y de la palabra, es decir a la forma en la que algo escrito es, en la práctica de la escritura manuscrita, inscrito como dibujo. No es el *ductus* ni la caligrafía del que escribe. En síntesis: *el gesto no está presente ni en el sentido ni en lo que está afuera del sentido, ni en el dibujo ni en lo que está comunicado en lo escrito*. Está, si se quiere, en el límite entre uno y otro campo de lo que puede ser percibido, en la frontera entre lo dicho y lo no dicho. Y es por este mismo motivo que en la última parte de este trabajo intentamos recuperar el concepto o la categoría de la huella o de la *trace* que Derrida pone en juego una y otra vez a lo largo y a lo ancho de su filosofía. Porque la economía evanescente del gesto es, en este punto y solo en este punto, análoga o asimilable a lo que Derrida describe como la economía evanescente de la huella, de la *trace*, es decir de la presencia. Es el carácter evanescente de lo que

Derrida llama la experiencia de la presencia, que no es nunca la experiencia de una plena presencia sino la experiencia de la huella, lo que da cuenta del carácter evanescente del gesto como huella o como semi-presencia. Pero si Derrida desarrolla con toda rigurosidad la forma a partir de la cual esta economía se desenvuelve como aquello que se nos presenta como la experiencia de lo que *es*, como la experiencia general de la presencia o del presente, la economía del gesto revela la especificidad de un tipo de experiencia mucho más acotada y al mismo tiempo mucho más humana que aquélla: la de la presencia de la huella como la huella de una única presencia. El gesto se inscribe en la escritura como el gesto singular del que escribe, como la inscripción de su humanidad más propia y única y, en este sentido, "initerable" o imposible de repetirse por fuera de esa singularidad que la describe. Si cada escritura es única lo es, en breve, no por lo que ella dice o comunica sino por el gesto con el cual asumimos e inscribimos lo que escribimos, que es el mismo gesto a partir del cual, incluso aquí y ahora, en *esta* escritura que es la mía, *escribo* lo que digo.

A partir de aquí podemos por lo tanto identificar rápidamente los motivos por los cuales la filosofía política excluyó, desde Aristóteles hasta nuestros días, a la escritura del ámbito o de la esfera de la política[6]. En primer lugar, porque la temporalidad y la espacialidad de la escritura reniegan del principio logocéntrico por excelencia del pensamiento a partir del cual se edificó la historia de la filosofía política: el de la unidad originaria y esencial entre cuerpo y habla. El espacio público, que es precisamente desde Aristóteles, pasando por Rousseau, Hannah Arendt y la filosofía política contemporánea, el lugar por excelencia en donde el hombre se presenta en su condición más plenamente humana, exige que los cuerpos que hablan, que se reúnen para tomar la palabra, estén presentes plenamente, es decir en persona, bajo el abrigo de un espacio que los reúne por el efecto de la voz y la proximidad del habla. Para tomar la palabra en el espacio público, dicho de otro modo, es necesario estar presente

---

6   Aunque, para ser justos, deberíamos matizar esta última afirmación si tenemos en cuenta los casos de Lefort y del propio Rancière. Lefort tiene, en efecto, un compilado de ensayos cuyo título es precisamente *Écrire: A l'épreuve du politique*, compilado que merece sin dudas ser mencionado como una excepción en esta historia de exclusión de la escritura de la esfera política. De Rancière y de su reflexión a propósito de la dimensión política de la escritura nos ocupamos, por otro lado, en el último capítulo de este trabajo.

                                    El parpadeo de la política

en el mismo momento en el que se habla, es necesario que la palabra no esté escindida del cuerpo que habla porque el régimen que describe la visibilidad en ese espacio es el que delimita la fuerza y la potencia del *logos* comprendido siempre como palabra hablada. El espacio y el tiempo que abre la práctica de la escritura separa la palabra del cuerpo que habla (es decir que la escribe) y rompe, de este modo, con la unidad fonocéntrica entre cuerpo y habla porque el cuerpo del que escribe no está nunca presente allí donde su palabra se hace presente, donde ella se inscribe como palabra escrita o grabada. Esta separación, en efecto, le costó a la escritura el haber sido excluida de lo que la filosofía encierra, también y con otras palabras, bajo el nombre de ontología política. Si la escritura, según los términos logocéntricos de esta ontología, carece de dimensión política es entonces porque ella carece de un espacio que reúna bajo un mismo techo cuerpo y habla. Pero esta separación, insistimos, describe *solo* en parte esta marginación de la escritura de la ontología política, de la filosofía política o del pensamiento sobre la política. La otra parte está explicada por la otra cara de la ceguera fonocéntrica que le ha impedido a la reflexión política dar cuenta de la existencia de otras esferas de la experiencia humana que indican la presencia del hombre más allá de la palabra. El *logos*, que desde Aristóteles es lo que define al hombre como animal político, es decir como *zoon politikon*, es en consecuencia solo una parte de lo que describe a los hombres en su condición más propiamente humana. Es por ello que el gesto, que es la esfera de lo que se transmite pero no se comunica, de lo que se presenta borrándose del lugar en donde se hace presente, abre la puerta hacia el otro costado de lo que sigue siendo humano sin ser plenamente humano, sin responder al *logos* que es, sin dudas, el costado de lo que nos muestra en nuestra condición más plenamente humana. En la medida en que solo en la escritura, en la *práctica* de la escritura, ese lugar evanescente de la experiencia humana, el gesto, se inscribe en el papel escrito ella actúa como práctica política. Aunque bien no sea una inscripción plena, aunque se inscriba o se grabe conservando en su grabado su carácter evanescente, solo en la escritura sucede ese acontecimiento inédito que deja la huella de la evanescencia misma de lo humano, la huella de la humanidad del que escribe, su gesto más propiamente humano que permanece, en el texto escrito, más allá, incluso, de su propia muerte. Volvamos entonces al principio: ¿por qué no verme en mi escritura revelaba la dimensión política de la práctica de la escritura? Porque solo cuando la escritura inscribe el gesto del que escribe se vuelve una práctica política. Lo que me impedía verme en las páginas que había escrito era producto, dicho de otro modo, de la forma que escribía. Escribía, por aquel entonces, pero no me inscribía en lo que escribía. Escribir sin inscribirse en lo que uno escribe es una forma de escaparle a lo que hace de la escritura una práctica que emancipa[7]. La vieja palabra o categoría que marcó el inicio de mi trabajo, y cuyo peso específico en la filosofía política es ineludible, la categoría de emancipación política o humana, volvía de este modo a toparse conmigo pero en esta ocasión por medio de una práctica que ya no se realiza en el espacio público, que no es estrictamente hablando una práctica colectiva, aunque permanezca como una práctica compartida porque el espacio de la escritura es el espacio de una *comunidad política*. Mas allá, en suma, de los principios logocéntricos que marcaron el horizonte de la política desde Aristóteles, cuando la política parpadea aparece otra política cuya espacialidad y cuya temporalidad ya no responden a la unidad metafísica entre cuerpo y habla, al régimen de la voz y de la proximidad del habla. Con la práctica de la escritura asistimos a otra dimensión o a otra esfera de lo humano. Si la escritura nos emancipa es, por ende, porque ella nos invita a habitar esta otra esfera a partir de la cual nos inscribimos en el mundo como lo que *somos*: como seres únicos e irrepetibles, unidos por el gesto que nos distingue a cada ser humano y que al mismo tiempo nos une como partes de la *misma* comunidad humana.

---

7   Esto no significa, por supuesto, que haya escrituras auténticas y escrituras inauténticas, buenas y malas escrituras sino en todo caso formas de estandarización de la práctica de la escritura que anulan su potencia política. Tal es el caso, por ejemplo y sin ir demasiado lejos, de la escritura académica y del modo en el que ésta restringe y limita esta potencia subsumiéndola a la objetividad de una forma que conocemos con el nombre de *papers*.

CAPÍTULO I

Logocentrismo y filosofía política

— I —

En una carta que le envía a su entonces colaborador Arnold Ruge, que data de marzo de 1843, Marx le comenta a su colega de los *Anales Franco Alemanes* su opinión acerca del presente alemán: "Por lo que leo en los periódicos del país y en los franceses, Alemania está y seguirá estando cada vez más hundida en el bochorno"[8]. Una y otra vez Marx no deja de mostrar, a lo largo de la carta, su indignación con respecto a la situación alemana: "(...) si disto mucho de sentir ningún orgullo nacional, siento, sin embargo, la vergüenza nacional (...)"[9]. Esa vergüenza y esa indignación que Marx comparte con Ruge, aunque con diferentes diagnósticos en lo que respecta a lo que de esa misma vergüenza e indignación se podría esperar, sobre todo si ellas fueran compartidas por el resto de los alemanes, lo lleva al joven Marx a describir en forma lapidaria el modo de vida de sus compatriotas: viven –escribe– en un "mundo político animal", un "mundo deshumanizado"[10]. Pero el pesimismo con el que el filósofo alemán ve la *actualidad* alemana dista mucho del optimismo con el que ve el *provenir* de su tierra natal. Marx piensa, en efecto, que si la vergüenza y la indignación se extendieran por toda Alemania la Revolución contra el despotismo que gobierna la Confederación Germánica sería, como un "león que se dispone a dar el salto", el paso decisivo hacia la liberación nacional:

---

8   Marx, K.: "Carta de Marx a Ruge (marzo 1843)", en *Escritos de juventud*, México D.F., FCE, 1982, p. 441.

9   Ibid.

10 Marx, K.: "Carta de Marx a Ruge (mayo 1843)", en *Escritos de juventud*, op. cit., p. 446.

"La vergüenza es ya una revolución (...) Y si realmente se avergonzara una nación entera, sería como el león que se dispone a dar el salto"[11]. Durante el mismo mes, en marzo de 1843, Ruge le hace llegar su propia impresión a Marx. A diferencia del optimismo que le transmite en la carta su célebre colega, que se encuentra temporalmente radicado en Holanda, el futuro de Alemania no tiene para Ruge ningún buen augurio: "Su carta –le responde– es una ilusión. Su entusiasmo me deprime todavía más. (...). Amigo mío, convierte usted sus deseos en creencias"[12]. Los deseos de Marx son, va de suyo, los deseos de que pronto la Revolución caiga sobre suelo alemán. Y precisamente esos deseos son los que hacen aflorar las diferencias entre el propio Marx y su por entonces hombre de confianza Arnold Ruge: nada más lejos de Alemania que una Revolución, cree Ruge, y nada más cerca de esa misma Alemania que la escena del león dispuesto a dar el salto revolucionario, para Marx. Pero si las diferencias separan a ambos en lo que respecta al futuro alemán, el diagnóstico en relación con el presente los acerca al punto de fusionarse las palabras que emplean para describirlo: "Resulta duro, pero hay que decirlo, porque es verdad: no conozco pueblo alguno tan desquiciado como el alemán. Ves artesanos, pero no ves hombres; pensadores, pero no hombres; señores y siervos, jóvenes y personas maduras, pero no hombres"[13]. Las palabras de Ruge parecen, efectivamente, escritas por la misma mano, *calcadas*: puesto que, como Marx, acusa a sus compatriotas de carecer de humanidad, de poseer una humanidad que no es plena ("ves artesanos –escribe–, pero no hombres"). Es decir: como Marx, Ruge describe al pueblo alemán como un pueblo deshumanizado.

Sabemos, por un lado, las razones que se esconden detrás de esta indignación y de esta vergüenza que tanto Ruge como Marx sienten por la actualidad alemana: el atraso de Alemania con respecto a las transformaciones que, producto de la Revolución Francesa, están marcando y cambiando la vida, la cultura y el orden que hasta entonces habían caracterizado el mundo europeo. En particular, lo que más preocupa e indigna a estos jóvenes liberales es el atraso de Alemania en relación con la revolución política que todavía se

---

11   Marx, K.: "Carta de Marx a Ruge (marzo 1843)", en *Escritos de juventud*, op. cit., p. 441.

12   Marx, K.: "Carta de Ruge a Marx (marzo 1843)", en *Escritos de Juventud*, op. cit., p. 442.

13   Ibid.

    El parpadeo de la política

hace esperar en el caso alemán. La constitución de un Estado moderno, es decir del Estado de derecho, la separación del Estado de la esfera religiosa y del cristianismo son todavía para Alemania una ilusión: cercana en todo caso para Marx, lejana en todo caso para Ruge. Pero hay algo, por otro lado, que no sabemos con tanta precisión: si para Arnold Ruge la referencia a los alemanes como hombres que no son hombres, como hombres deshumanizados, es una metáfora. Es posible que lo sea porque el párrafo en el que se apoya para hacerla proviene, como él mismo se lo hace saber a Marx, de una obra de Hölderlin: *Hyperion*. Su empleo podría, naturalmente, cumplir la misma función que en la obra literaria del romántico alemán: la del recurso literario, es decir la de la metáfora. Pero lo cierto es que hay algo que sí sabemos con toda seguridad: que las palabras que emplea Marx, casi las mismas que Ruge, no son y no podrían ser bajo ningún punto de vista palabras que hayan sido escritas con el propósito de ser leídas como una metáfora. Están allí, en todo caso, para ser leídas como lo que son: un fantástico recurso que apela a una cierta tradición de la filosofía para explicar una determinada situación política. El recurso que Marx utiliza, dicho de otro modo, lleva detrás de sí la sombra de la historia de la filosofía política. Y no basta más que un solo dato para confirmar la hipótesis: justo después de describir a Alemania como un mundo político animal, justo después de referirse a su tierra natal como un mundo deshumanizado, en el mismo párrafo Marx apela a la autoridad de Aristóteles:

> Era, pues, natural que el mundo filisteo más perfecto de todos, nuestra Alemania, quédese muy rezagado detrás de la Revolución francesa, que volvió a restaurar el hombre; y el *Aristóteles alemán* que calcara su *Política* sobre nuestras realidades escribiría a la cabeza de ella: "El hombre es un animal social, pero totalmente *apolítico*"[14].

Está claro que no hay ningún Aristóteles alemán y que ningún Aristóteles alemán calcó en la época de Marx su *Política* sobre las realidades alemanas. Está claro, por lo tanto, que esta alusión al célebre filósofo griego –convertido circunstancialmente en alemán– es simplemente un juego que propone Marx y que requiere cuanto menos de la imaginación. Pero el juego propuesto tiene desde luego su función: permite comprender mejor –valga la redundancia– *lo que*

---

14   Marx, K.: "Carta de Marx a Ruge (mayo 1843)", op. cit., p. 446.

está en juego. Volvamos entonces al pasaje que citamos y permitámonos imaginar lo que Marx propone que vale la pena imaginar: si hubiera un Aristóteles alemán, y si él viviera en la actualidad en la que vive el propio Marx, escribiría sobre la realidad del alemán: "es un animal social, pero totalmente apolítico". El Aristóteles alemán que imagina Marx describiría a sus compatriotas como hombres que no son verdaderos hombres, es decir "animales sociales pero apolíticos", hombres que son *casi* hombres, hombres deshumanizados o de una humanidad ausente. ¿Pero qué son, entonces, estos hombres deshumanizados? ¿Son *todavía* hombres? ¿O son simplemente animales? Ni del todo hombres ni del todo animales, son animales *apolíticos*. Es decir: son animales apolíticos porque dejaron de ser animales *políticos*. Lo que estos casi hombres perdieron, y por eso la mención del Aristóteles alemán, es su condición de *zoon politikon*. Se trata, dicho de otro modo, de hombres que, como las bestias, como los esclavos en la Antigua ciudad griega, solo quieren "vivir y multiplicarse" (la frase es de Marx) porque es lo único que pueden hacer en el mundo político animal en el que viven: la Alemania atrasada y premoderna del siglo XIX. Algunas líneas más adelante, después de comentar el fracaso de Guillermo IV en instaurar la unión de las Dietas provinciales en una única Asamblea para lograr cumplir los sueños liberales que barriesen con el sistema despótico alemán ("El rey de Prusia ha intentado cambiar el sistema con su teoría, que realmente no había mantenido su padre", sostiene Marx en su carta a Ruge), Marx vuelve a describir, apoyándose otra vez en Aristóteles pero esta vez sin nombrarlo puesto que ya no le hace falta, cómo viven estos hombres que no son plenamente hombres, cómo se entienden, en fin, esa "masa de cabezas sin seso" que son los alemanes, amos y servidores del mundo político animal que representa Alemania:

> Y, así, se reeditó la vieja proscripción de todos los deseos y pensamientos de los hombres en torno a los derechos y los deberes humanos, es decir, el retorno al viejo Estado anquilosado de los servidores, en que el esclavo sirve silenciosamente y el amo del país y de sus habitantes domina *en medio del mayor silencio* posible por medio de un séquito sumiso y bien educado. Ni el uno ni los otros pueden decir lo que quieren: los habitantes, que quieren llegar a ser hombres, el amo que no puede utilizar para nada a los

hombres en su reino. *El silencio es, por lo tanto, el único medio de entenderse. Muta pecora, prona et ventri obedientia*[15].

El esclavo sirve silenciosamente –dice Marx– y el amo domina en Alemania en medio del mayor silencio posible. En el mundo político animal, a partir del cual –recordemos– el Aristóteles alemán calcaría imaginariamente su *Política*, el silencio es el único medio de entenderse. El silencio y no la palabra. El silencio porque las "bestias políticas" no hablan. A los animales sociales apolíticos que viven en Alemania, que viven en sociedad como el *zoon politikon* de Aristóteles, les falta lo que hace del *zoon politikon* un hombre: la palabra. Es decir: el hombre deshumanizado, el alemán, sea amo o esclavo, no posee el *logos* para hacer presente su humanidad, *para hacerse presente como hombre*. El silencio en el que viven los deshumaniza y los convierte, así, en bestias políticas.

La expresión que Marx elige para referirse a la Alemania de su época, la expresión que describe a esa Alemania como "un mundo político animal" no es, ciertamente, una metáfora pero tampoco consiste simplemente en la fórmula con la que un joven liberal decide criticar el atraso alemán con respecto a los avances de la modernidad. No se trata, en otras palabras, únicamente de la vergüenza y de la indignación que le despierta el hecho de ver que su tierra natal se resiste a la emancipación política y a los beneficios de la Revolución Francesa. La carta y los párrafos que citamos, las expresiones que Marx emplea no encierran *solo* eso. Aunque por supuesto la crítica contiene algo de esto y efectivamente tiene en parte como blanco al régimen monárquico y el despotismo que gobierna Alemania. De hecho, concluye Marx en esta misma carta de marzo de 1843: "El principio de la monarquía es, en general, el principio del hombre despreciado y despreciable". Pero la furia y las críticas que Marx dispara contra su país de origen encierran también un aspecto mucho más profundo que la sola y única crítica a la monarquía alemana y al régimen premoderno que todavía mantiene en pie a la Confederación germana: en ellas podemos ver, en efecto, cómo asoma el relato a partir del cual se constituye una historia muy específica. En la referencia a Aristóteles, aunque bien sea un Aristóteles imaginario, un Aristóteles alemán, y en todo lo que ésta comprende: en el dominio del silencio o en el silencio como único medio de entenderse, en la ausencia de la palabra y en la existencia de hom-

---

15   Ibíd., p. 449. El resaltado es mío.

bres que son casi hombres, de bestias políticas deshumanizadas, en todo ello se muestran, en suma, los síntomas de la historia sobre la que se cierra la filosofía política, que es la historia del *zoon politikon* como traductor de una humanidad plena y siempre presente. Una historia que, precisamente, comienza con Aristóteles. Escribiendo sobre el mundo político alemán, entonces, Marx no hace otra cosa que confirmar esa historia. *No lo sabe, pero lo hace*[16].

— II —

Después de haber sido obstruida durante un largo tiempo por el marxismo que hacía de la política la máscara o la expresión accesoria de las relaciones sociales, después de haber sido incluso sometida a las intrusiones de lo social y las ciencias sociales, la filosofía política parece venir a afirmar –escribe Rancière en *La mésentente*– su retorno a escena y un resurgimiento de su vitalidad. Y esto –agrega– en nombre de una restauración purificadora de la política. Corrían, cuando Rancière escribía estas palabras, los primeros años de la década de 1990. Pero lejos de adherir a este movimiento aparentemente restaurador de la filosofía política, el otrora discípulo de Althusser intenta con ellas denunciar y revelar su falsedad. Porque lejos de consumar el objetivo con el que viene a anunciar esta restauración, el de la purificación de la política, este movimiento y esta falsa restauración solo vienen a consumar su supresión, es decir la supresión de la política. La singularidad de esta supresión es que ahora, es decir en la época en la que Rancière escribía el texto al que hacemos referencia, que bien podría ser también la nuestra, ella se realiza en pos de asegurar la legitimidad del

---

16　"No lo saben, pero lo hacen": la expresión corresponde, por supuesto, al propio Marx y al célebre pasaje de *El Capital*: "Al equiparar entre sí en el cambio como valores sus productos heterogéneos, equiparan recíprocamente sus diversos trabajos como trabajo humano. *No lo saben, pero lo hacen*". (Cf. Marx, K.: *El Capital. Crítica de la economía política*, Buenos Aires, Siglo XXI, 2002, p. 90). No es, dicho sea de paso, la primera vez que una frase del propio Marx puede ser aplicada a él mismo. Cuando Pierre Bourdieu critica la teoría de las clases sociales del marxismo le reprocha a Marx, precisamente, lo que Marx le reprochaba a Hegel: el confundir las cosas de la lógica con la lógica de las cosas: "Esto marca una primera ruptura con la tradición marxista: ésta identifica, sin más trámite, la clase construida con la real, es decir (como el propio Marx se lo reprochaba a Hegel), las cosas de la lógica con la lógica de las cosas". Cf. Bourdieu, P.: *Sociología y cultura*, México D.F., Grijalbo, 1990, p. 286.

estado de derecho y de la democracia liberal. Pero a decir verdad, esta vocación de la filosofía política por suprimir su propio objeto, por conspirar contra su elemento más íntimo, por decirlo de alguna manera, no es original a los años noventa ni mucho menos una vocación inédita. Está, si se quiere, en la raíz y en el origen mismo de esta diciplina. Y esto es, en efecto, lo que el propio Rancière intenta también demostrar y denunciar en *La mésentente*. La supresión de la política por parte de la filosofía política –para asegurar en este caso, escribe Rancière, una reflexión que va "apenas (...) más allá de lo que los administradores del Estado pueden argumentar sobre la democracia y la ley, sobre el derecho y el estado de derecho"– no es de ningún modo algo nuevo ni mucho menos. Existe –insistimos– desde sus inicios como disciplina. Si, en todo caso, por aquellos años ella se consumaba en nombre de la democracia, a lo largo de la historia de la filosofía política ella se consuma en nombre del orden o de la comunidad. Desde siempre, dicho de otro modo, la filosofía política estuvo nutrida por distintas tradiciones y escuelas que hicieron de la política una esfera o una sub-esfera de lo social. Un simple subsistema del sistema social. Un subsistema, en efecto, en donde se administra lo social, es cierto, pero en donde *solo* se administra lo social. Una esfera, entonces, reducida a la *mera* administración, a la pura gestión de los asuntos colectivos, es decir de la comunidad, pero una esfera, también y precisamente por esto, que involucra una reflexión que entiende a la política como la sola dimensión institucional, estatal o gubernamental de esa comunidad o sociedad. Por lo que no es casual que el estado de derecho y la democracia liberal, la forma jurídica de gobierno "hegemónica" en la actualidad haya sido, cuando Rancière escribía aquellas páginas, pero también en nuestros días, el lugar más adecuado para que esa supresión –valga la redundancia– haya tenido lugar. Contra esta interpretación de la política, entonces, se levanta y se rebela el texto de Rancière. Contra esta metáfora débil de la política, para retomar las palabras de Emilio de Ípola, o contra esta concepción anti trágica de lo político, para recuperar las de Eduardo Rinesi, se pelea *La mésentente*. Y en su lugar propone otra concepción de la política. Una que no esté destinada a comprenderla como una mera esfera o subsistema de lo social. Es contra esta supresión de la racionalidad propia de la política en favor de la filosofía, por ende, que Rancière acuña la idea del desacuerdo (*mésentente*). La política es, en este sentido, la esfera en donde se *instituye* y no en donde se administra lo social. Y esa institución conlleva siempre, sostiene, un desacuerdo o un conflicto que pone en crisis el orden o el arreglo, *el fundamento*, en el que se sostiene la comunidad. No hay política sin conflicto o sin ruptura de la comunidad.

Todo el texto de Rancière podría leerse, de hecho, como una lúcida querella que no solo tiene como objeto a la versión última de esta concepción de la política, que tiene en la restauración de la filosofía política de los años noventa y en su vocación legitimadora de la democracia liberal su ejemplo más claro, sino a esta concepción de la política en cuanto tal, como forma de *encarnación* de la filosofía política misma. Pero en esta lúcida querella que emprende Rancière desde el inicio de *La mésentente* varios puntos quedan oscuros. En primer lugar, porque esa querella refleja mucho menos la existencia de dos tradiciones que se excluyen mutuamente que la existencia de dos tradiciones que, por decirlo de algún modo, se complementan. No hay algo así como una racionalidad propia de la política que sería la verdadera, la del desacuerdo, y una racionalidad ajena a la política, la de la metáfora débil o anti-trágica de la política, que sería la expresión de una falsa reflexión sobre ésta. Esta tensión entre dos ideas o tradiciones sobre lo que es la política, subsistema o fundamento del sistema, esfera de las instituciones o de la acción, lugar de la revolución o de la legitimación del orden, es constitutiva de la política misma. La ambigüedad de la palabra política está en el *corazón* de la política. En segundo lugar, y más importante aun, porque tanto la una como la otra comparten un mismo origen y una misma evidencia. El origen al que se remontan ambas reflexiones sobre la política son las frases ilustres del Libro I de la *Política* de Aristóteles, es decir el célebre pasaje sobre el *zoon politikon* en donde el filósofo griego define al hombre como un animal político. Un origen, en efecto, que el propio Rancière reconoce no solo para la tradición de la filosofía política a la que se enfrenta sino también para la que él encarna y defiende: "Comencemos entonces –escribe apenas inicia *La mésentente*– por el comienzo, es decir las frases ilustres que en el Libro I de la *Política* de Aristóteles definen el carácter eminentemente político del animal humano". Y enseguida, a propósito de estas "frases ilustres", agrega contra algunos de los representantes más significativos de la tradición a la que querella: "Así se resume la idea de una naturaleza política del hombre: quimera de los antiguos, según Hobbes (...) o, a la inversa, principio eterno de una política del bien común y de la educación ciudadana que Leo Strauss opone al hundimiento utilitarista moderno de las exigencias de la comunidad". Lo curioso, en todo caso, es que el propio Rancière hace uso de esas mismas frases y de ese mismo pasaje para desarrollar su propia perspectiva sobre la política como desacuerdo. Si hay desacuerdo sobre el orden comunitario, es decir si hay política, es porque algunos son reconocidos como seres parlantes mientras que otros solo son vistos como seres que emiten sonidos, como animales, sin capacidad de manifestar lo justo y lo injusto. Pero volvamos al célebre pasaje sobre el *zoon politikon*, sobre las frases ilustres de Aristóteles, para comprender mejor este origen compartido y la evidencia que, producto precisamente de este origen, da cuenta de lo que une a ambas tradiciones haciendo de ellas y de la filosofía política en su conjunto una misma tradición, por un lado, y una tradición logocéntrica, *al mismo tiempo*:

> La razón de que el hombre es, más que la abeja o cualquier animal gregario, un animal político es *evidente*: (...) el hombre es el único animal que tiene la palabra (*logos*). La voz (*phoné*) es signo de dolor y de placer, y por eso la tienen los demás animales, pues su naturaleza llega hasta tener sensación de dolor y de placer e indicársela unos a otros. En cambio, la palabra (*logos*) existe para manifestar lo conveniente y lo dañino, lo justo y lo injusto, y es exclusivo del hombre, frente a los demás animales, tener el sentido (*aisthesis*) del bien y del mal, de lo justo y de lo injusto (...)[17].

Con la simpleza y la profundidad que lo caracteriza Aristóteles escribe lo que rápidamente se va a convertir, como bien señala Rancière, en el momento originario o fundacional de la filosofía política: la razón por la cual el hombre es, más que la abeja o cualquier animal gregario, un animal político es *evidente*: el hombre es el único que posee la palabra. En la posesión del *logos* se presenta, así, lo que en el hombre es su verdad, su condición política, su humanidad de hombre. Y lo que resulta evidente para Aristóteles resulta, desde Aristóteles, evidente para la historia de la filosofía política en su conjunto: la humanidad del hombre es la humanidad presente en el habla, presente plenamente en el *logos* y en la posesión de la palabra. Ya sea, por lo tanto, que esa humanidad de la que es índice el *logos* garantice la existencia de una esfera singular o específica de lo social, la esfera en donde se dirimen, precisamen-

---

17   Aristóteles: *Política*, I, 1253a.

te a través de la palabra, los asuntos de la comunidad, asimilando el *logos* que manifiesta lo justo y lo injusto a la deliberación por la cual las particularidades de los individuos resultan subsumidas, por así decirlo, en la universalidad del Estado, como quiere la tradición institucionalista o consensual de la filosofía política –contra la cual se pelea Rancière–, o ya sea que esa humanidad de cuyo índice es el *logos* sea, por otro lado, el lugar de una partición, de un desacuerdo fundamental, es decir de un conflicto en donde lo que se dirime es la calidad misma de los interlocutores que en ese desacuerdo o conflicto tienen parte, siendo esta última en consecuencia el lugar en donde se instituye y no en donde se administra vía el consenso o la deliberación lo social, como quiere en efecto Rancière; sea cual fuere, en fin, la tradición que se desprenda de esta concepción del hombre como animal político, la evidencia primera y primordial que las hace posible es la misma: la que dice que el hombre se diferencia del resto de los animales porque posee la palabra, es decir la que hace del *logos* el indicio de la presencia, de la *plena* presencia, de su humanidad.

El principio que regula la naturaleza política del hombre, dicho de otro modo, se mantiene intacto en cualquiera de los dos casos. Sin embargo, ese principio que en la filosofía política opera desde siempre como una evidencia: ¿no es un principio o una evidencia logocéntrica? O mejor aun: ¿no es esa evidencia o ese principio la evidencia o el principio logocéntrico por excelencia? Es evidente, ya que hablamos de evidencias, que en este origen y en este célebre pasaje que marca a la historia de la filosofía política se dejan ver las huellas de un pensamiento y de una época –al que ese pensamiento pertenece– que en términos más amplios se extienden más allá de la filosofía política y que, por lo tanto, la contienen. Es decir: el principio que vuelve evidente la naturaleza política del hombre, la posesión del *logos,* es en verdad una variante específica y singular, propia de una disciplina y de la reflexión que es propia de esa disciplina, de un tipo de pensamiento cuyo origen ya no le pertenece estrictamente hablando a la filosofía política, aunque por supuesto ella contribuya con su historia a desarrollarlo y a consolidarlo como tal. En suma, y esto es en definitiva lo que queremos subrayar, es decir el segundo y último punto oscuro que para volver a nuestro argumento queda sin problematizar en la lúcida querella que emprende Rancière en *La mésentente,* en ese célebre pasaje sobre el *zoon politikon* vemos cruzarse dos historias distintas: la de la filosofía política, por un lado, y la de la filosofía a secas, por el otro. La evidencia de que el hombre es un animal político porque posee la palabra muestra, de este modo, que la historia de la filosofía política forma parte de otra historia y de otra época y que esa otra historia y esa otra época son la de la filosofía y la de la época logocéntrica.

En primer lugar, entonces, habría que penetrar mejor en las profundidades de esta época para entender mejor cómo funciona el logocentrismo del que la filosofía política es una expresión singular y específica. Según Derrida, quien es sin dudas el máximo exponente de la crítica a la reflexión logocéntrica, por un lado, y el filósofo que, por el otro, hizo de esa crítica una de las marcas más originales de su pensamiento, la historia de la filosofía está marcada por una evidencia que, si bien es distinta a la que marca a la historia de la filosofía política es –por las razones que veremos enseguida– su fundamento: la evidencia –afirma Derrida allá por la década de 1960– que concibe a la escritura como una instancia derivada o secundaria con respecto al habla e, incluso, como una instancia maléfica con respecto a ésta. "La escritura –sostiene el autor de *De la gramatología*– tendría (...) la exterioridad que se le concede a los utensilios: instrumento imperfecto, por añadidura, y técnica peligrosa, casi podría decirse maléfica"[18]. Es decir: desde el *Fedro* de Platón, pasando por Levi-Strauss y Rousseau –aunque para ser justos la posición de este último es ambigua puesto que por momentos reescribe esa historia y por momentos la contradice haciendo de esa añadidura de la escritura con respecto al habla una añadidura que ya no es el juego de una adición, o una suma, sino la economía de un suplemento– la filosofía no ha dejado de tratar a la escritura como la herramienta desgraciada de la palabra hablada. Por una parte, por lo tanto, lo que se propone Derrida en este clásico texto es en lo fundamental delimitar qué es lo que se esconde con esa evidencia: ¿qué oculta la evidencia de lo que es, para la historia de la filosofía, evidente: la relación de exterioridad de la escritura con respecto al habla? Básicamente, lo que ya es mucho, el rechazo de la escritura como una práctica que tenga algo que ver, en su ser, con eso que la filosofía llama precisamente el ser, el *eidos* o la verdad[19]. Si para la historia de la filosofía la *phoné*, es decir la voz, es el lugar de un privilegio, si el habla se encuentra, desde Aristóteles y

---

18   Derrida, Jacques: *De la gramatología*, México D.F., Siglo XXI, 1998, p. 45.

19   Cf. Capítulo IV: "Platón y la muerte de la escritura".

Platón hasta –casi– nuestros días, antes y primero que la escritura es precisamente porque la voz o el habla poseen, con respecto al ser, una relación de proximidad absoluta que la escritura no tiene.

La perspectiva que describe perfectamente esta concepción ontológica del lugar de la voz y el habla, que supone la marginación de la escritura como instancia simplemente secundaria con respecto a la palabra hablada, es aquella que sostiene que existe una relación inmediata, originaria y primordial, entre el sonido y el pensamiento o entre la voz y el sentido –es decir la que comprende la apertura a lo que es como un fenómeno originariamente acústico–[20]. Para la historia de la filosofía, dicho de otro modo, el ser está plenamente presente en la voz porque la voz está en contacto directo con el alma, lo que ya el propio Aristóteles afirmaba muy tempranamente: "los sonidos emitidos por la voz –escribe Aristóteles en *De la interpretación*– son los símbolos de los estados del alma". Esta inmediatez es, en efecto, lo que oculta en última instancia esta evidencia logocéntrica que, como vemos, es también una evidencia fonocéntrica porque el logocentrismo se escribe siempre en esta historia con la pluma del fonocentrismo. Más allá de los nombres propios, se trate de Platón o Heidegger, de Hegel o Aristóteles, este vínculo originario y esencial entre *logos* y *phoné* –dice Derrida– jamás fue roto[21]. Ahora

---

20   Cf. Derrida, Jacques: *De la gramatología*, op. cit.

21   La única excepción a esta larga historia es, *quizás*, la filosofía estoica. Porque más que la proximidad entre *logos* y *phoné* el estoicismo plantea que la unidad originaria y esencial es entre *pathos* y *logos*, es decir entre las pasiones del alma (*pathos*) y el lenguaje (*logos*). Las pasiones, según los estoicos, no son de ningún modo un fenómeno natural sino una forma de *krisis*, de juicio o de discurso. El hombre, entonces, es un ser apasionado –el único ser apasionado– porque es un animal racional, porque habla. Ahora bien: según la traducción corriente para el estoicismo la pasión es un "impulso excesivo, que transgrede (*hyperteíno*) la medida del lenguaje" (*pleonázousa hormé è hyperteínousa tà katà tòn lògon métra*). Sin embargo, *hormé* viene de órnymi, que tiene la misma etimología del latín *orior* y *origo* y quiere decir: "broto, nazco, origino" (por lo que la definición presenta un origen que supera la medida del lenguaje) e *hyperteíno* no significa aquí literalmente transgredir, sino tender al exceso, situarse en el máximo estado de tensión. La traducción literal de la definición estoica sería, por lo tanto: "origen excesivo que tiende a llevar al extremo las medidas según el *logos*". Así, la apertura original, es decir la apertura a lo que es, pareciera en la filosofía estoica sustraerse de la esfera acústica en la medida en que la definición de *pathos* rompe con el vínculo de origen entre *logos* y *phoné*, entre el sonido y el ser, para otorgarle ese privilegio a las pasiones (que si bien son siempre el origen excesivo del lenguaje, no dejan de estar en relación con él). La discusión sobre el lugar de la filosofía estoica en la época logocéntrica de la filosofía, discusión que dicho sea de paso nunca es abierta

bien: lo que también desarrolla Derrida con algo más de profundidad en otro ensayo de la misma época –publicado sin ir más lejos en el mismo año que *De la gramatología*– es que esta inmediatez entre sonido y pensamiento, entre la voz y el sentido, es lo que delimita muy particularmente el fenómeno metafísico por excelencia que el pensamiento occidental se ocupó una y otra vez de desarrollar según esta lógica logo-fonocéntrica: el fenómeno de la voz (humana) que también en su concepción describe el fenómeno más primario y profundo de la conciencia. La unidad originaria y esencial entre *logos* y *phoné* explica, en otros términos, la unidad metafísica de la voz, o de la conciencia, como fenómeno pleno e indivisible, cerrado a sí mismo y al "a sí" de su presencia. Es en *La voz y el fenómeno* –ensayo al que hacemos referencia– en donde Derrida intenta describir, a partir de la obra de Husserl y en un texto marcado por las disidencias de su filosofía con respecto a la fenomenología, esta unidad metafísica. Tanto Husserl como la fenomenología en general, afirma Derrida, son incapaces de determinar lo que de la voz ya no pertenece exclusivamente a la voz: el instante del parpadeo y de su duración que, como en la vista, es la condición de su emergencia. En el fenómeno de la vista, el parpadeo del ojo es, por un lado, el momento de la interrupción de la visión, el instante en el que la vista se interrumpe para dar paso a su alteridad –lo que de la visión ya no es visión, el momento en el que "la vista" no ve: *cuando el ojo parpadea*– y, por el otro, el de su condición de posibilidad: sin el parpadeo, sin el instante en el que el ojo se cierra y no ve lo que solo puede ver cuando se vuelve a abrir, sin ese momento de oscuridad, imperceptible pero real, infinitesimal pero con una cierta duración, sin el instante en el que la vista se detiene y se anula, la visión o el ver como fenómeno físico –y de sentido, hacia allá vamos– no podría jamás tener lugar. El parpadeo, y por lo tanto el momento de la alteridad, el instante en el que el ojo no ve es imprescindible y necesario para ver. Sin embargo, la concepción metafísica de la voz del pensamiento occidental no casualmente pasa por alto lo que determina en la voz el momento de la auto afección, o de la conciencia,

---

por Derrida en *De la gramatología*, no queda de ningún modo saldada: pues el término *hyperteíno* mantiene una relación etimológica con los términos *teíno* y tónos (*tónos* es, en efecto, la tensión de la cuerda que corresponde a la altura de un sonido), por lo que la imagen acústico-musical del origen de algún modo permanece. Cf. Agamben, G.: "Vocación y voz", en *La potencia del pensamiento*, Madrid, Anagrama, 2008.

es decir el instante del parpadeo y de su duración: el presente de la presencia, el "a sí" de lo que es es, en esta concepción, indivisible o pleno, sin alteridad y sin interrupción. Es decir *sin parpadeo*[22]. Cada vez que hablamos y nos escuchamos hablar, cada vez que hablamos y nos escuchamos hablar no solo y únicamente con otro sino fundamentalmente con nosotros mismos, justo ahí donde se produce, decíamos un poco más arriba, ese otro fenómeno cuya categoría metafísica lleva el nombre de conciencia, cada vez que a través de la voz –interior y exterior, de la voz de la conciencia y de la voz que comunica a otro– accedemos a lo que es, a nuestra presencia y al presente de lo que es, en el presente y en la presencia de ese cada vez no hay ni alteridad ni interrupción: nuestra presencia es vivida en el instante mismo en el que escuchamos esa voz, que escuchamos en ella nuestro pensamiento, el sonido de la "voz del alma", la voz de la conciencia que nos dice "esto *es*"[23].

> Cuando hablo –escribe Derrida en *La voz y el fenómeno*– pertenece a la esencia fenomenológica de esta operación que me oiga en el tiempo en que hablo. El significante animado por mi soplo y por la intención de significación (en lenguaje husserliano, la expresión animada por la *Bedeutungsintention*) está absolutamente próximo a mí. (...) Que el sujeto hablante se oiga en el presente (...) es la esencia o la normativa del habla. Está implicado en la estructura misma del habla que el hablante se oiga: perciba, a su vez, la forma sensible de los fonemas y comprenda su propia intención de expresión[24].

Pero está claro que, como en el abrir y cerrar de ojos el instante del presente, la auto-afección, el "a sí" del presente que produce el oírse hablar del fenómeno de la voz *sí* sufre del parpadeo y de su duración. Eso que la historia de la filosofía llama entonces presencia, el fenómeno de la voz como fenómeno de la presencia plena, no es ni presencia ni plena, sino huella –*trace*– o, para removerla del carácter accesorio y secundario, maléfico, al que fue destinada por esa misma historia: escritura (no en el sentido ordinario que después de Derrida deberíamos de una vez y para siempre revisitar –como

---

22 Cf. Derrida, Jacques: *La voix et le phénomène*, París, PUF, 1967. Capítulo 10.

23 En el próximo apartado nos ocupamos, a propósito de esta relación entre sonido y pensamiento, de la forma en la que ella es asumida, en un breve pasaje de *El capital*, por Marx.

24 Ibid., pp. 135-136.

  EL PARPADEO DE LA POLÍTICA

en efecto intentamos hacerlo en los próximos capítulos–, sino como archi-escritura). En el cada vez de lo que es, en suma, algo se pierde y se escapa a la presencia y al presente de eso que, aquí y ahora es, que viene a nosotros como unidad indivisible entre sentido, presencia y ser. Cada vez que nos escuchamos hablar percibimos nuestra voz, ella nos afecta y sufrimos su presencia, que es la nuestra, *solo* a costa de dejarnos de escuchar, o más precisamente de dejar de escuchar su sonido para escucharla rebotar en el mundo haciendo sentido. Y es, en efecto, solo por el vértigo de esa pérdida, de esa presencia que no es plena sino huella, que hay "es" y fenómeno de la "voz", es decir *voz humana* y presente de lo que es[25].

Continuando entonces con esta larga tradición que en el ámbito de la ontología o de la filosofía él mismo contribuye a constituir, Aristóteles comienza el célebre pasaje sobre el *zoon politikon* haciendo una separación que solo separa en apariencia porque en el fondo se mantiene fiel a la historia de la filosofía a secas y a la época logocéntrica. La voz (*phoné*), escribe el filósofo griego en el célebre pasaje de la *Política* que citábamos, solo es signo de dolor y de placer, por eso la poseen los demás animales: porque su naturaleza solo llega hasta tener la sensación de dolor y de placer y, así, pueden indicársela a los otros animales. Pero el *logos* (la palabra) –sostiene en el mismo pasaje– existe para manifestar lo útil y lo nocivo, lo justo y lo injusto, y es solo propiedad del *zoon politikon* y no del resto de los animales: es propiedad solo del hombre porque solo en él está el "sentido (*aisthesis*) del bien y del mal, de lo justo y lo injusto". El *logos* acoge y recoge el sentido. Y si el *logos* no es acá *phoné*, voz, si está separado de la voz y la *phoné* es solo en apariencia, es solo por el efecto de un rodeo que no elude en absoluto la exigencia fonocéntrica. El Aristóteles de la *Política* no rompe en absoluto el vínculo originario y esencial entre *logos* y *phoné*, cuyo origen es el de la propia filosofía, sino que, por el contrario, le da un nuevo impulso. La *phoné* animal cuya naturaleza solo llega hasta la sensación, a indicar *sin querer decir*, es solo voz, solo *phoné*, es una voz y *nada más*[26]. Pero el *logos* del que habla Aristóteles en el libro

---

25 Para una explicación algo más acabada de este tema, remito al primer apartado del capítulo "El parpadeo de la política".

26 Para referirnos a la simple *phoné*, a la voz sin *logos*, es decir a la voz animal, utilizamos aquí la expresión una "voz y nada más" cuya autoría le pertenece, en realidad, a Mladen Dólar. Si nos apegamos a ella a pesar de las profundas diferencias con el empleo que él hace en el texto del mismo título, es decir

primero de la *Política* reenvía, sin embargo, a otra voz que si bien ya no es solo voz y nada más es *aun, y todavía,* una voz: se trata del *logos* como *palabra hablada*, de la voz humana. Lo que distingue la condición política del *zoon politikon*, es decir la condición humana del animal político que es el hombre, no es la posesión del *logos* como la capacidad o la condición humana que nos permite escribir, sino la posesión del *logos* como la capacidad o la condición humana que nos permite hablar, y que nos permite hablar delante de la Asamblea: el instrumento de la vida política en Grecia era la fuerza de la palabra hablada para persuadir al público al que ella se dirigía, y de ningún modo la escritura, es decir la palabra escrita, que en aquella época solo servía para la divulgación de los saberes y en ningún caso para el sistema de la *polis* y de la vida política de la antigua ciudad griega[27]. Lo que opera en este pasaje de la *Política* de Aristóteles es, entonces, una razón histórica que se corresponde con la existencia de la *polis,* y cuyo origen se remonta al siglo VIII y VII a.C., pero que inmediatamente se transforma en una razón teórica o filosófica, esto es, la que inaugura, a partir de ese mismo momento, un pensamiento logocéntrico, es decir un pensamiento fonocéntrico sobre la política: "la aparición de la polis –afirma Jean-Pierre Vernant– constituye, en la historia del pensamiento griego, un acontecimiento decisivo"[28]. Y es precisamente por esto que resulta imposible separar este pasaje de Aristóteles de ese acontecimiento decisivo, de esa condición histórica que opera, filosófica o teóricamente, en la *Política*. Es decir: es imposible separar ese acontecimiento y ese pasaje del acontecimiento que en sí mismo constituye la invención de la filosofía política como disciplina, por un lado, y de la forma en

____

a su interpretación de la "voz y nada más" como objeto a (interpretación cuyas resonancias lacanianas son evidentes: eh aquí, en efecto, el meollo de esas diferencias), es por su transparencia para indicar lo que la separa de la voz humana, de la voz envuelta en el *logos*. En una palabra, es en el "y nada más" de la expresión en donde se encuentra la fuerza de esa transparencia. Cf. Dólar, Mladen: *Una voz y nada más*, Buenos Aires, Manantial, 2007.

27   "Era la palabra la que formaba, en el marco de la antigua ciudad griega, el instrumento de la vida política: la escritura va a proporcionar, en el plano propiamente intelectual, el medio de una cultura común, permitiendo una completa divulgación de los saberes previamente reservados o prohibidos. Tomada prestada de los fenicios y modificada por una transcripción más precisa de los sonidos griegos, la escritura cumplirá esta función de publicidad (...)". Cf. Verrnant, Jean-Pierre: *Les origines de la pensée grecque,* Paris, PUF, 2014, p. 59. La traducción es mía.

28   Ibid., p. 56. La traducción es mía.

la que él marca a la historia del pensamiento de esa disciplina, por el otro. Si en Aristóteles existe una proximidad estrecha, una relación cerrada y recíproca entre *logos* y *política*, entre *logos* y humanidad, esa proximidad y esa relación no puede ser comprendida si no es a partir de la potencia de la palabra, pero de la palabra o del *logos* como palabra hablada, como *phoné* más *logos*. El célebre pasaje de la *Política* de Aristóteles abre así una nueva época y una nueva historia dentro de la historia y la época logocéntrica: el privilegio de la *phoné* o la voz en la historia de la filosofía, la proximidad absoluta de la voz con el ser, la determinación del ser como plena presencia no deja, en Aristóteles y la filosofía política, de ser el privilegio de la voz como lugar de proximidad absoluta con el ser del hombre, como el lugar de su *plena presencia*, de su *humanidad plena y siempre presente*. El fonocentrismo y el logocentrismo se trastoca, en esta historia, que se cruza con aquélla otra historia: aquí la historia de la filosofía política, allá la historia de la filosofía, como "humano-fono-logencentrismo". Y ese privilegio tiene, también, su reverso: el desprecio por la escritura que será, a partir de Aristóteles, el signo puro *de la ausencia absoluta de politicidad*. Con él, entonces, no solo se escribe una cierta historia, la de la filosofía política, sino también una cierta política: la de la presencia *viva* de la voz, la del presente de la política como la unidad originaria y esencial entre cuerpo y habla. Es decir: se formula y se concibe una política fonocéntrica: la política del espacio público y de la proximidad del habla. El logocentrismo no solo deja su huella en la ontología sino también, a través del *zoon politikon*, en la ontología política. Y esto –para volver a nuestro argumento del inicio– independientemente del estatuto ontológico de la política. Ya sea, en suma, que la entendamos como fundamento o como sub-sistema del orden social, como esfera instituyente o deliberativa de la comunidad.

— III —

Más de veinte años después de su carta a Ruge, Marx vuelve a hacerle un guiño a la tradición y vuelve a confirmar con muy poco pero con un párrafo que a pesar de lo que declara dice por lo bajo mucho más de lo que explicita, la historia de la que él como filósofo político forma parte. En esta ocasión, quien escribe las palabras que sellan esa pertenencia no es, como en la carta a Ruge, el joven liberal que indignado con el presente de su tierra natal comparte esa indignación y esa vergüenza con su colega y compatriota, también liberal como él, el propio Ruge. Para recurrir a la clásica y célebre división que hiciera famosa Louis Althusser, quien confirma esta vez esa filiación a la tradición de la filosofía política es aquí el Marx maduro de *El Capital*. Distanciado entonces en forma definitiva de Ruge y de los principios liberales, Marx vuelve a rendirle homenaje a Aristóteles en las páginas de su texto clave[29]. La diferencia más notoria, si se quiere, es que ahora el Marx maduro vuelve a las premisas logocéntricas cuyas bases sienta la definición del *zoon politikon* aristotélica sin nombrar a su autor original, es decir a Aristóteles, sin imaginarlo como un Aristóteles alemán e, incluso y paradójicamente, intentando tomar distancia de él evocando al *homo faber* de Benjamin Frankin.

Volvamos entonces a *El Capital*: después de un largo párrafo que describe el proceso general de trabajo, párrafo que inicia el capítulo V del primer tomo del texto de Marx, éste continúa con una observación, o más bien con una comparación, en la que el propio Marx pretende, aunque sea en los papeles, alejarse de la definición del hombre como animal político, y por lo tanto de la historia que

---

29   Más allá de la fidelidad a la tradición que inaugura Aristóteles con el *zoon politikon*, cuyo saber representa el saber de la filosofía política, Marx fue un atento y agudo lector de Aristóteles: no solo no se preocupa en disimularlo cuando se propone el juego de imaginar un Aristóteles alemán para criticar el presente de Alemania, como lo hace en la carta que le envía a Ruge, sino que, cuando puede, y aun cuando encuentra que su pensamiento choca con los límites de su realidad histórica, como en el caso del análisis que hace Aristóteles sobre el valor, que Marx cita en *El Capital*, no deja de admirarlo: "Pero que bajo la forma de los valores mercantiles todos los trabajos se expresan como trabajo humano igual, y por lo tanto como equivalentes, era un resultado que no podía alcanzar Aristóteles partiendo de la forma misma del valor, porque la sociedad griega se fundaba en el trabajo esclavo y por consiguiente su base natural era la desigualdad de los hombres y de sus fuerzas de trabajo. El secreto de la expresión de valor, la igualdad y la validez igual de todos los trabajos por ser trabajo humano en general, y en la medida en que lo son, solo podía ser descifrado cuando el concepto de igualdad humana poseyera ya la firmeza de un prejuicio popular. Mas esto solo es posible en una sociedad donde la forma de mercancía es la forma general que adopta el producto del trabajo, y donde, por consiguiente, la relación entre unos y otros hombres como poseedores de mercancías se ha convertido, asimismo, en la relación social dominante. *El genio de Aristóteles brilla precisamente por descubrir en la expresión del valor de las mercancías una relación de igualdad.* Solo *la limitación histórica* de la sociedad en la que vivía le impidió averiguar en qué consistía, 'en verdad', esa relación de igualdad". Cf. Marx, K.: *El Capital. Crítica de la economía política*, Buenos Aires, Siglo XXI, 2002, pp. 73-74.

        El parpadeo de la política

a partir de él se narra, la de la filosofía política, con el objeto de dar comienzo a otra historia distinta –que sin embargo no dejaría de ser por eso la historia de la filosofía política– que en lugar de tener como origen el *zoon politikon*, es decir al animal dotado de *logos*, tenga como punto de partida al *homo faber*, o sea al hombre como "toolmaking animal":

> Concebimos el trabajo bajo una forma en la cual pertenece exclusivamente *al hombre.* Una araña ejecuta operaciones que recuerdan las del tejedor, y una abeja avergonzaría, por la construcción de las celdillas de su panal, a más de un maestro albañil. Pero lo que distingue ventajosamente al peor maestro albañil de la mejor abeja es que el primero ha moldeado la celdilla en su cabeza antes de construirla en la cera. Al consumarse el proceso de trabajo surge un resultado que antes del comienzo de aquél ya existía en la *imaginación del obrero*, o sea *idealmente*[30].

Como vemos, enseguida y sin perder el tiempo Marx se propone dar una batalla que solo insinúa librarla porque en los hechos no la libra en absoluto. Se ilusiona con enfrentar un desafío que no puede sostener sino a costa de dar un rodeo que le pone fecha de vencimiento en el mismo párrafo que lo enuncia. La primera frase del pasaje que citamos parece tener un solo y único destinatario: el *zoon politikon* de Aristóteles. "Concebimos el trabajo –dice Marx– bajo una forma en la cual pertenece exclusivamente *al hombre". Exclusivamente*, es decir solo y únicamente al hombre. El trabajo (y no el *logos*, parece decir sin decirlo del todo en la frase) es lo que distingue al hombre de los animales. Es éste su ser más propio, lo propio más propio del hombre, lo que le pertenece en forma exclusiva. Algunas páginas más adelante, de hecho, Marx vuelve sobre la misma idea, la desarrolla y revela con nombre y apellido el autor que está en el origen de esa idea:

> El uso y la creación de medios de trabajo, aunque en germen se presentan en ciertas especies animales, caracterizan el *proceso específicamente humano de trabajo*, y de ahí que Franklin defina al hombre como a "toolmaking animal", un animal que fabrica herramientas[31].

---

30 Marx, K.: *El Capital. Crítica de la economía política*, Buenos Aires, Siglo XXI, 2002, p. 216. El subrayado es de Marx.

31 Ibid., p. 218. El subrayado es de Marx.

En un mismo movimiento Marx realiza entonces dos operaciones bien distintas aunque relacionadas: agrega, en primer lugar, que el trabajo, bajo la forma en la cual pertenece exclusivamente al hombre, significa el uso y la creación de sus medios de trabajo –porque, aclara, el uso y la creación de los medios de trabajo se presenta *solo* "en germen" en otros animales (ahora bien: ¿qué significa "en germen"?, allí, en efecto, está todo el meollo del problema, y en la comparación entre la mejor abeja y el peor maestro albañil Marx lo resuelve, aunque lo resuelve con un resultado distinto del que él mismo espera demostrar con sus argumentos)–. Y en el mismo movimiento, por otro lado, agrega contra Aristóteles al rival del *zoon politikon* y al hacedor de la concepción del hombre como *toolmaking animal*: Benjamin Franklin. Así las cosas, la distancia entre Marx y Aristóteles, entre Marx y la historia de la filosofía política parece, varias décadas después de la carta a Ruge, insalvable. La propia historia que describe la trayectoria intelectual de Marx, que va del joven Marx al Marx maduro, de la ruptura epistemológica que señala Althusser –insisto– y de la ruptura ideológica que en esa trayectoria separa a Marx del pensamiento liberal, sirve de fundamento para fijar esa distancia. Pero solo bastan unas pocas líneas para borrarla. Y Marx comienza, en los hechos, a borrarla con un detalle. Después de casi sentenciar la muerte al *zoon politikon* y tras la mención breve de una araña "cuyas operaciones recuerdan las del tejedor" (pues "las operaciones", es decir el trabajo que realiza la araña para fabricar sus medios de subsistencia: la telaraña para cazar a su presa, recuerdan las operaciones, es decir el trabajo que realiza el tejedor para fabricar los suyos: la ropa que viste para vivir), el párrafo continúa con otra comparación que contiene, inesperadamente, un guiño a Aristóteles –un guiño que llega, paradójicamente, justo después de haberle declarado con Franklin una batalla no solo a Aristóteles, al mismo Aristóteles que acaba implícitamente de criticar, sino a partir de él a la historia que con él comienza, es decir al *zoon politikon* y a la historia de la filosofía política–. Porque como en las frases ilustres del Libro I de la *Política*, como en el célebre pasaje en donde Aristóteles da comienzo a la historia de la filosofía política, Marx se sirve de la comparación del hombre y de la abeja para explicar la diferencia entre el hombre y el animal. Es decir: si para definir al *zoon politikon* Aristóteles compara al hombre con la abeja ("La razón de que el hombre es –dice Aristóteles– más que la abeja o cualquier animal gregario, un animal político..."), para definir al *toolmaking animal* que es el hombre, Marx

 El parpadeo de la política

lo hace también comparando al hombre ("el peor maestro albañil")
con la abeja (es decir con la "mejor abeja"). Casi sin darse cuenta y
desde el inicio –en suma– cuanto más intenta alejarse Marx no hace
otra cosa que acercarse a la tradición que cree enfrentar.

Después de haber dicho, entonces, que concibe al trabajo bajo
la forma en la cual pertenece exclusivamente al hombre, Marx despliega la comparación que decíamos: la abeja –escribe– avergonzaría
por la construcción de las celdillas de su panal a más de un maestro albañil. Pero hay algo, incluso tratándose de la mejor abeja y del
peor maestro albañil, que diferencia a uno del otro. Y esa diferencia
en lugar de confirmar –insistimos– la afirmación que acaba de hacer solo unas líneas más atrás, la refuta. Marx vuelve así sobre sus
pasos, sobre los pasos que marcaban el camino del hombre como
toolmaking animal. Porque lo que distingue al hombre del animal,
incluso al peor trabajo del hombre, es decir al peor maestro albañil,
del mejor trabajo de una abeja, es decir de la mejor abeja, es que "el
primero ha moldeado la celdilla en su cabeza antes de construirla en
la cera". *Antes* de construirla con sus manos en la cera el hombre, suponiendo que construya celdillas para un panal de abejas, se escucha
hablar diciéndose cómo va a hacer la celdilla en la cera, la construye
antes idealmente en su cabeza, se la *representa* antes de construirla en la cera, como *una celdilla* en la cera. Se trata, por ende, de una
diferencia que no está, en los hechos, *en* el proceso de trabajo sino
antes del proceso de trabajo. La celdilla, afirma Marx, "*ya existía* en
la imaginación del obrero". Ahora bien: si está antes es porque está
más allá del proceso de trabajo, es decir más allá del trabajo. ¿Es entonces como escribe el propio Marx en la primera línea del párrafo
que citamos, el trabajo lo que pertenece en forma exclusiva al hombre? ¿O es lo que ya existía antes de él, o sea fuera del trabajo? ¿No
es, dicho de otro modo, otro trabajo lo que hace la diferencia? ¿No
es, para ser más precisos, el trabajo de representación de la celdilla
en su cabeza lo que le da fundamento a esa diferencia? Y ese trabajo
de representación: ¿no es el trabajo propio de eso que Aristóteles, y
desde Aristóteles y la filosofía griega, llamamos *logos*?

La concepción del hombre como *toolmaking animal* queda, en el
mismo párrafo en la que es enunciada, tambaleando. Y no solo ella
queda tambaleando sino que en el mismo movimiento que la hace
tambalear Marx mismo tambalea y queda atrapado en la tradición
que parecía querer con ayuda de Franklin derribar. A Marx no le hace
falta nombrarlo para, en un mismo pasaje, volver dos veces sobre

Aristóteles. Primero para marcar distancia, entonces, y luego para borrarla. Primero para desmarcarse, y luego para correr tras sus huellas, tras la huella del origen que comienza con la *Política*. Porque finalmente lo que diferencia el trabajo del hombre, del obrero o del peor maestro albañil, de la abeja o de la mejor abeja, no es lo que está *en* el trabajo porque la mejor abeja, escribe Marx como si nada hubiera dicho una línea atrás, avergonzaría al peor maestro albañil, y porque el trabajo de la araña recuerda al trabajo de cualquier tejedor. Si el trabajo humano es humano, si la humanidad del hombre se presenta en el trabajo es, en suma, por lo que está antes, afuera y más allá del trabajo. Es, dicho de otro modo, por su trabajo de representación, por el trabajo del *logos*. Para que el trabajo de la construcción de la celdilla en la cera sea plenamente humano hace falta ver, por lo tanto, más allá del proceso de trabajo, hace falta ir más allá del *toolmaking animal*, alejarse de Franklin para acercarse al *zoon politikon* y, en todo caso, acercarse también a Aristóteles. Acercarse, por un rodeo, a la tradición de la que Marx intentaba alejarse. El rodeo que Marx realiza deja intacto el logocentrismo: del trabajo humano al trabajo animal existe, pues, la misma distancia que entre la *phoné*, la simple *phoné*, y el *logos* como unidad entre sentido y *phoné*, entre *logos* y representación. Es decir: entre la voz humana y la voz animal, entre la simple voz animal y la voz articulada que quiere decir de la humanidad.

CAPÍTULO II

El espacio público
y la proximidad del habla

— I —

En el último capítulo del *Ensayo sobre el origen de las lenguas* Rousseau se ocupa, según el título que él mismo elige para encabezar las últimas páginas del texto, de la "relación de las lenguas con los gobiernos". El capítulo comienza, en efecto, retomando lo que el propio Rousseau ya venía en buena medida desarrollando con anterioridad a este último tramo del *Ensayo*: que las lenguas se forman naturalmente según las necesidades de los hombres y que ellas cambian o se alteran según las modificaciones de esas mismas necesidades. Mientras en la época antigua, insiste entonces Rousseau con su argumento, la elocuencia era una necesidad en el uso de la lengua, esa necesidad no se hace notar en la época moderna: "¿Para qué serviría en la actualidad –se pregunta–, cuando la fuerza pública ha suplido a la persuasión?"[32]. Y enseguida agrega: "los cambios (en las sociedades contemporáneas) solo se producen con el cañón y los escudos, y como lo único que hay que decirle al pueblo es: dad dinero, se le dice con carteles en las esquinas de las calles o con soldados dentro de las casas. No es necesario reunir a nadie para esto"[33]. El razonamiento de Rousseau parece a esta altura del *Ensayo* bastante transparente: si en nuestras sociedades, es decir en las sociedades modernas, no es necesario reunir "a nadie" para producir los cambios que son necesarios es porque no es necesario reunir a nadie para gobernar al pueblo. De allí, si se quiere, la metáfora de los soldados en las casas, de los

---

32   Rousseau, Jean-Jacques: *Ensayo sobre el origen de las lenguas*, Buenos Aires, Ediciones Calden, 1970, p. 131.

33   Ibid., pp. 131-132.

cañones y los escudos para describir esta falta de necesidad de la elocuencia en el uso de la lengua moderna: la fuerza pública es en nuestros días el medio a partir del cual se gobierna. El sentido de la pregunta con la que el propio Rousseau comienza este mismo capítulo toma así su verdadera fuerza: ¿Qué discursos quedan para dirigir al pueblo reunido en la época moderna? "Sermones", responde irónicamente el autor del *Emilio*. Por supuesto que esta hipótesis que explica con agudeza la falta de necesidad de la elocuencia en el uso de la lengua moderna contrasta de hecho con las necesidades que explican –como decíamos más arriba– la imagen contraria y la relación inversa que posee la lengua con el gobierno en la época antigua. Porque, precisamente, en la antigua ciudad griega el gobierno se ejercía a través de la persuasión y de ningún modo por medio de la violencia, o del monopolio legítimo de la violencia, que viene a representar la fuerza pública en los Estados modernos. La elocuencia como marca específica en el uso de la lengua era, en este sentido, vital para el funcionamiento y el buen ejercicio del gobierno. Razón por la cual, se explaya Rousseau un poco más adelante, el arte de la retórica aparecía como una cosa ordinaria en los discursos que se dirigían al pueblo reunido en la plaza pública: "los antiguos se hacían entender fácilmente por el pueblo en la plaza pública: hablaban sin problemas todo un día" e incluso, agrega, hasta "los generales arengaban a sus tropas"[34].

Casi como al pasar, y justo antes de terminar el párrafo que desarrolla este contrapunto sobre la necesidad de la elocuencia en el uso de la lengua según las diferentes épocas, Rousseau se despacha, sin embargo, con un comentario que sin dudas trasciende ampliamente la preocupación o el tema que en un principio el título del capítulo anticipaba junto con este primer párrafo –el de la relación de la lengua con los gobiernos, relación de la que se deriva la cuestión de la elocuencia–. Se trata, para decirlo de otro modo, de un comentario que explica de forma precisa cómo opera en la historia de la filosofía política uno de los conceptos claves que junto con el concepto de *zoon politikon* la han constituido como disciplina: "la primera máxima política moderna –sostiene– es tener a los sujetos bien alejados?"[35]. Al comentario le cabe, a propósito precisamente de la historia de la filosofía política, una pregunta que se cae por su

____

34 Ibid., p. 132.

35 Ibid.

  El parpadeo de la política

propio peso: ¿por qué tener a los sujetos "bien alejados" sería una máxima de la política moderna? O mejor aun: ¿por qué la política de alejar a los sujetos sería, antes de ser una máxima de la política moderna, *simplemente* una política? La respuesta de Rousseau llega enseguida y, a pesar de hacerlo a través de la descripción de una escena que es ficticia, no deja por ello de resultar de lo más efectiva:

> Los antiguos se hacían entender (*entendre*) fácilmente por el pueblo en la plaza pública; hablaban sin problemas todo un día. Los generales arengaban a sus tropas; se los escuchaba (*entendait*) y ellos no se agotaban. Los historiadores modernos que han querido insertar arengas en sus historias han sido objeto de burlas. Supóngase un hombre arengando en francés al pueblo de París reunido en la *place Vendôme*. Gritará a voz en cuello, se escuchará (*entendra*) que grita *pero no se distinguirá ni una palabra*. Heródoto leía su historia a los pueblos de Grecia reunidos al aire libre y por todas partes resonaban aplausos. En la actualidad, el académico que lee una memoria en una asamblea pública apenas es escuchado (*entendu*) al final de la sala. Si los charlatanes de feria no abundan tanto en Francia como en Italia no es porque en Francia sean menos escuchados (*écoutés*), sino porque no se los comprende (*entend*) *tan bien* (*si bien*). D'Alembert cree que se podría decir el recitativo francés a la italiana; habría pues que decirlo al oído, ya que de otro modo no se entendería (*entendrait*) nada[36].

A pesar de ser ficticia, la escena que describe Rousseau es más que ilustrativa en lo que se refiere a lo que ésta esconde: al principio y al concepto que operan en esa escena. La impotencia que muestra el hombre arengando en francés al pueblo de París reunido en la célebre *place Vendôme* no se debe, está claro, a la falta de elocuencia que ese individuo podría llegar a evidenciar como producto de una lengua a la que la elocuencia, como viene de demostrarlo un poco más atrás el propio Rousseau, no le es necesaria. El argumento de Rousseau es en este sentido transparente: si la arenga falla, si ese hombre se topa con la impotencia de no poder arengar al pueblo que, a pesar de ello, está reunido en la misma plaza en la que él intenta realizar esa arenga, es porque si el hombre hablara no se le distinguirá "ni una palabra". Podrá incluso gritar a voz en cuello, se podrá incluso escuchar que grita pero, insiste Rousseau, aun así no se le distinguirá lo que habla. La diferencia que Rousseau traza en estas líneas es tan sutil –lo que lo

____

36   Ibid.

explica en parte el uso del verbo francés *entendre*, que quiere decir no solo escuchar sino también comprender o entender de qué se habla –como trascendente: se lo puede *escuchar* gritar pero no se le puede *entender* lo que habla, *las palabras* que emplea cuando habla. Por más que hable gritando, dicho de otro modo, el problema no está en el volumen de la voz sino en lo que de esa voz se distingue o no como ruido –grito– o palabra. El pasaje es, incluso, seguido por una serie de comparaciones que a pesar de que parezcan una insólita digresión en relación con el argumento que Rousseau viene desarrollando intentan sin embargo dejar en claro qué es lo que está en juego en esa célebre plaza de París y en esa escena que él mismo está relatando. Así, escribe entonces Rousseau, el hombre que grita a voz en cuello en la *place Vendôme* no podrá jamás recibir los aplausos que recibía Heródoto cuando contaba sus historias al pueblo de la antigua Grecia reunido al aire libre, y ello por una razón muy sencilla: al historiador griego –suponiendo que efectivamente contara sus historias en la plaza pública– no solo se lo escuchaba o se lo oía hablar sino que, fundamentalmente, *se le entendía lo que hablaba*. Y lo mismo sucede, por caso, con los charlatanes de feria en Francia: no abundan tanto como en Italia puesto que en Francia si bien son escuchados no se les *entiende* tan bien lo que hablan. El hombre en la *place Vendôme* parece, en fin, más cerca de estos últimos y del académico en la actualidad que "apenas es escuchado" (*entendre*) al final de la sala que del célebre Heródoto al que no se le presentan estos problemas, típicos de la época moderna.

Faltaría entonces determinar cuál es el concepto que opera en este pasaje en el que el problema de la elocuencia, que es el que atraviesa el problema de la relación de las lenguas con los gobiernos, parece desdibujarse en detrimento de la frase que pone de relieve la máxima que rige la política moderna, la de mantener a los sujetos bien alejados, y la de una escena que es relatada enseguida después de ésta. Si bien la relación entre ambas no resulta del todo evidente, para comprender mejor la primera resulta más fácil comenzar a pensar a la segunda como una simple puesta –precisamente– en escena, y lo que se pone en el centro de la escena es, en primer lugar, una arenga que falla o que no encuentra quien la entienda. Por lo tanto: ¿frente a qué es lo que falla la arenga? La respuesta, en efecto, nos la da el propio Rousseau al comienzo mismo del párrafo cuando compara el fracaso de esa arenga con el éxito que tenían los hombres en la antigüedad para hablar todo un día sin problemas en la plaza pública. Todo el pasaje es, en suma, una muestra bien conformada de la forma, las leyes y los principios que regulan el espacio en donde se presenta, desde Aristóteles, la política: si la arenga falla es porque lo que falla es la intención de ese hombre de convertir ese espacio en el espacio por excelencia en donde se gobierna: *el espacio público*. Por eso Rousseau supone –de algún modo y en cierto modo sin quererlo– que en una escena como ésta el problema del fracaso de la arenga es más que la falta de elocuencia en el uso de la lengua, insistimos, la imposibilidad de distinguir las palabras que, en todo caso, se pronuncian para concretarla. Por más que se lo escuche gritar, si las palabras que grita no son distinguidas, si no son *entendidas* por los que están presentes en esa misma plaza no hay ninguna posibilidad de que esa aglomeración imaginaria del pueblo de París, reunido en la *place Vendôme*, se convierta en el lugar en donde se ejerce el gobierno, donde se pueden realizar los cambios en las sociedades actuales, que es en última instancia lo que venía de indicar Rousseau un poco antes en relación con lo que pasa en la época de la antigua Grecia, porque el espacio público es un espacio regido por la circulación de la palabra a la que le hace falta ser escuchada, es decir comprendida y *distinguida* como palabra.

Cuando, para ir un poco más lejos en el tiempo y con el argumento, casi dos siglos después, en su clásico texto *La condición humana*, Hannah Arendt describe el mundo común que compone el espacio público, señala que éste configura una esfera singular en relación con la esfera privada: ¿y de qué es, en efecto, de lo que se nos *priva* en la esfera privada como esfera típica, precisamente, de la Edad Moderna? De ser "visto y oído, escribe Arendt, por los demás"[37], de acceder a lo público como el lugar en donde cualquiera que aparece puede ser visto y oído "por todo el mundo"[38]. Es decir: para aparecer en este espacio, para *hacerse presente*, hay que ser *vistos y oídos* por lo demás. La esfera pública a la que pertenece el espacio público –entonces– se constituye como tal en la medida en la que es una esfera marcada y atravesada por un régimen muy específico de visibilidad, o más bien de *presencia*: el que determina el *logos* o la palabra, en primer lugar, y la voz –el privilegio de la voz, una vez más– como medio o soporte para la configuración de esa visibilidad o régimen de presencia. Si el hombre que gritaba

---

37   Arendt, Hannah: *La condición humana*, Buenos Aires, Paidós, 2009, p. 67.
38   Ibid., p. 59.

en la *place Vendôme*, volviendo a la escena de Rousseau, no podía cumplir con su propósito de arengar al pueblo de París es porque a pesar de encontrarse en un espacio compartido como es el espacio público en el que está, la célebre plaza ubicada en el centro de París, no lograba *hacerse presente* plenamente, como un hombre que habla y que habla a los demás, que habla y es escuchado y entendido como *tal*. Y es en este preciso sentido que el concepto de espacio público clausura o sutura el fonocentrismo y el logocentrismo que caracteriza y sostiene, tanto como el concepto de *zoon politikon*, a la filosofía política como pensamiento sobre la condición plena del hombre que es, en efecto, la que lo define como animal político. La única humanidad que se *ve* en el espacio público, que se puede hacer ver y por lo tanto hacerse en él presente, es la de los hombres cuya voz es el signo –o el indicio, dice Aristóteles– de su diferencia con la animalidad –para la cual, dicho sea de paso, ya el propio Aristóteles le reservaba su lugar propio: el de la esfera privada o el *oikos*–. La máxima o el principio que, en suma, podría sintetizar perfectamente la operación fono-logocéntrica que define el pensamiento político occidental desde Aristóteles hasta la actualidad, y cuyo concepto por excelencia es el del espacio público –espacio político por excelencia, también desde Aristóteles hasta la actualidad–, es la siguiente: si el espacio público es el sitio en donde la humanidad del hombre alcanza su forma más plena, puesto que, como quisiera Hannah Arendt, en él nos distinguimos en nuestra más específica singularidad, esa plena humanidad solo se presenta producto de un espacio que se constituye por efecto del *logos* y de la palabra hablada, de la voz y de la capacidad para hacernos escuchar, es decir entender, como animales que no solo gritamos o emitimos sonidos sino que, en lo fundamental, usamos esa voz y esa palabra para hacer de nuestra condición política una actividad que se realiza en presencia de y con los demás. De allí, volvamos, la razón que explica la primera máxima política moderna: la de mantener a los sujetos bien alejados, la de separarlos para evitar que, como en la antigüedad, se puedan entender y escuchar, hablar todo un día *reunidos* –y sin problemas– en la plaza pública para gobernar. Y para ello, como bien señala Rousseau, la época moderna emplea la fuerza pública, los cañones y los soldados en las casas para evitar que los individuos se aglomeren y reúnan para dar cuenta de su politicidad, es decir de su condición más plenamente humana y singular. Aunque también –agrega Rousseau otra vez al pasar– se pegan carteles en las

   El parpadeo de la política

esquinas de las calles: porque con ello –con los carteles *escritos* en las calles– se contribuye a consumar esa máxima de la modernidad. Este pasaje del *Ensayo*, en suma, no hace otra cosa que explicar la forma en la que el concepto de espacio público delimita el horizonte metafísico del pensamiento político occidental.

— II —

En el libro VI de la *Política* Aristóteles define lo que desde el punto de vista de una teoría de la democracia puede leerse como uno de sus aportes más significativos: de las diferentes formas de la democracia, plantea, la mejor y también la más antigua es aquella en donde la mayoría del pueblo vive del cultivo de la tierra o de la ganadería, es decir donde el *dèmos* vive mayormente en el campo. Incluso, agrega un poco más adelante en este mismo texto, una excelente democracia puede establecerse muy fácilmente si el territorio está distribuido de tal manera que los campos destinados al cultivo o al pastoreo estén lo más distante o lo más lejos posible de las ciudades o los centros de las antiguas ciudades-griegas: "allí donde además la disposición del territorio es tal que éste se extiende hasta muy lejos de la ciudad –escribe– es fácil establecer un buen régimen democrático"[39]. Pero si esta forma de la democracia es para Aristóteles la mejor de las democracias posibles es porque la fortuna (la *ousia*) es lo que organiza el orden comunitario. Como la clase del pueblo que integran los labradores y los pastores no tienen "mucha fortuna (*ousia*) –escribe siempre Aristóteles en la *Política*–, suelen estar ocupados y, por consiguiente, no pueden asistir con mucha frecuencia a la Asamblea; como no tienen las cosas necesarias pasan el tiempo en sus trabajos (...) y prefieren trabajar mejor que dedicarse a las actividades cívicas y al gobierno"[40]. Trabajar, en una palabra, vale más que gobernar. El razonamiento aristotélico es, como vemos, bien concreto y muestra sin rodeos los motivos que explican los beneficios de este tipo de régimen: porque si bien en este tipo de democracias la mayoría del pueblo tiene la posibilidad de participar en política y en los asuntos de gobierno, éstos van a decidir *voluntariamente* dejar esos cargos a quienes poseen la *ousia* para hacerlo. Porque solo así, piensa el filósofo griego, gobiernan y

---

39   Aristóteles: *Política*, Madrid, Centro de Estudios Constitucionales, 1989, p. 255.
40   Ibid., p. 253.

mandan naturalmente los mejores. Son los privilegios de la *ousia*, entonces, los que hacen que cada uno ocupe satisfecho y con gusto el lugar que le conviene: los pobres, por un lado, desestiman las magistraturas sin guardar ningún tipo de recelo para los que las ocupan y los ricos, por el otro, van a ejercerlas sin las pretensiones y la avaricia de agrandar su riqueza[41].

El concepto de *ousia* en Aristóteles, y sobre todo la forma en la que éste funciona no solo a lo largo de la *Política* sino también a lo largo de toda su filosofía –recordemos solo para empezar su empleo en relación con otro de los significados que pone en juego el autor, como sustancia o esencia en la *Metafísica*, por ejemplo–, merecería sin dudas un análisis del que difícilmente una revisión crítica de su obra pudiera darse el lujo de dejar de abordarlo con el mayor rigor y detalle posible. En un principio, y a los fines de lo que enseguida queremos poner de manifiesto, solo basta con remarcar que la *ousia* de las clases privilegiadas a la que en este pasaje se refiere Aristóteles no solo alude al dinero que estas clases poseen y que, en todo caso, le falta a la clase de los labradores y pastores: implica también una propiedad suplementaria a la fortuna como dinero. Este suplemento, este excedente es, precisamente, lo que en el lenguaje político designa otro término griego: el término *prosodos*. En griego, en efecto, *prosodos* significa borde, el punto en el que un camino toca a su fin, pero en el lenguaje político, recuerda Rancière *En los bordes de lo político*, asume un sentido mucho más preciso:

> constituye el hecho de *presentarse* para hablar ante la asamblea (...), designa (...) el excedente que *permite presentarse*, ponerse en camino, ese algo más que permite *asistir* a la asamblea: algo suplementario en relación con el trabajo y a la vida que éste asegura.

---

41 Según Rancière, en efecto, la cuestión política comienza con esta división entre la masa de los *aporoi*, es decir aquellos que no tienen la fortuna y deben trabajar, y la pequeña minoría que conforman los *euporoi*, es decir aquellos que sí poseen la *ousia* que les permite gobernar: "La cuestión política comienza en toda ciudad con la existencia de la masa de los *aporoï*, de los que no tienen los medios, y el pequeño número de los *euporoï*, de los que sí los tienen. Toda *polis* comprende estos dos componentes irreductibles, siempre en guerra virtual, siempre presentes y representados por los nombres que se atribuyen y los principios en los cuales se reconocen y que reclaman para sí: libertad (*eleutheria*) para la masa de los pobres, virtud (*arête*) para el pequeño número de los ricos". Cf. Rancière, Jacques: *Aux bords du politique*, Paris, Gallimard, 2007, p. 37. La traducción es mía. Enseguida veremos por qué la cuestión política comienza, para Rancière y la filosofía política, con esta división.

Este suplemento que falta no es necesariamente el dinero. Puede ser simplemente el tiempo, el tiempo libre. Tiempo libre que falta para *ir* al centro, porque el centro *está lejos* (...)[42].

El tiempo importa, entonces, porque para dedicarse a las tareas de gobierno hace falta tener tiempo. Es decir: hace falta tener tiempo para *presentarse y hablar* ante la Asamblea. Y si hace falta tiempo es porque hay que *ir* al centro, hay que *trasladarse* hacia el centro. La *ousia*, por lo tanto, no describe simplemente la riqueza, no refiere únicamente a la fortuna que un individuo posee sino también a ese suplemento con el que es necesario contar para dedicarse al gobierno: lo que la lengua política designa con la palabra griega *prosodos* es, puesto de otro modo, el tiempo que esa fortuna o esa riqueza les da a esos individuos para estar *presentes* en la Asamblea, para desplazarse y, con *su presencia*, ejercer el gobierno. Si la mejor democracia puede encontrarse en los lugares en donde la mayoría del pueblo vive de la agricultura y la ganadería es porque a los labradores y a los pastores les falta o no poseen el tiempo para ir a la ciudad y reunirse en asamblea, para hacerse presentes y asistir al espacio en donde se gobierna. Por eso, concluye el propio Aristóteles, si los campos están aun más lejos del centro necesitarán *aun* más tiempo, es decir estando más lejos tendrán *aun* menos tiempo para ir al centro. Y la democracia será, en tal caso, más perfecta.

El comentario que a propósito del término *prosodos* hace Rancière *En los bordes de lo político*, que recupera precisamente este análisis de Aristóteles a propósito de su reflexión sobre las distintas formas de la democracia, y sobre las características de aquella que por sobre las otras se constituiría en la mejor o la más perfecta, describe perfectamente el modo en el que la *ousia* como algo más que la fortuna, como el tiempo libre que ésta habilita, determina la constitución del espacio público y el régimen de presencia que en él se configura. Es decir: lo que define el *prosodos* (borde) del espacio público es lo que el término *prosodos* (suplemento) significa en la lengua política: el excedente de tiempo que permite *hacerse presente*. La espacialidad del espacio público demanda que los cuerpos que en este espacio se presentan, estén *plenamente presentes*: los cuerpos que hablan ante la Asamblea son siempre cuerpos presentes en la transparencia del cara a cara de los rostros y del inmediato alcance

---

42 Rancière, Jacques: *Aux bords du politique*, Paris, Gallimard, 2007, p. 42. La traducción y el resaltado son míos.

de la voz. Y el espacio así abierto, el espacio de una sola y misma palabra, de un solo y mismo intercambio persuasivo. La presencia en este espacio, en suma, está siempre constituida por la presencia *"a sí", inmediata y transparente* de los cuerpos que hablan: ninguna persona puede presentarse en la Asamblea sin estar presente por el efecto de una palabra ligada inmediatamente al cuerpo que habla, inmediatamente presente a sí y a ella misma, a ella misma y al cuerpo que la emite. Se trata, en breve, de la presencia producida por el efecto de una palabra plena, en su origen y en su alcance, y resultado, por lo tanto, de la unidad inmediata y originaria entre el cuerpo que habla y la palabra del cuerpo parlante. Es en este sentido, en efecto, que la pluralidad humana de la que habla Hannah Arendt en *La condición humana*, la pluralidad de perspectivas que determinan los diferentes lugares que ocupan los cuerpos que se presentan en el espacio público, pluralidad que les permite ver y ser vistos, escuchar y ser escuchados a cada uno desde su lugar o su posición, distinguirse en su singularidad, puesto que cada uno ve y es visto, escucha y es escuchado desde su *propio* lugar, desde una posición en particular, es el efecto de esta unidad originaria y esencial entre cuerpo y palabra, de esta palabra plena y plenamente presente en el cuerpo que habla:

> (...) la realidad de la esfera pública radica en la simultánea presencia de innumerables perspectivas y aspectos en los que se presenta el mundo común y para el que no cabe inventar medida o denominador común. Pues, si bien el mundo común es el lugar de reunión de todos, quienes están presentes ocupan posiciones diferentes en él, y el puesto de uno puede no coincidir más con el de otro que la posición de dos objetos. Ser visto y oído por otros deriva su significado del hecho de que todos ven y oyen *desde una posición diferente*[43].

Como los objetos que se distribuyen en el espacio, los cuerpos que se presentan en el espacio público no pueden jamás coincidir y ocupar el mismo sitio o lugar: si cada uno ve y escucha desde su lugar, es porque cada uno ocupa *un* lugar. Esta observación que realiza Arendt a propósito de la distribución de los cuerpos en el espacio público, y cuya importancia es fundamental para comprender una de las dimensiones más específicamente políticas de la esfera pública, la de la singularidad y la de la pluralidad humana, no es ciertamente una

---

43   Arendt, Hannah: *La condición humana*, op. cit., p. 66.

    El parpadeo de la política

bella comparación entre la ley física que determina la distribución de los objetos en cualquier espacio y la ley política que determina la distribución de determinados objetos, los cuerpos de los hombres, es decir del *zoon politikon*, en un espacio específico: el mundo común que constituye el espacio público. Es en todo caso una analogía que debería ser comprendida con la rigurosidad que demanda la función de esa analogía en semejante pasaje de *La condición humana*. Ésta refleja, dicho de otro modo, la forma en la que opera una ley puramente física, la de la imposibilidad de que dos objetos coincidan al mismo tiempo y en un mismo lugar, como una ley *estrictamente política*. Evidencia, en suma, la condición metafísica (es decir logocéntrica) de la política del espacio público y la proximidad del habla. Porque si los cuerpos no pueden ocupar la misma posición en dicho espacio, si no pueden coincidir en un mismo lugar, si cada cuerpo ocupa *un* lugar, es porque los cuerpos que se presentan y asisten a la Asamblea asisten y se presentan bajo la condición de su plena presencia, están allí plenamente presentes, es decir *en persona*: la ley física deviene ley política por el efecto de la plena presencia de los cuerpos que, en el espacio público, se presentan a hablar. Son cuerpos cuya presencia solo tiene lugar en la medida en que estén plenamente presentes, con su cuerpo y con su voz, allí donde se presentan para ser vistos y oídos por los demás, para participar de los asuntos de la comunidad. Cuerpos, entonces, que se expresan siempre a través de una palabra *plena, plenamente presente* en el cuerpo que la emite y ligada *inmediatamente* al cuerpo que habla[44].

Ahora bien: si las posiciones de los cuerpos no pueden coincidir en el espacio que compone la esfera pública, tampoco pueden estar demasiado lejos: para "ser visto y oído por los demás", para que la voz sea escuchada y para hacerse escuchar en la Asamblea, es necesario estar cerca, no estar demasiado lejos. Se comprende entonces todavía mejor, si volvemos al pasaje de Rousseau al que hacíamos referencia más arriba, por qué la primera máxima de la política moderna es mantener a los sujetos bien alejados: porque mientras la condición metafísica del espacio público opere como condición de la política, la política es una cuestión de distancia. La proximidad de la palabra es, en síntesis, lo que define el *prosodos* (los bordes)

---

44 Volveremos sobre este punto más adelante, pero es precisamente el espacio de la escritura el que rompe con esta unidad entre cuerpo y palabra, es decir con la plena presencia del cuerpo en la palabra y de la palabra en el cuerpo que habla. Cf. Capítulo VI.

del espacio público. Y ello porque el espacio de la política, el espacio público, se extiende hasta el punto en donde es posible escuchar y ver al otro, hasta el punto en donde es posible ser visto y oído por los demás, es decir hasta el punto en donde podemos distinguir la palabra de los que hablan. La palabra de los cuerpos que toman la palabra en el espacio público está atravesada por el efecto que la subordina al alcance inmediato de la voz, o al régimen de la palabra hablada, formando esta inmediatez o este régimen un solo y mismo espacio, que es al mismo tiempo el único espacio y régimen espacial en donde el intercambio mismo de la palabra, y fundamentalmente la presencia de la condición más plenamente humana, puede para la filosofía política tener lugar[45].

---

45   Para ser justos y permanecer fieles al pensamiento de Hannah Arendt no podemos dejar de señalar en este punto lo que ella misma describe, siempre en *La condición humana*, como la función más antigua del espacio público: la que permite que el hombre acceda a una potencial "inmortalidad terrena": "Si el mundo ha de incluir un espacio público, no se puede establecerlo para una generación y planearlo solo para los vivos, sino que debe superar el tiempo vital de los hombres mortales. (...) Sin esta trascendencia en una potencial inmortalidad terrena, ninguna política, estrictamente hablando, ningún mundo común ni esfera pública resultan posibles. Porque, a diferencia del bien común, tal como lo entendía el cristianismo (...), el mundo común es algo en que nos adentramos al nacer y dejamos al morir. Trasciende nuestro tiempo vital tanto hacia el pasado como hacia el futuro; estaba allí antes de que llegáramos y sobrevivirá a nuestra breve estancia. (...). Durante muchas épocas anteriores a la nuestra (...) los hombres entraban en la esfera pública porque deseaban que algo suyo o algo que tenían en común con los demás fuera más permanente que su vida terrena. (...) Porque ante todo la *polis* fue para los griegos, al igual que la *res pública* para los romanos, su garantía contra la futilidad de la vida individual, el espacio protegido contra esa futilidad y reservado para la relativa permanencia, sino inmortalidad, de los mortales". (Cf. Arendt, Hannah: *La condición humana,* op. cit., pp. 64-65). Esta inmortalidad a la que nos permite acceder la esfera pública no escapa, sin embargo, a la exigencia logocéntrica. Si, por un lado, ella rompe con la unidad inmediata entre cuerpo y habla en la medida en que habilita una forma de presencia en el espacio público que no es la de la plena presencia, es decir la de la plena presencia del cuerpo en la palabra y de la palabra en el cuerpo que habla, puesto que lo que ésta garantiza es que nuestra palabra y su presencia, que es la nuestra, se extienda más allá de la vida mortal del cuerpo, separando cuerpo y palabra, palabra y cuerpo que habla, por otro lado ella solo asegura esta presencia inédita para el pensamiento de la filosofía política a costa de volver sobre la metafísica: para perdurar en el espacio público más allá de lo que permite nuestra plena presencia, para asegurar nuestra inmortalidad más allá de nuestro tiempo vital, es necesario en primer lugar haber estado presente en ese espacio plenamente: la unidad entre cuerpo y palabra, dicho de otro modo, permanece como la condición necesaria y esencial de esta inmortalidad terrena que pareciera,

La expresión puede parecer en un principio de lo más trivial. Pero no solo es importante porque quien la dice es Hannah Arendt. Lo es también por dos motivos más. Porque indica el lugar de una amenaza. Y porque explica el principio que le da sentido a esa amenaza. La expresión a la que hacemos referencia es la que sostiene Arendt en una entrevista con el escritor alemán Adalbert Reif. En el contexto de esa entrevista, Arendt decía: "La cabina en la que depositamos nuestros sufragios es indiscutiblemente demasiado pequeña porque solo hay sitio para uno". No solo se trata, como sugiere literalmente la frase, de una crítica al tamaño del lugar en donde votamos –aunque, lo veremos enseguida, la crítica al tamaño de ese espacio es central porque permite comprender el fundamento de esa crítica–. El blanco más general de esta expresión es, en todo caso, el sistema o la forma de gobierno en el que ese sitio funciona como tal: la democracia representativa o liberal. De hecho, la observación de Arendt surge como respuesta a una pregunta que Reif le hace a propósito, precisamente, de su crítica a los Estado-Nación modernos en *Sobre la violencia*: "¿En qué otra concepción del Estado (alternativa a la del Estado-Nación moderno) piensa usted –le pregunta Reif–?". Como respuesta a esa pregunta –decíamos– Arendt le contesta la frase que citábamos, aclarando que en lo que piensa ella es, más que en una nueva forma de Estado, en una nueva forma de gobierno, y que esa forma de gobierno es la del sistema de consejos que aunque con relativo éxito y poca duración se pudo verificar, con diferentes intensidades, en casi todas las revoluciones modernas: en la Revolución francesa, en la Revolución americana, en la Comuna de París, en las revoluciones rusas, tras las revoluciones en Alemania y Austria después de la primera guerra mundial y, finalmente, en la Revolución húngara.

En primer lugar, entonces, la observación de Arendt indica el lugar que ocupa la democracia representativa o indirecta en el pensamiento político actual: la de una amenaza, constante y permanente, para la existencia de la política. El carácter urgente y acuciante de esta amenaza puede, en efecto, corroborarse en las advertencias que en los últimos años vienen haciendo, cada uno a su manera, los

---

por un momento, romper con la lógica metafísica de la reflexión logocéntrica de la política.

pensadores más importantes de la actualidad. Desde Rancière hasta Badiou, pasando por Laclau y Abensour, todos ellos han mostrado su preocupación en relación con la consolidación de esta forma de gobierno. Con diferentes énfasis y desde ángulos que son sin dudas distintos, pero con una misma dirección en lo que respecta al horizonte que define esa preocupación: la democracia representativa significa una amenaza para la existencia *misma* de la política. En el caso de Rancière, esta amenaza está perpetrada por el principio que regula a las democracias contemporáneas: el principio de la representación. La representación como forma de ejercicio de la soberanía popular –sostiene el autor de *La mésentente*– empuja a la política hacia su desaparición. Y esta desaparición de la política como producto del juego de la representación política es presentada como resultado de una lógica muy específica. En *La haine de la démocratie*, Rancière comienza recordando, primero, los motivos por los cuales en la época moderna conviene, se nos dice, la democracia indirecta –es decir representativa– a la democracia directa:

> Se simplifica fácilmente la cuestión reduciéndola a la oposición entre democracia directa y democracia representativa. Podemos entonces hacer jugar simplemente la diferencia de épocas y la oposición entre la realidad y la utopía. La democracia directa, se nos dice, era buena para las antiguas ciudades griegas o los cantones suizos de la Edad Media donde la población entera de los hombres libres podía caber en un solo lugar. A nuestras vastas naciones y a nuestras sociedades modernas, solo conviene la democracia representativa[46].

A primera vista el argumento de Rancière parece bastante transparente: si la democracia representativa es la forma de gobierno que más conviene a nuestra época es casi por una razón evidente: porque es imposible alojar a todos los ciudadanos de los Estados-Nación modernos, como en las antiguas ciudades-griegas o los lejanos cantones-suizos de la Edad media, en un mismo lugar para debatir y decidir sobre los asuntos de gobierno. La oposición entre utopía y realidad, que es en efecto la oposición que destaca Rancière para dar cuenta de la eficacia del argumento, toma relevancia precisamente por eso: porque le da fuerza a esa evidencia. La democracia directa, dicho de otro modo, es una utopía que solo pudo haber tenido exis-

---

46 Rancière, Jacques: *La haine de la démocratie*, Paris, La fabrique, 2011, p. 59. La traducción es mía.

  El parpadeo de la política

tencia en tiempos en donde la posibilidad de gobernar todos juntos en la plaza pública, en el cara a cara y en el inmediato alcance de la voz, como hacen en la actualidad los representantes en el Parlamento, era una posibilidad concreta, es decir que las condiciones demográficas no lo impedían. Pero en nuestros días, está claro, ese escenario no puede sino ser una utopía, y la realidad impone a la democracia representativa como una solución frente al problema específico de nuestra época: el de las "vastas naciones" con poblaciones mucho más extensas y densas que las de la Antigua Grecia o los cantones suizos de la Edad Media. Pero contra esta subordinación de la cuestión al juego que la explica según la oposición entre utopía y realidad, Rancière no deja de mostrarse en desacuerdo:

> (...) la representación no fue jamás un sistema inventado para paliar el crecimiento de las poblaciones. Ella no es una forma de adaptación de la democracia a los tiempos modernos y a los vastos espacios. Ella es, de pleno derecho, una forma oligárquica, una representación de las minorías que tienen los títulos para ocuparse de los asuntos comunes[47].

Es decir: el principio representativo es una excusa que convierte a la democracia –paradójicamente– en la máscara de una forma oligárquica de gobierno que, más que la representación de las mayorías a través del voto y las elecciones periódicas, solo representa a una minoría que es la que *efectivamente* ejerce las funciones de gobierno. Y esta excusa en la que se convierte el principio representativo no es, afirma incluso Rancière, algo nuevo. Tiene al menos su antecedente en la representación por órdenes o estados en el último tramo del medioevo, en donde los diferentes estamentos –nobleza, clero y tercer estamento– eran representados en la Asamblea de los Estados generales. En la actualidad, el sistema representativo de la democracia liberal no funciona, desde luego, bajo esta forma tan precaria de representación política. Desde que "el lazo (que ligaba los títulos para ejercer el gobierno) a la naturaleza fue roto" por la vía de la constitución de gobiernos que son "obligados a figurar como instancias de lo común de la comunidad, separados de la sola lógica de las relaciones de autoridad inmanentes a la reproducción del cuerpo social", es decir desde el advenimiento de la modernidad y del Estado laico, en donde esa lógica que caracterizaba el ejerci-

---

47 Ibíd., p. 60. La traducción es mía.

cio del poder gubernamental en el Estado absolutista o medieval desaparece, en nuestros días la elección de nuestros representantes por la vía del voto o el sufragio universal es la que legitima la representación del pueblo en el Estado. Pero –decíamos– Rancière sostiene que esta forma histórica del principio representativo, la de la democracia actual como forma jurídico-política legitima, en última instancia, un tipo de gobierno oligárquico –que en este sentido no se diferencia demasiado de otras formas jurídico-políticas– en lugar de una verdadera democracia. Hace lugar, dicho en otras palabras, al surgimiento de lo que el autor francés denomina los "Estados de derecho oligárquicos" que son dirigidos, en los hechos, por una "sólida alianza" entre una "oligarquía estatal" y una "oligarquía económica-financiera". La primera vendría a estar integrada por los expertos en la cosa pública o la gestión estatal, una especie de élite gubernamental formada por los funcionarios y representantes que, por la vía de la acumulación de –y de la alternancia en– las funciones municipales, legislativas, ministeriales y nacionales, son "elegidos eternamente" en las funciones públicas, y la segunda por "aquéllos que detentan los poderes inmanentes de la sociedad": los hombres de mercado, capitalistas y propietarios de grandes empresas y capitales financieros. De este modo –concluye entonces Rancière–

> (el) poder estatal y (el) poder de la riqueza se conjugan tendencialmente en una sola y misma gestión experta de los flujos de dinero y de las poblaciones. Se aplican juntas para *reducir* los espacios de la política. Pero reducir estos espacios (...), es abrir otro campo de batalla, ver resurgir bajo una figura nueva y radicalizada los poderes del nacimiento y la filiación (, que eran el sustento de las) monarquías y las antiguas aristocracias.

La democracia actual y el principio representativo cambian, así, la lógica policial –para recuperar un concepto que el propio Rancière utiliza para dar cuenta de esto en *La mésentente*– que distribuye la asignación de títulos para el ejercicio del gobierno: separado el Estado de la esfera religiosa o de lo sagrado, que era el modo en el que el nacimiento y la filiación legitimaban a quienes eran aptos para realizar ese ejercicio, en nuestros días esa lógica es reemplazada por la distribución de títulos que garantiza la representación del pueblo por los expertos en la gestión pública y en el mercado[48].

---

48   Cf. Rancière, Jacques: *La haine de la démocratie,* Paris, La fabrique, 2011, pp. 85-90.

   El parpadeo de la política

La postura de Badiou no difiere demasiado, en este sentido, en lo que respecta a su rechazo por la democracia contemporánea. Desde hace un tiempo –sostiene– ésta parece haberse convertido en el emblema dominante de los sistemas políticos occidentales. Un emblema es, en primer lugar, lo intocable de un sistema simbólico. Como emblema dominante, por lo tanto, la democracia se convirtió en un símbolo político intocable. Cualquier cosa puede ser denunciada en nombre de la democracia, mientras no se denuncie a la democracia. Salvo que la democracia sea denunciada según la vara democrática. En cualquier caso, lo que hace de este sistema de gobierno un emblema es lo que explica su eficacia. Junto con la cuestión nacional y la economía, la democracia es la norma que regula la relación subjetiva con el Estado. El Estado es responsable, dicho de otro modo, de la independencia nacional, del correcto y saludable funcionamiento de la economía, y de garantizar la democracia. La única política posible es, así, la democrática. La democracia es, en la actualidad, más una *forma de Estado* que una forma de gobierno entre *otras*. Es el emblema del *buen* Estado. Ningún acto político, ningún acontecimiento –para recuperar el término que mejor responde a la filosofía de Badiou– puede por lo tanto desprenderse de la conjunción, o la confusión, entre democracia y Estado. Convertido en un acto estatal, el voto perpetúa la normalidad que caracteriza un determinado estado de la situación: "En las elecciones –sostiene Badiou en una conferencia brindada en Buenos Aires en el año 2000– lo que se hace es comprobar que las cosas siguen su curso. Y nosotros (los electores o los ciudadanos) participamos de esta comprobación".

En este mismo registro a propósito de la confusión entre Estado y democracia sitúa también su crítica a la democracia actual Miguel Abensour. En su libro *La democracia contra el Estado* Abensour comienza, precisamente, explicando que el título del texto intenta, en primer lugar, levantarse contra la *doxa*, tan común entre los partidarios de la democracia liberal, según la cual Estado y democracia irían "juntos como los dedos de la mano". La expresión que en este sentido mejor sintetiza esta *doxa* es la expresión con la que esos mismos partidarios de la democracia suelen referirse, de buen modo, al Estado de derecho: la expresión "Estado democrático". Si bien esta última tiene su origen, como bien reconoce Abensour, en un tiempo muy anterior al actual –en 1835, con el texto de Tocqueville *La democracia en América*–, en nuestros días esta expresión designa

–decíamos– la identificación con la que el Estado de derecho debe reconocerse en cuanto tal: o el Estado es democrático, o deja de ser un Estado de derecho y cae en los vicios del ejercicio autoritario de gobierno. Sin embargo, la primera consideración que hace Abensour a propósito de esta identificación es que nada nos debería conducir a validarla, en principio, por una razón histórica fácilmente comprensible: ¿por qué motivo el Estado de derecho y la democracia podrían identificarse si esta última nació en la antigua ciudad griega y el primero en la modernidad? Pero existe, por otro lado, una razón más profunda para rechazar esta identificación. Porque si efectivamente nos resignáramos a ella la verdadera esencia de la democracia se vería "traicionada" –algo que, en efecto, es lo que sucede hoy–. Al identificarse con el Estado de derecho, dicho en otras palabras, la democracia liberal hace que la democracia pierda su costado "enigmático", y estrictamente político, que es el costado que la asocia al momento de constitución o institución de lo social –un costado, dicho sea de paso, que de acuerdo con Abensour es desarrollado por Marx en sus escritos tempranos, en particular en su ensayo sobre la *Crítica a la Filosofía del derecho de Hegel*–. Es decir: al asimilarse con una forma de Estado, con una forma de organización jurídico-política –la que "sustituye el gobierno de los hombres por el gobierno de la norma"–, la forma-Estado se autonomiza "hasta olvidar en su arrogancia la fuente de la que proviene": el *dèmos* o el pueblo.

Sin embargo, habría que poner en perspectiva estas tres críticas a la democracia representativa para ver en ellas un trazo común. Cuando Rancière denuncia la transformación de las democracias contemporáneas en sistemas oligárquicos legitimados por el mecanismo de la representación política advierte sobre la forma en la que ese mecanismo puede, finalmente, realizar esa transformación: por la vía de la *reducción* de los "espacios de la política". La elección, que es el acto a través del cual se inviste al representante como representante del pueblo o del ciudadano es, en efecto, el que lleva a cabo esa reducción. La reducción del espacio propio de la política se produce, así, mediante la elección. Y lo mismo sucede, por caso, para la reflexión que elaboran Badiou y Abensour. La normalidad a la que nos lleva el emblema democrático impide, para el primero, la emergencia de lugares políticos que sean heterogéneos al acto estatal del voto o de la elección. "La política –afirma Badiou– pone el Estado a distancia, en la distancia de su medida". Y el espacio donde votamos no fija ninguna distancia a la "superpotencia estatal". Es muy por el contrario el espacio que fija esa potencia que es el Estado y que configura un determinado estado de la situación: "es el Estado el que dice que se debe votar en tal día y *en tal lugar*". En Abensour, por otro lado, esta reducción es la que perpetúa la autonomización de la forma-Estado que obtura la invención de "un espacio político bajo el signo de la isonomía", o sea sin gobernantes ni gobernados. En cualquier caso, por lo tanto, la amenaza que significa la democracia representativa o liberal para el pensamiento político actual está dada por la reducción o la progresiva desaparición del espacio que, para la tradición de la filosofía política es desde Aristóteles el espacio político o isonómico, para recuperar el término de Abensour, por excelencia: el espacio público. El voto o la elección es en este sentido la consumación de esa reducción. No solo porque votamos en soledad[49]. Sino porque votamos, también, en silencio. No solo porque estamos aislados en la cabina electoral, sino porque al votar "delegamos" nuestra voz –y no solo porque el que habla en el Parlamento "en nuestro nombre" es el gobernante o el representante, sino porque la acción de votar se lleva a cabo sin hablar–. Si en nuestras democracias el ciudadano da voz con su voto, lo hace *casi* literalmente, casi a costa de borrar la suya propia: "La elección –sostiene Rancière una vez más en *La haine de la démocratie*– no es (...) en sí una forma (...) por la cual el pueblo hace *escuchar su voz*"[50]. La voz del electorado es, en suma, una voz *muda*, una voz que no habla, que guarda silencio y que solo así convierte al sufragio en un voto válido. Incluso más: este último no solo hace de la voz una voz muda sino también una voz violentada por la letra: el sufragio se emite por escrito –en una boleta o a través del registro electrónico de una pantalla escrita–. Si en la soledad de la cabina electoral no hace falta ser visto y oído por los demás es porque no es necesario que la voz sea escuchada, y mucho menos entendida, porque en la elección no es necesario, estrictamente hablando, emitir ninguna palabra. La democracia representativa rompe, de este modo, con el principio que para la filosofía política es el principio más propio de la política: la unidad originaria entre cuerpo y palabra, el principio de la plena presencia de la palabra en el cuerpo que habla.

---

49   Una soledad que, dicho sea de paso, describe muy bien el término francés con el que se designa a la cabina electoral, *l'isoloir*, que deriva del verbo *isoler* que en la lengua francesa significa aislar.

50   Ibid.

Pues el cuerpo del ciudadano que vota no habla, permanece como un cuerpo aislado, mudo, e incapaz de alzar su voz para *tomar* la palabra. La preocupación que Hannah Arendt declaraba en aquella entrevista realizada en la década de 1970 sintetiza, en suma, la preocupación más profunda de la época en la que se configura el pensamiento político heredero de Aristóteles. Ante los ojos de esa época, la época logocéntrica de la filosofía política, la cabina electoral es, efectivamente, un lugar demasiado pequeño para el ejercicio de una *verdadera* política.

CAPÍTULO III

El parpadeo de la política

— I —

En una de sus célebres homilías, después de un largo comentario que elogia la grandeza y la humildad de Juan, el más grande de los profetas según sus propias palabras: "Entre los nacidos de mujer, no ha habido ninguno mayor que Juan el Bautista"[51], San Agustín distingue entre la palabra y la voz. La Palabra (*Verbum*) es Cristo y Juan, escribe, es la voz (*vox*). El sermón al que hacemos referencia, el nro. 288 en el orden que San Agustín le da a su reflexión teológica, y que el pensador cristiano dedica al aniversario del nacimiento de Juan –y cuya fecha de origen, dicho sea de paso, se remonta al siglo V, varios siglos antes del nacimiento de la fenomenología, de la fenomenología de Husserl, de Heidegger y de varios de los filósofos más importantes de la filosofía occidental–, entrega uno de los análisis fenomenológicos más lúcidos de la voz y del fenómeno de la significación –o cuanto menos tiene el mérito de ser el primero y, probablemente por ello y por su origen teológico, es también el que más sorprende–. Pero si bien es cierto que a lo largo de casi toda la homilía San Agustín reserva la Palabra a Cristo y la voz a Juan, si bien la Palabra es, a lo largo de casi toda la exposición agustiniana, la Palabra con mayúscula, es decir la Palabra de Dios, y la voz de Juan es la palabra del Profeta, es decir la palabra del que en la tierra anuncia la palabra divina, en un primer momento la diferencia entre la palabra y la voz está sustraída de cualquier fundamento teológico y, precisamente por esto, el análisis de San Agustín trasciende la teología y brilla más allá del

---

51 San Agustín: "Sermón nro. 288", en *Obras Completas de San Agustín*, Madrid, Biblioteca de autores cristianos, 1984, t XXV, p. 131.

campo estrictamente teológico: antes de ser la Palabra de Cristo o la Palabra de Dios la palabra de Cristo es como *cualquier* palabra una palabra que lleva en sí la voluntad del querer decir inherente a la significación; y la voz de Juan, que es por otro lado la voz del profeta en la que encarna la Palabra, la voz en donde encarna lo que Cristo nos quiere decir es, en este primer momento del análisis y como *cualquier* voz, la materialidad del sonido que hace posible la significación, que transmite su sentido haciendo las veces de mediador. La distancia entre ambas, entre Cristo y Juan o entre la Palabra y la voz es, por lo tanto y en primera instancia, la distancia entre "dos cosas *ordinarias*". Es primero, dicho de otro modo, una diferencia fenomenológica antes que teológica y San Agustín, con toda justicia, un *fenomenólogo* antes que un *teólogo*:

> Busquemos cuál es la diferencia entre la voz y la palabra. Busquemos con atención. No es cosa sin importancia y requiere no pequeña atención. (...) He aquí *dos cosas ordinarias*: la voz y la palabra. ¿Qué es la voz? ¿Qué es la palabra? ¿Qué son? (...) Una palabra no recibe ese nombre si no significa algo. En cuanto a la voz, en cambio, aunque sea solamente un sonido o un ruido sin sentido, como el de quien da gritos sin decir nada, puede hablarse, sí, de voz, pero no de palabra. Supongamos que uno deja caer un gemido: es una voz; o un lamento: es también una voz. Se trata de cierto sonido informe que lleva o produce en los oídos un cierto ruido, sin ningún significado. La palabra, en cambio, si no significa algo, si no aporta una cosa al oído y otra a la mente, no recibe tal nombre[52].

Con este breve pasaje que San Agustín incorpora al inicio de la homilía, la diferencia entre la palabra y la voz como dos cosas ordinarias, su diferencia fenomenológica, queda entonces rápidamente despejada: la palabra, escribe, no puede recibir tal nombre si no significa algo, si no porta ningún significado y la voz, por otro lado, en nada la perjudica el hecho de que no lleve en sí ningún sentido: como un gemido o un lamento, la voz es simplemente un "cierto sonido informe que lleva o produce en los oídos un cierto ruido, sin ningún significado". Es necesario que los sonidos emitidos por una voz signifiquen algo para encontrar allí el efecto de la palabra. Pero como la palabra es al mismo tiempo concebida en el corazón, mientras ella se forma en el espíritu, se extiende San Agustín un poco

---

52   Ibid., p. 134. El resaltado es mío.

     El parpadeo de la política

más adelante, es necesario el auxilio de la voz: "Mas para que salga hasta ti lo que he concebido en mi corazón, se requiere la ayuda de la voz"[53]. Por más extraño que parezca, la inclusión en plena homilía de este párrafo dedicado a la diferencia fenomenológica, y ya no solo teológica, entre la palabra (de Cristo) y la voz (de Juan Bautista) tiene para San Agustín un objetivo bien preciso. Un objetivo que el propio San Agustín va a intentar demostrar en solo algunas pocas líneas más adelante. En principio, lo que se relaciona en efecto con este objetivo, la decisión de incluir este párrafo en el texto responde a una convicción profunda: que es solo a partir de esta diferencia fenomenológica, de la diferencia entre la palabra y la voz como dos cosas ordinarias, que es posible dar cuenta de su función teológica, es decir de la función que ocupan ambas cosas como Palabra y como voz en donde encarna la Palabra, es decir como Palabra de Cristo y como la voz del profeta que la anuncia. De la fenomenología a la teología, parece entonces indicar San Agustín al final de este párrafo, no hay más que un simple paso: "Así, pues, si habéis percibido ya la distinción entre la voz y la palabra, escuchad algo que os causará admiración en estos dos, en Juan y en Cristo"[54].

De vuelta entonces en el análisis teológico, y con el objetivo de explicar –decíamos– la función teológica de la Palabra de Cristo y de la Voz de Juan Bautista, San Agustín retoma las palabras del propio Juan Bautista en el Evangelio, pero para referirse a la voz y a la palabra ya no como dos cosas ordinarias sino como voz del profeta y como Palabra divina: "Conviene que él crezca y que yo mengüe (...), conviene que Cristo crezca y que Juan, en cambio, mengüe"[55]. La frase del Evangelio que retoma San Agustín tiene entonces un sentido bien preciso: el crecimiento de Cristo significa, aquí, el crecimiento de la Palabra, como Palabra de Cristo, y el decrecimiento de Juan significa el decrecimiento de su voz, de la voz que porta o en donde esa Palabra encarna: la voz del profeta. Ahora bien: ¿por qué Juan Bautista creería que es conveniente que su voz disminuya, y la Palabra crezca? ¿Por qué su voz, dicho de otro modo, debería disminuir para que la Palabra de Dios o de Cristo comience a crecer? Esto es, precisamente, lo que San Agustín se interroga en esta misma homilía: "en qué modo, con qué sentido, con qué intención,

---

53   Ibid., p. 137.

54   Ibid., pp. 134-135.

55   San Agustín: "Sermón nro. 288", op. cit., pp. 141-142.

por qué motivo –de acuerdo con la distinción mencionada entre voz y palabra–, dijo la misma voz, el mismo Juan, conviene que él crezca, y que yo mengüe"[56]. La respuesta llega, en efecto, enseguida:

> La Palabra en sí misma no crece ni decrece. Se dice, no obstante, que crece en nosotros cuando crecemos progresando en ella, del mismo modo que crece en los ojos la luz cuando, sanada la vista, ve más, a la que antes, cuando estaba débil, veía ciertamente menos. La luz era menos para los ojos enfermos, y mayor para los sanos, a pesar de que en sí misma ni antes disminuyó ni después aumentó. Disminuye, pues, la necesidad de la voz cuando la mente en su progreso se acerca a la Palabra. De esta manera, *conviene que Cristo crezca y que Juan, en cambio, mengüe*[57].

Por segunda vez en su homilía, San Agustín recurre a una explicación que tiene poco que ver con la teología: la relación *física* entre la vista y la luz. Como la luz, escribe, que crece ante los ojos cuando la vista es sanada, pero que en sí misma no crece ni decrece, sino que crece y decrece para los ojos sanos o enfermos, el brillo de la Palabra no aumenta ni disminuye. Aumenta o disminuye, en todo caso, para la mente de cualquier ser humano que intenta escucharla, acercarse en dirección a ella. Una vez más –decíamos– la reflexión de San Agustín busca auxilio por fuera de la teología para explicar fenómenos estrictamente teológicos, y esa búsqueda obtiene ciertamente resultados concretos: la Palabra no crece ni decrece nunca puesto que, como la luz ante los ojos enfermos o sanos, crece o decrece según la mente humana que, en su progreso, se acerca o se aleja de ella. Así como para los ojos que progresivamente encuentran la sanación a su enfermedad, sanación que produce el efecto que la luz crezca ante esos mismos ojos, antes enfermos y con poca o ninguna capacidad de ver la luz en su verdadera dimensión, la Palabra va a crecer si la mente humana progresa hacia la fe que, como una especie de sanación para el hombre, hará que éste se acerque a la Palabra y que ésta, aunque bien sea en términos relativos, comience a crecer. Ahora bien: en la misma frase San Agustín agrega que, en tal caso, la necesidad de la voz va a disminuir. A medida que la mente, es decir que la fe del hombre hace que aquélla se acerque a la Palabra, la voz necesariamente menguará. He aquí, entonces, la

---

56   Ibid., p. 139.

57   Ibid., pp. 141-142. El resaltado es mío.

   El parpadeo de la política

reflexión agustiniana en toda su potencia, teológica por supuesto, y fenomenológica también: acercarse a la Palabra como palabra de Cristo, es decir como palabra divina, significa acercarse a lo que Cristo nos *quiere decir*. Éste es el significado de la consigna que San Agustín pone en juego en el pasaje citado: el acercamiento de la mente y del hombre a la Palabra, que en este nivel del análisis es la Palabra en su dimensión teológica, comprende el progreso del hombre hacia el mensaje que Cristo nos quiere dar. Pero para que ese progreso tenga lugar, para acercarnos a lo que Cristo nos *quiere decir*, es necesario que la voz disminuya, es decir que Juan comience a menguar. *La voz de Juan Bautista, en suma, no es más que la materialidad sonora a través de la cual el Verbo, la Palabra de Dios, es capaz de llegar a nosotros, a la mente humana que quiere progresar hacia ella*. Como la palabra en tanto cosa ordinaria, que es concebida en el corazón, que al comienzo se hallaba en el espíritu, en la inteligencia o en el pensamiento, y que necesita del auxilio de la voz para ser transmitida, como bien describe San Agustín en el pasaje en donde despliega la diferencia fenomenológica entre la palabra y la voz como dos cosas ordinarias, el Verbo o la Palabra, que en un principio estaba en Dios, el Verbo o la Palabra que en un principio *era* Dios, necesita del cuerpo de Juan Bautista, es decir del cuerpo de su voz, para ser transmitida y así llegar *a nosotros*, a la mente de quien posee la fe para escucharla. *La Palabra necesita, pues, de la ayuda de la voz para arribar al mundo terrenal de la significación*. Se puede ver aquí claramente que el movimiento teológico que distingue la voz (del Profeta) y la Palabra (de Cristo), y el movimiento fenomenológico que diferencia la voz y la palabra como dos cosas ordinarias convergen. O mejor aun, se trata en realidad del mismo movimiento: porque la razón por la cual la voz de Juan debe disminuir para acercarse a la Palabra de Cristo, es la misma razón fenomenológica por la cual la voz como una cosa ordinaria, es decir como cualquier voz y no ya como la voz del profeta, debe disminuir para acercarse a la significación: la utilidad de la voz disminuye a medida que uno se acerca al *sentido* de lo que transmite esa voz. El cuerpo del significante, la materialidad sonora de la voz debe borrarse para que haya significación, o más precisamente se borra en el momento en el cual el sentido es producido, en el instante mismo en el que su sonoridad rebota en el mundo haciendo sentido. Si es necesario que Cristo crezca y Juan disminuya, entonces, es por el mismo efecto fenomenológico que borra la voz (la simple voz o la *phoné*) del querer decir que produce el sentido: para acercarse a Cristo y escuchar el significado de su mensaje, es necesario dejar de escuchar a Juan, dejar de escuchar su voz en tanto voz de Juan Bautista, porque el que habla a través de la voz de Juan no es Juan sino Cristo, porque lo que escuchamos por medio de su voz es lo que Dios nos *quiere decir*, porque el querer decir o el *sentido* de la Palabra de Dios solo puede ser transmitido a través de la materialidad sonora de la voz de los profetas: "Primero se envía la voz –concluye San Agustín– para que luego se pueda *entender* la palabra"[58]. Más allá entonces de la razón teológica que explica la función de los profetas, incluida la función como profeta de Juan Bautista, existe esta razón fenomenológica.

Según San Agustín, en efecto, antes de Juan hubo muchos profetas que transmitieron con su voz el mensaje y el querer decir de Dios: "Antes de Juan hubo profetas; hubo muchos, grandes y santos, dignos y llenos de Dios, anunciadores del Salvador y testigos de su verdad"[59]. Hasta que, luego de Juan Bautista y de todas las voces de los profetas cuya voz fue el vehículo del querer decir de Cristo, "vino la misma Palabra en su voz, en su carne, cual en su propio vehículo"[60]. Se trata aquí, por supuesto, del propio Jesús, cuya venida fue anunciada por el propio Juan: la misma Palabra en su voz, en su carne, cual en su propio vehículo, no es sino el propio Jesús. Y en el caso de este último, en efecto, el análisis de San Agustín y su dimensión fenomenológica permanece intacto: porque antes de ser el hijo de Dios, Jesús fue un hombre cualquiera cuya voz fue una voz cualquiera, una voz en su sentido ordinario, una cosa ordinaria, es decir la materialidad sonora a partir de la cual el sentido del mensaje de Dios fue posible, a partir de la cual el sentido mismo es producido. Se trata, ni más ni menos, que del medio a partir del cual alcanzamos, mediante su voz, lo que Dios nos *quiere* decir.

Explicando, en síntesis, las frases del Evangelio de Juan Bautista, explicando la distinción entre la Palabra y la voz, entre Cristo y Juan, entre la palabra divina y la voz de los profetas San Agustín desarrolla lo que la filosofía occidental se ocupará de desarrollar más de diez siglos más tarde: el movimiento por el cual la voz, la materialidad sonora del significante, se borra para producir el efecto de sentido o

---

58   Ibid., p. 133. El subrayado es mío.

59   Ibid., p. 131.

60   Ibid., p. 139.

    El parpadeo de la política

la significación[61]. Y extendiendo el análisis de San Agustín aun más lejos, es posible también recoger de este análisis, y más allá de la fenomenología y la teología, sus efectos políticos. Porque la lectura de la frase que el padre de la Iglesia Católica recoge del Evangelio de Juan para realizar el pasaje entre el nivel fenomenológico y el nivel teológico de aquella distinción: "Es necesario que él crezca y que yo mengüe", atenta contra la proposición política por excelencia: aquella que, desde Aristóteles, concibe la voz humana como *phoné* y *logos*, como la suma del *logos* y la *phoné*. Porque para que haya voz humana, tal como en el caso de la Palabra divina y la voz del profeta, es necesario que el *logos* crezca y la *phoné*, la simple voz, disminuya: la voz humana, en otras palabras, ya no puede ser concebida como la adición entre *logos* y *phoné*, sino más bien como el resultado de la sustracción de la *phoné* del *logos*, es decir como la operación que resta del *logos* a la *phoné* o a la simple voz. Lo que demuestra, contra el análisis de Aristóteles, la existencia en la voz de una humanidad que no es plena, una humanidad que, entonces, ya no puede oponerse a la animalidad según la oposición aristotélica entre *logos* y *phoné* (oposición, ella misma, propia de una reflexión metafísica no solo sobre la humanidad sino también, y en virtud de esto, de la política). El *logos*, índice de la humanidad de los hombres desde Aristóteles, ya no puede ser leído como el índice de una humanidad plenamente presente, plenamente presente en la palabra y en la voz que habla. Hay algo de la voz humana, en suma, que se pierde, que ya no está plenamente presente en el sentido, que disminuye, como la voz de Juan Bautista, cuando la voz humana comienza a hablar.

— II —

Al *irrintzina* se lo conoce en la actualidad como el "grito nacional" del País Vasco. El recorrido por la historia del *irrintzina* desde su origen muestra no solo su marca identitaria en la cultura vasca

---

61   Derrida es, dicho sea de paso, uno de los autores que mejor describe este efecto de sentido que San Agustín ya anticipaba en su homilía a propósito del aniversario del nacimiento de Juan Bautista: "(...) el cuerpo fenomenológico del significante parece borrarse en el momento mismo de producirse. (...) Se reduce fenomenológicamente a sí mismo, transforma en pura diafanidad la opacidad mundana de su cuerpo. Esta borradura del cuerpo sensible y de su exterioridad es para la conciencia la forma misma de la presencia inmediata del significado". Cf. Derrida, Jacques: *La voix et le phénomène*, Paris, PUF, 1967, p. 86. La traducción es mía.

sino también sus diferentes usos. En un principio, su objetivo era puramente pragmático: servía a los pastores en la altura de las montañas de los Pirineos para manipular al rebaño. El parecido del grito con el relincho de un caballo, que señala el parecido del sonido que se emite al lanzarlo, puede verse entonces como su doble huella de origen: explica de dónde deriva la palabra, del termino *irrintsi*, que designa precisamente el relincho del caballo, y su función de origen, guiar el rebaño. En no mucho tiempo el *irrintzina* se convirtió para los vascos en un "grito de alegría" y "de reunión": "Ese grito se lanza durante las festividades, (...) y sobre todo para celebrar alguna alegría, alguna ganga imprevista, una caza milagrosa o una redada dichosa en el agua de los ríos"[62]. Su connotación identitaria, su alcance como "grito nacional" llega, sin embargo, en el contexto del uso del *irrintzina* como "grito guerrero": "En las batallas (los vascos) se mostraban alternativamente feroces y bromistas, (...) si las cosas iban mal, rumbeaban sin remilgos ni prejuicios hacia la montaña, saltando de peñasco en peñasco y lanzando a sus enemigos salvajes gritos burlones"[63]. Según el poeta Jean Barbier, su punto culminante como grito de guerra se remonta a la batalla de Roncesvalles, en donde los vascos se enfrentan a las tropas de Carlomagno. A fines del siglo XIX y principio del XX el *irrintzina* ya posee todas las características de un grito identitario, como grito nacional del País Vasco, al ser incluido en las fiestas vascas por medio de un programa de concursos que invitaba a los participantes a disputarse, hombres y mujeres, sus diferentes performances.

Pierre Loti, escritor francés y oficial de la Marina Francesa entre fines del siglo XIX y principios del XX describe con agudeza en *Ramuntcho*, su novela publicada en 1897 en París y cuyo escenario es precisamente la región vasca de Francia, las particularidades de este grito que posee, a pesar de su origen y su proximidad con el grito animal del caballo, un "no *sé qué* de humano":

De improviso, sin embargo, se eleva un grito muy agudo, aterrador, que llena el vacío y marcha a desgarrar las lejanías (...) Nace con esas notas muy altas que por lo común son patrimonio de las mujeres,

---

62   Pierre, Loti: *Ramuntcho*, Burdeos, Aubéron, 1999, p. 72.

63   Pierre Lhande: *Autour d'un foyer bosque*, Paris, Nouvelle libraire nationale, 1908, citado por Cazenave, Jon: "L'irrintzina: de la valeur emblématique à la désaffection", *Lapurdum*, 2, études basques, revue du Centre de Recherche sur la langue basque et l'expression en langue basque, octubre 1997, p. 111.

    El parpadeo de la política

pero con algo de ronco y potente que señala, antes bien, al varón salvaje: tiene el carácter penetrante de la voz de los chacales y conserva, empero, un no sé qué de humano aun más estremecedor; se espera con una especie de angustia que termine, y es largo, largo, opresivo por su inexplicable longitud (...) Comenzando como un alto bramido de agonía, he aquí que acaba y se extingue en una suerte de risa, siniestramente burlesca, como el reír de los locos (...)[64].

El grito posee, afirma Loti en el pasaje que citamos, el "carácter penetrante de la voz de los chacales". Es difícil saber si Loti conocía el origen etimológico e histórico del *irrintzina*. Pero no duda en señalar su parecido con la voz animal, en este caso no con el relincho del caballo, que designa su verdadero origen, sino con el ruido que hacen los chacales, un animal mediano parecido al zorro y al lobo que vive fundamentalmente en Asia y África. Pero enseguida Loti le pone límites a esa analogía: el *irrintzina* tiene un "no sé qué de humano aun más estremecedor". Al final de la performance, concluye el escritor francés enfatizando precisamente esta dimensión estremecedora que acerca al *irrintzina* a la esfera de la humanidad (pues al fin y al cabo el grito es lanzado por hombres y mujeres y no por animales), el grito se extingue "en una suerte de risa, siniestramente burlesca, como el reír de los locos". ¿Puede un grito, que es por excelencia el ejemplo de una voz inarticulada, de la simple *phoné*, para recordar el célebre pasaje de la *Política* de Aristóteles, tener "algo" de humano? O mejor aun: ¿"un no sé qué de humano"? ¿Qué es el grito sino el medio por excelencia de los animales para indicar dolor y placer, como escribe Aristóteles? ¿Puede haber en la voz y nada más algo de humanidad? ¿Es el *irrintzina* una voz y nada más, o una voz humana, *logos* o *phoné*? ¿Es, en fin y para volver a San Agustín, voz o palabra, Cristo o Juan Bautista?

En algún punto el pasaje en el que Loti describe el *irrintzina* derriba la oposición aristotélica entre *logos* y *phoné*, oposición que funda la dicotomía metafísica sobre la que se edifica la *Política*: la que separa la esfera de la humanidad de la esfera de la animalidad, es decir la esfera de la *plena* humanidad de la esfera de la *plena* animalidad. La descripción que encontramos en la novela de Loti es, en este sentido, esclarecedora: si hay algo que la oposición aristotélica entre *logos* y *phoné* no puede captar es porque hay algo que escapa a esa oposición que define lo plenamente humano y lo

---

64   Pierre, Loti, op. cit., p. 72.

plenamente animal. La reflexión a la que nos invita este pequeño pero valioso pasaje de *Ramuntcho* es ciertamente una reflexión que toca y afecta el campo de lo que conocemos como el pensamiento sobre la política o, lo que es lo mismo, los principios sobre los que se monta ese pensamiento: si el grito que los vascos conocen con el nombre de *irrintzina* tiene algo de humano, o más precisamente un *no sé qué* de humano, es porque algo de lo humano ya no puede ser comprendido a través de lo que, desde la *Política*, define lo plenamente humano: el *logos* o la voz humana como *logos* y *phoné*. Es decir: *entre* el *logos* y la *phoné*, *entre* la simple voz y la voz que quiere decir, la voz humana, existe algo de humanidad que el pensamiento de la política ya no puede captar. O, lo que es lo mismo, hay algo de lo humano que no se presenta en el *logos* pero tampoco en la *phoné* porque el *irrintzina* no es ni una simple voz, ni una voz animal, pero tampoco lleva consigo la intención de significar. El *logos* como indicio de la humanidad, para retomar las palabras de Aristóteles, ya no se presenta, en suma, allí donde debería indicar la presencia de lo que precisamente él vendría a mostrar: la presencia del hombre y su plena humanidad.

— III —

La ventriloquia es una técnica que consiste en modificar la voz para lograr un efecto concreto: "separar" la voz del cuerpo que habla haciendo que el ventrílocuo hable sin que se note que efectivamente está hablando. Generalmente acompañado de un muñeco (*dummies*), y evitando el movimiento de los labios, el actor-ventrílocuo logra así la impresión de que el que habla es el muñeco y no él mismo. Su nombre, ventrílocuo, proviene del latin *venter* que significa estómago, y *loqui* que es hablar: pues el mismo efecto hacía creer antiguamente que la voz se producía en el vientre y no en la garganta por medio de las cuerdas vocales. El origen de esta práctica, ampliamente difundida en la actualidad en el teatro y en diferentes tipos de espectáculos, se remonta a la cultura egipcia y a la cultura griega. El primer ventrílocuo –se cree– fue Eurycles de Atenas.

En *Tarrying with the negative* Zizek se detiene en la singularidad, muchas veces pasada por alto, que atraviesa la experiencia ordinaria de la escucha de una voz humana. Hay –escribe– un mínimo de ventrilocuismo en la cotidianeidad de esta experiencia: como en el caso del ventrílocuo que separa la voz del cuerpo que habla, cuando escuchamos una voz humana ésta parece separarse del cuerpo que la emite pero, aquí, el efecto varía sutilmente con respecto a la performance del actor-ventrílocuo: sin muñeco que se apropie de la voz que se "autonomiza" la voz parece hablar por sí misma:

> Una brecha insalvable separa para siempre el cuerpo de "su" voz. La voz exhibe una autonomía espectral, nunca pertenece del todo al cuerpo que *vemos*, de modo que aun cuando vemos hablar a una persona viva, siempre hay un mínimo de ventrilocuismo en ello: es como si la propia voz del hablante lo vaciara y de algún modo *hablara "por sí misma"* a través de él[65].

¿Qué es una voz que habla *por sí misma*? ¿Qué significa y qué es lo que esconde este efecto que Zizek denomina la autonomía espectral de la voz? Siguiendo la lógica del argumento que expone el filósofo esloveno en el pasaje citado, es posible identificar en la vida cotidiana dos situaciones que dan cuenta de este efecto por el cual la voz parece autonomizarse de la persona o el cuerpo que habla. La autonomía espectral de la voz, en otros términos, se puede dar a sentir o a percibir en dos experiencias bien concretas. La primera es aquella situación en la que la voz parece autonomizarse de la persona que habla cuando ésta está presente, delante nuestro, es decir cuando la persona se presenta en el momento en el que está hablando. Éste es, en efecto, el caso que plantea el propio Zizek. Cuando la persona que habla es una persona cuya voz ya conocemos previamente, la identificación de la voz va más allá de la presencia física del cuerpo que está efectivamente hablando. Lo que confirma esta autonomización de la voz es, precisamente, el hecho de que podríamos prescindir de su cuerpo, es decir de su *presencia*, sin por ello dejar de percibir o de identificar quién es la persona que habla. Aquí, por lo tanto, la voz se separa del cuerpo que habla porque nada nos impediría identificarla, es decir identificar el cuerpo que habla, incluso si prescindiéramos y no viéramos a la persona que está hablando. La voz, para retomar la fórmula de Zizek, habla "por sí misma" porque ella habla mucho mejor del que habla que el cuerpo que está allí presente, en persona, hablándonos frente a nosotros: su presencia física ya no vale como la marca de origen de una voz que se encuentra ahora bajo los efectos de la autonomía espectral, de una voz "autonomizada". La segunda situación es aquella cuyas

---

65   Zizek, Slavoj: *Tarrying with the negative*, Durham, Duke University Press, 1993, p. 58. La traducción es mía.

condiciones son exactamente opuestas a la que acabamos de mencionar. Se trata del caso de una voz que, por un lado, no conocemos de antemano y que, por el otro, escuchamos sin contar con su presencia física, es decir sin ver al cuerpo que habla. Aquí, a diferencia del primer caso la autonomización de la voz puede producirse una vez que el cuerpo se presenta frente a nosotros puesto que la irrupción de su presencia puede darnos la antipática impresión de una discordancia entre el cuerpo y la voz del que habla, entre la persona que hablaba y su voz: muchas situaciones cotidianas parecen estar atravesadas por este efecto espectral en la medida en que el cuerpo que hablaba sin que lo viéramos no parece ya corresponder con la voz del cuerpo que ahora vemos frente a nosotros, que cae ahora frente a nuestra mirada. En este caso, entonces, la voz habla "por sí misma" porque ésta se separa o se autonomiza de la persona que hace unos pocos minutos escuchábamos sin ver, pues ella parece no pertenecer o ser ajena al cuerpo que ahora estamos viendo.

Lo que Zizek denomina la autonomía espectral de la voz, el efecto de ventriloquismo que parece separar la voz de su cuerpo, el cuerpo que habla de su voz, es ni más ni menos que el *gesto* de la voz, la gestualidad vocal a partir de la cual se habla, que empleamos al hablar, y que es el movimiento siempre presente e inherente al habla, es decir a la palabra hablada. La autonomía espectral de la voz muestra, en otros términos, esta gestualidad vocal que soporta la voz y el habla. En primer lugar, por lo tanto, es posible identificar esta gestualidad con la resonancia más propia y singular de nuestro cuerpo, es decir con lo que comúnmente cae bajo el nombre del timbre de la voz, que no es otra cosa que la resonancia o la frecuencia con la cual vibra el sonido emitido por una voz. El gesto vocal se inscribe así en la continuidad del movimiento del cuerpo: la boca, cuando se habla, se mueve tanto o más que cualquier parte del cuerpo cuando realiza una acción. Y ese movimiento nos entrega una primera aproximación a lo que, en el resto del cuerpo, no es otra cosa que el gesto que acompaña el movimiento de algunas de las partes cuando éste se compromete con una acción, cuando sale de la inmovilidad. En segundo lugar, el gesto vocal está compuesto por el conjunto de mecanismos que están comprometidos en el movimiento del habla en cuanto tal: la respiración, el aliento, la expulsión del aire y el soplido que involucran poner en funcionamiento las cuerdas vocales para emitir el sonido de una voz. Lo central para comprender estas consideraciones en relación con la composición del gesto vocal es que cada individuo, cada persona, los pone en juego de una forma distinta y en muchos casos *radicalmente* distinta. Cada persona acompaña la vocalización de las palabras, la pronunciación de cada letra, la oralización de cada oración, aunque bien se trate de sonidos cuyos límites no pueden variar demasiado puesto que los significantes que están en juego en la vocalización son un recorte sonoro cuya variación es limitada –nadie puede pronunciar una letra con el sonido de otra si quiere hacerse entender– de un modo particular que pertenece, en efecto, a la singularidad con la que se pone en práctica el funcionamiento de eso que llamamos habla o voz humana. Y, finalmente, el gesto de la voz está compuesto también por un enorme diferencial en lo que respecta a la intensidad, a los ritmos y a las tonalidades que cada voz hace jugar de un modo distinto según la trayectoria personal y particularísima con la que se aprende a hablar. Muchas veces, de hecho, este conjunto de elementos que componen a la gestualidad vocal no son ni más ni menos que formas que aprendemos, es decir que copiamos, de quienes oímos hablar cuando abrimos nosotros mismos el camino del aprendizaje del habla. Ahora bien: el gesto de la voz, que involucra este sinnúmero de aspectos que se presentan en la palabra hablada y que responden a lo que Zizek llama la autonomía espectral de la voz, configura lo que podríamos denominar la huella identitaria del habla. Si la voz habla por sí misma –ya sea porque ésta se separa del cuerpo que la emite para configurar una identidad que nos permite reconocer a la persona que habla, como en el primer caso que mencionábamos, o ya sea porque esa identidad parece responder a un individuo distinto al que habla, como en el segundo caso– es porque precisamente el gesto vocal *distingue* a la persona que habla –para identificarla, entonces, o para constituir ella misma una identidad separada–. En cualquier caso, sin embargo, se trata de una identidad –de una huella o una marca, volveremos sobre esto en el anteúltimo capítulo de este trabajo– que marca al habla pero cuya entidad se encuentra "dividida" y, por lo tanto, no es posible identificarla como una identidad –una huella o una marca– plena o reconciliada consigo misma. Y ello porque la voz que habla por sí misma, el gesto de la voz, no pertenece, estrictamente hablando, a la esfera del *logos* o de la palabra aunque solo puede ser percibida a través de esta esfera del habla o de la palabra[66]. Hay algo –en suma– que cuando hablamos escapa a lo que decimos, a lo que estamos hablando como el *sentido* de lo dicho, y esa pérdida que nos marca cuando hablamos es también parte indeleble de la humanidad del que habla.

— IV —

Poco antes del final del primer capítulo de *La fenomenología del espíritu*, dedicado a la certeza sensible o al esto y el querer decir, Hegel comienza el último párrafo afirmando que el lenguaje posee una naturaleza divina: "tiene –escribe– la naturaleza divina de arruinar inmediatamente el querer decir (*Meinung*), de transformarlo en algo diferente y de no dejarlo venir a la palabra"[67]. No solo el uso del esquivo concepto de *Meinung*, cuya traducción del alemán generó en su momento, y aún sigue generando tantas controversias como malentendidos, hace de la frase una afirmación difícil y algo enigmática (y al fin y al cabo: ¿qué frase y qué expresión de la filosofía de Hegel no lo es?)[68]. Entonces: ¿cuál es la naturaleza divina del

---

66   Esta dependencia del gesto con respecto al *logos* o la palabra, que de ningún modo debe de ser comprendida como una pertenencia, es señalada por Meziane y Sage en su estudio sobre el gesto vocal de la cantante (actriz y bailarina) alemana Valeska Gert. Cf. Meziane, Mohamed Amer y Sage, Marion: "Un geste de la voix. Sons et mouvements de Valeska Gert", en Revista *Filigrane. Musique, esthétique, sciences, société*, diciembre de 2016.

67   Hegel, G. W. F.: *Fenomenología del espíritu*, México D.F., Fondo de Cultura Económica, 1971, p. 70. Por las razones que intentamos explicar en la próxima nota, modificamos ligeramente la traducción de Wenceslao Roces en lo que concierne a la palabra alemana *Meinung*.

68   Término esquivo, decimos, y objeto de diferentes controversias y malentendidos porque el uso mismo de la palabra alemana *Meinung* es, en el texto de Hegel, esquivo en sí mismo. Ya el propio Jean Hyppolite marcaba en su traducción para la versión francesa de la *Fenomenología* esta dificultad inherente al empleo del término en el texto de Hegel: "Ordinariamente –escribe el filósofo francés–, se traduce *Meinung* por opinión; pero en este texto es bien difícil de traducir el verbo 'meinen' por opinar. Hegel opone 'meinen' a 'wahrnehmen'. La certitud sensible alude (*vise*) a un esto que ella no toma efectivamente. Traducimos 'meinen' por aludir (*viser*) y 'Meinung' por intención (*visée*)". Ahora bien: si por un lado la elección de Hyppolite tiene el doble mérito de no guiarse, para la traducción del término, del uso ordinario de la palabra *Meinung* en la lengua alemana, que como bien aclara en la cita significa opinión, ciñéndose así al estricto uso que hace Hegel en su texto, la decisión de traducirlo por intención pierde de vista el carácter específico que tiene esa intención: la de ser un querer-decir. El carácter

    El parpadeo de la política

lenguaje? Hay una pregunta, sostiene siempre Hegel en este mismo capítulo de la *Fenomenología*, que nos enfrenta enseguida a esta naturaleza divina del lenguaje. Es por eso que propone hacérsela a la certeza sensible, es decir a aquello que se nos presenta ante los sentidos como siendo algo, un algo que en tanto certeza sensible, sin cualidades específicas (de ahí el nombre de certeza sensible), no es posible determinar todavía *qué* es, sino solo que *es*: la pregunta por el esto y sus variantes, el aquí y el ahora: "¿Qué es el esto (el esto de la certeza sensible)? Si lo tomamos bajo la doble figura de su ser como el ahora y el aquí, la dialéctica que lleva *en él* cobrará una forma *tan inteligible como el esto mismo*"[69]. Como podemos rápidamente advertir en la pregunta a la que Hegel nos enfrenta en la *Fenomenología* no se trata de ningún modo de preguntarse qué es *esto*, sino qué es *el esto* (o lo que es lo mismo qué es el esto de la certeza sensible, es decir aquello que hace que la certeza sensible sea algo, que sea una cosa, y que por lo tanto simplemente sea, que es lo mismo que hace que cualquier cosa sea o que cualquier cosa sea un esto: o sea su ser). Es decir: Hegel no se pregunta por lo que es esto o aquello, éste esto o éste aquello, que es ya una particula-

---

significativo de esta intención, la de ser un querer-decir, se pone de manifiesto, como señala Paul de Man en *Sign and Symbol in Hegel's Aesthetics*, al observar la dificultad de traducir el término en cuestión por opinión al inglés: "la palabra inglesa opinión (*opinion*) –escribe de Man– (...) no tiene la connotación de significar (*meaning*) que está presente, en cierto grado, en el verbo alemán *meinen*". Esta connotación, sin embargo, puede encontrarse en el uso del verbo *mean* en inglés: cuando en la lengua anglosajona decimos *I mean it*, cuya traducción usual sería "lo digo en serio", la connotación de significar permanece con el empleo del verbo *mean* en la frase –por lo que otra traducción más literal que mantenga esa connotación podría ser: "Realmente lo *quiero* decir"–. Si, por lo tanto, tomamos en cuenta esta connotación para la traducción del sustantivo *Meinung*, cuyo uso en el texto de Hegel está atado al verbo *meinen* –de allí, por otro lado, las dificultades que en parte mencionaba Hyppolite en su nota aclaratoria a la traducción francesa– creemos que la mejor traducción para el término alemán *Meinung* debería ser "querer-decir". Dos referencias muy escuetas sirven, en efecto, para apoyar esta decisión: en su ensayo *El lenguaje y la muerte* Agamben también traduce *Meinung* por querer decir y Levinas, en *Autrement qu'être ou au-delà de l'essence*, señala su acuerdo con Derrida que hace la misma traducción para los textos de Husserl en *La voix et le phénomene*: "La palabra tiene un *Meinung* que no es simplemente una intención (*visée*). Derrida traduce feliz y osadamente este término por querer decir (*vouloir-dire*) reuniendo en su referencia al querer (...) y a la exterioridad de la lengua, el aspecto pretendidamente interior del sentido".

69   Ibid., p. 64.

ridad, un esto particular, sino simplemente el esto. La respuesta, concluye, no puede sino quedar suspendida: si bien podemos decir sin lugar a duda qué es esto o aquello en particular, un papel, un texto, etc., no podemos de ningún modo decir qué es el esto en sí, como universal. Solo podemos, en consecuencia, decir qué es el esto diciendo un esto particular.

Lo mismo sucede, por caso, si preguntamos qué es el ahora o qué es el aquí, que son variantes del esto. Si pregunto qué es el ahora y ahora es la noche, la respuesta es que "el ahora" es la noche. Si pregunto qué es el aquí y estoy en mi casa, la respuesta es que "el aquí" es una casa (o mi casa). Pero si vuelvo a preguntar por el ahora siendo mediodía voy a responder que el ahora no es ya la noche sino el mediodía. Y si vuelvo a preguntar por el aquí pero estando en un lugar distinto a mi casa la respuesta vuelve a ser otra: el aquí ya no es la casa (o mi casa) sino el árbol o el lugar en donde esté. El ahora y el aquí, naturalmente, cambiaron: el ahora era en principio la noche y luego el mediodía, y el aquí fue primero una casa (la mía) y luego un árbol (o el lugar en donde estaba cuando lo pregunté). Pero hay algo del aquí y del ahora, dice Hegel, que permanece más allá del día y de la noche, más allá del árbol y de la casa (de mi casa), más allá de los aquí y los ahora en particular: el aquí *mismo* y el ahora *mismo* no desaparecen, puesto de otro modo, sino que son permanentes en la desaparición de la casa (o de mi casa), del árbol, de la noche y del mediodía. Lo que plantea Hegel es, en suma, que eso que permanece y no desaparece en el aquí y en el ahora de cada situación, es decir eso que hace que el aquí y el ahora sean árbol o noche, casa o mediodía, según el caso, según la circunstancia, según el aquí y el ahora en particular, aquello que hace que sean aquí y ahora más allá de los aquí y los ahora singulares, no puedo decirlo sino es a través de los aquí y los ahora en tanto casa, árbol, mediodía o noche.

La pregunta que surge en este punto de la argumentación hegeliana es entonces la siguiente: ¿qué es lo que permanece en *cada* ahora y en *cada* aquí, en *cada* esto? ¿Qué es lo que permanece más allá de los aquí, los ahora y los esto en particular? Lo que permanece, según Hegel, es la *Meinung*, es decir el querer decir, que por supuesto no es exactamente lo mismo que lo que quiero decir, sino el querer decir mismo, puro, es decir la pura intención de significar. Para retomar la traducción del término *Meinung* que realiza Wenceslao Roces en la versión castellana de la *Fenomenología*, lo que

permanece es lo que se *supone* en cada acto de decir: la suposición
que está siempre supuesta en lo que quiero decir que, para Hegel,
es lo que arruina el lenguaje para *ser* lenguaje, o lo que nunca viene
a la palabra para que *haya* palabra[70]. La naturaleza divina del lenguaje, por lo tanto, no es otra cosa que la naturaleza negativa de ese
movimiento que, como Dios, hace que las cosas sean sin mostrarse
nunca, o sin mostrarse nunca sino es a través de la negación, de la
ruina de la *Meinung* (o a través de la realidad tal cual es y funciona
en el mundo terrenal: los milagros en el caso de Dios). Si avanzamos
más rápidamente y observamos con mayor detenimiento el problema en cuestión podemos incluso decir que la naturaleza divina del
lenguaje es en realidad la dialéctica misma porque la naturaleza de
la dialéctica se parece a la naturaleza de Dios: el lenguaje es lo más
verdadero porque, como Dios, pertenece al universal. Y en última
instancia: ¿no es acaso la dialéctica el lenguaje mismo *moviéndose*?
Es decir: ¿no es el lenguaje el movimiento dialéctico en su propio
devenir *como* lenguaje? Y si bien es cierto que el querer decir no
viene nunca a la palabra: ¿no deja sin embargo su huella, y no es esa
huella esa otra voz, la huella del *logos* en la voz, eso que hace que
cuando hablemos la voz hable por sí misma mientras ella habla como
voz humana? Dicho de otro modo: si la *Meinung* es lo que arruina
el lenguaje porque es lo que no se puede decir: ¿no se puede acaso
escuchar y no se escucha como otra voz que no es ni voz humana ni
simple *phoné*, ni puro sonido ni sentido sino, en todo caso, el gesto
propio y único de *cada voz,* el gesto propio y único que traza, que
marca a cada voz cuando habla? ¿No tiene, en fin, el puro querer
decir del que habla su propia voz en el lenguaje, y no es esa voz lo

---

70   El análisis de Hegel vale, también, para los pronombres personales, es decir para ese conjunto de términos que la lingüística moderna llama *shifters*
(Jakobson) o indicadores de la enunciación (Benveniste), entre los cuales
también están incluidos, va de suyo, los pronombres demostrativos a los que
alude Hegel (el esto, el aquí y el ahora). Sin embargo, tanto para Jakobson
como para Benveniste todos ellos tienen como función articular el pasaje de
la lengua al habla mientras que para Hegel poseen una importancia mucho
más radical: develan la naturaleza divina del lenguaje, el movimiento de la
Meinung. Para una descripción más detallada de este tema, que incluye un
recorrido por la lingüística medieval, véase el texto ya citado de Agamben:
El lenguaje y la muerte (Valencia, Pre-textos, 2016). En el siguiente apartado, dicho sea de paso, volvemos a tratar esta cuestión relativa al estatuto
de los pronombres personales pero desde otro ángulo distinto, aunque por
supuesto íntimamente relacionado al tema hegeliano de la *Meinung*: el de
la relación de los pronombres personales con el gesto de la voz.

que identifica a cada voz, la voz propia de cada uno en el lenguaje, una voz que habla no en el lenguaje sino *por* el lenguaje?

— V —

En un breve ensayo sobre el gesto, publicado por primera vez en la revista francesa *Trafic*, Agamben recurre a *De lingua latina*, un riguroso estudio sobre el latín escrito por el romano Marco Terencio Varrón, con el objeto de buscar la especificidad del gesto como acción separada o distinta de la acción que hace y de la acción que actúa. En aquel texto clásico, entonces, en un pequeño pasaje Varrón distingue, en primer lugar, a la acción que hace de la acción que actúa, es decir al *facere* del *agere* según la terminología latina. Es posible –escribe Varrón– hacer algo sin actuar o, a la inversa, actuar sin hacer nada. Tal es el caso, por ejemplo, del poeta y del actor en relación con la acción que cada uno de ellos lleva a cabo según el rol que cada uno tiene. Es decir: mientras el poeta es el que *hace* el drama porque es el que lo escribe, el actor es el que lo *actúa* porque es el que lo interpreta. El primero –en suma– hace algo (el drama) sin actuar y el segundo, en cambio, actúa (el drama) pero sin hacerlo: "el drama –sintetiza Varrón– es hecho (*fit*) por el poeta, pero no es objeto de su actuación (*agitur*), ésta corresponde al actor, que no lo hace". A estas dos esferas clásicas de la acción, sin embargo, Varrón le agrega una tercera esfera que es la acción que soporta o asume:

> (...) el imperator (el magistrado investido con el poder supremo), con respecto al cual se usa la expresión *res gerere* (llevar a cabo algo, en el sentido de tomarlo sobre sí, asumir por completo su responsabilidad), no hace ni actúa sino *gerit*, es decir soporta (*sustinet*)[71].

A diferencia de las dos primeras, entonces, el individuo que es investido como emperador, lejos de actuar o hacer –producir– algo a través de tal investidura, simplemente soporta o asume con sus acciones el poder con el que se lo inviste. He aquí, por lo tanto, tres esferas bien distintas de la acción: la acción que *hace*, la acción que *actúa*, y la acción que *soporta*. Según Agamben, en efecto, el *facere* y el *agere*, los dos primeros tipos de acción, se derivan de Aristóte-

---

71 Varrón, citado en Agamben, G.: "Notes sur le geste", *Trafic*, nro. 1, p. 35. La traducción es mía.

　　　　El parpadeo de la política

les y de su *Ética a Nicómaco*. Pero en su *Ética* el filósofo griego las oponía con el nombre de *poiesis* y de *praxis*: "El género del actuar (de la *praxis*) es distinto del hacer (de la *poiesis*) (...). Porque el fin del hacer es distinto del hacer mismo, pero el de la *praxis* no puede serlo, pues actuar bien es en sí mismo el fin". Es decir: si el hacer es un medio con vistas a un fin, producir algo, como el poeta que hace el drama y cuyo drama –el fin de su acción– es distinto del hacer que lo produce, la *poeisis* es *facere* y la *praxis* es *agere*, en la medida que esta última es un fin sin medios, un fin en "sí mismo" –como el actor que actúa el drama y cuya interpretación es el fin de su propia acción, de su actuar, puesto que no produce nada distinto a la acción que lleva a cabo–. El *gerere*, la acción de soportar de la que habla Varrón –concluye Agamben– es una introducción sin dudas novedosa en relación con la clasificación aristotélica porque se trata de una esfera de la acción distinta a la acción que actúa y a la acción que hace, a la *poiesis* y a la *praxis*, o al f*acere* y al *agere*.

En *La condición humana*, Hannah Arendt le otorga al discurso, es decir a la palabra, el mismo estatuto que el de la acción, perteneciendo ambas a las dos actividades más elevadas del *zoon politikon*, de su *vita activa*, puesto que a ambas les corresponde la condición humana de la pluralidad que es la condición más específicamente política: ésta –escribe– "no solo (es) la *conditio sine qua non*, sino la *conditio per quam* (...) de toda vida política". El discurso y la acción, dicho en otras palabras, permiten al hombre distinguirse en su singularidad, es decir en su humanidad más plena y singular: mediante ellos –escribe siempre Hannah Arendt– "los hombres se diferencian en vez de ser meramente distintos; son los modos en los que los seres humanos se presentan unos a otros, no como objetos físicos, sino *qua* hombres". Una vida sin acción ni discurso –concluye– ha dejado de ser una vida humana porque ya no "la viven los hombres". Pero no solo acción y discurso se relacionan entre sí porque pertenecen a la condición más propia del hombre, porque toda acción –en el sentido que la entiende Arendt, volveremos sobre esto– está siempre acompañada del discurso o la palabra, puesto que una acción sin discurso "carece de significado", de sujeto, de un quién que la acompañe, perdiendo así su carácter revelador. Se relacionan entre sí –decíamos– en un sentido también mucho más estrecho y profundo: "encontrar las palabras oportunas, en el momento oportuno *es* acción", escribe Arendt. La palabra o el discurso *es* acción pero una acción bien distinta de lo que Arendt entiende por labor y trabajo

–que, estrictamente hablando, no son acciones sino actividades, o más específicamente las dos actividades menos elevadas de la *vita activa*–. La labor, en efecto, es toda actividad que el hombre realiza para cubrir sus necesidades vitales y mantener el ciclo biológico de su vida. El trabajo, en cambio, refiere a la actividad "no natural" del hombre, es aquella que le otorga un mundo artificial de cosas, en su mayoría más duraderas que su propia vida –a diferencia de lo que produce con la primera, a través de su labor, que son en su mayoría productos consumidos en pos de reproducir su condición biológica– y con las cuales construye ese mundo de cosas. Tanto la actividad de la labor como la actividad del trabajo están, por lo tanto, mediadas por cosas o materia. La acción, por el contrario, se da entre los hombres, sin la mediación de objetos –salvo, va de suyo, la de la palabra o el discurso– y solo necesita de la presencia de los otros o del estar junto a otros. La palabra *es* acción, entonces, cuando ella se pronuncia en compañía de otros, cuando es dicha en presencia de –y con– otros, es decir cuando hace su aparición en la esfera pública, como palabra compartida, que forma parte de un mundo común.

Ahora bien: si seguimos la tipología de Varrón a propósito de los diferentes tipos de acción: ¿a cuál de ellas pertenece el discurso o la palabra? Si bien es cierto que en todo momento la palabra puede ser objeto de una actuación, como en el caso que menciona precisamente el propio Varrón del actor, cuya palabra es *interpretada* y no tiene otro fin que esa interpretación, en el espacio público la palabra o el discurso es acción en la medida en la que pertenece a la esfera del *facere* o del hacer. Lo que convierte a la palabra en acción es su capacidad de hacer o construir ese mundo común, en el que ella puede hacer su aparición y *modificarlo*. Si el mundo del hombre está hecho de cosas, que construye con su labor –en el sentido de Arendt–, está hecho, también, de palabras, con las que no solo construye ese mundo sino que además lo comunica, lo comparte y lo extiende también más allá de su vida[72]. En la filosofía política –y no solo en la filosofía política de Arendt, en efecto– el destino del *logos* estuvo, desde siempre –es decir desde Aristóteles–, marcado por esta esfera de la acción que reduce la dimensión política de la palabra o el discurso a su capacidad de hacer o de producir, es decir

---

72 Para una mejor comprensión de esta condición "trascendental" del mundo común que analiza Arendt, y en particular de su fundamento metafísico, remitimos al segundo apartado del segundo capítulo de este libro.

a la esfera del *facere* que señala Varrón. La palabra que no comunica, que no quiere decir nada, dicho de otro modo, es para el pensamiento político occidental impotente políticamente, incapaz de *actuar* en el mundo común que compartimos, de transformarlo e, incluso, de distinguir en su singularidad –singularidad que remite al mismo tiempo a la condición humana de la pluralidad– a quien la pronuncia.

Pero el *logos* no solo es *facere*, es decir acción que hace, que da sentido y, así, construye el mundo que compartimos: la esfera pública. Toda palabra está, al mismo tiempo, soportada por el gesto que la dice y ella es asumida solo a partir de esa otra esfera de la acción que, también, Varrón menciona en *De lingua latina*: la del gesto que *soporta* la palabra dicha. En buena medida, una primera aproximación a esta otra esfera de la acción que compone al *logos* o, mejor aun, que lo soporta, es fácilmente identificable a partir de la diferencia inaugurada por los lingüistas modernos entre lenguaje y discurso, entre lengua y habla, o entre *langue* y *parole*. Esa diferencia, en efecto, nos enseña que el lenguaje como reservorio de códigos, como sistema de diferencias, por un lado, y el lenguaje articulado en el habla, en el discurso o la enunciación, por el otro, son cosas bien distintas. La articulación entre *langue* y *parole*, lenguaje y discurso, o lengua y habla está dada, según Jakobson y Benveniste, por los *shifters*, según la terminología del primero, o por los indicadores de la enunciación, según la terminología del segundo. Es decir: por los "yo", los "esto" o los "aquí". Y es precisamente en ese lugar, en donde se produce este pasaje o esta articulación, en donde mejor se deja ver, o se muestra, el gesto o la acción que soporta la palabra dicha: ningún yo dicho es igual a otro. El yo asumido en el habla o en el discurso expone la marca identitaria del que habla. Es decir: transmite el gesto de la voz, el gesto con el cual cada voz soporta o asume un discurso –en el sentido de habla o *parole*, para seguir con la distinción de los lingüistas modernos–. Sin embargo, es posible, por otro lado, identificar otra dimensión aun más compleja, si se quiere, del gesto que soporta el *logos*: la de la gestualidad que soporta no ya la palabra hablada sino la palabra escrita, esto es: la gestualidad de la escritura. Y esta otra dimensión que consiste en la forma en la que la palabra "actúa" con el gesto con el cual ella es asumida en y a través de la escritura extiende a la política y al pensamiento sobre la política más allá de los límites que, desde Aristóteles hasta nuestros días, pasando por Hannah Arendt, comprendemos como relativos a lo político o a la política –entendiendo a esta última en su sentido fuerte–. Se trata, puesto de otro modo, de una política que ya no depende de la voz y la palabra hablada, de la proximidad del habla y del espacio público. Porque la política de la escritura ya no depende de lo que ella comunica. Su potencia no está ya en la acción como potencia del *logos* compartido con otros, como acción conjunta, que se realiza en presencia de otros que oyen lo que decimos y nos ven mientras lo decimos. Más allá del pensamiento de la filosofía política, de los límites logocéntricos o metafísicos de su empresa, la reflexión de la política se abre, con el gesto, al momento del *parpadeo* de la política. Sin entonces *hacer* nada, el gesto de la palabra escrita "hace" política porque, como quisiera Hannah Arendt, la gestualidad de la escritura nos distingue, en nuestra condición humana, tanto como nos distingue la palabra hablada o el discurso en la esfera pública. A costa, sin embargo, de no estar nunca plenamente presentes, a costa de no estar nunca presentes en forma plena, *en persona*, en el papel escrito.

CAPÍTULO IV

Platón y la muerte de la escritura

— I —

Según relata el célebre mito de Platón, cuando Theuth se presenta ante el rey egipcio Thamus –que en el caso de los griegos era conocido también como Ammon– le propone mostrarle las diferentes artes que, siempre según el mito platónico, él mismo había descubierto: el número y el cálculo, la geometría y la astronomía, el juego de damas y el de dados y, "sobre todo", narra Platón en el *Fedro*, las letras. Pero el encuentro entre Theuth y el rey Thamus no es, en el mito platónico, un hecho fortuito: según cuenta la historia de este encuentro la aparición de Theuth frente a Thamus tenía para el primero un objetivo bien preciso: difundir el uso y hacer llegar por medio del segundo el conocimiento de esas artes al resto de los egipcios. La reacción de Thamus, describe entonces Platón en su texto, no se hizo esperar demasiado y acto seguido lo interroga acerca de la utilidad que caracterizaba cada uno de sus descubrimientos. Theuth responde rápidamente y comienza sin perder el tiempo una minuciosa exposición en la que desarrolla lo que para él configuraban los aspectos más virtuosos de las artes de las que él se reconocía como su padre. Pero Thamus, que no se dejaba impresionar fácilmente, no solo se dispuso a escuchar los argumentos de Theuth sino que a medida que éste exponía esos argumentos el rey egipcio se tomaba el trabajo de comentarle las objeciones que creía eran pertinentes. Muchas fueron, de hecho, las observaciones que en contra de su defensa férrea a favor de sus artes Thamus le hizo a Theuth hasta que, finalmente, el relato mítico llega al arte que en su diálogo con Fedro a Platón más le interesaba, es decir que le interesaba *sobre todo*, que era el arte de las letras, es decir *la escritura*:

> (...) cuando llegaron a las letras, dijo Theuth: Este conocimiento, oh rey, hará más sabios a los egipcios, pues se ha inventado como un fármaco de la memoria y de la sabiduría. Pero él le dijo: Oh artificiosísimo Theuth! A unos les es dado crear el arte, a otros juzgar qué de daño o provecho aporta para los que pretenden hacer uso de él. Y ahora tú, precisamente, padre que eres de las letras, por apego a ellas, les atribuyes poderes contrarios a los que tienen. Porque es *olvido* lo que producirán en las almas de quienes las aprendan, al descuidar la memoria, ya que, fiándose de lo escrito, llegarán al recuerdo *desde fuera*, a través de caracteres ajenos, no *desde dentro, desde ellos mismos y por sí mismos. No es, pues, un fármaco (phármakon) de la memoria lo que has hallado, sino un simple recordatorio*. Apariencia de sabiduría es lo que proporcionas a tus alumnos, que no verdad. Porque habiendo oído muchas cosas sin aprenderlas, parecerá que tienen muchos conocimientos, siendo, al contrario, en la mayoría de los casos, totalmente ignorantes, y difíciles, además, de tratar porque han acabado por convertirse en sabios aparentes en lugar de sabios de verdad[73].

Como en la mayoría de los diálogos a través de los cuales Platón despliega los principales conceptos de su filosofía, que en la mayoría de los casos despliega, precisamente, como diálogos, en el *Fedro* Platón es encarnado por su maestro, es decir por Sócrates. Según este último –que es finalmente el que cuenta a Fedro el relato del encuentro entre Theuth y Thamus– Theuth pretende hacer pasar a la escritura por algo que en los hechos está muy lejos de ser lo que parece. Incluso más: si seguimos al pie de la letra la objeción que Thamus hace a Theuth vemos incluso que Theuth no solo cree en las virtudes de un arte cuyos efectos no posee sino que, para peor, cree que sus poderes son exactamente contrarios a los poderes que el propio dios egipcio anuncia que posee: "les atribuyes (a las letras) –le reprocha Thamus a Theuth– poderes contrarios a los que tienen". El diálogo de Sócrates y Fedro cae así en un curioso y paradójico juego de sentido cuyos efectos muestran todo el poder y la astucia de la filosofía platónica: si el Dios egipcio se fía de la escritura como fármaco (remedio) contra el olvido Thamus le recuerda, precisamente le *recuerda*, que ella contribuye, muy por el

---

73   Platón: *Fedro*, Barcelona, Ed. Gredos, 2008, pp. 93-94.

contrario, al olvido: "es olvido lo que producirán en las almas de quienes las aprenden". En lugar de ayudar a la memoria, por lo tanto, la escritura va a contribuir a descuidarla. Como todo fármaco, entonces, cuyo sentido en el lenguaje griego quiere decir no solo remedio sino también veneno, termina finalmente agudizando la enfermedad a la que él viene a auxiliar. La escritura como fármaco –y he aquí en donde comienza a funcionar el juego de sentido que mencionábamos– se presenta así en la boca de Theuth más cerca del sentido positivo de su arco semántico, como remedio, pero acaba en la boca de Thamus más cerca de su significado opuesto, es decir de su costado semántico negativo, pues para el rey egipcio la escritura es vista, antes que como remedio contra el olvido, como veneno para la memoria.

A primera vista, en efecto, el argumento de Theuth resulta bastante lógico, aunque es cierto algo simple si nos quedamos *solo* en esta primera dimensión del argumento –y esta simpleza es, de hecho, la que Thamus va a intentar desenmascarar con su defensa de las letras–. Siempre a primera vista, entonces, aprender a escribir puede resultar para el que escribe un arte poderoso como herramienta para combatir el olvido ya que el que *sabe* escribir (y he aquí ya la vinculación platónica, también poderosa, entre escritura y sabiduría o, mejor aun, entre escritura y no saber) puede ayudarse de las letras para recordar lo que sabe (lo que *sabe*, vale aclarar, en cualquiera de sus formas: lo que sabe *hacer*, lo que sabe que *debe* saber, cualquier cosa, en fin, *que sepa*). La razón que guía a Theuth a defender este argumento es –decíamos– bastante lógica: escribiendo lo que sabemos en cualquiera de sus formas (como saber hacer, como saber decir, o como cualquier saber), grabándolo en la materia sensible, es decir fijándolo con la letra (lo que anticipa ya el argumento de Theuth y, al mismo tiempo, el de Platón: fijar o grabar es hacer perdurar, mantener, remedio entonces contra el olvido, pero es también matar: algo fijado o grabado en la materia es algo inmóvil, que no se mueve, inanimado, es decir muerto, que no tiene alma), o sea escribiéndolo, ello nos permite volver sobre lo fijado, sobre lo grabado o sobre lo escrito en caso de olvido. Pero Thamus desarma enseguida este argumento o, decíamos, la simpleza –o deberíamos decir la *doxa*, para utilizar un concepto tan cercano a la filosofía de Platón y más ampliamente a la filosofía griega– con la que Theuth defiende a la escritura. E incluso lo hace denunciando la imparcialidad de Theuth, su apego demasiado prejuicioso a las letras (apego que, dicho sea de paso, responde a la relación misma que el Dios egipcio tiene con la escritura: "padre que eres de las letras", le reprocha Thamus a Theuth –*padre* que eres de las letras, aclaremos, por haberlas descubierto porque la escritura no tiene padre porque, ya lo veremos, el texto escrito no puede responder por sí solo a lo que se le pregunta–).

Ahora bien: ¿por qué auxiliarse de la escritura contribuiría, contra esta *doxa* que describíamos, al olvido? En primer lugar, por una razón muy sencilla: porque quien se fía de la escritura, de lo escrito en un papel o de lo grabado en la materia a través de la letra acabará, al contrario de lo que piensa Thueth, descuidando a la memoria porque dependerá de aquello fijado en la materia para recordar lo que estaba, *antes* de ser escrito, *en su cabeza*. La escritura genera un exceso de confianza que desgasta el ejercicio que supone el uso de la memoria. Y, como si fuera poco, ella es además una falsa herramienta porque anula las posibilidades de seguir recordando más allá de lo que se rememora con la ayuda de lo escrito, que es siempre lo mismo, que se mantiene siempre igual. Quien se fía de lo escrito terminará, entonces, no solo descuidando a la memoria sino que, en el mejor de los casos, terminará recordando siempre las mismas cosas. El tipo de recuerdo al que ayuda la escritura implica, en suma, una operación artificial. Artificialidad, en efecto, propia de todo *phármakon*. Pero esta primera razón forma, sin embargo, solo una parte del argumento del diálogo que Sócrates tiene con Fedro. El *phármakon* (el veneno) que representa la escritura no solo consiste en los efectos que produce como producto del exceso de confianza en lo escrito. Y Platón, de hecho, lo pone enseguida de manifiesto: "fiándose de lo escrito (quienes se fían de la escritura), llegarán al recuerdo *desde fuera*, a través de caracteres ajenos, no *desde dentro, desde ellos mismos y por sí mismos*". Recordar desde fuera, no desde dentro, desde *uno mismo* y *por sí mismo* es en realidad el verdadero argumento de Platón contra los beneficios del recuerdo través de la escritura. Y ello porque en ese argumento se pone en juego una de las oposiciones fundamentales que estructuran su filosofía, la oposición exterior/interior que es, desde luego, solidaria a todas las demás oposiciones que están presentes en su pensamiento: la que opone lo vivo y lo muerto, lo animado y lo inanimado –volveremos sobre esto– y solidaria, sobre todo, de aquella que mejor explica y permite comprender la crítica de la filosofía platónica a la escritura: la oposición entre *mnéme* e *hypomnesis*, es decir entre memoria y rememoración. Para Platón –en suma– no es lo mismo recordar por vía del modo hypomnésico, es decir recordar algo desde fuera, a través de la escritura, que hacerlo por medio de la temporalidad y la espacialidad propia de la *mnéme*, cuyo recuerdo se alcanza desde dentro, "desde uno mismo y por sí mismo", es decir a través de la memoria. En su célebre ensayo sobre el tema, *La pharmacie de Platon*, Derrida escribía:

> No acordarse, por *anamnesis*, del *eidos* contemplado antes de la caída del alma en el cuerpo, sino rememorarse, al modo hipomnésico, de lo que ya posee el saber mnésico. *El logos escrito no es más que un medio para quien sabe ya rememorarse las cosas a propósito de las cuales hay escritura*. La escritura no interviene, pues, más que en el momento en el que el sujeto de un saber dispone ya de los significados que entonces la escritura se limita a consignar (...).

> Socrátes retoma así la oposición principal y decisiva que surcaba la manteia de Zamus: *mnéme/hipomnesis*. Oposición sutil entre un saber como memoria y un no saber como rememoración, entre dos formas y dos momentos de la repetición. Una repetición de verdad que muestra y presenta al *eidos*; y una repetición de muerte y olvido que vela y desvía porque no presenta al *eidos*, sino que re-presenta la presentación, repite la repetición. (...) La hipomnesis, a partir de la cual se anuncia y se deja pensar aquí a la escritura, no solamente no coincide con la memoria sino que solo se construye como dependiente de la memoria. Y por consiguiente de la presentación de la *verdad*[74].

Entre un modo y otro de recordar se juega, para Platón, y esto es en efecto lo que intenta mostrar a Fedro con el mito de Theuth y Thamus, mucho más que dos formas artificiales o no de recordar –o son artificiales o no porque, también–: allí está en juego la presentación misma del *eidos*, de la verdad o del ser, es decir de "esa esencia cuyo ser es realmente ser". No es casual que Platón, en el mismo texto y en el mismo diálogo, se haya hecho tiempo para relatar algunos párrafos más atrás otro de sus célebres mitos, tan célebre e importante como el que encarna el relato de Theuth y Thamus: antes del mito que explica el origen mítico de la escritura, entonces, Platón relata a Fedro el mito que explica la naturaleza divina y

---

74   Derrida, Jacques: "La Pharmacie de Platon", en Platón. *Phèdre*, París, Flammarion, 2004, p. 343. La traducción es mía.

humana del alma: el mito del carro alado. Según este otro mito, el alma se parece a una fuerza compuesta de un carro alado y de su respectivo auriga que tiene a su cargo la conducción del carro que es impulsado por dos caballos. Mientras que el auriga que conduce las almas divinas no encuentra obstáculos en su camino al linaje de los dioses, el lugar donde habitan las divinidades, el mundo de las ideas, pues ambos caballos son "buenos y buena su casta", el auriga que conduce el carro de las almas humanas no corre con la misma suerte: su manejo, describe Platón, "resultará duro y difícil". Pues mientras uno de sus caballos es bueno y hermoso "y está hecho de esos mismos elementos", buenos y hermosos, el otro está hecho de los elementos contrarios, como contrario a esos elementos es también su origen. Las almas de los dioses, por lo tanto, alcanzan siempre con éxito su destino, todas ellas logran ver la verdad, "incolora, uniforme, intangible", contemplando así lo que está al otro lado del cielo. Nutridas de la verdad, entonces, ellas se hunden de nuevo en el interior del cielo y vuelven a su casa hasta su próximo viaje. Las almas de los hombres y los aurigas que las conducen son presas, sin embargo, de la lucha de ambos caballos, del caballo malvado que gravita y tira hacia tierra, y del caballo bueno y hermoso que empuja en dirección opuesta. Éstas, por lo tanto, apenas si alcanzan la visión del ser: de "a ratos se alza(n), (de) a ratos se hunde(n)" perdiendo con el tiempo sus alas y quedando a la deriva hasta que se enlazan a algo sólido: el cuerpo de los hombres[75]. Como bien sugiere el pasaje de Derrida que citábamos, ambos mitos, el de Theuth y Thamus y el del carro alado, están íntimamente conectados y no solo porque

---

75 A pesar de las dificultades para obtener una visión del ser, "toda alma humana –precisa Sócrates a Fedro– por su propia naturaleza ha visto al ser, o no habría llegado a ser el viviente que es", es decir un ser humano. Lo que, en todo caso, las almas humanas no pueden llegar a obtener es una visión completa o plena del ser (o de la verdad) y esto es, en efecto, lo que las diferencia de las almas divinas. Dependiendo, por lo tanto, de la parte de la verdad o del ser que cada una de ellas alcanzó a ver "del otro lado del cielo" tiene lugar un tipo de individuo distinto: la que mayor visión tuvo es la que llega "a los genes de un varón que habrá de ser amigo del saber, de la belleza o de las Musas (...), y del amor", la segunda en capacidad de visión está destinada a "un rey nacido de leyes o un guerrero y hombre de gobierno; la tercera, para un político o un administrador o un hombre de negocios; la cuarta, para alguien a quien le va el esfuerzo corporal, para un gimnasta, o para quien se dedique al arte adivinatorio o a los ritos de iniciación; con la sexta se acoplará un poeta, uno de ésos a quienes les da por la imitación, sea la séptima para un artesano o un campesino; la octava para un sofista o un demagogo, y para un tirano la novena".

   El parpadeo de la política

Platón los haya relatado en el mismo texto y en el mismo diálogo, con solo unos pocos párrafos de diferencia: su relación está, desde luego, más que en su conexión espacial en su conexión conceptual: recordar con el auxilio de la escritura, de lo escrito o al modo hypomnésico no es, para Platón, más que una forma de repetir lo ya recordado, lo que la escritura vendría, con su auxilio, a ayudar a recordar: el *eidos* contemplado por el alma antes de su caída del cielo, de la pérdida de sus alas. Solo quien recuerda desde adentro, al modo anamnésico, con la *mnéme* y no desde afuera, a través de un pedazo de papel –y he aquí ya operando la otra relación: la que conecta la oposición exterior/interior con el par *mnéme/hypomnesis*– solo de ese modo, en fin, el que recuerda recuerda el *eidos* que el alma vio en su camino hacia la divinidad. Si Platón enfrenta, en suma, dos formas de recordar las enfrenta a condición de tomar en cuenta que en la temporalidad y en la especialidad de la anamnesis está en juego la presentación del ser o de la verdad *en su verdadero ser o en su verdad*. Lo escrito es ya siempre algo recordado antes, en la vitalidad del tiempo y del espacio interior, de la *mnéme*. El *logos* escrito es, así, la duplicación del *eidos* o del ser. Y ésta es, en efecto, una falsa o una mala duplicación, opuesta a la buena y verdadera repetición, la que en el interior del individuo, gracias a la memoria, recuerda o trae de vuelta, repite el *eidos* que el alma vio y contempló, aquella "que presenta y reúne al ser en la memoria viva"[76]. El saber de la escritura es, en consecuencia, un falso saber, un no saber, o un no saber que se presenta como un saber. Un *phármakon* –al fin y al cabo– pero un *phármakon* que es más veneno que remedio, aunque sin dejar de ser ni remedio ni veneno. Y por eso mismo, diría Platón, *un verdadero phármakon*.

A partir de este punto se puede deducir con toda claridad por qué a partir de este texto de Platón, Derrida va a deducir las consecuencias ontológicas de la concepción de la escritura en el filósofo griego y, más ampliamente, en la filosofía occidental en general. Como Aristóteles, que postula la cercanía natural entre *phoné* y ser, Platón, por otro camino, llegará a las mismas conclusiones: la escritura aleja al alma del ser, del *eidos* o de la verdad. Sin embargo, lo que faltaría en este recorrido aclarar es que las consecuencias del diálogo entre Fedro y Sócrates a propósito de la escritura no solo repercuten en la filosofía, es decir en lo que conocemos como

---

76   Derrida, Jacques: "La Pharmacie de Platon", op. cit., p. 205.

el ámbito de la ontología sino, también, en la ontología política. Y basta, para confirmarlo, avanzar un poco más en el diálogo platónico: después de haber enseñado a Fedro los efectos nocivos de la escritura –después de recordar, dicho de otro modo, que el recuerdo vía la escritura es un recuerdo artificial, un recuerdo de un recuerdo ya recordado, es decir un "recordatorio de aquellas cosas sobre las que versa la escritura"– justo después de pronunciar esas palabras, entonces, Platón –en la voz de Sócrates– va a ir aun más lejos y va a explicar a Fedro que, para peor, la letra carece de vida, o es inanimada, porque posee la rigidez cadavérica de un muerto porque, como los muertos, los textos escritos no responden a las preguntas que se les hace o con las cuales se los interroga:

> Porque es que es impresionante, Fedro, lo que pasa con la escritura, y por lo tanto se parece a la pintura. En efecto, sus vástagos están *ante nosotros como si tuvieran vida*; pero, si se les pregunta algo, *responden con el más altivo de los silencios*. Lo mismo pasa con las palabras. Podrías llegar a creer como si lo que dicen fueran pensándolo, pero si alguien pregunta, queriendo aprender de lo que dicen, *apuntan siempre y únicamente a una y la misma cosa*. Pero, eso sí, con que una vez algo haya sido puesto por escrito, las palabras ruedan por doquier, igual entre los entendidos que como entre aquellos a los que no les importa en absoluto, sin saber distinguir a quienes conviene hablar y a quiénes no. Y si son maltratadas o vituperadas injustamente, necesitan siempre la ayuda del padre, *ya que ellas solas no son capaces de defenderse ni de ayudarse a sí mismas*[77].

Si bien la escritura se presenta ante nosotros "como si tuviera vida", explica Sócrates a Fedro, en realidad no la tiene porque si se le pregunta algo a la letra escrita ella responde "con el más altivo de los silencios". Es decir: *no responde* o hace silencio. La letra no puede responder, dicho de otro modo, porque no es capaz de pensar una respuesta –incluso si uno podría llegar "a creer como si lo que dicen fueran pensándolo", advierte Sócrates a Fedro– ante la posibilidad de una pregunta o ante la eventualidad de que se le planteen interrogantes a lo que está escrito como texto. Sin embargo, si la letra escrita, a diferencia del *logos* vivo o hablado, no responde, si ella está muerta es porque *efectivamente* no es un ser vivo, no tiene vida. Los signos escritos están grabados sobre la materia, sobre las

---

77   Platón: *Fedro*, op. cit., pp. 96-97. El resaltado es mío.

    El parpadeo de la política

cosas y, estrictamente hablando, ellos *son* cosas. No hay letra viva porque los signos son materia como la materia sobre la cual ellos se graban como escritura. Y si bien la escritura podrá *decir* muchas cosas, ella no *habla*, dice o puede decir muchas cosas, pero si se le pregunta repite siempre lo mismo: "apunta siempre y únicamente a una y la misma cosa". Habría que volver, en efecto, sobre las frases a las que Platón recurre para describir lo inanimado, algunos párrafos antes, para comprender mejor el carácter inanimado de la letra: según las palabras de Sócrates en el diálogo con Fedro, lo que se mueve a sí mismo, aquello cuya fuente de movimiento está dentro de lo que se mueve, posee vida, tiene el carácter de lo que es animado. El movimiento impreso desde fuera, en cambio, todo cuerpo que es movido por otro, cuya fuente de movimiento es externa, es inanimado, es decir no tiene vida o bien está muerto. La escritura, entonces, no responde, es inanimada porque precisamente su movimiento está fuera de ella. Lo que le da movimiento a la letra, y por eso se muestra como teniendo vida, porque se mueve, aunque no se mueva por ella misma, *se mueve*: con el movimiento de la lectura o de la propia escritura cuando se escribe, de la mano que escribe, que le da movimiento; lo que le da movimiento –decíamos– está en otro lado: la fuente del movimiento y el cuerpo movido están en la escritura en lugares distintos. Y si lo que se mueve a sí mismo "no es otra cosa que el alma", la letra, por ser movida por otro y no por ella misma, no tiene alma o bien "dejó" la suya en el cuerpo de la persona que lee o escribe[78].

Los argumentos que, en efecto, se le podrían *oponer* a Platón a partir de este pasaje del diálogo con Fedro son fácilmente rebatibles. Porque lo cierto es que la letra grabada en la materia, es decir el signo escrito, *es* materia, o en todo caso materia grabada *como* letra o escritura. El razonamiento platónico es, en este punto, a todas luces válido, incluso si quisiéramos oponerlo diciendo que al fin y al cabo la escritura no deja, de todos modos, de ser producto de la mano del hombre o del que escribe, que es siempre una mano humana. Porque aun en tal caso, aunque haya sido producto del ejercicio humano, aunque haya venido del hombre, desde el momento en que es escrita, desde el momento en el cual el *logos* se inscribe en la

---

78 Esta rigidez cadavérica de la letra es, de hecho, también denunciada por Platón en el *Protágoras*. Allí, explica, los malos oradores políticos, los que no saben responder a una pregunta suplementaria son "como los libros, que no pueden ni contestar ni preguntar".

materia sensible –respondería Platón– ya no es humana pues en ese mismo instante deja de tener vida, porque el alma que mueve desde adentro la mano que escribe no pasa al texto escrito. Siempre aun y a pesar de que venga –insistimos– de un ser vivo, de un ser humano que es siempre el que escribe. La oposición exterior/interior que da sentido a este argumento platónico mantiene en pie al argumento mismo: la exterioridad del que escribe en relación con la letra escrita decreta, en cierto modo, la muerte de la escritura –exterioridad que, por supuesto, no se manifiesta en el habla pues la voz viene desde dentro, la boca que habla es movida por el alma–. La falta de humanidad de la escritura, entonces, se fundamenta también en esta oposición que separa al *logos* del cuerpo que habla, o a lo que se mueve de lo que es movido por un cuerpo extraño o exterior a él mismo, porque el que escribe no está en lo escrito, en lo que escribió con su mano y con su cuerpo que es exterior al texto grabado como escritura. El que escribe, en suma, no está plenamente presente, en persona, con su cuerpo y con su habla para dar respuestas a lo que escribió antes de que se vuelva escritura. El habla, que es por excelencia en este argumento la manifestación de la fuerza interna que impulsa el alma, se pierde así en la cosa escrita o, mejor aun, se vuelve cosa, signo inmóvil que ya no puede moverse y hablar sino es por la ayuda del padre que desaparece en el momento mismo en el que adviene el *logos* escrito. El pasaje que va de la idea pensada a la idea escrita, del pensamiento a la escritura marca la muerte del pensamiento, del pensamiento *vivo* que se produce desde dentro. Es decir, y por tanto, marca la muerte de la escritura.

Podemos entonces a partir de aquí trazar con mayor claridad las consecuencias que el texto de Platón acarrea no solo para la ontología o para la filosofía a secas sino también para la filosofía o la ontología política: el espacio de la escritura, desde el momento a partir del cual se configura como texto o como escritura, deja de ser un espacio plenamente humano y por lo tanto político: allí, si se quiere, se puede encontrar la razón por la cual el espacio público no admite discursos escritos, o bien los admite a condición de ser leídos por quien los escribe, a condición de ser movidos –animados– por la lectura de alguien que los arranca de la rigidez cadavérica –es decir de la muerte– a la que los arroja el *logos* escrito. La voz, que está siempre en contacto directo con el alma, es la única con la capacidad de devolverles la vida. Pero contra este argumento de Platón, es decir a pesar de la concepción platónica que trata a lo escrito como cosa, como cosa escrita o inanimada, a la escritura no le hace falta la presencia del alma del que escribe en lo escrito para ser plenamente humana, para sostener su singularidad como práctica política. La rigidez cadavérica de la letra no es la muerte de la escritura porque, precisamente, su politicidad reside en la ruptura de aquella oposición exterior/interior que valida y fundamenta toda la metafísica de la argumentación platónica. Lo que queda de la humanidad del que escribe, dicho de otro modo, ya no es exterior ni interior a la escritura, es la escritura misma, el gesto a partir del cual el que escribe deja, sin dejar del todo o inscribiendo sin inscribir plenamente, su propia marca que no es, estrictamente hablando, ni lo escrito (su contenido o el mensaje que comunica) ni lo que está por fuera del texto escrito (el dibujo o el *ductus* del que escribe)[79]. La pregunta, sin embargo, que hace posible la reflexión de Platón es de todos modos bien profunda: ¿qué política le cabe, sería entonces esa pregunta, a este gesto que se da a sentir en el silencio, en la ausencia del que escribe y que habla de su humanidad más singular y única?

---

79 Volveremos sobre el particular estatuto de esta marca en el último apartado del capítulo IX.

CAPÍTULO V

La soledad de la escritura

— I —

Sarmiento comienza el *Facundo* evocando a Facundo y su secreto: "Sombra terrible de Facundo, voy a evocarte para que, sacudiendo el ensangrentado polvo que cubre tus cenizas, te levantes a explicarnos la vida secreta y las convulsiones que desagarran las entrañas de un noble pueblo. *Tu posees el secreto* (...)"[80]. Las frases con las que Sarmiento comienza el *Facundo* ocupan sin dudas un lugar central en el acervo que conforma la literatura nacional. Y eso muy a pesar de la figura que lo convoca, la figura de Sarmiento. Porque Sarmiento no solo fue objeto de todo tipo de pasiones y polémicas. Su figura estuvo, desde siempre, atravesada por las disputas ideológicas más encarnizadas y profundas de la historia argentina –de las cuales él fue en buena medida protagonista: basta recordar, por caso, su célebre intercambio con Juan Bautista Alberdi a propósito de los temas que conmovían a la Argentina en aquella época–. Convertido entonces en prócer indiscutido por la historiografía liberal, en padre y promotor de la educación pública y gratuita en su país natal, Sarmiento fue reducido también por la historiografía revisionista, y como producto precisamente de esas disputas ideológicas que mencionábamos, a un simple representante de una élite ilustrada y europeísta, la élite criolla de la Argentina, que no habría hecho otra cosa que contribuir a la formación de un Estado Nacional, el Estado argentino, que solo respondía en su fisionomía, en su imagen y en su funcionamiento, a los intereses de esa élite dominante. Pero, paradójicamente y a pesar de la belleza poética, de la fuerza y la intensidad prosística –una prosa "eficacísima", según le

---

80   Sarmiento, Domingo F.: *Facundo*, Buenos Aires, Gradifco, 2007, p. 9.

reconociera Borges[81]– con la que Sarmiento evoca a Facundo, un personaje que se encuentra, literalmente, en las antípodas de su pensamiento y de la ola civilizadora con la que él mismo desea transformar el paisaje bárbaro, para retomar su propia metáfora, de la pampa –y he aquí, entonces, la paradoja: ¿cómo es posible que uno de los más destacados y más bellos libros de la literatura argentina tenga como objeto aquello a lo que el autor repudia con la misma vehemencia e intensidad con la que despliega su poesía para describirlo?–, lo cierto es que la centralidad de Facundo está en su secreto: "revélanoslo!"[82], pide Sarmiento al inicio del texto.

Facundo, el nombre que lleva por título el libro de Sarmiento refiere –sabemos– a Don Juan Facundo Quiroga, quien fuera otrora gobernador de La Rioja durante unos pocos meses en el año 1823, luego de su victoria militar en la batalla de El Puesto, en donde Facundo derrota a las fuerzas militares del entonces gobernador riojano Nicolas Dávila –tropas comandadas por su propio hermano Miguel Dávila–. Esa victoria, aunque por muy poco tiempo, convierte –decíamos– a Don Facundo Quiroga en gobernador de la provincia cuyana. Aunque, en rigor, la fama y la importancia histórica del caudillo riojano, que es en efecto la que impulsa a Sarmiento a dedicarle ese bello y beligerante texto de 1845, no se explica de ningún modo por el rol breve y fugaz que Facundo ocupó en la función pública. Porque lo cierto es que más allá de los títulos oficiales y del cargo que ocupó por aquellos años, Facundo fue el caudillo indiscutido de su época, el líder absoluto de La Rioja poscolonial. E incluso, podríamos agregar con certeza, su influencia y su liderazgo se extendían más allá de los límites y las fronteras de su provincia natal, pues el poder de Facundo hacía pie en la mayoría de las Provincias Unidas del Río de la Plata: de San Juan (provincia natal, precisamente, de Sarmiento) a Catamarca, de Tucumán a San Luis, de Mendoza a Salta y Jujuy. "Provinciano, bárbaro, valiente, audaz", lo describe el propio Sarmiento. Valiente y audaz, es cierto, pero sobre todo *bárbaro*. Violento y sanguinario, pero sobre todo *salvaje*. Impresionado, y desde luego indignado en lo más profundo de su alma por esa barbarie que caracteriza a Facundo, Sarmiento cree que ella es, en efecto,

---

81   Cf. Berg, Walter Bruno: "Teoría del prólogo borgeano", en de Toro, Alfonso. *Jorge Luis Borges: Translación e Historia*, Hildesheim, Georg Olms Verlag, 2010, p. 131.

82   Sarmiento, Domingo F.: *Facundo*, op. cit., p. 9.

la expresión más fiel y contundente de la barbarie de su pueblo, es decir de la barbarie del pueblo argentino. Un noble pueblo, va a aclarar Sarmiento en algunos pasajes del *Facundo*, pero bárbaro al fin –tan bárbaro que, de hecho, decide entregarse mansamente a ese caudillo entregándole su alma y su gobierno–. De algún modo, entonces, Facundo encarna para Sarmiento el ideal de la barbarie del gaucho argentino, del hombre bárbaro y salvaje que habita el interior profundo de la Argentina. O, para decirlo de otra manera, Facundo es la personificación más potente de ese pueblo bárbaro y de ese gaucho que es su ejemplar más paradigmático. Es más: solo con Don Juan Manuel de Rosas, piensa el sanjuanino, esa barbarie va a alcanzar su versión más acabada y perfecta. Porque todo lo que en Facundo aparecía como instinto, como iniciación y tendencia, toda esa barbarie va a convertirse, con Rosas, en "sistema, efecto y fin". Es decir en "arte".

Sin embargo, el texto de Sarmiento no alude, como sugieren algunas lecturas del *Facundo*, al caudillo porteño por la vía de un rodeo, es decir a través de la referencia a Quiroga. A pesar de la evidente relación que existe entre la barbarie de Facundo y la de Rosas, quienes son probablemente los dos caudillos más emblemáticos de la Argentina del siglo XIX; a pesar, incluso, de la enemistad manifiesta, tan célebre como explícita, entre Rosas y el propio Sarmiento, y del rol que –insistimos– buena parte de la historiografía ha querido otorgarle al primero a propósito del texto del segundo, lo cierto es que Facundo trata sobre Facundo y no trata de ningún modo sobre Rosas. Facundo habla sobre Facundo y *sobre todo* sobre su secreto[83]. Entonces: ¿por qué le interesaría a Sarmiento ocuparse de Facundo y de su secreto? La intuición que lo guía y que de hecho lo motiva a escribir el texto es, en resumidas cuentas, la siguiente: si la barbarie de Facundo es la personificación más fiel de la barbarie del pueblo

---

83   En su estudio preliminar al texto de Sarmiento, por ejemplo, Patricia Cohen se hace eco de esta hipótesis historiográfica que le otorga a Rosas un lugar más importante en el *Facundo* que al propio Facundo: "En nuestra obra, *Facundo*, esa necesidad tiene –sostiene Cohen– motivos circunstanciales y propósitos determinantes para el futuro del autor. Por un lado, intenta perjudicar una misión enviada por Rosas a Chile, lugar que lo tiene como exiliado, para protestar contra la difusión de las críticas políticas que se expenden en ese territorio en las voces de otros emigrados. Por el otro, cree que es el momento más oportuno para desenmascarar a Rosas y su gobierno, desde el único lugar posible para hacerlo: fuera de las fronteras del país. (…) *La biografía de Facundo le servirá de referente para esto*". Cf. Cohen, Patricia: "Sarmiento, entre la espada, la pluma y la palabra", en *Facundo*, op. cit., p. 4.

que lo engendra, si aquélla es el reflejo más preciso de la barbarie que caracteriza al gaucho argentino, al salvaje de la pampa, penetrar en la figura de Facundo puede significar el camino más certero para penetrar en la barbarie del pueblo argentino. Ésta es, en suma, la hipótesis que Sarmiento pone en juego y que empuja cada una de las páginas que escribe sobre Quiroga. La intención última del texto es conocer las causas profundas que explican la vida salvaje del habitante del interior de la Argentina. He aquí, entonces, el secreto que esconde Facundo. Su secreto, el secreto que Facundo tiene que revelarnos –y revelarle a Sarmiento– no es ni más ni menos que ese. Y, está claro, Sarmiento logra ampliamente su objetivo: pues no solo penetra en la figura de Facundo sino que penetrando en la figura de Facundo penetra en la barbarie de la que esa figura es la expresión más potente. Y la conclusión de ese camino que adopta Sarmiento queda, de hecho, sintetizada en el título que elige para encabezar el primer capítulo del texto: es "el aspecto físico de la República Argentina" el fondo sobre el cual descansan la barbarie del pueblo argentino y del caudillo que lo gobierna. En primer lugar, entonces, se encuentran las particularidades del terreno: lo que impide transformar el paisaje bárbaro de la Argentina es ante todo la extensión de su territorio. Éste es, explica Sarmiento, el primer y el más fundamental mal que aqueja a su país de origen:

> El mal que aqueja a la República Argentina es la extensión: el desierto la rodea por todas partes y se le insinúa en las entrañas; *la soledad,* el despoblado sin una habitación humana, son, por lo general, los límites incuestionables entre unas y otras provincias. Allí la inmensidad por todas partes: inmensa la llanura, inmensos los bosques, inmensos los ríos (...)[84].

Distribuido en espesos bosques al Norte, en selvas y llanuras en el Centro y en una extensa e infinita llanura al Sur –una llanura, aclara Sarmiento con su pluma poética, que "ostenta su lisa y velluda frente"– la extensión del territorio tiene sobre el habitante del suelo argentino efectos bien concretos: ayuda en forma decisiva a configurar la soledad en la que vive el gaucho del interior de la Argentina. Y esa soledad es, precisamente, la que lo transforma y lo convierte en un salvaje. Porque el gaucho vive, en estas enormes extensiones de tierra despobladas, aislado y lejos de toda compa-

---

84   Sarmiento, Domingo F.: *Facundo,* op. cit., pp. 19-20. El resaltado es mío.

ñía humana. Está rodeado en todas partes por la naturaleza o, mejor aun, por la barbarie que caracteriza el mundo salvaje y la vida natural. Su único temor es, en efecto, el temor de que algún animal salvaje lo aceche, que amenace su vida con la muerte. La pregunta que se hace Sarmiento a propósito del origen de la barbarie del pueblo argentino encuentra su respuesta en esta cuestión decisiva: ¿qué se puede esperar, pues, del hombre que vive en la pampa argentina, sino barbarie? Incluso –agrega Sarmiento– ese contacto permanente con la vida salvaje, su relación cotidiana con la naturaleza y con su propia soledad imprime en el carácter argentino la actitud que casi en forma categórica define su barbarie: la resignación por la muerte violenta y la indiferencia relativa con la que *da y recibe* la muerte.

En este contexto, la civilización y el modo de vida que Sarmiento quiere hacer extensivos a todo el territorio argentino no pueden sino quedar reducidos a "estrechos (…) oasis enclavados en un llano inculto de centenares de millas cuadradas", permaneciendo inmóviles en un pequeño puñado de ciudades: Buenos Aires, sobre todo, puesto que es la que mejor representa el ideal civilizatorio, y en menor medida Córdoba y Mendoza. En contraste con la barbarie de los campos y con la vida salvaje que configura el paisaje del interior, el hombre de ciudad, explica Sarmiento, "viste traje europeo, (y) vive de la vida civilizada tal como la conocemos en todas partes". El mal que aqueja a la Argentina, su extensión y la inmensidad de su geografía aparecen así, para Sarmiento, como un escollo difícil de superar, y la soledad que acecha a la pampa, que dibuja y contornea el paisaje pampeano, es un efecto casi irreversible: "Dónde colocar la escuela para que asistan a recibir lecciones los niños diseminados a diez leguas de distancia en todas direcciones. Así, pues, la civilización es del todo irrealizable –concluye el sanjuanino–, (y) la barbarie es normal"[85]. Y no solo, en efecto, la extensión territorial complica esa tarea a la que Sarmiento está tan abocado por aquella época. La fisionomía natural del territorio argentino, su extensión, se combina con un elemento crucial para impedir el avance de la civilización más allá de los "estrechos oasis" enclavados en las ciudades del centro del país: el accidente geográfico que caracteriza buena parte de su suelo, es decir la inmensa llanura que lo recorre "por una distancia de más de setecientas leguas", desde Salta a Buenos Aires, y de allí a Mendoza. La aguda reflexión de Sarmiento a propósito de las consecuencias que produce el aspecto físico

---

85   Ibid., p. 31.

de la República Argentina sobre el habitante del interior le muestra entonces que la llanura pampeana acentúa las dificultades de cualquier tarea civilizatoria que pretenda hacer ingresar a las profundidades de ese territorio un poco de civilidad. La sospecha de Sarmiento en torno a esto parece, pues, bastante atinada para la época: la "lisa y velluda" frente que describe esa llanura hace innecesaria la mano del hombre para preparar las vías de comunicación que rompan con la monotonía salvaje del mundo natural del interior del país, pues ella permite –escribe– "rodar enormes y pesadas carretas sin encontrar obstáculo alguno" –salvo, por supuesto, el obstáculo que representa el propio salvaje que la habita, siempre dispuesto a asaltarlas–. En resumidas cuentas, ante la ausencia de la maquinaria del Estado y del hombre civilizado para prepararlos, "en materia de caminos –concluye Sarmiento–, la naturaleza salvaje dará la ley por mucho tiempo, y la acción de la civilización permanecerá débil e ineficaz".

Ahora bien: si la inmensidad del territorio de la República Argentina, que en combinación con su igualmente inmensa y extensa llanura, propician el contexto ideal, es decir crean las condiciones perfectas, para que el hombre del interior de la Argentina se encuentre abandonado a su propia soledad y a las leyes que dicta la naturaleza salvaje, imprimiendo en sus costumbres y en sus ideas, en sus instintos y en su carácter, la barbarie que se refleja en la barbarie de sus caudillos –aunque aquí, en el texto de Sarmiento, se trata más precisamente de la barbarie de ese caudillo tan excepcional que es Facundo, y que poco tiempo después encarnará en la barbarie aun más excepcional, o perfecta, que es la barbarie de Rosas–, si ese mal que aqueja a la Argentina, la inmensidad de su territorio y la llanura, entonces, la despoja, más allá de las ciudades en donde el hombre viste traje europeo, de cualquier proceso civilizatorio que revierta su barbarismo, esa soledad engendrada por su fisionomía natural tiene, sin embargo, un "costado poético": "un fondo de poesía (...) –escribe Sarmiento– nace de los accidentes naturales del país". Como vemos, el pensamiento de Sarmiento no le escapa a las paradojas y en un mismo movimiento vemos dejar transcurrir en su texto una misma razón para explicar –o para servir como fundamento de– dos características que, descritas como características del hombre no podrían, en un principio y a primera vista, sino actuar como características que se opondrían: la barbarie y la poesía que, en la vida del hombre en el interior de la Argentina, conviven pacíficamente. Barbarie y poesía, es decir barbarie *y escritura*:

Existe, pues, un fondo de poesía que nace de los accidentes naturales del país y de las costumbres excepcionales que engendra. (...)
Ahora yo pregunto: "¿Qué impresiones ha de dejar en el habitante
de la República Argentina el simple acto de clavar los ojos en el
horizonte y *ver... no ver nada*? Porque cuanto más hunde los ojos
en aquel horizonte incierto, vaporoso, indefinido, más se aleja, más
lo fascina, lo confunde y lo sume en la contemplación y la duda.
¿Dónde termina aquel mundo que quiere en vano penetrar? ¡No
lo sabe! ¿Qué hay más allá de lo que ve? *La soledad*, el peligro, el
salvaje, la muerte. *He aquí ya la poesía.* El hombre que se mueve
en estas escenas se siente asaltado de temores e incertidumbres
fantásticas, de sueños que lo preocupan despierto[86].

La explicación que encuentra Sarmiento a propósito de esta con-
vivencia casi paradojal de barbarie y poesía en la Argentina profunda es bien específica: si barbarie y escritura se tocan o, en algún
punto, convergen y caracterizan la vida del gaucho argentino es
producto de la acción y la gravitación de un mismo centro o de un
mismo origen: la soledad del hombre o, mejor aun, la soledad que
describe su andar en la vida. Aunque, va de suyo, no se trate aquí
exactamente de la misma soledad, o del mismo mecanismo a partir
del cual ella opera produciendo una cosa y la otra. Para Sarmiento,
puesto en otras palabras, no es igual el modo a través del cual actúa
la soledad que produce la barbarie del salvaje que la forma a través
de la que actúa la soledad que produce la poesía. Porque si bien la
soledad es capaz de explicar la barbarie del hombre que habita en
los distintos rincones del interior del territorio argentino, si bien
ésta es capaz de explicar su barbarismo, ella sola no basta para explicar el principio de la escritura o la poesía. El razonamiento que
funda esta diferencia es, pues, el siguiente: la soledad de quien está
solo produce al salvaje que vive en los llanos en la medida en que
esa soledad es producto de la inmensidad de un territorio despo-
blado e imposible de poblar. Ese hombre que, solo, no encuentra la
compañía de otros hombres, de un colectivo de hombres que vivan
junto a él, engendra al salvaje porque es la vida natural o la naturaleza salvaje –precisamente– la que lo constituye. La soledad, en
este caso, actúa para Sarmiento a partir del mecanismo que con ésta
se pone en juego: la del aislamiento como reverso perverso de la
ausencia de sociedad, es decir de la ausencia de otros hombres, o

---

86   Ibid., p. 37. El resaltado es mío.

más ampliamente de las instituciones y la cultura, que en cualquier circunstancia contribuyen a la civilidad del hombre –y, en efecto, para Sarmiento el modelo cuyas instituciones y cuya cultura mejor contribuyen a esa civilidad del hombre es el de la sociedad europea, a la que él ve siempre como la mejor sociedad posible–.

Pero la imagen que devuelve el texto de *Facundo* en el pasaje que citamos no es únicamente la del hombre aislado que en su carácter es configurado como un salvaje por las leyes de la naturaleza, por estar arrojado solo en la inmensidad de un territorio en el que vive sin instituciones sociales, sin cultura y sin la compañía de otros hombres. Aquí la imagen que devuelve Sarmiento es un poco más compleja, contiene otros elementos o, mejor dicho, un elemento suplementario. Para que haya escritura o poesía es necesario que la soledad sea acompañada de una mirada que clava los ojos en el horizonte para ver... *"no ver nada"*. En el interior salvaje de la Argentina, allí hay poesía o escritura, entonces, por una razón muy distinta a la que en esa misma circunstancia produce en el hombre la barbarie que –insistimos– es la que se refleja finalmente en Facundo, el bárbaro y el caudillo que gobierna buena parte del territorio argentino. Para que haya poesía o escritura hace falta, en fin, que ese hombre, *solo*, hunda los ojos en el horizonte para ver... *no ver nada*. Es necesario que su mirada, dicho de otro modo, se pierda impotente en la nada, en un horizonte incierto, vaporoso e indefinido que, como indica el propio Sarmiento en otro pasaje del texto, no permite a quien se atreve a mirarlo "señalar el punto en que el mundo acaba y principia el cielo". Ese punto, esa nada en el que el mundo acaba y principia el cielo, en donde el mundo y el cielo son nada, ni cielo ni mundo y ni cielo o mundo sino *nada*, allí es, en efecto, en donde comienza o de donde surge la escritura o la poesía. E incluso más: cuando el salvaje que está solo más hunde sus ojos en ese punto, en ese sitio en donde el cielo y la tierra se vuelven uno y sus límites se borran para ver... no ver nada, allí donde, en suma, *se ve* nada, el gaucho argentino más se aleja, más se fascina y se confunde sumiéndose en la contemplación y la duda. Justo allí, escribe Sarmiento, nace la escritura: "He aquí ya la poesía".

Algunas pocas líneas más adelante Sarmiento insiste con esta idea y vuelve a desplegarla a partir de otra escena que, si bien difiere en relación con la primera, pues aquí ya no se trata de un hombre que solo clava su mirada en el punto ciego del horizonte vaporoso e incierto de la pampa sino que, en este caso, la escena relata la vivencia de un viajero que en la soledad de su viaje por las extensas llanuras del interior de la Argentina escucha "el estampido de un trueno" que anuncia la tormenta, si bien –entonces– esta escena difiere de la primera, el concepto se repite: cuando en la soledad uno se encuentra con la nada, cuando en la soledad el hombre es capaz "de reencontrarse en sí mismo y sentir su nada", la escritura o la poesía brotan, precisamente, *como* nada:

> De aquí resulta que el pueblo argentino es poeta por carácter, por naturaleza. ¿Ni cómo ha de dejar de serlo, cuando en medio de una tarde serena y apacible una nube torva y negra se levanta sin saber de dónde, se extiende sobre el cielo mientras se cruzan dos palabras, y de repente el estampido del trueno anuncia la tormenta que deja frío al viajero, y reteniendo el aliento por temor de atraerse un rayo de dos mil que caen en torno suyo? La oscuridad se sucede después de la luz; la muerte está por todas partes; un poder terrible, incontrastable, le ha hecho en un momento *reconcentrarse en sí mismo y sentir su nada* en medio de aquella naturaleza irritada, sentir a Dios, por decirlo de una vez, en la aterrante magnificencia de sus obras. ¿Qué más colores para la paleta de la fantasía? (...) ¿Cómo no ha de ser poeta el que presencia estas escenas imponentes?[87].

Es evidente que en las dos escenas que recogemos Sarmiento le otorga un lugar central a la naturaleza. Pero el rol que ésta ocupa en lo que concierne a la formación de la barbarie del salvaje y en la "determinación" del origen de la escritura es bien distinto. En el primer caso, para decirlo rápidamente, la naturaleza es la causa directa de la barbarie, es la razón unívoca del salvajismo que ella produce en el habitante del interior de la Argentina. En el segundo caso, sin embargo, solo prepara las condiciones, pues no explica de ningún modo el momento del comienzo o el momento que da inicio a la escritura. Lo que explica ese momento o comienzo originario, en cambio, es la soledad en una faceta muy específica: la del punto en el que ella se encuentra con la nada. Ahora bien: curiosamente, Sarmiento va a suspender allí su reflexión a propósito del tema de la escritura o, más precisamente, de la soledad de la escritura y de su momento originario. Desde luego que el otro gran tema que mencionamos, el de la soledad del salvaje, el de la barbarie y su relación con la barbarie de Facundo, va a ser ampliamente desarrollado en las páginas que siguen. Pero más allá de este tema, estos dos pasajes

---

87 Ibid., pp. 37-38. El resaltado es mío.

del texto de Sarmiento son fundamentales por diferentes motivos. En primer lugar, porque presentan en forma concisa uno de los aspectos centrales que atraviesan el problema de la escritura: el de la relación de la práctica de escribir con la soledad que configura su condición más específica. En primer lugar, entonces, Sarmiento pone de manifiesto esta singularidad de la escritura como inherente a la práctica misma. Y, en segundo lugar, el texto de Sarmiento realiza también un segundo movimiento en lo que concierne a la cuestión de la escritura: el de abrir el tema al interrogante que se pregunta por el "momento o el instante" originario de la escritura, sin pensar ese momento o ese instante originario en su sentido mítico, como lo hace Platón a través del mito que relata en su diálogo con Fedro, el mito entre Thamus y Theuth, en el que el filósofo griego le otorga la invención del arte de la escritura al dios Theuth de Egipto; sin pensarlo, tampoco, en su sentido antropológico-filosófico, vinculado a cierto estadio de la evolución del hombre, como plantea Condillac en el *Ensayo sobre el origen de los conocimientos humanos*; y sin resignarse, por último, a buscar ese origen en el sentido más tradicional y cronológico del término, es decir en su sentido histórico, reduciendo el momento del origen de la escritura al momento o al contexto de su aparición como técnica accesoria o como instrumento del habla[88]. Sarmiento piensa entonces el momento o el instante originario de la escritura en un sentido bien distinto, en un sentido que se acerca, en efecto, al origen fenomenológico de la escritura entendida como una práctica específicamente humana: ¿dónde se inician –sería entonces la pregunta que se interroga sobre este origen– las palabras que escribimos, que se vuelven escritura? ¿Cuál es el origen de las palabras que, incluso aquí y ahora, *escribo*? Se inician o se originan, responde Sarmiento, cuando en la soledad del que escribe *nada* actúa. Si, para retomar las frases del inicio del *Facundo,* el secreto que posee la figura de Quiroga consiste en que ésta esconde las causas profundas de la barbarie del pueblo argentino, la barbarie del pueblo argentino, la soledad en la que vive el salvaje en lo profundo de los llanos del interior de la Argentina, posee el secreto del momento originario o del instante del origen de

---

88 Nos ocupamos de estos dos últimos sentidos del momento o el instante originario de la escritura en el capítulo IX y VI, respectivamente. Del primero, por otro lado, ya nos hemos ocupado en el capítulo IV.

   El parpadeo de la política

la palabra escrita: la soledad *esencial* que es necesaria e inherente a la práctica y al ejercicio de la escritura.

— II —

Pareciera que supiésemos algo acerca del arte, y más específicamente acerca del acto literario, es decir del acto de escribir, escribe Blanchot apenas inicia uno de sus textos decisivos, *L'espace littéraire*, cuando experimentamos lo que significa o lo que designaría la palabra soledad. Entonces: ¿qué significa estar solo cuando el que está solo es el que escribe? El interrogante lo lleva a Blanchot a descartar de entrada y enseguida el tipo de soledad al que nos referimos usualmente en el lenguaje ordinario: lo que el propio Blanchot llama en este mismo texto y en este mismo pasaje la soledad a nivel del mundo: "La soledad a nivel del mundo es una herida sobre la que no discutiremos aquí"[89]. Con esta expresión sin dudas algo enigmática, el célebre filósofo y crítico literario francés hace referencia a la soledad en su significado más elemental, es decir a la soledad como la condición que nos separa de los otros individuos del mundo, de las otras personas, o incluso de cualquier ser vivo, o bien del mundo mismo o de las cosas que configuran el mundo. Este tipo de soledad, por lo tanto, no es "esencialmente soledad", agrega, sino más bien recogimiento. Para Blanchot –en suma– la soledad a nivel del mundo refiere en lo fundamental a lo que solemos designar como aislamiento. Pero esta advertencia que –decíamos– Blanchot realiza apenas comienza *L'espace littéraire* no es en absoluto una advertencia antojadiza. Y no lo es por una razón bien sencilla: porque el acto literario, o el acto de escribir, es esencialmente un acto que se realiza en soledad, o más específicamente –y en principio– en el tipo de soledad que el propio Blanchot llama la soledad a nivel del mundo. Está claro, para decirlo de otro modo, que el aislamiento o el recogimiento es uno de los rasgos más típicos, sino el rasgo más típico, de ese ejercicio al que solemos denominar con el nombre de escritura. Porque la escritura es ante todo un ejercicio que se realiza *por su estructura misma* en soledad. El que escribe escribe estructuralmente solo: "la soledad de la escritura –sostiene Marguerite Duras en un bellísimo texto que se llama

---

89 Blanchot, Maurice: *L'espace littéraire*, Paris, Gallimard, 1955, p. 11. La traducción es mía.

no casualmente *Écrire*– es una soledad sin la cual el escribir no se produce"[90]. Y si hablamos de la estructura misma del acto de escribir como un acto que se realiza en solitario o en soledad, lo hacemos en un doble sentido. En primer lugar, en un sentido temporal, y en segundo lugar, en un sentido espacial: el espacio y el tiempo de la escritura, dicho en otro términos, difícilmente puedan ser compartidos con otros individuos. Un pequeño ejercicio bastante intuitivo puede aclarar mejor, si se quiere, esta dimensión estructural de la escritura: ¿qué pasaría –supongamos– con la soledad del acto literario si se tratara de escribir un texto colectivo, si muchos individuos quisieran escribir un mismo texto? Básicamente la estructura solitaria de la escritura se mantendría. Porque aun tratándose de un texto colectivo, muy raramente la soledad que demanda el acto de escribir puede ser interrumpida. Es decir: no se puede escribir *un mismo texto* todos juntos, en el mismo lugar y al mismo tiempo. Lo más probable, por lo tanto, es que en tal caso la escritura se realice por turnos, escribiendo cada uno la parte del texto que le toca en un tiempo y en un espacio distinto al del resto. Aunque por supuesto después formen todas estas partes un mismo texto, pudiendo intercalarse cada una con la otra para darle forma al texto colectivo. Pero es precisamente a esta soledad –que, insistimos, Blanchot llama la soledad a nivel del mundo– a la que quiere escaparle la reflexión a la que aludimos: "La soledad de la obra –(...) la obra literaria– nos descubre una soledad más esencial"[91].

Es de la soledad esencial, en efecto, de lo que quiere ocuparse Blanchot en este primer capítulo del texto. Pero como bien lo sabe cualquier lector que haya tenido en algún momento la oportunidad de haberse encontrado con la escritura blanchotiana, de la que el libro al que nos estamos refiriendo es quizás uno de sus mejores ejemplos –junto con *La escritura del desastre*– Blanchot no desarrolla nunca un tema de la forma en la que tradicionalmente pensamos el desarrollo o la argumentación de ese tema a partir de un conjunto de conceptos. Y la categoría con la que el propio Blanchot pretende hacernos entender, y sobre todo abordar él mismo, el tipo de soledad que se relaciona con el acto literario, la soledad esencial, no es de ningún modo la excepción a esta "regla". A pesar, por lo tanto, de haber elegido esta fórmula para encabezar el capítulo que supuestamente se ocupa del tema, a pesar

---

90   Duras, Marguerite: *Escribir*, Buenos Aires, Tusquets, 2014, p. 16.
91   Ibid. La traducción es mía.

incluso de comenzar ese capítulo hablando y estableciendo una diferencia entre esa soledad y la soledad que se reduce al aislamiento o al recogimiento, en las páginas que restan lo único que el autor atina "apenas" a decir sobre aquélla es una frase que no hace otra cosa que dejar al lector al borde de una explicación sin respuesta: la soledad esencial, es decir la soledad de la obra –escribe unas pocas líneas más adelante– "pertenece a la soledad de lo que solo expresa la palabra ser". *Al borde* de una explicación sin respuesta –aclaramos– porque la relación que Blanchot establece en esta última frase entre la soledad esencial, o la soledad del acto literario, y esa palabra/concepto que es la palabra "ser", no podría nunca quedar simplemente como una explicación "sin respuesta". Y ello no solo porque el segundo de los términos que define esa relación es uno de los conceptos mayores de la historia de la filosofía, sino porque la relación misma configura una novedad para esa historia y para esa disciplina –no olvidemos que, precisamente la filosofía o la historia de la filosofía, no ha hecho otra cosa que intentar perturbar, eliminar o bien desacreditar, desde Platón hasta nuestros días, esa relación entre ser y escritura que en el caso de Blanchot aparece mediada por la singularidad de una idea sobre la que habría que detenerse si queremos comprender mejor lo que ella significa–. Es decir: ¿por qué escritura y ser se relacionarían a través de la soledad que le es propia a la escritura?

Si avanzamos un poco más en la lectura del texto podemos ver enseguida que no todo está marcado –por lo menos en este texto–por la desazón inicial de lo que pareciera es una de las huellas típicas de la escritura blanchotiana, o digamos mejor aun de su *gesto* escriturario: la fragmentación o la aparente "falta de hilo" o argumentación de la mayoría de sus ensayos. Porque incluido como el primer apartado del anexo, Blanchot vuelve sobre el tema al final del libro, y vuelve otra vez bajo un título bien explícito y transparente: "La soledad esencial y la soledad en el mundo". Allí, entonces, escribe:

> Cuando estoy solo (en la soledad esencial), no soy yo quien está aquí, *y no es de ti que estoy lejos, ni de los otros, ni del mundo*. No soy el sujeto de ese sentimiento de soledad, de esa sensación de sus propios límites, de ese hastío de ser uno mismo. Cuando estoy solo, no estoy. No es esto un estado psicológico que indica el desvanecimiento, la desaparición del derecho a sentir lo que siento a partir de mí como centro. Lo que viene a mi encuentro no es que

yo sea un poco menos yo mismo, sino *lo que hay "detrás de mí", lo que el yo disimula para ser para sí (pour être à soi)*[92].

Como vemos, el pasaje comienza una vez más trazando una diferencia que a esta altura del texto es central: la diferencia entre la soledad a nivel del mundo y la soledad esencial. Y nuevamente, lo que demuestra también y en cierto punto que la fragmentación que se revela en la escritura de Blanchot es mucho más una apariencia que una fragmentación verdadera, esa diferencia se pone en evidencia enseguida: no estar lejos de ti, "ni de los otros, ni del mundo" es una obvia pero al fin y al cabo elíptica alusión a esa soledad de la que Blanchot intenta despegarse desde el inicio de *L'espace littéraire*, la soledad como recogimiento o aislamiento, por un lado, pero es un intento, también, de establecer con mayor profundidad, a partir precisamente de esa diferencia, los límites y los alcances de la soledad que sí le interesa revelar: la soledad esencial, aquélla a partir de la cual, según sus propias palabras, "lo que hay 'detrás de mí'", "lo que el yo disimula para ser para sí" viene al encuentro del que se dispone solo a escribir. Y si bien es cierto que con esta última frase el tema parece entrar otra vez en el pantano de la escritura fragmentaria, de la escritura del desastre, para retomar esa fórmula que el propio Blanchot utiliza en los años ochenta, la realidad es que con ella sola alcanza, muy por el contrario, para empezar a desentrañar la relación que, también al principio del texto, comenzaba a esbozarse como la relación fundante de la soledad del acto literario: la relación entre ser y escritura, es decir entre la palabra ser y el ejercicio de la escritura. Dicho en otras palabras: ¿qué es lo que en la soledad de la escritura viene al encuentro del que escribe, y que el yo ya no disimula para ser quien es? Y en primer lugar: ¿qué es lo que se disimula –lo que el yo disimula– cuando se *es*? ¿Qué es –en suma– lo que hay "detrás" del *yo soy*, de *cada* yo soy, y que la escritura vendría a develar en la soledad esencial? La respuesta, por supuesto, no puede llegar sino a la manera blanchotiana, es decir en forma fragmentada, o a través de una referencia que solo menciona y nunca desarrolla: "Cuando *soy* a nivel del mundo, allí donde también son las cosas y los seres, el ser está profundamente disimulado (*es así como Heidegger nos invita a recoger este pensamiento*)". La clave, si se quiere, de todo lo que estamos exponiendo y que –insistimos– Blanchot desarrolla de a partes

---

92   Blanchot, Maurice: *L'espace littéraire*, Paris, Gallimard, 1955, p. 263. La traducción es mía.

o por fragmentos a lo largo de todo el texto está en esta referencia casi casual, y escueta, a Heidegger. Entonces: ¿por qué Heidegger? ¿Qué es lo que explica Heidegger en relación con esto? En primer lugar, la ontología fundamental de *Ser y tiempo* describe precisamente esta forma en la que el ser aparece "disimulado" cuando cada uno es "a nivel del mundo". Para Heidegger, puesto de otro modo o de un modo más propio a la terminología de Heidegger, el sí mismo (*selbst*) de cada yo soy, la mismisidad (*selbstheit*) del *Dasein* se encuentra ordinariamente en el Uno (*das Man*) y no en el sí mismo como ser propio: "Ordinariamente no soy yo mismo, sino el Uno mismo" –escribía Heidegger en su célebre texto de 1927–. Y un poco más adelante, agrega: "El Uno ya ha sustraído siempre al *Dasein* la toma entre manos de estas posibilidades de ser". De aquí, por lo tanto, se deduce la "empresa fundamental" del *Dasein*: "reencontrarse" con su sí mismo bajo la forma de su ser más propio, de su ser sí mismo propio o de su poder ser sí mismo: "Este ser arrastrado sin elección por el Nadie, mediante el cual el *Dasein* se enreda en la impropiedad, solo puede revertirse si el *Dasein* se recupera explícitamente de la pérdida en el Uno, retornando a sí mismo". Ahora bien: ¿cuál es el camino para ese retorno? ¿Cómo retorna el *Dasein* de esa pérdida en el Uno? A través de la llamada (*Ruf*) que le hace su conciencia (*Gewissen*), una llamada que, siempre según Heidegger, curiosa y paradójicamente –y "estrictamente hablando"– no dice nada:

> ¿Qué le dice la conciencia al interpelado? Estrictamente hablando – *nada*. La llamada no dice nada, no da ninguna información acerca de los sucesos del mundo, no tiene nada que contar. Y menos que menos pretende abrir en el sí mismo interpelado un "diálogo consigo mismo". Al sí mismo interpelado "nada" se le dice, solamente es llamado hacia sí mismo, es decir, hacia su más propio poder ser. En conformidad con la tendencia de la llamada, ésta no invita al sí mismo a un "debate", sino que, despertándolo para el más propio poder ser sí mismo, llama al *Dasein* hacia "adelante", hacia sus posibilidades más propias[93].

Sabemos bien, en parte porque el propio Heidegger va a desarrollarlo unas páginas más adelante, que este cortísimo pero vital pasaje de *Ser y tiempo* comporta una serie de rupturas en relación con la forma en la que la filosofía comprendía, precisamente

---

93   Heidegger, Martin: *Ser y tiempo,* Madrid, Trotta, 2003, p. 293.

hasta Heidegger, el problema de la conciencia. Ruptura entonces con la interpretación vulgar de la conciencia –dirá el propio Heidegger– porque en él se pone en crisis la tipología que la clasifica según la oposición entre una buena y una mala conciencia, pero ruptura también con la interpretación kantiana de la conciencia, porque la llamada ya no se reduce a ningún dictado de la moral que vendría a determinarla. En su texto fundamental de los años sesenta, en *De la gramatología*, Derrida aporta su propia lectura sobre esta ruptura: en consonancia con su crítica a la tradición logocéntrica de la filosofía, el mayor logro de Heidegger sería el hecho de haber desprendido a la conciencia de su origen acústico. La voz de la conciencia, dicho en otras palabras, es a-fona porque "habla única y constantemente bajo la modalidad del silencio"[94]. En *L'Espace littéraire*, sin embargo, esta misma ruptura con la tradición fonocéntrica se profundiza y toma, si se quiere, un nuevo impulso: la referencia a Heidegger, entonces, es ante todo un intento de Blanchot por separar a la soledad de la escritura de ese origen acústico. Ninguna voz, es la premisa que en suma define esa separación, impulsa a la palabra escrita porque la soledad esencial está constituida por esta estructura muda que conforma, al mismo tiempo, la dimensión ontológica fundamental del *Dasein* o del "ser-ahí" –y que es la que liga, en efecto, a la palabra ser con el ejercicio de la escritura–. Como el llamado de la conciencia que nada dice al interpelado, pero cuyo silencio lo llama a salir de su pérdida en el Uno, el que escribe no percibe ningún sonido, ninguna voz interior que le dé forma a lo que escribe. Si la voz de la conciencia habla "única y constantemente bajo la modalidad del silencio", la voz del que escribe no existe como componente que articula a la práctica de la escritura. Si volvemos a esa frase que al final del pasaje citado definía a la so-

---

94   En esta ruptura que produce el pensamiento de Heidegger, sin embargo, no todo está dicho de antemano y, según Derrida, se trata de una ruptura *intrínsecamente* ambigua: "Así es –escribe Derrida en *De la grammatologie*– como Heidegger, después de haber evocado la 'voz del ser', recuerda que (ésta, la voz del ser o la voz de la conciencia) es silenciosa, muda, insonora, sin palabra, originariamente *a-fona* (...). La voz de las fuentes no se oye. Ruptura entre el sentido originario del ser y la palabra, entre el sentido y la voz, entre 'la voz del ser' y la *phoné*, entre el 'llamado del ser' y el sonido articulado; semejante ruptura, que al mismo tiempo confirma y pone en duda una metáfora fundamental al denunciar el desplazamiento metafórico, traduce perfectamente la *ambigüedad* de la situación heideggeriana frente a la metafísica de la presencia y del logocentrismo. Está comprendida en ésta y a la vez la transgrede. Pero es imposible dividirla. El mismo movimiento de transgresión la retiene a veces más acá del límite".

ledad esencial como el encuentro entre el yo y lo que el yo disimula para ser para sí, lo que viene a ese encuentro es precisamente esa nada que "habla", ese silencio que se revela al momento de escribir[95].

Habría que tomar de hecho en su justa medida, es decir en toda su dimensión y teniendo en cuenta en lo fundamental la profundidad de esta ruptura, la contribución que Blanchot vendría a aportar con este análisis de la soledad de la escritura. Porque si consideramos en un principio la reflexión blanchotiana en un nivel inicial está claro que el silencio es constitutivo de la práctica de la escritura. La palabra escrita no puede ser proferida si el que la enuncia, es decir el que la escribe, no guarda silencio en el mismo momento en el que está escribiendo. El mutismo que demanda la letra es, en este sentido, evidente: nadie puede escribir y hablar al mismo tiempo porque la escritura solo es posible a costa de callar o silenciar a la voz, de separar a la palabra hablada del cuerpo que intenta "soltarla". Si permanecemos por lo tanto en este registro inicial del análisis la ruptura a la que nos referimos pierde algo de su eficacia. Pero de lo que se trata es, precisamente, de mantenerse a una cierta distancia de esta evidencia. Porque lo que en algún punto esta última plantea –o repite, pero desde otro punto de partida– es la oposición metafísica que en el *Fedro* ya Platón ponía de relieve, en su crítica a la posición de Theuth, en relación con las virtudes de la escritura: la oposición exterior/interior que, en este último caso, ubicaba al *logos* escrito como un recuerdo impuesto desde fuera y no desde dentro. Acá, en todo caso, ese juego de opuestos se repite para pensar el lugar del silencio. Como el recuerdo, entonces, el silencio se impone, de acuerdo con esta evidencia, desde fuera, es exterior al ejercicio de la escritura: el silencio es visto como un factor externo a la práctica misma, un factor que, digamos rápidamente, la hace posible. Sin desechar del todo lo que en cierta forma esta perspectiva describe de la práctica de la escritura –que la palabra hablada es resistida y excluida del ejercicio de la escritura– el gran aporte de Blanchot es convertir al silencio en un factor interno –sin ser del todo interior, porque como vemos permanece en parte como algo ex-

---

95 Ya en *Force et signification*, uno de los primeros y más lúcidos ensayos de Derrida sobre el tema de la escritura –antes de convertir, o reducir, al tema de la escritura a la temática de la archi-escritura–, el filósofo francés advertía con toda precisión la presencia en la obra de Blanchot de esta idea propósito de esta nada que "actúa" cuando escribimos: "esa nada esencial a partir de la cual puede aparecer todo (...), y sobre la cual la voz de M. Blanchot nos recuerda, con la insistencia de la profundidad, que es la posibilidad misma de la escritura (...)".

terno a la escritura– del momento que define la soledad esencial del
que escribe. Ninguna voz, dicho en otras palabras, se escucha mientras escribimos, no existe diálogo alguno con uno mismo mientras se
despliega la escritura porque la voz de la conciencia no existe –como
recuerda Heidegger– porque el pensamiento no tiene voz, por lo menos, cuando se produce como escritura, o por lo menos no se hace
oír como voz interior para hacer de ese pensamiento letra escrita o,
mejor aun, para hacer del pensamiento algo distinto al *logos* escrito.
Nada habla cuando, solos, escribimos. Si la ontología fundamental
de Heidegger contribuyó, en relación con la historia de la filosofía, a
través de diferentes rupturas: ruptura en el campo de la ética para
repensar a la conciencia –lo que antes mencionábamos en relación
con la interpretación vulgar o kantiana de la conciencia–, ruptura en
el campo de la ontología para pensar al ser o lo que es –descrita esta
última, en su mejor forma, por Derrida en *De la gramatología*– con
Blanchot esa ruptura alcanza, en fin, a la política o a la escritura como
práctica específicamente humana. La voz, en suma, ya no basta para
comprender lo que determina esa práctica que revela del hombre su
condición más propia, su condición política, porque el aliento de la
voz, cuando escribimos, se esfuma y la palabra, ni escuchada ni dic-
tada, es soplada por nada[96].

---

96 Que la palabra sea soplada por nada, o más bien la posibilidad misma de
    que la palabra pueda ser soplada, aunque lo sea, como en este caso, por
    nada, es una idea que le pertenece en realidad a Derrida y que el filósofo
    francés emplea en un bellísimo texto –que se llama precisamente "La pa-
    labra soplada"– a propósito del concepto de impoder en Antonin Artaud:
    "El impoder –escribe Derrida– (...) es la inspiración misma: fuerza de un
    vacío, torbellino del aliento de alguien que sopla y aspira hacia sí, y que me
    sustrae aquello mismo que deja llegar a mí y que yo creo poder decir en mi
    nombre. La generosidad de la inspiración, la irrupción positiva de una pala-
    bra de la que no sé de dónde viene, de la que sé, si soy Antonin Artaud, que
    no sé de dónde viene y quién la habla, esta fecundidad de otro aliento es el
    impoder: no la ausencia sino la irresponsabilidad radical de la palabra, la
    irresponsabilidad como potencia y origen de la palabra. Me relaciono con-
    migo mismo en el éter de una palabra que siempre *me es soplada* y que me
    sustrae aquello mismo con lo que me pone en relación".

CAPÍTULO VI

El espacio literario

— I —

En un breve artículo publicado en 1970 en *Le Figaro litté-raire*, Roland Barthes explica la razón que lo llevó a escribir *S/Z*: tratar de sistematizar los momentos en los cuales él como lector, o más precisamente como lector de *Sarra-sine*, interrumpió la lectura del texto, levantó la cabeza y, a través de ese gesto, *escribió* su propia lectura sobre la novela de Balzac[97]. Precisamente a este tipo de lectura, que con toda agudeza explica Barthes en aquel artículo de *Le Figaro littéraire*, se contraponen las dos formas más típicas de la lectura que, según el mismo Barthes, nos enseña la crítica literaria. Ésta, explica siempre Barthes en ese pequeño pero sugerente artículo de los años setenta, construye dos formas bien distintas de leer, es decir dos tipos de lecturas muy específicas y singulares a su actividad crítica: la primera es aquella que funciona sobre la base de lo que con cierto sentido metafórico podríamos llamar una lectura microscópica de los textos y la segunda, en cambio, es aquella que se realiza sobre la base de un tipo lectura del estilo telescópica. Si, en resumidas cuentas, la primera se concentra en el detalle filológico, autobiográfico o psicológico que marca a la obra, la segunda se detiene en el vasto

---

97 Existen, en efecto, al menos dos razones por las cuales una lectura puede ser interrumpida por ese gesto intempestivo de levantar la cabeza, es decir de *leer levantando la cabeza*: por desinterés, porque el texto no es lo suficientemente convincente para el que lo lee, o bien a causa de una gran afluencia de ideas, de excitaciones y de asociaciones. Naturalmente, en el caso de la novela de Balzac es la segunda razón la que motivó a Barthes a leerla levantando la cabeza.

espacio histórico que la rodea. Es decir: la primera es una lectura minuciosa que lee el texto o bien a partir de la psicología de sus personajes, de sus trasfondos psicológicos y anímicos, de la densidad psicológica de la historia, o bien a partir de la temática que el texto pone en juego a partir de una cierta narración, de un cierto hilo que hilvana en sus detalles una cierta temática o un conjunto de temáticas que impregnan al relato de una determinada cohesión que va más allá de la propia historia que cuenta y la segunda, por el contrario, si bien pierde de vista este detalle con el que la primera cobra su sentido y su fuerza específica, lo hace, sin embargo, para mirar la ligazón que une a la obra con un contexto histórico en el que están inmersos no solo la propia obra sino, por supuesto, el propio autor. De cualquier modo, en ambos casos –y esto es precisamente lo que hace que estas lecturas típicas de la crítica literaria se distancien de la lectura de *Sarrasine* que propone Barthes– el principal damnificado del ejercicio de lectura es el lector. Éste, dicho de otro modo, queda eliminado de la lectura que él mismo se supone que realiza, y que realiza con su cuerpo porque, aclara Barthes un poco más adelante, se lee con el cuerpo, leer es hacer trabajar al cuerpo –volveremos enseguida sobre esto–. Y la razón de esta borradura radica, en efecto, en que en ambas lecturas "el autor está considerado como eterno propietario de la obra, y nosotros, los lectores, usufructuadores". La economía de la lectura microscópica y la economía de la lectura telescópica involucran, en otras palabras, un tema de autoridad de la que se deduce la eliminación del lector como un cuerpo que trabaja, y que trabaja precisamente *leyendo*, a través de la lectura, porque el autor es siempre el portador del *sentido* del texto, sentido unívoco y verdadero del que el lector, según esta lógica, no es otra cosa que el simple encargado de captar –o deberíamos decir, *de leer*–. Ya sea, va de suyo, porque ese sentido esté dado por un determinado contexto histórico, del que el autor es ni más ni menos que el emergente –según la lógica de la lectura telescópica–, o ya sea porque el sentido esté dado por una determinada temática, por una determinada psicología o filología que es el autor, que es siempre el autor, el que agrega a la obra –según la lógica de la lectura microscópica–: "lo que se trata de establecer –concluye entonces Barthes– es siempre lo que *el autor ha querido decir*, y en ningún caso *lo que el lector entiende*". Sin embargo, decíamos al principio, cada vez que Barthes levantó la cabeza durante la lectura de *Sarrasine*, en ese cada vez no hubo ni lectura microscópica ni lectura telescópica. *S/Z* no es –insistimos– producto de ninguna de esas lecturas tan apegadas a la crítica literaria. Si Barthes levantó la cabeza leyendo *Sarrasine*, o si leyó *Sarrasine* levantando la cabeza, lo hizo, en cambio, para leer haciendo trabajar su cuerpo. Cada vez que levantó la cabeza, en suma, Barthes *escribió* una lectura, una lectura ni telescópica ni microscópica, cuyo resultado es el texto lectura sobre la obra de Balzac, *S/Z*:

> Las más subjetivas de las lecturas que podamos imaginar nunca es otra cosa sino un juego realizado a partir de ciertas reglas. Y ¿de dónde proceden estas reglas? No del autor, por cierto, que lo único que hace es aplicarlas a su manera (que puede ser genial, como en Balzac). (...) Abrir el texto, exponer el sistema de su lectura, no solamente es pedir que se lo interprete libremente y mostrar que es posible; antes que nada, y de manera mucho más radical, es conducir al reconocimiento de que no hay verdad objetiva o subjetiva de la lectura, sino *tan solo una verdad lúdica*; y, además, en este caso, el juego no debe considerarse como distracción, sino como trabajo, un trabajo del que, sin embargo, se ha evaporado todo esfuerzo: *leer es hacer trabajar a nuestro cuerpo* (desde el psicoanálisis sabemos que ese cuerpo sobrepasa ampliamente nuestra memoria y nuestra conciencia) siguiendo la llamada de los signos del texto, de todos esos lenguajes que lo atraviesan y que forman una especie de irisada profundidad en cada frase[98].

Se entiende bien, entonces, los motivos del rechazo tan profundo a los distintos tipos de lectura de la crítica literaria con el que Barthes comienza el artículo que citábamos: porque cuando hablamos de la actividad de la lectura no hay verdad objetiva ni subjetiva sino tan solo una verdad lúdica. Hacer trabajar al cuerpo mientras se lee, leyendo, es producir un nuevo texto cuyo sentido se aleja de su sentido de origen, el de la obra o el texto que se lee, y que se aleja necesariamente si se lee, precisamente, haciendo trabajar al cuerpo. Se trata, como bien señala Barthes en el pasaje que citamos, de seguir la llamada de los signos para escribir de nuevo el texto que se lee, que se escribe precisamente leyendo, pero para escribirlo de nuevo sin seguir el sentido de sus signos sino su llamada, es decir el conjunto de asociaciones que esos signos despiertan, a las que ellos llaman más allá de sus significaciones: asociaciones con *otros* sentidos, con

---

98 Barthes, Roland: "Ecrire la lecture", en *Le bruissement de la langue: essais critiques IV*, Paris, Seuil, 1984, p. 35. La traducción y el resaltado son míos.

otras imágenes, con *otras* ideas que las que indica la literalidad del texto escrito. Y si bien leer el sentido de un texto y descifrar las letras trazadas en el papel por la escritura corresponden a dos actividades distintas, heterogéneas pero paralelas, puesto que el trabajo de lectura del sentido de esas letras implica ya siempre su descifrado como códigos, como códigos que constituyen al lenguaje y que, por lo tanto, le dan al texto un sentido, la actividad de la lectura tal como la comprende Barthes, como gesto del cuerpo, involucra una dimensión mucho más compleja que la simple lectura del sentido. La práctica de la lectura de un texto, dicho de otro modo, va más allá de la sola lectura del sentido de ese texto. Escribir la lectura, la lectura como actividad del cuerpo significaría, en este sentido, un trabajo de desplazamiento continuo del sentido, es decir su desplazamiento hacia el infinito. Para Barthes, *en suma*, leer es agregar otro sentido a la literalidad del texto, supone un suplemento de sentido inagotable e imposible de capturar por el movimiento estanco al que están sometidas tanto la lectura microscópica como la lectura telescópica de la crítica literaria (ahora bien: agregar otro sentido pero... ¿agregar *en qué sentido*? ¿Cómo suple la lectura a la escritura?)[99]. En otro artículo publicado algunos años después, en 1976, Barthes incluso afirma que por esta razón, es decir teniendo en cuenta esta concepción de la actividad de la lectura, postular el proyecto de una ciencia de la lectura o de una semiología de la lectura es ciertamente una empresa imposible porque la energía que involucra esta última es imposible de dominar por la ciencia o por la semiología, es decir por la verdad.

---

99 En un comentario a propósito de la lectura que hace Ezequiel Martínez Estrada sobre *Martín Fierro* en *Muerte y transfiguración de Martín Fierro* Horacio González se refiere a este suplemento de sentido con el nombre de "metafísica del texto": "¿Era un metafísico? Martínez Estrada lo era, si la metafísica es una forma de conocer que para realizarse precisa quitar autonomía a la inmanencia de la historia para ofrecérsela entera a la trascendencia del texto. Lo que retira de un ámbito debe pasarlo al otro. La metafísica del texto es así un intento de buscar en él las razones de una historia. Puesto que esta ha sido debilitada en su autocomprensión, resta el poder explicativo del texto, que cobra vida como si él estuviera animado por dioses oscuros y autónomos, y el autor y los personajes nada fueran. Nada, o mero capricho que hay que reinterpretar siempre, como si lo que ocurriera en un texto estuviese al margen de las intenciones que el texto literal declara para participar de otro Texto, que sería el oculto texto del destino, en el cual los personajes están en guerra entre sí, y no de la forma que la propia narración presupone, y también en guerra con los propósitos del autor". González, Horacio: *Restos pampeanos. Ciencia, ensayo y política en la cultura argentina del siglo XX*, Buenos Aires, Colihue, 1999, pp. 184-185.

     El parpadeo de la política

La lectura, concluirá Barthes entonces en este otro texto, "es la hemorragia permanente por la que la estructura (...) se escurriría, se abriría, se perdería, conforme en este aspecto a todo sistema lógico, que nada puede, *en definitiva*, cerrar"[100].

Es evidente, al mismo tiempo, que esta ruptura que Barthes produce con el dogma que aplica la crítica literaria para comprender la lectura, una ruptura que, por otro lado, Michel de Certeau retomará explícitamente algunos años después en uno de los capítulos de su obra *La invención de lo cotidiano*: "Leer: una cacería furtiva" –y que lo retoma, en efecto, explícitamente puesto que las citas con las que De Certeau construye aquel texto señalan más de una vez a los artículos de Barthes a los que aquí hacemos referencia– esa ruptura, entonces, representa un quiebre con la separación metafísica entre la lectura como actividad pasiva y la escritura como actividad activa. La lectura, en su íntima relación con el cuerpo, por un lado, y con la escritura, por el otro –porque leer es ya siempre escribir un nuevo texto–, es en sí misma una forma de escritura: la lectura como suplemento de sentido queda, por lo tanto, a salvaguarda también de la condición pasiva que para la crítica literaria estaría en el corazón de la práctica de la lectura. Ahora bien: para completar el cuadro que Barthes propone a propósito del problema de la lectura faltaría determinar con mayor precisión las características de este suplemento de sentido que es, en relación con el texto escrito, la lectura: ¿Cuáles son, en definitiva, las características que describen la suplementariedad de la lectura? ¿A quién o a qué suple la lectura? ¿Suple *solo* el sentido? ¿Cómo leer, precisamente *cómo leer*, este suplemento que representa la lectura –o mejor dicho que la mal representa, o que la representa sin representar del todo porque toda representación llega siempre tarde, es inconclusa o está desplazada en relación con lo que representa–?

> "El texto, el texto solo", nos dicen, pero el texto solo es algo que no existe: en esa novela, en ese relato, en ese poema que estoy leyendo hay, de manera inmediata, un suplemento de sentido del que ni el diccionario ni la gramática pueden dar cuenta. Lo que he tratado de dibujar, al escribir mi lectura de *Sarrasine*, de Balzac, es justamente *el espacio* de este suplemento[101].

---

100 Barthes, Roland: "Sur la lecture", en *Œuvres complètes*, Paris, Seuil, 2002, tomo IV, p. 936. La traducción y el resaltado son míos.

101 Barthes, Roland: "Ecrire la lecture", op. cit., p. 35. La traducción y el resaltado son míos.

El suplemento de sentido que representa la lectura con respecto al texto escrito, el sentido que agrega la lectura a cualquier texto mientras se lo lee, escribe Barthes, es un tipo de suplemento que ni el diccionario ni la gramática pueden captar. Es decir: no es posible dominar ni predecir, y no es posible ni dominar ni predecir no solo por el diccionario o por la gramática sino tampoco por el propio lector que es el que realiza la lectura y el que agrega el nuevo sentido al texto. Sin embargo, agrega Barthes enseguida, al escribir él mismo su lectura sobre *Sarrasine* no hizo más que dibujar el espacio de ese suplemento de sentido. Con *S/Z*, puesto de otro modo, Barthes no solo escribió su lectura de *Sarrasine*, el conjunto de asociaciones que la literalidad del texto le sugería, no solo escribió ese sentido suplementario sino que escribiendo ese sentido suplementario escribió también el *espacio* de ese suplemento. El suplemento que representa la lectura, el suplemento que es la lectura con respecto a la escritura no solo refiere, por lo tanto, al sentido que ésta agrega a un texto sino al espacio que con él se pone en juego. Ahora bien: si seguimos el argumento de Barthes es evidente que la lectura supone un espacio suplementario con respecto a la escritura. Un ejercicio algo intuitivo puede, en efecto, ayudar a aclarar el significado de este espacio suplementario: si tomamos la actividad de la escritura en su aspecto puramente espacial, el que escribe escribe siempre en un espacio que no es nunca exactamente el espacio del que lee. Leer y escribir, para decirlo de otra manera, son dos actividades que se realizan en espacios distintos, que tienen lugar, incluso, en temporalidades o presente heterogéneos. Si primero y en un determinado lugar sucede la escritura: alguien escribe un texto, solo después de este trabajo de escritura y en otro lugar distinto, puede suceder su lectura: alguien lee el texto que fue escrito. Una especie de imposibilidad atraviesa, por ende, el espacio en el que se dividen la lectura y la escritura porque no se puede escribir y ser leído al mismo tiempo. Incluso y aun cuando la lectura y la escritura hayan tenido lugar en el mismo sitio porque, en este preciso sentido, el espacio que abre la actividad de la lectura es, aun siendo el mismo sitio, un espacio heterogéneo al de la escritura –un simple ejemplo puede contribuir a comprender esta premisa: si el sitio en donde escribí este texto es, en sentido estricto, el mismo en el que lo leo después de haberlo escrito éste es, sin embargo, ya siempre un *lugar* distinto porque sucedió después de la escritura, en otro momento o en un presente distinto–.

Pero para comprender mejor y en su verdadera dimensión el espacio de este suplemento que menciona Barthes es necesario detenerse en el estatuto de este suplemento. ¿Que sea un espacio distinto significa que es un espacio exterior a la escritura? ¿Cómo se *agrega* el espacio de la lectura al espacio de la escritura? ¿Qué tan exterior es, en definitiva, el espacio de la lectura en relación con el de la escritura? He aquí todo el meollo que encierra el problema de la lectura como suplemento: en el *estatuto* de este suplemento, en su suplementariedad. Si bien es cierto que Barthes no hace referencia alguna a Derrida, a la lógica o la economía del suplemento que elabora el autor de *De la gramatología* –y que elabora, no casualmente, para describir la relación de la escritura ya no con la lectura sino con el habla–, la suplementariedad de la lectura con respecto a la escritura *debe* leerse en ese preciso sentido, a través de esa misma economía del suplemento. Y *debe* leerse por medio de esa misma economía porque Barthes, sin quererlo o sin saberlo, él mismo la pone en juego, la hace funcionar de ese modo[102].

Al comienzo del pasaje que citábamos Barthes escribía: "El texto (...) solo (...), pero el texto solo es algo que *no existe*". Si, para decirlo de otro modo, el texto solo es algo que no existe es porque la escritura es un ejercicio imposible sin el ejercicio que la suplementa, es decir sin el ejercicio de la lectura. No hay escritura que sea posible sin la *posibilidad* de la lectura. Pero de lo que se trata, para que haya escritura, no es de que efectivamente haya lectura del texto escrito sino que ella exista como posibilidad frente a la posibilidad de la escritura. El juego de la escritura comprende, en algún sentido, *ya* siempre al juego de la lectura. Si traducimos entonces esta afirmación para tratar de comprender la relación entre escritura y lectura como espacios que, si bien son distintos o heterogéneos, se copertenecen mutuamente, lo que faltaría agregar al argumento es que el texto solo, el texto escrito como posibilidad de la escritura, no

---

102 Muy probablemente sea "sin quererlo" más que "sin saberlo" porque Derrida publica *De la gramatología* antes que el texto que aquí analizamos de Barthes, y porque Barthes y Derrida pertenecen no solo al mismo ámbito intelectual sino que ambos son franceses. *De la gramatología* fue publicado por primera vez en Francia en 1967, y "Escribir la lectura" de Barthes en 1970. Es poco probable, no solo por una cuestión cronológica sino geográfica, que Barthes no haya leído el texto de Derrida. Lo que no habilita de ningún modo, y eso es lo que queremos apuntar aquí, a establecer alguna relación voluntaria entre ambos, es decir querida por ellos, a través de los textos a los que hacemos referencia.

es nada si no comprende como posibilidad al espacio de la lectura, si el espacio de la lectura, es decir aquel que abre el lector con su práctica de lectura, no está siempre ya contenido en el espacio de la escritura. Este último contiene siempre ya, en su interior, al de la lectura. El otro al que se dirige la escritura, es decir el texto escrito, el lector, abre y hace posible el espacio en el que sucede la escritura.

El problema del Otro, de larga y profunda presencia en el pensamiento occidental –bastaría, por caso, solo con mencionar el nombre de Levinas– encuentra su lugar y su especificidad a todas luces singular en el problema de la escritura, y más específicamente en la relación de ésta con la lectura. Porque en el problema de la escritura el Otro está determinado desde el inicio por el problema de la lectura, por la presencia del lector como garante ausente del que escribe. No hay escritura sin un otro, sin la presencia, aunque ausente, sin la presencia, que se escapa, de un otro que, como un *espectro*, recorre el espacio que inaugura el que escribe, haciendo posible que *se* escriba. Y si volvemos a evocar a Derrida con la categoría que, en *Espectros de Marx*, el propio Derrida trabajó tan profundamente es porque el Otro que es el lector es, en relación con la escritura y con el espacio que ella abre, un otro espectral:

> Un espectro –escribía Derrida en aquel ensayo dedicado a Marx– *parece* presentarse, mediante la modalidad de la visita. Uno se lo representa pero él no está presente, en sí mismo, en carne y hueso. Esta no presencia del espectro exige que tomemos en consideración su tiempo y su historia, la singularidad de su temporalidad y de su historicidad[103].

Es esta modalidad espectral, para seguir entonces el análisis de Derrida, la que describe al Otro que, para el que escribe, es el lector y que comienza, de a poco, a definir el tipo de suplemento que configura el espacio que él delimita, el de la lectura, en tanto espacio suplementario al de la escritura.

Está claro, sin embargo, que este Otro que representa el lector y el espacio de su práctica específica, la de la lectura –y que inaugura como tal el ejercicio de la escritura– puede ser conocido, puede tener el rostro de alguien que se conozca, de un otro al que me dirijo como otro conocido y al que entonces le escribo por algún motivo pero como *espacio* y como lugar de *representación* del que escribe, como espacio

---

103 Derrida, Jacques: *Spectres de Marx. L'État de la dette, le travail du deuil et la novelle Internationale,* Paris, Galilée, 2013, p. 166. La traducción es mía.

y como representación que *suple* la escritura tiene, con seguridad y en primer lugar, un rostro que es simplemente el rostro del Otro[104]. Es decir: no necesariamente debe entenderse el espacio de la lectura como el espacio del otro como lector conocido. En tanto espacio suplementario es, en este sentido, un espacio que, para recuperar la distinción heideggeriana, está más cerca de lo ontológico que de lo óntico: se escribe siempre para alguien, todo texto es escrito para ser leído aunque nadie lo lea, aunque ese alguien sea finalmente nadie, aunque no haya nadie en particular al que se *le* escriba. Sin dejar de ser efectivamente exterior y heterogéneo al espacio de la escritura, la exterioridad del espacio de la lectura, su exterioridad como suplemento, no es ni tan exterior ni tan heterogéneo con respecto al espacio de la escritura al que la lectura y el lector se le agregan, entonces, como suplemento. En algún punto, cuando Maurice Blanchot escribe en *La comunidad inconfesable*, retomando un breve pasaje de Bataille sobre la escritura, que "aquel para quien escribo es aquel a quien no se puede conocer, es el desconocido"[105] apunta precisamente a esta condición estructural, digamos –insistamos entonces– ontológica, pero también espectral, de la lectura en relación con la escritura. Pero tampoco se trata, a la inversa de lo que venimos diciendo, de que el lector sea siempre y necesariamente un desconocido, que el otro como otro conocido le esté *vedado* estructuralmente al que escribe. Si a aquel para quien escribo es aquel a quien no se puede conocer, la incapacidad que habita en el seno del espacio de la escritura, lo que está vedado al que escribe, lo desconocido, es en todo caso la *presencia* del otro, del lector, que nunca está presente *en el momento* de la escritura. No está nunca presente pero la hace posible, no se presenta pero está presente como lo que le falta, faltándole precisamente es como se presenta, ausentándose es como *suple* su ausencia y, así, como suplemento permite e *inaugura* la escritura.

---

104 Un rostro que es simplemente el rostro del Otro es, como escribía Derrida a propósito precisamente de Levinas en *Violencia y metafísica,* el rostro de lo completamente otro (*le tout-autre*): "Lo otro, lo completamente otro (*le tout-autre*), solo puede manifestarse como lo que es, antes de la verdad común, en una cierta no manifestación y en una cierta ausencia. Solo de él puede decirse que su fenómeno es una cierta no-fenomenalidad, que su presencia (es) una cierta ausencia. No una ausencia pura y simple, pues la lógica acabaría así volviendo a arreglar sus cuentas, sino en una *cierta* ausencia". Cf. Derrida, Jacques: *La escritura y la diferencia*, Barcelona, Anthropos, 1989, p. 123.

105 Blanchot, Maurice: *La communauté inavouable,* Paris, Minuit, 1983, p. 44. La traducción es mía.

Si la escritura, entonces, *necesita* de la lectura para *ser* escritura
–y he aquí entonces su condición ontológica–, si el texto solo no existe, es nada y *solo* es algo, es decir escritura, es porque *hay* espacio de
la lectura. Pero el espacio de la lectura como espacio interno, y no
solo como espacio externo al espacio de la escritura, es un espacio
sin lector, sin lector que esté *plenamente presente*, en persona, allí
donde alguien comienza el ejercicio de la escritura. La economía
del suplemento que describe la relación entre lectura y escritura
queda así plenamente justificada: la lectura como espacio interno a
la escritura suple la ausencia del lector con todas y cada una de las
características con las que la escritura, como archi-escritura, suple el
habla: ésta se agrega a un espacio que no está nunca completo, que
no es nunca pleno porque al espacio de la escritura le falta siempre
la presencia del lector, del otro al que se (le) escribe. Y lo suple sin
colmarlo, repitiendo la ausencia que ella viene a suplir, a la que ella
viene a agregársele como suplemento porque *nada* agrega a ese
espacio, porque se agrega a condición de sustraerse en el momento mismo en que se presenta como suplemento: llena el vacío con
otro vacío, con nada, con un otro que está presente a condición de
no estar nunca plenamente presente. Es decir: se agrega al espacio
de la escritura *sin sumársele*.

Pero lo cierto es que el texto de Barthes no solo derriba los principios metafísicos que separan a la escritura de la lectura, que las
oponen como espacios plenamente heterogéneos y exteriores entre
sí. No solo, en otras palabras, encuentra en la lectura el suplemento
de la escritura en el sentido que acá comprendemos esa lógica suplementaria. En unas pocas líneas y casi al final del artículo, Barthes se
opone, por las mismas razones que lo llevan a elaborar esta crítica,
a la rigidez cadavérica de la letra que denuncia Platón en el *Fedro*[106]:

> Me imagino muy bien el relato legible (aquel que podemos leer sin
> declararlo "ilegible": ¿quién no comprende a Balzac?) bajo la forma
> de una de esas figurillas sutil y elegantemente articuladas que dos
> pintores utilizan (o utilizaban) para aprender a hacer croquis de
> las diferentes posturas del cuerpo humano: al leer imprimimos una
> postura al texto, y es por eso por lo que *está vivo* (...)[107].

---

106 Cf. Capítulo IV.

107 Barthes, Roland: "Ecrire la lecture", op. cit., pp. 35-36. La traducción y el
resaltado son míos.

   El parpadeo de la política

La rigidez cadavérica de la letra no es la rigidez cadavérica de la escritura, que está hecha de letras, de cosas o signos muertos. Si el texto está vivo es por el ejercicio de la lectura. Leer imprime –escribe Barthes– una postura al texto, le da vida (si es que alguna vez el texto estuvo realmente muerto). Si la escritura no está muerta, si el *logos* escrito no es un cadáver hecho de letras es, en principio, aunque no únicamente, porque al leer las letras escritas se vuelven letras con vida, *animadas*, que se mueven por el movimiento del que lee que, con su postura, como lector, les *da* vida. La postura que imprime el lector al texto, el suplemento de sentido *lo inclina*, lo mueve hacia un nuevo sentido y es por eso por lo que el texto está vivo. Lo que Platón entonces no tuvo en cuenta con su célebre mito sobre Theuth y Thamus, lo que Platón olvidó –y lo que paradójicamente olvidó porque precisamente su crítica a la escritura versaba sobre el estatuto de las letras como *phármakon* (remedio) contra el olvido– es que el texto solo, por más cosa que sea, por más cadáver que parezca porque el papel es al fin y al cabo y antes de ser escritura materia inerte y sin vida, es que el texto solo *no existe*. La lectura como suplemento de la escritura, el otro que es el lector, suple también al escritor y responde por él cuando éste ya no está plenamente presente para responder en persona por lo que escribió. Y que no está plenamente presente porque algo de la humanidad del que escribe queda, mientras desaparece, mientras se sustrae en el movimiento de la mano, como escritura, es decir como el gesto de una única y singular escritura.

— II —

En el último ensayo de la serie de textos que dedicó al tema de la comunidad, Jean-Luc Nancy retoma la frase que él mismo había citado de Bataille sobre la relación que, según el propio Bataille, lo unía a Nietzsche: "El deseo de comunicar –escribe Bataille– nace en mí de un sentimiento de comunidad ligándome a Nietzsche"[108]. Sin embargo, Nancy vuelve en *La comunidad revocada* sobre esta cita de Bataille para intentar explicar, en realidad, otra frase: la que en su momento había elegido Blanchot para concluir la primera parte de su propio texto sobre el tema de la comunidad –cuyo título es, sabemos, *La comunidad inconfesable*–: "la desobra

---

108 George Bataille, citado por primera vez por Nancy en: *La comunidad desobrada*, J. L. Nancy, Madrid, Arena Libros, 2001, p. 78.

(...) –escribía entonces Blanchot– es la forma misma de la comunidad desobrada sobre la que Jean-Luc Nancy nos ha llamado a reflexionar sin que nos esté permitido detenernos allí"[109]. Para Blanchot este "no detenernos allí" –*sans qu'il nous soit permis de nous y arrêter*, escribe en el original– significaba, en efecto, "ir más lejos". Y según lo que interpreta Nancy varios años más tarde –precisamente en *La comunidad revocada*– ese "ir más lejos" que involucraba ese "no detenernos allí" resulta crucial porque describe en toda su dimensión la intención de Blanchot en relación con el texto de Nancy: si con su primer ensayo sobre la comunidad Nancy había sin dudas extendido y ampliado el horizonte a partir del cual era posible comprender la vieja noción de comunidad, lo que Blanchot pretendía era, incluso, ir más lejos que "lo lejos" que ya había ido Nancy con su propia noción de comunidad.

Como bien anticipa la cita de la frase de Bataille que Nancy recoge en dos ocasiones distintas, la serie de ensayos a la que estamos haciendo referencia comienza mucho antes que la aparición de *La comunidad desobrada* –cuya primera versión se remonta a la primavera de 1983 y cuya publicación, de esa primera versión, no fue bajo la forma de un libro, la forma que adoptaría después cuando es compilada junto con otros textos de Nancy, sino bajo la forma de un artículo aparecido en la revista *Aléa*–. Pero esta serie de ensayos –decíamos– comienza en rigor con Bataille, unas tres o cuatro décadas antes de la década de 1980. Bataille es –digamos entonces rápidamente aunque enseguida haya que matizar esta afirmación– el primero de este grupo de autores que hacen del tema de la comunidad un tema recurrente en su obra. La diferencia de Bataille con Nancy y Blanchot, que responde al artículo de Nancy en el mismo año con el ensayo que antes mencionábamos, *La comunidad inconfesable*, segundo libro de esa serie (o tercero, si contamos a Bataille), y cuya primera parte es en efecto una respuesta explícita al texto de Nancy; la diferencia de Bataille con ambos –insisto– es que este último no se dedica en forma sistemática a tratar el tema sino que despliega sus reflexiones en diferentes momentos y a lo largo de diferentes textos y el asunto aparece, cuanto menos, disperso a lo largo de casi toda su obra. Aquel "(...) sentimiento de comunidad ligándome a Nietzsche" del que hablaba Bataille es, por lo tanto y

---

109 Blanchot, Maurice: *La comunidad inconfesable*, Madrid, Arena Libros, 2002, p. 46.

en un sentido más riguroso, solo *una* de las tantas expresiones con las que Bataille se acercó al tema. Pero hay *otras*: la comunidad de los que no tienen comunidad, o la comunidad de los amantes, a la que el propio Blanchot le dedica la segunda parte de *La comunidad inconfesable,* son muy probablemente las más resonantes en ese largo camino del que estas expresiones son solo, entonces, algunos indicadores de una reflexión más amplia.

Ahora bien: la frase de Bataille, el sentimiento de comunidad que lo ligaba a Nietzsche –y que, deberíamos decir, lo sigue ligando y lo seguirá ligando en su ausencia y en su muerte, es decir después de su muerte e incluso después de la muerte de ambos; de eso se trata, en efecto, este sentimiento de comunidad, volveremos sobre esto enseguida–, esa frase, según Nancy, venía a concluir el último punto del texto en donde Nancy hablaba de un tipo muy particular de comunidad, un tipo de "comunidad ni comunal ni estrictamente política (...)". La cita completa de la reflexión de Bataille es, sin embargo, más larga:

> Hablé de la comunidad –escribía Bataille– como un existente: Nietzsche refirió a ella sus afirmaciones pero estuvo solo (...). El deseo de comunicar nace en mí de un sentimiento de comunidad que me vincula a Nietzsche, no de una originalidad aislada[110].

Con esta frase de *La experiencia interior* Bataille agrega a la serie de ensayos sobre el tema de la comunidad un nuevo eslabón: Nietzsche: "Hablé de la comunidad como un existente: *Nietzsche* refirió a ella sus afirmaciones, pero estuvo solo". Para Nancy, que cita la frase en la que Bataille hace referencia a Nietzsche, Nietzsche, en algún sentido, "plantó" la semilla del debate que reverdece después en los años ochenta y que lo tiene a él como protagonista. Antes que Bataille, que Blanchot y que Nancy estuvo entonces Nietzsche. Si no hubo "originalidad aislada", por lo tanto, es porque la reflexión de Bataille sobre la comunidad, sea como comunidad de los amantes o como comunidad de los amigos, ese deseo de comunicar el sentimiento de comunidad nació ya, y antes que en él, en Nietzsche. Y se expandió incluso varias décadas después más allá de Bataille y de Nietzsche: no solo ligó a ambos sino que también ligó, en otro tiempo y en otro lugar, a Nancy y Blanchot con Bataille y con Nietzsche, por un lado, y a Nancy y a Blanchot entre sí, por el otro. Y los ligó, *en*

---

110 George Bataille, citado por Nancy, J.L.: *La comunidad desobrada,* op. cit. p. 78.

efecto, para formar entre ellos una comunidad. Curiosa o paradójicamente, lo que formó comunidad entre Nietzsche, Bataille, Nancy y Blanchot fue la comunidad como tema, como objeto de reflexión. Es decir: el asunto de la comunidad *hizo* comunidad. Una comunidad de textos, de escritos o de ensayos sobre la comunidad, es cierto, pero una comunidad al fin. Sin embargo: ¿es esta comunidad "la comunidad ni comunal ni estrictamente política" a la que se refería Nancy en el final de *La comunidad desobrada,* y cuyo disparador es la frase de Bataille a propósito del sentimiento de comunidad que lo ligaba, al propio Bataille, con Nietzsche? Es necesario, pues, *ir más lejos*:

> Puedo imaginar –escribe Nancy en *La comunidad revocada*– que esta fórmula retoma, a su manera, la última frase del texto que yo había publicado en *Aléa*. Esta decía: "no podemos sino ir más lejos" para sugerir que debíamos prolongar lo que acababa de citar de Bataille: el "sentimiento de comunidad ligándome a Nietzsche". Estas palabras venían a concluir el último desarrollo del texto: la comunidad ni comunal ni estrictamente política de estos y de lo que se comunica(n) en el suspenso o en la interrupción de transmisiones, de continuidades de intercambio –lo que yo designaba con la palabra "escritura" según un sentido de la palabra proveniente del mismo Blanchot y de Derrida–[111].

Casi terminando el párrafo, Nancy parece efectivamente ir más lejos agregando a su reflexión sobre la comunidad una palabra central: la palabra escritura, y un nuevo nombre, el de Derrida, a la cadena de nombres que comienza con Nietzsche: "lo que yo designaba con la palabra 'escritura' según un sentido de la palabra proveniente del mismo Blanchot y de Derrida". Y en el mismo párrafo agrega, en una nota al pie, el nombre de Barthes:

> (...) ellos mismos (Blanchot y Derrida) conducidos hacia ese valor de la palabra a través de canales de transmisión abiertos desde hace algún tiempo –recordemos *El grado cero de la escritura* de Roland Barthes, en 1953– y cuya historia precisa queda por hacer[112].

Otra vez un tema, la escritura, haciendo comunidad. No ya la comunidad como tema, sino la escritura como tema. Los canales de transmisión abiertos desde hace algún tiempo, abiertos por Barthes y su texto *El grado cero de la escritura,* condujeron a ese valor de la

---

111 Nancy, J. L.: *La comunidad revocada*, Buenos Aires, Mar Dulce, 2016, pp. 21-22.
112 Ibid., p. 22, nota 8.

　　　　　　　　　　　El parpadeo de la política

palabra escritura que ahora retoma Nancy, y que lo conduce a Nancy a Derrida y Blanchot. Blanchot, Derrida y Barthes parecen, entonces, haber formado también comunidad, pero esta vez conducidos, ellos, por otro tema: el de la escritura. Ahora bien: ¿cuál es ese valor de la palabra escritura? ¿Cuál es el valor que habría portado la palabra escritura y que, portando ese valor, habría hecho comunidad en Blanchot, Derrida y Barthes? En ese valor se juega, en efecto, el verdadero valor de otra palabra: el de la palabra comunidad. Verdadero valor –dicho sea de paso– no porque se parezca o tenga la estructura de la verdad, es decir no porque responda ese valor al *ser* de la comunidad (pues ¿hay ser de la comunidad? ¿Lo hay *verdaderamente* después de la propuesta de Nancy, Blanchot, Nietzsche y Bataille, es decir después de este conjunto de textos sobre la comunidad sobre los cuales estamos volviendo, precisamente, acá?), sino porque ese valor es en todo caso el punto de partida a partir del cual Blanchot propone, luego, "ir más lejos". En otras palabras: si en el valor de la palabra escritura se juega el verdadero valor de la palabra comunidad es porque con él, o a partir de él, es posible determinar todo lo lejos que llegó Nancy en *La comunidad desobrada*. Nancy precisa entonces el valor de esa palabra crucial –el de la primera palabra, es decir el de la palabra escritura–:

> El desplazamiento de un mundo del autor, del estilo y de la obra (incluso del mensaje) *hacia un espacio de la escritura y del texto* (...) ha respondido a una mutación de la percepción y de las condiciones del sentido, es decir, de lo que produce lazo y relación[113].

Con esta frase, con esta aclaración sobre el valor que portaba la palabra escritura por aquel entonces, el sentimiento de comunidad se desplaza, ahora, a la escritura: no es la escritura *sobre* la comunidad lo que formó comunidad en Bataille, Nietzsche, Blanchot y Nancy, parece decir entonces Nancy, sino la *escritura*, simplemente la escritura. La escritura a secas y no el tema sobre el que versa esa escritura. Lo mismo, podríamos incluso agregar, corre para la otra comunidad que habían formado Blanchot, Derrida y Barthes: en ellos, también, fue la escritura lo que hizo lazo o relación y no la escritura sobre la escritura[114].

---

113 Ibid. El resaltado es mío.

114 Aunque aquí, como puede deducirse fácilmente, escritura y tema se tocan en la medida en que el tema de la escritura *es* la escritura.

Sin embargo, quizás lo más interesante de esta última frase que Nancy agrega en *La comunidad revocada*, y que resulta sin dudas bastante esclarecedora de este recorrido sobre el tema de la comunidad en todos estos autores, venga al final de esa frase: "Lo común –agrega Nancy ya terminando el párrafo– estaba allí enteramente en juego si la 'escritura' venía a nombrar la comunicación cuyos polos de transmisión y de destinación no están presentes, están ausentes a título provisorio o definitivo". Con esta última aclaración el vínculo entre el valor de la palabra escritura y el de la palabra comunidad –es decir con "lo que produce lazo y relación"– queda entonces determinado en toda su dimensión: la escritura revela, en suma, una forma específica y muy singular, una forma espacio-temporal muy especial de lo que entendemos frecuentemente por comunidad. En primer lugar, porque lo que en algún punto es transformado por esa forma espacio-temporal de la comunidad es precisamente lo que en toda comunidad se pone en juego para que haya comunidad: el lazo o la relación que une a los que forman o integran la comunidad. La relación que en la escritura se ve transformada es, así, la condición que define y determina toda unión o relación. Estrictamente hablando, se trata de una relación que une sin unir, de un lazo que, dicho de otro modo, liga sin ligar.

A la *comunidad de la escritura*, que es finalmente el tipo de comunidad al que desde Nietzsche a Nancy, pasando por Bataille, Barthes, Blanchot y Derrida, pertenecieron todos estos autores, no le pertenece el tipo de relación o de lazo que une, en presencia y en persona, a los que la integran. Se trata de una relación que, para ser todavía más precisos, no une *ahora*, es decir *en el mismo tiempo o presente*, a los que escriben y que se unen con la escritura. Desde este punto de vista, "el espacio de la escritura y del texto" del que habla Nancy en la nota que citábamos configura un espacio que tiene todas las características de un espacio que es al mismo tiempo metafísico y anti metafísico. Metafísico, en primer lugar, porque "en su esencia y en su verdad" no responde a las leyes de la física: éstas no lo rigen y no lo determinan, no componen su espacialidad que está, en este estricto sentido, más allá de la física y de la materialidad del espacio en el que como entes físicos nos podemos hacer presentes, es decir presenciar plenamente, con nuestro cuerpo y en carne y hueso. Es un espacio, por ende, sin espacialidad, sin superficie sobre la que nos podamos parar, sostener y sostenernos –aunque nos sostengamos en otro sentido, con el gesto del que escribe, lo que quiere decir, al mismo tiempo y por ello mismo, sin límites y sin fronteras determinables, ilimitado

  El parpadeo de la política

e infinitamente expandible, todo lo extensible y duradero, en su "no-superficie", que la escritura permita porque, precisamente, ni el espacio ni la superficie lo limitan–. En su carácter metafísico –en el sentido más corriente de este término– es un espacio huérfano de personas, de cuerpos vivos –lo que comienza a revelar por qué el sentimiento de comunidad del que hablaba Bataille, y que lo unía a Nietzsche, lo iba a unir *incluso* después de su ausencia y de su muerte, de la suya propia y también de la de Nietzsche–. Pero en su carácter anti metafísico –que es la segunda característica, paradójica pero real, de la que hablábamos– es un espacio de trazos o de trazados, de movimientos o trazos trazados por las escrituras que lo escriben, que dejan *su* trazo, es decir su escritura. Los trazos que lo componen son, a diferencia de los cuerpos que habitan el espacio en el sentido corriente del término, en su sentido físico, cosas muertas pero, al mismo tiempo y por las razones que ya hemos esbozado más arriba, cosas vivas, materia sin alma y animada *al mismo tiempo*. Para decirlo rápidamente: es un espacio anti metafísico –en el sentido filosófico o derrideano de la palabra "metafísica"– porque el espacio de la escritura no está compuesto por presencias plenas sino por semi-presencias, por huellas o, mejor aun, por huellas de la huella[115].

Por todo esto es que insistimos, por otro lado, en describir el espacio de la escritura como un espacio que no es ni virtual ni concreto, es decir un espacio que, estrictamente hablando, *no tiene lugar*. No tiene lugar quiere decir que no tiene lugar ni preciso ni concreto. Es éste, aquí y ahora, su lugar que es, en lo esencial, el lugar en el que *yo* escribo, que tiene lugar *mientras* escribo. Pero desde otro punto de vista que no contradice necesariamente esto último sino que, muy por el contrario, lo reafirma, es *cualquier* lugar, cualquier espacio en el que *se* escriba, en el que *cualquiera* escriba. A pesar de su orfandad, que describíamos más arriba, no deja por ello de ser un espacio común o compartido. Lo que se comparte, en parte, es precisamente la orfandad de la letra escrita, de alguien que escribió y que no está presente cuando se lee, y la orfandad de la letra leída, de alguien que lee lo que se escribió pero que no está presente cuando se escribe. Pero se comparte y se abre en cada momento y en cada lugar, cada vez que se lee y cada vez que se escribe. Cada vez que abrimos un libro para leerlo, cada vez que un papel es grabado o escrito, se abre y se comparte ese espacio indeterminable, que no se puede alcanzar con

---

115 Cf. Capítulo IX.

el cuerpo, agarrar o tocar con nuestras manos, a pesar de que podemos agarrar los libros que leemos, los elementos con los que escribimos y con los que precisamente componemos el *espacio literario* que forma la comunidad de la escritura. De esta singular comunidad, en suma, se trataba la comunidad desobrada de la que, en un principio, hablaba Nancy y cuyo puntapié inicial era la frase de Bataille sobre Nietzsche, y de la que formaban parte todos estos autores que la compartían: cada vez que Blanchot, Bataille, Nancy y Nietzsche escribieron sobre la comunidad, ellos mismos formaron comunidad. Y la formaron escribiendo, a través del lazo y del espacio que forma la escritura. Sus textos son, para parafrasear al propio Nancy, menos una serie de ensayos sobre el asunto de la comunidad, que una serie de ensayos *ellos mismos* asunto de una comunidad.

Pero lo cierto es que con este recorrido sobre la forma en la que Nancy llega a esta noción de comunidad, cuyo vínculo con la escritura es lo que define esa condición tan singular y única de lo que, para este pensamiento, hace comunidad llegamos, en realidad, al punto al que había llegado Nancy. Un punto, en efecto, que representa sin dudas una fuerte declaración de ruptura en relación con lo que hasta el momento la tradición de la filosofía había entendido por comunidad. Y ello en diferentes sentidos. En primer lugar, y como bien admite el propio Nancy, porque lo que esta idea de comunidad venía a derribar es ante todo el proyecto comunista de comunidad que desde Marx hasta nuestros días la filosofía marxista no ha dejado de elaborar y reelaborar, de formular y reformular según sus diferentes corrientes y divisiones internas. Lo que muy en primer lugar pretende entonces criticar Nancy, y por lo tanto plantear como punto de discontinuidad a partir de esta noción de comunidad, es precisamente ese proyecto de una comunidad por venir, siempre latente y proclive a advenir, a realizarse como *ideal* de comunidad. Y esto es, de hecho, algo que Nancy deja en claro desde el principio y apenas iniciada *La comunidad desobrada*:

> (...) la palabra "comunismo" –escribe– emblematiza el deseo de un lugar de la comunidad encontrado o vuelto a encontrar tanto más allá de las divisiones sociales como más allá también del marchitamiento de la libertad. (...) Más o menos conscientemente, más o menos deliberadamente (...) la palabra "comunismo" constituyó tal emblema[116].

---

116 Nancy, Jean-Luc: *La communauté désœuvrée*, Paris, Christian Bourgois Éditeur, 1999, pp. 11-12. La traducción es mía.

Contra tal emblema Nancy se venía a rebelar. Pero, y en segundo lugar, contra lo que Nancy también se quería rebelar era contra el inmanentismo con el que la tradición filosófica, marxista *y* no marxista, había siempre comprendido a la comunidad. Y es nuevamente en las primeras páginas de *La comunidad desobrada* en donde vuelve a dejar en claro esta intención:

> (…) no existe ningún tipo de oposición comunista –o, digamos, comunitaria, para dejar bien en claro que la palabra no debe estar restringida aquí a sus referencias políticas estrictas– que no haya estado o que no esté profundamente sometida al objetivo de la comunidad humana, es decir, al objetivo de la comunidad de los seres que producen por esencia su propia esencia como su obra, y que además producen, precisamente, esta esencia como comunidad.

La producción de esta esencia del hombre como comunidad humana, la esencia del hombre haciendo obra como comunidad, está claro, no le pertenece ya y únicamente al comunismo o a la tradición marxista. Esta inmanencia absoluta "del hombre al hombre" y de "la comunidad a la comunidad" le pertenece a toda la tradición filosófica que, en su afán por pensar la comunidad, no ha hecho otra cosa que pensarla a partir de esta idea inmanente de la esencia del hombre produciendo a su esencia como obra, es decir como comunidad. Lo que en todo caso diferencia o distingue al comunismo de las otras reflexiones filosóficas es la forma en la que esta inmanencia se vuelve obra, se traduce como comunidad; aquí, pues, la esencia del hombre haciendo obra, produciendo comunidad ha variado largamente: figuras tales como las del Estado, el Pueblo o la Nación, podríamos arriesgar rápidamente, son las figuras que sintetizan esta reducción a la que nos enfrentan estas diferentes concepciones inmanentistas de la comunidad. Si la comunidad de la escritura, que la noción de la comunidad desobrada venía precisamente a reflejar, tenía como propósito alejarse de esta larga tradición es porque –insistimos– la comunidad de la escritura no tiene lugar, y no lo tiene en el doble sentido de la palabra lugar: no tiene espacio concreto ni sitio particular en el que se forme como tal y, estrictamente hablando, no se forma nunca como tal, en el sentido que no tiene lugar como obra de algo que la produce o la realiza como comunidad, llamémosle a ésta el Pueblo, el Estado o la Nación, para retomar las figuras que antes mencionábamos, o la comunidad de la libertad o de la igualdad (figura, esta última, más afín al proyecto comunista de la comunidad).

Sin embargo, y según la propuesta original de Blanchot que retomaba la frase del propio Nancy de *La comunidad desobrada*, de lo que se trataba era de ir más lejos –es decir de "no detenernos allí", recordemos– que lo que había ido Nancy. Una intención, la de ir más lejos, que según admite el propio Nancy ni siquiera él había comprendido del todo en su momento[117]. Entonces: ¿qué significaba el "no detenernos allí" que Blanchot proponía a partir del "solo podemos ir más lejos" que había escrito Nancy? En lo esencial, yo diría que una suerte de desplazamiento. Con *La comunidad inconfesable*, que es al fin y al cabo el texto con el que Blanchot materializa esa propuesta de ir más lejos, este desplazamiento estaba ya anunciado en el título mismo del texto: desde el lugar al que había llegado Nancy con *La comunidad desobrada*, desde la condición desobrada de esta forma de comunidad había que desplazarse, en suma, hacia un pensamiento que reconociera a partir de allí el carácter inconfesable de lo que hace comunidad. Había, dicho de otro modo, que comenzar a pensar no solo a la comunidad de la escritura como comunidad que no tiene lugar, que no se realiza como comunidad, sino también como comunidad que solo existe por el defecto que la hace existir en tanto comunidad. Casi al final del libro con el que le respondía a Nancy, Blanchot escribía y se interrogaba al mismo tiempo sobre este carácter o estructura inconfesable de la comunidad, es decir por su defecto:

> La comunidad inconfesable: ¿Quiere ello decir que no se confiesa o bien que ella es de tal modo que no hay confesiones que la revelen, ya que cada vez que se ha hablado de su manera de ser se presiente que de ella solo se ha captado lo que la hace existir *por defecto*?

Quizás no haya que remontarse demasiado lejos para comprender el carácter o el sentido de este defecto de lo que, en la comunidad de la escritura, lleva la marca de lo inconfesable. Cuando en uno de los estudios contemporáneos más completos sobre la historia de la escritura Ignace Gelb describe el origen de esta práctica, no duda en asociarla a otra práctica, la de la comunicación humana, es decir a la necesidad del hombre de comunicarse con otros hombres por medio

---

117 "En ese momento –escribe Nancy en *La comunidad afrontada*– solo percibí *muy confusamente*, y en el apuro, esa intención". Cf. Nancy, Jean Luc: *La communauté affrontée*, Paris, Galilée, 2001. Mencionamos, al pasar, que este texto que citamos, *La comunidad afrontada*, hace las veces de prefacio a la segunda edición italiana de *La comunidad inconfesable*, texto que luego es corregido y ampliado para ser incluido como posfacio de la edición española.

de signos visibles (algo que, por otro lado, ya el propio Condillac reconocía en uno de sus ensayos más célebres: "La escritura –escribe Gelb– *comenzó* al aprender el hombre *a comunicar* sus sentimientos mediante signos visibles, comprensibles también para las demás personas"). Y, enseguida, Gelb no tarda en universalizar esta misma idea para aplicarla incluso a cualquier tipo de escritura, se trate de la escritura fonética o de la escritura no fonética: "tanto un tipo como otro de escritura tienen un fin idéntico: *la comunicación humana* por medio de signos convencionales visibles"[118]. Es precisamente contra este fin y contra este origen (contra este *telos*) de la escritura contra lo que Blanchot trataba de rebelarse con la noción de la comunidad inconfesable. El movimiento que Blanchot proponía en su ensayo era sin dudas lo suficientemente profundo como para hacer difícil su comprensión en aquella época. Pero, sin dudas también, iba más lejos aun de la crítica al inmanentismo con la que Nancy había dado su propio golpe a la tradición filosófica porque, en última instancia, esta tradición no había dejado de concebir a la escritura según este *telos* que la liga siempre a lo que ella comunica. Y en la comunidad de la escritura lo que hace comunidad permanece más allá de esta dimensión de la escritura. Separada de este *telos*, en una palabra, la escritura define una experiencia comunitaria que está más allá de la experiencia del *logos* o de la palabra. Una experiencia, sin embargo, que no por ello deja de ser una experiencia política[119].

---

118 Gelb, Ignace J.: *Historia de la escritura*, Madrid, Alianza editorial, 1976, pp. 31-32.
119 Cf. Capítulo X.

CAPÍTULO VII

El tiempo de la escritura

— I —

Cuando a fines de octubre de 1941 Carlos Argentino Daneri llamó a Borges repetía, una y otra vez, la misma frase olvidando –comenta Borges– "su pesar en la melodía": "La casa de mis padres, mi casa, la vieja casa inveterada de la calle Garay". Agitado e invadido por una mezcla de ira y tristeza, Daneri se ocupaba, así, de transmitirle a Borges la trágica noticia que sin demasiados eufemismos venía de recibir: su casa, la casa en la que se había criado desde su infancia y en la que había pasado sus 40 años de vida estaba destinada en los próximos días a ser demolida por los empresarios Zunino y Zungri quienes, casualmente, habían también alquilado otra casa al hombre al que Daneri le estaba transmitiendo el mensaje, es decir al propio Borges. El motivo que Zunino y Zungri le habían esgrimido a Daneri para demoler la vieja casa de la calle Garay respondía a la lógica empresarial con la que éstos solían tomar este tipo de decisiones: ampliar la confitería de la que ellos eran también sus propietarios. Sin embargo, la tristeza y la ira de Carlos Daneri no era solo y únicamente producto del afecto y el apego que naturalmente Carlos le tenía al que había sido su hogar desde siempre, apego y afecto que, por otros motivos, Borges también compartía y que ligaba al propio Daneri al lugar en donde había vivido, también desde siempre, su familia –sus padres, más particularmente, y su prima hermana, Beatriz Viterbo–. Había –decíamos– otra razón más importante, es decir más importante *aun*, por la que Carlos sentía semejante rechazo al proyecto de demolición de los conocidos empresarios del barrio porteño de Constitución, en donde estaban ubicadas la casa que iba a ser demolida y la confitería que iba a ser ampliada a costas de la demolición: allí, en esa inveterada casa de la calle Garay, o más precisamente en la escalera de la misma –escalera que conducía al sótano del comedor–, en el decimonono escalón estaba, según confiesa el propio Daneri a Borges, el Aleph: "uno de los puntos del espacio –relata el cuento de Borges que lleva justamente el mismo nombre, *El Aleph*– que contiene todos los puntos del universo". Desde luego que quien escuchaba a Carlos Daneri balbucear detrás del teléfono era Borges el personaje, protagonista y narrador del cuento al que estamos haciendo referencia, pero no casualmente –y enseguida veremos los motivos de esta falta de azar en el nombre del personaje-narrador del cuento– se trataba también de Borges el escritor. Es decir: quien escuchaba a Daneri del otro lado del teléfono era Borges haciendo de Borges en un cuento de Borges. Típico rodeo de la escritura borgeana[120].

Según cuenta el relato, entonces, Borges –el personaje– conocía a Carlos por medio de Beatriz, de la que estaba presumiblemente enamorado –o por lo menos eso parece querer hacer entender el propio Borges como narrador del cuento– y con la que solía juntarse en esa misma casa justificando su presencia, según sus propias palabras, a través de la ingenua acción de regalarle "módicas ofrendas" de libros cada vez que la visitaba. Luego de la muerte de Beatriz –una "candente mañana de febrero" de 1929– Borges continuó con las visitas periódicas a la casa de Carlos y su padre, todos los 30 de abril, con la excusa, de ahí en más, de conmemorar el aniversario del nacimiento de Beatriz junto a ellos. Esta costumbre que Borges adoptó a partir de la muerte de la prima hermana de Carlos, confiesa Borges, era más bien producto de un acto de cortesía –un acto "irreprochable, casi ineludible", aclara– que del afecto que lo podía llegar a unir con el propio Carlos y su padre. Aunque, como se indica en el relato, poco a poco esas visitas frecuentes que en memoria de Beatriz Borges realizaba cada año terminaron finalmente mejorando la relación de este último y Carlos puesto que le dio cierta estrechez al vínculo de ambos –cierta estrechez que, sin embargo, no era del todo sincera, pues ambos se miraban con recelo y con una buena cuota de desconfianza: Borges, por ejemplo, no valoraba en

---

120 Ese rodeo, esa escritura espiralada a la que nos tienen acostumbrados muchos de los textos de Borges conforma, quizás, su gesto propio como escritor, es decir su gesto más propiamente humano.

   El parpadeo de la política

absoluto los poemas que Carlos escribía y que, precisamente luego de la muerte de Beatriz, solía mostrarle con orgullo y Carlos, como deja entrever él mismo en una carta que le envía luego de recibir el Segundo Premio Nacional de Literatura, sentía que Borges lo envidiaba; "Íntimamente, siempre nos habíamos detestado", cuenta Borges promediando el relato–.

Cuando, sin embargo, a fines de octubre de 1941 Borges recibe el llamado de Carlos lo último que se imaginaba era el motivo por el cual lo estaba efectivamente llamando. Es que algunas semanas antes de ese crucial llamado de Carlos, y sabiendo este último de la cercanía que Borges tenía con el mundo literario, con los hombres de letras de aquella época –es que, insistimos, en este cuento Borges no solo jugaba el rol de un simple personaje con el mismo nombre que Borges el que escribe el cuento sino que el personaje encarnaba a Borges el escritor real, el que escribe el cuento–, Carlos le había encomendado al propio Borges un pedido muy especial: que le pidiera a Álvaro Melián Lafinur, literato que en otro típico rodeo de la ficción borgeana hacía las veces del verdadero literato –Álvaro Melián Lafinur tío del mismísimo Borges y autor, en la vida real, de varios textos célebres–, que le escribiera el prólogo de un libro de su autoría: un largo texto de poemas cuyos extractos en varias ocasiones Carlos le había leído a Borges sin que éste encontrara en sus versos nada memorable. Nada memorable o, incluso peor, no encontraba en ellos otra cosa más que "ideas ineptas". Pero el llamado de Carlos de aquella tarde de fines de octubre estaba motivado por otra razón distinta a la que pudiera haber imaginado Borges. Es decir: el llamado no tenía nada que ver con el pedido que éste le había hecho para que Álvaro Lafinur se ocupara de escribirle el prólogo de su libro. La razón de esa comunicación telefónica fue para Borges totalmente inesperada. Con voz llana e impersonal, con esa voz a la que recurrimos, aclara Borges, para "confiar algo muy íntimo", Carlos le comenta enseguida después de transmitirle la trágica noticia de la inminente demolición de su casa, que sin ella el proyecto de su libro de poemas, cuya escritura le había llevado largos años de trabajo, no podía volverse de ningún modo realidad. En otras palabras, Daneri no solo estaba llamando a Borges para contarle sobre la inminente demolición de su casa sino que, en lo fundamental, su objetivo era más bien transmitirle las severas consecuencias que esto le traería: la imposibilidad de terminar el libro porque, junto con la demolición de la casa, desaparecería también su mejor y más valioso secreto, es decir el mejor y más valioso secreto que escondía esa casa: el Aleph que se encontraba en el decimonono escalón de la escalera que iba al sótano, y de cuya supervivencia dependía por entero la supervivencia del proyecto editorial que Daneri se había propuesto emprender hacía un par de años. "Es mío, es mío; yo lo descubrí en la niñez, antes de la edad escolar", le confesó Carlos a Borges lo que, hasta ese momento, no le había dicho a nadie: que en la casa en la que había vivido desde hacía 40 años se escondía ese punto misterioso e inspirador, necesario y fundamental, para finalizar el libro que Daneri tanto anhelaba. Algo desconfiado en una primera instancia ante lo que Carlos le estaba contando, Borges le repregunta enseguida de qué se trataba eso que tanta falta le hacía para terminar su libro de poemas y Carlos, insistente, no hacía otra cosa que repetirle las virtudes de ese espacio al que solo se podía acceder desde la escalera: se trata –describía Daneri una y otra vez por teléfono– del "lugar donde están, sin confundirse, todos los lugares del orbe, visto desde todos los ángulos". La respuesta de Borges ante semejante relato, y sin siquiera esperar a que Carlos le contestara, fue tan impulsiva como arriesgada: "Iré a verlo inmediatamente". Y no pasó demasiado, en efecto, hasta que Borges arribó a la casa de Carlos para tratar de comprobar lo que parecía un delirio infundado.

Unos cuantos minutos de espera, sin embargo, son el primer escollo al que Borges se enfrenta apenas llega a lo de Carlos: "el niño –sostiene– estaba, como siempre, en el sótano, revelando fotografías". Pero el tiempo pasa rápido: Daneri sube enseguida al comedor de la casa, donde Borges lo estaba esperando, le ofrece a su invitado una bebida alcohólica –"una copita de seudo coñac"– y antes de comenzar con la empresa que los había convocado a ambos, comprobar la existencia del Aleph, es decir del secreto mejor guardado de Carlos, éste le transmite la batería de instrucciones que debía seguir rigurosamente para poder ver, sin sobresaltos, ese punto misterioso de la escalera del que tanto le había hablado, pues era absolutamente necesario no desviarse, y ceñirse firmemente a esas instrucciones ya que de lo contrario el fracaso de esa empresa era un resultado cantado: "Ya sabes, el decúbito dorsal es indispensable. También lo son la oscuridad, la inmovilidad, cierta acomodación ocular. Te acuestas en el piso de baldosas y fijas los ojos en el décimonono escalón de la pertinente escalera", le explica Carlos. Para facilitar las cosas, incluso, Daneri coloca una bolsa en un lugar muy preciso del suelo del sótano para que Borges pueda apoyar su cabeza: "La almohada es humildosa –se excusa Carlos–, pero si la levanto un solo centímetro, no verás ni una pizca y te quedas corrido y avergonzado" y enseguida lo deja a Borges solo –siempre en el sótano– para que pueda, finalmente, cumplir con el objetivo por el que había ido aunque no sin dejar de repetirle, una vez más, la instrucción más importante de todas las que le había dado: "Repantiga en el suelo ese corpachón y *cuenta diecinueve escalones*", insiste entonces el dueño de casa. Arrebatado en un primer momento por la paranoia, fruto de la íntima pero nunca velada desconfianza que había entre ambos, Borges piensa en ese primer instante en solitario lo peor: "Súbitamente comprendí mi peligro: me había dejado soterrar por un loco, luego de tomar un veneno (el que le habría puesto el propio Carlos en el coñac con el que lo había invitado) (...) (Pues) para defender su delirio –razona Borges–, para no saber que estaba loco, (Carlos) tenía que matarme". Pero la paranoia duró poco, y en un abrir y cerrar de ojos Borges ve el Aleph: "Cerré los ojos, los abrí. Entonces vi el Aleph". Y enseguida, en párrafo aparte comenta: "Arribo, ahora, al inefable centro de mi relato; empieza, aquí, *mi desesperación de escritor*"[121].

Está claro que la centralidad de esta parte del relato de Borges, centralidad a la que él mismo hace referencia, se debe en gran medida al momento o a la instancia narrativa en la que se encuentra el propio relato. Finalmente, luego de un largo *racconto* que describe la relación de Borges con Beatriz Viterbo, con Carlos Daneri –antes y después de la muerte de Beatriz–, con la casa que los hermanos Zungri y Zunino querían demoler, la casa de Carlos, que relata, en fin, la supuesta existencia de un lugar misterioso del que Daneri no puede permitirse desprenderse y que Borges no puede permitirse no ver; finalmente, entonces, Borges alcanza su objetivo –el de él como protagonista y al mismo tiempo el de él como narrador del cuento, pues ese sitio misterioso es el que le da nombre al texto–: después de todo –insisto– Borges alcanza a ver el Aleph. Y dos largos párrafos, en efecto, confirman la importancia de este momento de la trama: no solo porque se trata de dos párrafos que por su longitud e incluso por su densidad narrativa escapan ampliamente a la longitud y a la densidad que hasta el momento compuso o constituyó la textualidad del cuento y de la narración. Sino porque en ellos

---

121 Borges, Jorge L.: *El Aleph,* Buenos Aires, Emecé, 1971, p. 168. El resaltado es mío.

Borges describe lo que vio cuando sus ojos pudieron ver el Aleph. Por un lado, en suma, la centralidad de este momento del relato se explica por esta razón evidente. Pero existe, por otro lado, otra razón, que de ningún modo está del todo desligada de esta última, por la cual ese momento del relato es tan central como para que el propio Borges lo reconozca con esa frase que anticipa esa condición. Se trata, pues, de la relación que existe, o que Borges establece, entre el Aleph, sobre el cual gira toda la trama argumentativa del cuento, y la escritura o, más precisamente, lo que Borges llama su desesperación de escritor: ¿habrá visto Borges realmente el Aleph y por eso se habrá convertido en escritor? Es evidente que no, pues estamos en presencia de un cuento de ficción. Pero aun tratándose de un cuento de ficción, y aun tratándose de un lugar o un sitio, el Aleph, cuya realidad no puede sino ser producto de la imaginación de un escritor: ¿qué es lo que esconde el Aleph que lo liga a la escritura o, más específicamente, a la escritura como un acto de desesperación?

La genialidad de Borges, sin embargo, hace que esta segunda razón, menos evidente y transparente que la primera –y que explica, en efecto, que esta instancia del texto en donde se pone en juego una temática fundamental del cuento: la de la relación entre el Aleph y la escritura, o entre el Aleph y la escritura como un acto de desesperación, sea tan crucial como la instancia igualmente crucial de la trama narrativa o argumentativa de la propia narración: el momento en donde el protagonista ve, finalmente, lo que una y otra vez se deja anticipar en el relato como el hecho más trascendente de la historia: el Aleph–; la genialidad de Borges –decíamos– hace que esta segunda razón se deje leer en su inconfundible marca, en el inconfundible gesto de Borges como escritor. Dicho de otro modo: el típico rodeo de la escritura borgeana que confunde deliberadamente ficción con realidad, o literatura y verdad, deja entrever que no solo estamos ante el punto nodal del cuento porque Borges, el protagonista, alcanza a ver finalmente el Aleph, sino porque quien alcanza a ver el Aleph, el protagonista, es Borges el escritor quien precisamente en esa condición hace una confesión que no podría dejar indemne al lector: empieza aquí –sostiene *al ver* el Aleph– mi desesperación de escritor. La confesión que, por lo tanto, a esta altura del texto realiza Borges, en el mismo pasaje que anticipa la escena más importante de la historia, no podría ser tomada a la ligera puesto que el que está haciendo esa confesión es un escritor o, más precisamente, es el propio Borges como escritor –y ya no únicamente como narrador, como protagonista o como personaje de su propio cuento de ficción: recordemos que, desde el principio, se trató de Borges cumpliendo esta doble condición: la del protagonista-personaje de ficción y la del Borges real o verdadero, es decir la del célebre escritor–. Estamos, por ende, frente a una confesión que involucra de lleno el acto que lo afecta, a Borges, en su especificidad más propia y más singular, la de su oficio como escritor, es decir al acto de escritura o a la escritura como práctica de *cualquier* escritor.

El interrogante a propósito de la realidad de la escena que Borges está contando, la de la existencia del Aleph, e incluso la diferencia entre el Borges protagonista o personaje de ficción y el Borges real o verdadero sobre el cual se basa el primero, es decir la más mínima y elemental diferencia entre realidad y ficción, entre lo real o lo verdadero y lo falso o lo que tiene lugar como producto de la invención, no tiene ninguna importancia frente a la importancia de lo que Borges intenta abordar en un cuento que, parecía, nada tenía que ver con lo que ahora parece querer contar: la relación del Aleph con la escritura. O, para decirlo de otro modo, es esa misma indistinción, es esa misma confusión –entre lo real y la ficción– a la que nos lleva la propia escritura de Borges la que le resta toda importancia a la propia indistinción arrojando, a partir de ella, un tema que probablemente es *el* tema entre todos los temas que configuran, y configuraron, a la literatura como régimen artístico: el de la escritura misma, es decir el del acto por el cual existe la literatura, el acto de escribir.

Ahora bien: una primera aproximación a la forma en la que Borges aborda el tema de la escritura en este texto, a través –insistimos– de la relación que existe entre la escritura y el Aleph, o entre el Aleph y el acto de la escritura como un acto de desesperación, puede conducirnos, de hecho, a una interpretación errónea. Desde que Carlos inicia el llamado a Borges para comunicarle la inminente demolición de su casa y, junto con ella, la inminente desaparición del Aleph, le deja en claro, en efecto, que ese punto del espacio ubicado justo en el decimonono escalón de la escalera posee la característica singularísima de contener "sin confundirse, todos los lugares del orbe". Incluso más: Borges mismo cuenta, en el segundo de los dos grandes párrafos dedicados a describir lo que pudo ver en el Aleph, que "esa esfera tornasolada, de casi intolerable fulgor", una esfera –agrega el propio Borges– de tan solo dos o tres centímetros de diámetro, en ese pequeñísimo espacio cabía todo "el espacio cósmico", sin "disminución de tamaño". Y no solo eso: no solo todo el espacio cósmico podía ser visto desde allí, es decir no solo cada cosa que constituye el universo podía ser encontrada en esa reducida esfera sino que, en un sentido más amplio, "cada cosa (...) era infinitas cosas" porque todas las cosas que ahí se veían podían ser vistas desde todos los puntos del universo, desde todos los ángulos posibles. El infinito mismo, en una palabra, podía ser percibido a través del Aleph.

Esta condición singularísima del Aleph, lógicamente, puede funcionar como una explicación bastante cierta de la razón por la cual Borges lo relaciona con la escritura, es decir que relaciona al acto de la escritura con un acto desesperado. La desesperación de escribir, dicho de otro modo, puede ser comprendida desde esta perspectiva a partir de la desesperación que generaría el hecho de verlo todo e, incluso, de poder verlo desde cualquier ángulo o punto de vista. En esta equivocada aunque razonada interpretación de la escena que Borges nos entrega en uno de sus cuentos más célebres se configura –y por eso mismo resulta una interpretación equivocada– un régimen de causalidad –el hecho de verlo todo *causa* la desesperación de escribir– que iguala al acto de la escritura con el acto de decir. La desesperación de escribir de la que habla Borges y que relaciona al acto de la escritura con el Aleph es, desde este punto de vista, equivalente a la desesperación por *decir*: escribir para *decir* lo que se vio –sobre todo si se vio todo–, escribir para *decir* lo que se vivió o lo que se sintió –sobre todo si se vivió o se sintió todo–, escribir, en fin, para decir todo ello y para decirlo *en* la escritura. En esta primera interpretación de esta escena borgeana, por lo tanto, la escritura es reducida a su función más estrictamente primaria, en el sentido de elemental, y más resueltamente logocéntrica: a la función de decir que es, en primer lugar y antes de ser una función de la escritura, una función de la palabra, del habla, es decir del *logos* o del lenguaje. *Pero no*. El "problema" –lo que liga la escritura al Aleph– es mucho más complejo y Borges se ocupa, enseguida, de ponerlo de manifiesto:

> Por lo demás, *el problema* central es irresoluble: la enumeración, siquiera parcial, de un conjunto infinito. En ese instante gigantesco, he visto millones de actos deleitables o atroces; ninguno me asombró como el hecho de que *todos ocuparan el mismo punto, sin superposición y sin transparencia*. Lo que vieron mis ojos fue

simultáneo: lo que transcribiré, sucesivo, porque el lenguaje lo es. Algo, sin embargo, recogeré[122].

El primer punto que aclara Borges en estas pocas líneas finales del primero de los dos párrafos que describen lo que vieron sus ojos al ver el Aleph descarta de plano que de ese instante gigantesco que "duró" ese momento en el cual fija su mirada en esa "esfera tornasolada", hayan sido los millones de actos deleitables o atroces lo que le causó el mayor asombro o sorpresa, por más deleitables o atroces que esos actos hayan sido. Y el mismo pasaje deja entrever, asimismo, que su asombro o sorpresa tampoco provienen del hecho de haber visto esos mismos millones de actos desde todos los puntos posibles, es decir desde todos los ángulos del universo. *No.* Ningún hecho, escribe Borges, lo asombró tanto como el hecho de que todos ellos "ocuparan el mismo punto, sin superposición y sin transparencia". Sin superposición, por un lado, porque hubiese sido imposible haberlos visto a todos si se hubiese tratado de eventos superpuestos puesto que la superposición hubiese impedido, precisamente, ver a todos y *cada uno* de esos eventos; y sin transparencia, por el otro, porque la transparencia hubiese impedido lo que no sucedió: la superposición. La pregunta que surge entonces a esta altura del complejísimo problema que plantea Borges es la siguiente: ¿cómo hizo entonces para ver lo que vio? ¿Cómo es posible, ver en un mismo punto, millones de actos y eventos sin transparencia y sin superposición? No hace falta esperar demasiado, en efecto, para empezar a desandar el dilema que se esconde detrás de esta escena típicamente borgeana: el dilema de la transcripción, es decir de la escritura o del acto de escribir como el fenómeno por excelencia de transcripción: "Lo que vieron mis ojos –finaliza Borges en el pasaje que citamos– fue *simultáneo*: lo que transcribiré, *sucesivo*, porque el lenguaje lo es. Algo, sin embargo, *recogeré*".

Esta última frase, en suma, parece finalmente explicar los motivos por los cuales el Aleph está íntimamente ligado a la desesperación de Borges como escritor, que es al mismo tiempo la de cualquier escritor: porque la escritura o el acto de escribir nos enfrenta, como el Aleph, al ejercicio constante de abrir una grieta en el orden temporal de la sucesión. Es por esto por lo que Borges comienza los dos párrafos más importantes de su relato: "arribo, ahora, al centro inefable de mi relato" relacionando esa desesperación de escritor a

---

122 Ibid., p. 169. El resaltado es mío.

la experiencia del Aleph, que es la experiencia que le da, a esos dos párrafos, la centralidad que tienen: porque esa experiencia se asimila, en algún sentido, a la experiencia de la escritura. Escribir, que en una primera instancia no pareciera otra cosa que una forma de transcribir –un pensamiento, una idea o una imagen, o millones de imágenes o eventos, como los que vio Borges en el Aleph–, es mucho más que un ejercicio de transcripción. Es ante todo un intento por penetrar en otra temporalidad, en un presente heterogéneo e inédito en relación con el presente o la temporalidad del lenguaje que es el que determina la sucesión. Escribir es agrietar el lenguaje mismo sin deshacerlo del todo, sin suprimirlo o eliminarlo como medio de expresión. La sucesión con la que viene a romper la escritura, por lo tanto, es precisamente la del lenguaje y la de la transcripción. En sentido riguroso, la escritura no sucede al pensamiento para transcribirlo porque escritura y pensamiento *no suceden* en tiempos distintos. Se escribe y se piensa al mismo tiempo que se escribe y se piensa lo que se está escribiendo. Todo "sucede" –de acontecer– pero no "sucede" –de suceder o venir después– en la escritura como en el Aleph: escritura y pensamiento, dicho de otro modo, no se suceden porque estrictamente hablando en la escritura no hay transcripción. En este sentido podemos decir, con Borges, que escribir es como cerrar los ojos, abrirlos, y *ver* un Aleph.

Es finalmente esta temporalidad que define el acto de escritura, entonces, lo que la aleja del lenguaje y del acto de decir: lejos de ser una herramienta del lenguaje –como ha sido tratada a lo largo de la historia de la filosofía– la escritura es en sí misma su propio fin. La escritura, dicho en otras palabras, recoge el acto mismo de escribir, el instante mismo en el que tiene lugar el escribir. Lo que quizás mejor ilustre esta idea que Borges deja abierta en la última frase del pasaje citado: "Algo, sin embargo, *recogeré*" es paradójicamente la traducción incorrecta que de ese mismo pasaje hacen Roger Caillois et René Durand para la versión francesa del texto, publicada por ediciones Gallimard. En esta última, en efecto, ambos traducen la expresión borgeana escribiendo: "J'en *dirai* cependant quelque chose". El término que Caillois y Durand eligen para traducir al francés el verbo "recoger" es por ende "dirai", cuyo origen es el verbo *dire*, que conjugado en la primera persona del futuro se dice efectivamente "dirai", pero cuyo significado es decir y no recoger. "Algo, sin embargo, diré", sería entonces la traducción de la mala traducción de Caillois y Durand. Pero está claro que si Borges no escribió "diré" sino "recogeré" es porque de la experiencia del Aleph no hay *nada* para decir, sino en todo caso algo para *recoger*. Del momento o del instante que caracteriza el acto de escritura, de ese presente sin presente o de ese presente heterogéneo al orden temporal de la sucesión, algo se puede recoger y eso que se recoge es finalmente lo que llamamos escritura. El acto de escribir, por lo tanto, no es otra cosa que el intento *desesperado* por recoger algo de ese momento o de ese instante que, incluso aquí y ahora, estoy recogiendo como mi propia escritura.

— II —

Casi al final de la conferencia que Henri Bergson da en la Universidad de Oxford en mayo de 1911 –cuya exposición fue repartida en dos días consecutivos: la primera tuvo lugar el 26 de mayo y la segunda, a la que hacemos referencia aquí, el 27 del mismo mes–, centrada en lo fundamental en la presentación y en el desarrollo de los elementos decisivos de una reflexión que permita una mejor comprensión de la percepción del cambio, el filósofo francés lanza una acusación que tiene por objeto a la filosofía y, más en particular, a la forma en la que ésta concibió, hasta aquel momento, la percepción del tiempo: "debemos comprender el pasado de un modo completamente distinto a aquel al que hemos estado habituados mediante la filosofía"[123]. Y enseguida agrega: "tendemos a representarnos nuestro pasado como inexistente, y los filósofos alientan en nosotros esta tendencia natural"[124]. La acusación que lanza Bergson, que llega después de una larga explicación que finaliza con la que es probablemente la tesis principal de su filosofía, que "la realidad *es* la movilidad misma", pretende llegar, en efecto, al corazón de la concepción filosófica y cotidiana del tiempo: al problema del presente y al problema de su duración. El presente, se explaya Bergson promediando esa misma conferencia, es para nosotros y para los filósofos lo único que existe por sí mismo, que tiene, por ende, una existencia verdadera o real. El pasado, y de allí entonces la acusación con la que Bergson apunta a la filosofía, en cuanto tal, creen y piensan los filósofos, no existe o no tiene existencia real. Y ello no

---

123 Bergson, Henri: "La perception du changement", en *La pensée et le mouvant*, Paris, PUF, 1966, p. 167. La traducción es mía.

124 Ibid.

solo porque el pasado es en sentido estricto un presente que pasó o un presente que ya no es, que fue o que dejó de existir como presente, sino porque si algo "sobrevive" del pasado en nosotros es por un auxilio que le presta el presente. Si el pasado se nos viene al presente, para decirlo de otro modo, si algo que pasó: una sensación, un recuerdo o un sentimiento, perdura como algo que sucede *ahora*, en *este* instante, como algo que sentimos o recordamos de vuelta, es solo por la intervención de una función muy particular y singular de nuestro cerebro: la memoria. Pero si la memoria tiene la capacidad de guardar o de conservar determinados hechos: sentimientos, sensaciones o recuerdos que tuvimos en el pasado –y que, va de suyo, no seleccionamos o guardamos voluntariamente, o que seleccionamos o guardamos a veces voluntaria y otras veces involuntariamente, algunas veces consciente y otras veces inconscientemente– solo los conserva o los guarda con el objeto de darnos la impresión de que forman parte del ahora, del presente en el que, precisamente, los *recordamos*. Pero: "Error profundo!", sostiene Bergson. Error profundo, aclara, pero útil, por supuesto, para nuestra vida práctica, para la esfera cotidiana de la vida. Pero inútil, insiste siempre Bergson, para la filosofía o para la especulación. Para deshacernos entonces de esta idea tan común y evidente a los ojos de cualquiera que tenga la intención de describir su percepción del tiempo; para deshacernos, en fin, de esta idea "tan natural", solo basta con detenerse un poco más en este presente, en el ahora o el instante actual que se nos aparece y que percibimos como lo único existente. ¿Qué es exactamente –se pregunta entonces Bergson– el presente? ¿Es realmente a diferencia del pasado algo que existe? Al menos dos ejercicios prácticos e intuitivos, ensaya Bergson en esta conferencia, pueden ayudarnos a comenzar a derribar esta concepción del tiempo, o por lo menos a matizarla en sus efectos.

Primer ejercicio: si dijéramos o estableciéramos, al menos en forma provisoria pues se trata siempre de un ejercicio, que el presente consiste en el instante actual, es decir si tratáramos al presente como un instante matemático que sería al tiempo lo que el punto es a la línea matemática, resulta bastante claro que ese instante es en realidad una pura abstracción, una especie de "vista del espíritu". Porque concebido bajo la forma o según el estatuto del punto matemático el instante del presente no podría jamás tener una existencia real o verdadera. Los puntos en una línea matemática, se explaya Bergson sirviéndose de esta analogía traída de la geometría, son, en efecto, una abstracción, una forma ideal por la que pasa el espíritu, la abstracción, para comprender o percibir a la línea en su extensión, es decir para percibirla como una línea según la idea que la define como un conjunto de puntos que forman lo que llamamos una línea matemática. Y lo mismo, pues, sucede con el tiempo. El tiempo no es y no puede ser de ningún modo un conjunto de instantes, ni mucho menos la sumatoria de muchos instantes agrupados entre sí: "jamás con semejantes instantes –explica Bergson– haríamos el tiempo, del mismo modo que jamás con puntos matemáticos compondríamos una línea"[125]. La sumatoria o el agrupamiento de instantes presentes como forma de concebir el tiempo es precisamente eso: la forma en la que concebimos el tiempo o, mejor aun, la concepción a partir de la cual lo percibimos, el rodeo abstracto –o la abstracción– que nos permite percibir el tiempo. Pero esta sumatoria o conjunto de instantes no es estrictamente hablando el tiempo real, no constituye la existencia *real* del tiempo. Es solo la idea que nos conduce a su percepción[126].

Segundo ejercicio: supongamos –*supongamos* nuevamente pues se trata de un ejercicio– que el presente efectivamente existe. En este caso, la pregunta que deberíamos hacernos, entiende Bergson, es la siguiente: ¿cómo sería posible sosteniendo esta hipótesis plantear la existencia de un instante anterior al instante actual o presente? Es decir: ¿es posible en tal caso distinguir o separar al instante anterior del actual, postular la existencia de un instante previo al instante presente? Una separación de este tipo, responde Bergson, aunque parezca a todas luces posible y real, incluso hasta inevitable para poder percibir el presente, es muy por el contrario una separación absolutamente imposible de realizar *efectivamente* o, cuanto menos, es una separación irreal. El razonamiento que guía el argumento de Bergson para rechazar esta posibilidad que tiene todas las características de ser verdadera y posible es en pocas palabras el siguiente: para suponer la separación entre dos instantes, es decir para poder separar al instante que constituye el ahora del instante que conformaría el instante anterior sería necesario, al mismo tiempo, suponer o postular la existencia de un intervalo de tiempo que los separe, que separe a cada instante, lo que implica sostener

---

125 Ibid., p. 168. La traducción es mía.

126 Bergson comienza la Conferencia, precisamente, haciendo esa aclaración: la forma en la que percibimos las cosas necesita del rodeo de la abstracción.

la existencia, entre ambos, de una especie de interrupción. Aunque se trate de un intervalo infinitesimal, de una interrupción imperceptible –o casi imperceptible– a los ojos del observador, plantear la existencia de tal separación sería totalmente infundada, es decir tal separación no podría jamás tener lugar, si no existiese algo que separe a ambos instantes y, en ese acto que los separa, los constituya como instantes distintos haciendo del instante pasado, entonces, un instante distinto, *anterior* al actual. Pero el tiempo, precisamente, por definición no acepta ningún tipo de intervalo, interrupción o separación. Ningún intervalo, para decirlo de otro modo, puede interponerse entre dos instantes para separarlos y definirlos como instantes distintos, uno que pertenezca al pasado y otro que pertenezca al ahora o al presente, al instante actual, porque el tiempo es un flujo continuo y en él no hay ni puede haber, no existe ni puede suceder, ninguna interrupción: el tiempo no admite ningún "tiempo muerto", ningún punto "fuera del tiempo" que pueda *realmente* separar al instante pasado, o al pasado simplemente, del instante presente o del presente simplemente.

Si aceptamos entonces que el tiempo no puede ser interrumpido, lo que en efecto parece tan evidente y real como la idea del presente como lo único que existe, nada podría interponerse en el devenir tiempo del tiempo. *Nada*, dicho de otro modo, puede separar los instantes del tiempo en instantes pasados y en instantes actuales. Es decir: *no existe tal separación*. Si quisiéramos representarnos al tiempo a través de la figura de los instantes, en todo caso, habría que representarnos a los instantes como yuxtapuestos y por lo tanto al tiempo como una yuxtaposición de instantes imposibles de separar unos de otros. Y aquí, en efecto, el ejemplo de la línea matemática cuya abstracción nos hace concebirla como un conjunto de puntos puede igualmente servir de ejercicio para ilustrar esta imposibilidad que se registra en el seno del tiempo –imposibilidad, sin embargo, que no impide que sea vista por nuestra percepción como algo real, es decir que nuestra percepción la conciba como real o verdadera–: si nos representamos a la línea como un agrupamiento de puntos cada uno de esos puntos debería estar ubicados en forma "alineada", es decir uno al lado del otro, por un lado, y separados, por el otro, por algo que los diferencie o los delimite al mismo tiempo entre ellos, es decir que distinga o diferencie al punto anterior del punto subsiguiente. Sin embargo, desde el momento en que cada punto es separado por algo la línea, precisamente, deja de ser estrictamente hablando una línea y, en todo caso, pasa a ser un conjunto de puntos alineados que no es exactamente lo mismo que una línea. En otras palabras: la línea en cuanto tal no acepta puntos de discontinuidad o de ruptura, interrupciones, *en su trazado*. Exactamente igual que en el caso del tiempo y de los instantes del tiempo. Y, en efecto, esta ausencia de separación entre los puntos que formarían una línea nos da, más que una línea, puntos yuxtapuestos unos sobre otros –como en el caso del tiempo– y como en el caso de los instantes en el tiempo dos puntos yuxtapuestos, dos instantes superpuestos, hacen un punto –o un instante– y no dos puntos o instantes distintos.

Ahora bien: más allá de estos ejercicios puramente intuitivos, que por lo demás no dejan de mostrar en buena medida la debilidad de la proposición que fundamenta la concepción del tiempo en la filosofía y que, al mismo tiempo, nos guía en nuestra vida práctica –la proposición, recordemos, que nos dice que el presente es lo único que existe y que el pasado es, por lo tanto, algo que existió–, nada nos impide –plantea Bergson– sortear este prejuicio filosófico e, incluso, las fronteras o los límites de nuestra propia percepción que de algún modo contribuyen a conformar ese prejuicio propio de la filosofía. De lo que se trata, en suma, es de percibir el presente a partir de un esfuerzo de atención:

> Pero dejemos de lado estas sutilezas. Nuestra conciencia nos dice que, cuando hablamos de nuestro presente, es en cierto intervalo de duración que pensamos. ¿Cuál duración? Imposible fijarla de manera exacta: es algo bastante flotante. Mi presente, en este momento, es la frase que estoy ocupado en pronunciar. Pero es así porque prefiero limitar a mi frase al campo de mi atención. Esta atención es algo que se puede alargar y acortar, como el intervalo entre las dos puntas de un compás. Por el momento, las puntas se separan justo lo suficiente como para ir del comienzo al final de mi frase; pero, si me diera ganas de alejarlas más, mi presente abrazaría, además de mi última frase, aquella que la precedía: me habría bastado adoptar otra puntuación. Vamos más lejos: una atención que me fuera indefinidamente extensible tendría bajo su mirada, junto a la frase precedente, todas las frases anteriores de mi lección, y los acontecimientos que han precedido la lección, y una porción tan grande como se quiera de lo que llamamos nuestro pasado. La distinción que hacemos entre nuestro presente y nuestro pasado es entonces relativa a la extensión del campo que

puede abarcar nuestra atención a la vida. *El presente ocupa justo tanto lugar como ese esfuerzo*[127].

He aquí, entonces, el concepto más potente de la filosofía de Bergson: el concepto de atención, o de atención a la vida. Con él, en suma, Bergson pretende sumergirnos en lo más hondo de su pensamiento: el presente que percibimos, y por lo tanto el tiempo tal y como lo percibimos, no es el presente o el tiempo real. Si percibimos el presente como lo único que existe y el pasado como algo que existió, si dividimos al tiempo en pasado y presente, en el instante actual y en el instante anterior, es porque nuestra atención es lo suficientemente débil como para sostener el esfuerzo que implica percibir al presente en su duración. Porque la duración del presente –insistimos– depende enteramente del esfuerzo de nuestra atención. Si esa duración es corta, si el instante actual cae enseguida del lado del instante anterior, es porque hicimos un esfuerzo muy bajo o apenas intenso de atención. Pero nada nos impediría, sostiene siempre Bergson, llevar tan lejos como sea posible, *hacia atrás*, la línea de separación que divide el presente del pasado, justo hasta el punto de borrarla y de borrar, con ella, su función de separación:

> (...) una atención a la vida que fuera lo suficientemente potente, y lo suficientemente despojada de todo interés práctico –concluye Bergson– abrazaría así *en un presente indiviso* la historia entera de la persona consciente –no como algo instantáneo, no como un conjunto de partes simultáneas, sino como algo continuamente presente que pertenecería a su vez a lo continuamente moviente– (...). *Se trata de un presente que dura*[128].

Pero si bien es cierto que con esta noción de atención, o de atención a la vida, Bergson abre las puertas del pensamiento a un modo distinto de pensar el tiempo y el presente como su unidad mínima de composición, lo cierto es que ella permite también penetrar en la singularidad que caracteriza el tiempo y, en particular, el presente de la escritura como un ejercicio que se funda precisamente en un esfuerzo de atención[129]. Es decir: en el mismo pasaje en el que Bergson comienza a hacer titubear a la concepción del tiempo de la

---

127　Bergson, Henri: "La perception du changement", op. cit. pp. 168-169. La traducción y el resaltado son míos.

128　Ibid., pp. 169-170. La traducción y el resaltado son míos.

129　Remitimos, para profundizar en el rol de este esfuerzo de atención, y por lo tanto de la escritura, en los procesos de aprendizaje, a nuestro trabajo: "Écri-

filosofía que, fundada en nuestra experiencia práctica, describe el presente como lo único que existe y el pasado como algo que existió, en el mismo pasaje –entonces– Bergson brinda las herramientas para que, también desde la filosofía, podamos pensar el tiempo de la escritura más allá de esta concepción: ¿cuál es –sería entonces la pregunta– la temporalidad que caracteriza la temporalidad de la escritura? ¿En qué tiempo, es decir en qué presente, sucede o tiene lugar la escritura? ¿Podemos, para decirlo de otro modo, después de Bergson y de esta noción de atención con la que rompe con la concepción tradicional del tiempo, insistir con ella para describir el presente de la escritura? Está claro, yo diría para adelantar rápidamente la respuesta, que no. El presente de la escritura tiene poco que ver con el presente a través del cual, en la vida práctica, percibimos el tiempo. Y Bergson, en algún punto, lo anticipa en este mismo pasaje de su Conferencia: para alargar el presente que dura la frase que estoy pronunciando, explica, solo bastaría con alargar el campo de atención, el esfuerzo de atención que dedica a la frase que está pronunciado en ese instante y a la que le está dirigiendo toda su atención. Pero lo que caracteriza esta acción particular que llamamos atención, aclara enseguida Bergson, es que es una acción a la que le podemos alargar, como el intervalo entre dos puntas de un compás, su campo –precisamente– de acción.

Por el momento, en el caso de la frase que está pronunciando Bergson, las puntas que conforman los límites exteriores de ese campo sobre el cual actúa la atención se separan lo suficiente como para ir solo del comienzo al final de esa frase: por eso allí el presente dura lo que dura su frase, lo que tarda, digamos más exactamente, en pronunciarla. Pero si las ganas o la voluntad de Bergson lo hubiesen llevado a alejar esas puntas exteriores del campo de atención aun más, es decir si su esfuerzo de atención hubiese sido más intenso, más profundo o más potente que lo que en ese instante logró, su presente –sostiene– abrazaría además de su última frase la que la precedía y, si quisiera alejarlas aun más, alcanzaría también a la frase precedente a la anterior: me habría bastado –concluye– "*adoptar otra puntuación*". Y de eso es, en efecto, de lo que se trata, o lo que resume o mejor sintetiza, a la escritura como ejercicio que se funda en la atención: el ejercicio de la escritura es, en este sentido,

---

ture et éducation: enjeux philosophiques et pédagogiques", publicado en el número 95 de la revista *Rue Descartes* del *Collège international de philosophie.*

el intento continuo o perpetuo por "adoptar otra puntuación", por desplazar o postergar, una y otra vez, el punto que marca el final de la frase que es al mismo tiempo el punto que marca el declive o la caída de la atención. Escribir es, por ello, comparable con este esfuerzo por adoptar otra puntuación, es decir por *intensificar* la atención. El esfuerzo por alargar las puntas que conformarían los extremos del compás de la atención de los que habla Bergson, que son los límites o los extremos que erigen, en el mismo momento en el que son establecidos, los límites de nuestro presente, ese esfuerzo es, en suma, el que demanda el instante en el que estamos escribiendo, el momento o el instante *indiviso* de la escritura. Escribir exige invariablemente realizar ese esfuerzo que, en la medida en que opera sobre la acción que llamamos atención, en la medida en que lo que es objeto de ese esfuerzo es nuestra atención, conlleva necesariamente un esfuerzo por alargar el presente cuyos límites están fijados por nuestro propio campo de atención. Motivo por el cual la temporalidad de la escritura no puede sino ser una temporalidad muy específica y singular, muy propia al ejercicio que la caracteriza y a la acción que con ella está comprometida: la de la atención.

Si tomamos este pasaje de Bergson en toda su dimensión, por ende, si dejamos entonces que sus consecuencias penetren no solo en la concepción del tiempo de la filosofía que él crítica, vemos enseguida que la escritura juega, para decirlo con otras palabras, con la temporalidad misma, con el elemento central que compone y configura nuestra percepción del tiempo, es decir con la atención. Alargar el presente o hacerlo durar, darle una duración que se extienda más allá de un instante que se divida rápidamente en instante actual y en instante anterior, postergar en forma transitoria pero duradera, lo más duradera que se pueda, la caída del presente, es el trabajo propio de composición que demanda la escritura, un trabajo que se aleja, que se aleja y en este sentido que también pervierte, la percepción cotidiana del tiempo y del presente. La temporalidad singular y específica de la escritura es, como diría entonces el propio Bergson, *la de un presente que dura*. Dura, aquí y ahora, lo que dura lo que estoy escribiendo en *este* preciso momento, el trabajo de atención que está demandando mi escritura, la frase que escribo: antes de perderse como una frase distinta a la anterior, *esta* frase, la de *ahora*, forma parte, *todavía*, de mi presente, del presente de mi escritura que es el presente que percibo mientras escribo. Un presente que es pura duración, sin pasado y sin instante anterior.

CAPÍTULO VIII

El trabajo de la escritura

— I —

Siete años antes de morir en un accidente que recuerda los infortunios del destino, y después de 20 años de dedicarle casi toda su vida intelectual al tema de la escritura, Roland Barthes propone un giro dramático en la forma en la que, a lo largo de esos 20 años, había abordado su "primer" y principal tema[130]. En un artículo que originariamente había sido concebido para ser incluido en un libro colectivo sobre la comunicación, y cuya publicación, que nunca se concretó, estaba a cargo del *Istituto Accademico* de Roma, Barthes define la característica principal de su nueva propuesta filosófica: lo que le interesa "hoy" –escribe– "es el sentido manual del término" escritura. Lo que le interesa *hoy*, aclara Barthes en ese trabajo aparecido póstumamente en sus *Œuvres complètes*, porque lo que le interesó durante los 20 años anteriores a 1973, año en el que escribió el artículo que aquí mencionamos y que, según sus propias palabras, intenta una especie de retorno hacia el cuerpo –volveremos sobre esto–, fue otro sentido del término escritura: más que por su sentido manual éste se preocupó, por aquellos años, por el sentido metafórico de esa palabra. Desde *El grado cero de la escritura*, su primer y célebre ensayo sobre el tema, Barthes le asignó a la práctica de la escritura un lugar no solo distinto al que pretendía asignarle a principios de la década de 1970 sino que, en rigor de verdad, ese lugar fue diametralmente opuesto: lejos de la literalidad de la palabra, que conduce casi necesariamente

---

130 Roland Barthes muere, recordemos, en un accidente automovilístico en París, atropellado por una camioneta a la salida de *l'École des Hautes Études en Sciences Sociales*.

a su sentido manual, que es el que intenta ahora abordar Barthes
–ahora es, por supuesto, 1973– su preocupación por aquel entonces pasó por descubrir la envoltura metafórica que afectaba al acto
de escribir, es decir por aquello que estaba más allá del acto mismo
de la escritura. Comprendida como una variedad del estilo literario,
entonces, la escritura fue concebida en aquella primera etapa como
la metáfora para comprender lo que superaba a la escritura como
práctica manual; ella remitía, dicho de otro modo, a la forma en la
que un estilo literario era de algún modo una versión colectiva de
ese estilo. Antes que un cuerpo humano inclinado frente al papel el
escritor era visto, así, como un simple medio de ese estilo porque era
quien asumía la responsabilidad histórica de una forma de escribir
a través del conjunto de signos lingüísticos que involucraban esa
forma –convirtiéndose, por ende, en el medio a partir del cual él
mismo se vinculaba a través del trabajo verbal con cierta ideología
del lenguaje–. Este giro en su trayectoria intelectual, un giro que
Barthes mismo se encarga de mencionar en el texto al que hacemos
referencia, queda descrito de este modo, y en toda su dramaticidad,
por esta diferencia que separa el sentido literal del sentido metafórico de lo que escribir quiere decir.

Sin embargo, lo cierto es que este ensayo de 1973 no solo es una
excepción o una rareza en la larga serie de textos que integran el
largo recorrido intelectual de Barthes. Lo es también para la época
en la que fue escrito. Ya en la década de 1960, algunos pocos años
antes de este texto, Derrida denunciaba, en efecto, la inflación des-
mesurada de la que era víctima el término escritura –una denuncia,
por otro lado, de la que también podría ser objeto el propio sentido
metafórico del término escritura que Barthes mismo había asumido
en la década de 1950 y 1960–:

> Merced a un lento movimiento cuya necesidad apenas se deja per-
> cibir –escribía Derrida por aquellos años– todo lo que desde hace
> por lo menos unos veinte siglos tendía y llegaba finamente a unirse
> bajo el nombre de lenguaje, comienza a dejarse desplazar o, al
> menos, resumir bajo el nombre de escritura[131].

---

131 Derrida, Jacques: *De la gramatología*, Buenos Aires, México D.F., 1998, Siglo
      XXI, p. 11. La traducción es mía.

                                    El parpadeo de la política

Movimiento lento pero, en algún sentido, catastrófico[132]. En aquel tiempo, que bien podría ser también el nuestro, el término escritura dejó de designar lo que, en primera instancia, escribir debería querer decir. Lejos de su sentido manual, que Barthes intenta recuperar precisamente en esa misma época, la palabra escritura comenzó a designar mucho más que el gesto físico que demanda la inscripción literal: ésta comenzó a implicar, e incluso a exceder, el concepto de lenguaje. Es decir: con ella no solo se aludía al acto de escribir sino a la totalidad de elementos que hacen posible la escritura en su sentido manual: al lenguaje en general, entonces y en primera instancia, pero también a todo lo que por lenguaje se puede llegar a entender más allá de su concepción restringida: a la comunicación, al sentido, a la expresión, a la significación o al pensamiento como tal.

Pero las consecuencias de semejante inflación de la palabra escritura, lo catastrófico de sus consecuencias llegaban, denuncia Derrida, incluso más lejos y como si ya ese movimiento de inflación no significara mucho –por lo menos en términos inflacionarios– escribir comenzó también a identificarse con el sentido más amplio de lo que implica el término inscribir, es decir con la inscripción en cuanto tal, sea ésta literal o no. Dicho de otro modo: con la palabra escritura comenzó, en los albores de las décadas de 1960 y 1970, a designarse a la inscripción en general, independientemente de lo que esa inscripción distribuya en el espacio, independientemente incluso de que esa inscripción distribuya en el espacio un tipo de grabado totalmente ajeno al orden de la voz y al orden de los signos lingüísticos propiamente dichos, inaugurándose así un nuevo vocabulario con nuevos sentidos para la palabra escritura, cuyo arco semántico se diversificó, *rápidamente*, hacia nuevas especies de escrituras: desde la escritura coreográfica hasta la escritura musical, pasando por la escritura cinematográfica, escultórica y pictórica, las consecuencias de la inflación de la palabra escritura se volvieron, así, relativamente impredecibles. De hecho, aclara Derrida, la inflación fue –o mejor aun, *es*– tal que con esas especies de escritura no solo se describía –y se describe en la actualidad– el sistema de notación de esas actividades sino también, en muchos casos, la esencia y el contenido mismo de esas actividades. Con una admirable

---

132 Movimiento catastrófico no solo por las razones que esgrime Derrida en el texto que aquí citamos –y cuyo objetivo era precisamente combatirlo a partir del concepto de archi escritura– sino también por las razones que, esperamos, queden comprendidas al final del capítulo.

capacidad de anticipación, además, Derrida también mencionaba al campo de la biología y al campo de la cibernética como campos cubiertos por la palabra escritura –o, para ser más precisos, más que de campos cubiertos por esta palabra se trata de campos *invadidos* por ese movimiento inflacionario–. Basta revisar en la actualidad, en efecto, sus efectos certeros en la biología, precisamente, y en la cibernética: en ambos casos, y hoy aun más en la informática y en la computación, se habla de pro-grama para referirse a los procesos de información que están involucrados en las células vivas, en el caso de la biología, y en los programas o *software* en el caso de la informática o la computación. Aún hoy, por lo tanto –y la repetición de la palabra programa en la última frase lo confirma–, ninguna de ellas ha podido desprenderse en nuestra época, y aun cuando hayan podido desprenderse de todos los conceptos metafísicos que la fueron impregnando: el de alma, el de vida o el de la voz, de la noción de escritura para referirse a la esencia del campo del saber al que aluden: la palabra grama viene, en efecto, del término griego *gramma* que quiere decir *escrito*.

Por todo ello, entonces, el texto de Barthes tiene un valor que excede ampliamente por sus características el valor de los textos de su propia obra o, más específicamente, de su amplísima y riquísima trayectoria intelectual. Y la razón de esto se funda en esto mismo que venimos indicando: que en el inicio de la década de 1970 –recordemos una vez más que el texto al que estamos aludiendo es del año 1973– Barthes haya propuesto, en un giro sin dudas inesperado, abordar el tema de la escritura a partir de una mirada que él mismo define como una perspectiva que ensaya "una especie de retorno hacia el cuerpo", es decir que intenta restringir y acotar, e incluso derribar el movimiento a partir del cual el acto de escribir comenzaba a ser asociado a cualquier actividad de inscripción sobre el espacio o, peor aun, a cualquier actividad que ni siquiera y *necesariamente* implicara algún tipo de inscripción sobre el espacio –como es el caso del uso de la palabra programa en el caso de la biología o la informática–; esa propuesta, por lo tanto, es sin dudas un acontecimiento filosófico que en su época, pero también en la nuestra (en la que las huellas de ese movimiento inflacionario perduran con toda vigorosidad, pues hoy seguimos empleando el término escritura para referirnos a todo ese amplio abanico de posibilidades semánticas), apenas si fue (es) percibido. La pregunta fundamental que surge en este punto del recorrido que estamos haciendo es por ende la siguiente: ¿qué quería decir exactamente Barthes cuando proponía abordar en aquel texto el tema de la escritura a partir de una mirada que vuelva sobre el cuerpo? ¿Qué decir, puesto de otro modo, de este sentido *manual* de escritura?:

> Hoy, veinte años más tarde, por una especie de retorno hacia el cuerpo –escribe Barthes–, es el sentido manual del término el que quiero abordar, es la "escritura" (el acto muscular de escribir, de trazar letras) lo que me interesa: ese gesto por el cual la mano toma un instrumento (punzón, lápiz, pluma), lo apoya sobre una superficie y de manera pesada o acariciante traza formas regulares, recurrentes, ritmadas (no es necesario decir más: no hablamos necesariamente de signos). La cuestión aquí será entonces el gesto, no las acepciones metafóricas del término "escritura": solo se hablará de la escritura manuscrita, lo que implica *lo trazado por la mano*[133].

En el párrafo siguiente a este pasaje crucial Barthes va a anticipar, incluso, algo así como la hoja de ruta de lo que él mismo va a denominar un *dossier* de la escritura manual. Este *dossier* –sostiene– tendrá como objeto, entre otras cosas, reunir el conjunto de informaciones históricas y técnicas sobre la escritura, en el preciso sentido que viene de aclarar unas líneas antes –el de la escritura en su sentido manual–, describir los vínculos del "objeto" escritura con los diferentes saberes –o lo que es lo mismo establecer las diversas relaciones de la escritura con las diferentes disciplinas–, identificar la estructuración de algunos sistemas gráficos muy precisos, meta social y económica fundamental de la actividad de la escritura y, por último, establecer las relaciones del gesto escritural y del cuerpo.

Sin embargo, más allá de esta hoja de ruta que Barthes va a seguir al pie de la letra en el texto, lo que resulta esencial es en todo caso comenzar a deducir o a pensar las consecuencias formidables que este mismo pasaje tiene en relación con el movimiento inflacionario del término escritura que Derrida denunciaba allá por la década de 1960 e –insistimos– cuyas huellas aún hoy son absolutamente perceptibles. Porque antes que lo que hace posible a la escritura: el lenguaje, el sentido o el pensamiento, antes que el programa que define la escritura de las células vivas en el campo de la biología, o antes que la información sistemáticamente ordenada y producida que determina el lenguaje en el campo de la informática, escribir

---

133 Barthes, Roland: "Variations sur l'écriture", en *Œuvres complètes*, Paris, Seuil, 2002, tome IV, p. 267. La traducción y el resaltado son míos.

es, muy en primer lugar, un gesto *físico*: es un acto muscular que comienza con el cuerpo y que termina en el cuerpo, o más precisamente que comienza con la mano y que termina en la mano. Es el gesto por el cual la mano, retomando los términos que el propio Barthes pone en juego, toma un instrumento, lo apoya sobre una superficie y de manera pesada o acariciante traza letras, "formas regulares".

La perspectiva que, entonces, proponía Barthes, la de comprender la escritura realizando un ejercicio que suponga o implique un retorno hacia el cuerpo, significa, precisamente, desinflar esa palabra –la palabra escritura– ya demasiado inflada y sobrenarrada –o sobredeterminada, para tomar prestado el término de Althusser para referirse a la determinación múltiple sobre un objeto o una instancia de la totalidad social: aunque, en este caso, se trataría de la sobredeterminación *semántica* de la palabra escritura–, es decir dejar de lado cualquier sentido que pretenda envolver y sustraer, de lo que escribir quiere decir, su sentido manual. O, puesto en otros términos, este pequeño pero valiosísimo pasaje del artículo de Barthes nos recuerda una cuestión por demás fundamental a propósito del problema de la escritura –en su sentido filosófico pero también más allá de este problema en su sentido filosófico–: nos hemos olvidado, producto de un lento pero catastrófico, como afirmaba Derrida, movimiento histórico, aunque también filosófico y cultural, del sentido más literal, aunque también más profundo y auténtico del término escritura: su sentido manual, es decir aquel cuyo horizonte de significado remite al ejercicio que realiza el cuerpo, o la mano, o dicho aun más sencillamente que remite a la práctica de la escritura *como ejercicio del cuerpo*. ¿Qué es, pues, un trabajo manual si no es aquel que se hace con las manos y el cuerpo? ¿Qué es la escritura sino es, en primer lugar, un trabajo manual? Trabajo fundamental y principalmente manual, entonces, pero trabajo también que va más allá de la mano. Porque, en rigor –y por ello el propio Barthes hablaba de una perspectiva que involucre una mirada que se funda en una especie de retorno hacia el cuerpo–, no solo la mano es afectada por la escritura: el cuerpo entero, empezando por supuesto por la mano, sufre los efectos de esta práctica milenaria. El cuerpo que escribe es, para decirlo rápidamente, un cuerpo "torcido", inclinado en dirección hacia donde se propone escribir –un papel, una hoja–, hacia la materia que transforma con la inscripción que, en su recorrido, deja la mano que la traza.

Hoy, está claro, esta inclinación ha cambiado en relación con el objeto sobre el cual el cuerpo se inclina: en la actualidad –sabemos–

 El parpadeo de la política

nos inclinamos mayormente hacia dispositivos electrónicos que ocupan lo que antaño ocupaba el papel o las rígidas piedras o paredes de las cavernas prehistóricas de las primeras escrituras del hombre: las pantallas de los monitores, las computadoras o los cada vez más pequeños dispositivos táctiles. Pero aun así la inclinación corporal fundamental que determina el acto de escritura no desaparece y la mano, *el cuerpo*, sigue trabajando con un instrumento –como el mismo Barthes lo indica–, que si bien ahora ya no involucra un elemento punzante como el punzón o un instrumento hecho de grafito o cargado de tinta como el lápiz o la lapicera –o la vieja pluma en épocas aun más lejanas–, sigue siendo sin embargo un instrumento que el cuerpo necesita para llevar a cabo el ejercicio de escritura: el teclado de los dispositivos del medio digital[134]. Más allá, en suma, de las distintas épocas, de los cambios históricos y de las enormes transformaciones técnicas de las que la escritura como ejercicio del cuerpo no puede estar exenta, en este ejercicio es siempre la mano la que trabaja, es siempre el cuerpo el que se ve afectado y el que al mismo tiempo afecta a este trabajo.

Y si, en efecto, tomamos al pie de la letra este sentido manual del término escritura que intenta reivindicar Barthes tardíamente, podemos rápidamente identificar el tipo de trabajo que ella implica: el trazado de un recorrido que, ya sea que se realice sobre la superficie del papel, como en los –no tan– viejos tiempos en los que todavía se escribía con pluma o lápiz, y una hoja, o ya sea que se realice sobre la superficie del teclado o de cualquier otro dispositivo electrónico, la mano va "dejando" a medida que se desliza, y que se desliza precisamente por cualquiera de estas superficies. El trabajo que involucra el ejercicio de la escritura en su sentido manual, que es también hoy su sentido más radical producto de aquel movimiento histórico que casi sin percibirlo viene sobredeterminando su sentido hasta niveles difícilmente imaginables, no consiste en suma en otra cosa que en el dibujo que deja ese recorrido, ese camino que es el que traza la mano por el espacio. Escribir es, por lo tanto, dibujar –es dibujar o *trazar* ciertamente letras, como afirma el propio Barthes– pero es también dibujar –trazar– un camino,

---

134 Un trabajo aparte, que sin dudas excede ampliamente la vocación y las posibilidades de este ensayo, merece la relación entre el ejercicio de la escritura y la emergencia de estos nuevos dispositivos que forman parte del medio digital. El texto reciente de Han, *En el enjambre*, es –creo– un buen punto de partida para ese futuro trabajo.

un trayecto por el cual la mano pasa convirtiendo a este camino o a este trayecto en escritura.

La singularidad que, sin embargo, puede reconocerse en este trabajo corporal que en algún sentido consiste en caminar con la mano –como caminamos con los pies, aunque tomados de algún instrumento con el cual dibujamos *parcialmente* por donde caminamos, hacia allá vamos– es que el camino o el recorrido realizado desaparece en el instante mismo en el que se recorre pero sin desaparecer del todo: queda grabado en la materia bajo la forma de convenciones, de letras o signos lingüísticos que recuerdan el paso de la mano, la presencia de un cuerpo borrado en el instante mismo en que se inscribe o *se graba*. Y ésta es, si se quiere, la diferencia fundamental, y yo diría también más radical, que existe entre el habla y la escritura, es decir entre la voz articulada o la palabra viva –presente, esta última, a sí e inmediatamente en el cuerpo que habla– y la palabra escrita: el gasto físico que realiza la mano –el recorrido hecho o su trayecto– queda grabado en la materia como escritura, se vuelve signo escrito –en el habla, en cambio, ese movimiento muscular se pierden en el aire y no se percibe sino a costa de dejar de ser visto en el momento en el que es realizado–. Es decir: la gestualidad de la palabra hablada, la voz que habla *por sí misma* cuando hablamos, se desvanece en la materia incorpórea del aire para dejarse tapar por el sentido, por lo hablado: si bien la escuchamos y la percibimos, la gestualidad se pierde en el mismo momento en que la oímos. Su destino es, así, *separarse* de lo dicho. En la escritura, por el contrario, ese gesto que traza un camino, el recorrido de la mano, queda atrapado en el papel: el gesto físico se vuelve escritura, y el gasto muscular *signo escrito*.

Ahora bien: este gasto físico o muscular que demanda el trabajo de la escritura no es ni debería ser de ningún modo comprendido solo en su dimensión puramente física. Si la escritura es un trabajo manual, un trabajo que demanda un compromiso con la corporalidad del que escribe, nunca ese trabajo y ese gasto físico que la hacen posible pueden ser reducidos a la sola expresión muscular del mismo. La inclinación que el cuerpo realiza para comenzar con la escritura, está *siempre ya* cargada de elementos que no son solamente físicos y que, por lo tanto, determinan y atraviesan el movimiento que la mano perpetúa como el recorrido o el trayecto que se vuelve palabra escrita.

En un breve pero sugerente artículo sobre la expresividad y el gesto corporal en la danza, Hubert Godard recuerda, en esta misma línea, que la postura erguida de cualquier persona contiene ya, y más allá del problema mecánico de la locomoción, e incluso de toda intencionalidad de movimiento o de expresión, elementos psicológicos y expresivos: "la relación con el peso, es decir con la gravedad –sostiene allí Godard–, contiene ya un humor, *un proyecto sobre el mundo*"[135]. Y agrega enseguida como ejemplo: "Es esta gestión particular que cada uno realiza del peso lo que nos hace reconocer sin error, y con solo escuchar el ruido, a una persona de nuestro entorno subir la escalera"[136]. Esta actitud hacia el peso, hacia la gravedad, que existe ya antes que nos movamos, en el solo hecho de estar parados, es lo que va a producir –concluye– "la carga expresiva del movimiento que vamos a ejecutar". El gasto físico de la escritura está, de igual modo, no solo determinado sino atravesado y organizado por todos estos elementos que le imprimen a cada escritura una singularidad particular: un ritmo específico, un flujo de sentido con una intensidad única, una tonalidad o una expresividad propia, una afectividad o *una sensibilidad*, en fin, distinta. Y está claro, para evitar equívocos, que no hablamos solo de la forma en la que este trabajo físico o muscular se traduce en un determinado *ductus*. Está claro, para decirlo de otro modo, que cada escritura es única porque traza formas que, a pesar de ser regulares y limitadas –los signos lingüísticos que componen el alfabeto en la escritura fonética: las letras–, varían de acuerdo con el cuerpo que escribe. Es decir: no solo cada escritura es única porque, en un nivel primario y esencial, el dibujo que identifica a estos signos lingüísticos difiere según la mano que los dibuja[137]. Sino fundamentalmente porque ese gasto físico está determinado, también, por una sensibilidad distinta[138].

---

135 Godard, Hubert: "Le geste et sa perception", en *La Danse au XXe siècle*, Paris, Larousse, 2002, p. 224. La traducción y los resaltados son míos.

136 Ibid.

137 Lo que explica, en efecto, la existencia de la caligrafía y la grafología. Remitimos, en este sentido, al excelente trabajo de Colette Sirat sobre la incidencia de la *trace graphique* (el *ductus*) en la práctica de la escritura, publicado en la *Revue des littératures et des arts*. Cf. Sirat, Colette: "La trace graphique, le geste et la personne", en *Revue des littératures et des arts*, printemps 1998, numéro 10.

138 Desarrollamos este importante concepto, el concepto de sensibilidad, en el último capítulo de este trabajo.

Un poco antes del célebre pasaje del Capítulo V de *El Capital*, en donde compara el trabajo de la mejor abeja con el del peor maestro albañil[139], Marx se ocupa primero de describir "la naturaleza general" que identifica al trabajo humano, es decir prescindiendo –escribe– de la forma social que adopta en cada período o momento histórico determinado. Partiendo entonces de esta premisa, el trabajo se revela en primer término como un proceso que ocurre o tiene lugar entre "el hombre y la naturaleza". En dicho proceso –agrega Marx– el hombre "pone en movimiento las fuerzas naturales que pertenecen a su corporeidad, brazos y piernas, cabeza y manos, a fin de apoderarse de los materiales de la naturaleza bajo una forma útil para su propia vida"[140]. Ya en el primer capítulo del mismo texto, cuando desarrolla las categorías centrales que componen la teoría del valor –comenzando para ello por un exhaustivo análisis de la mercancía– Marx había ensayado una primera aproximación a esta perspectiva general o genérica del trabajo al referirse a éste como "mera gelatina de trabajo indiferenciado" o "gasto de fuerza humana". En este último caso, sin embargo, lo que guía la reflexión marxiana es la diferencia entre el trabajo concreto y el trabajo abstracto. Mientras el primero se refiere al carácter útil del trabajo, a la forma particular que asume la actividad laboral en los diferentes procesos productivos, que se reconoce en las distintas ocupaciones u oficios: el del sastre, el albañil o el carpintero, el segundo hace referencia a su sentido fisiológico, al trabajo como "gasto productivo del cerebro, músculo, nervio, mano", independientemente de la orientación y el fin que tenga el mismo. Es decir: mientras el primero da cuenta de los productos del trabajo como valores de uso, como una chaqueta, una mesa o una casa, el segundo da cuenta de los productos del trabajo como valores, como cosas que portan algo más que las características sensibles que configuran su forma "corpórea".

Ya sea, en suma, que prescindamos de la envoltura histórica que explica los diferentes trabajos en los distintos modos de producción: como trabajo asalariado en el capitalismo, como trabajo esclavo en el modo de producción antiguo, o como trabajo feudal en el medioevo,

---

139 Cf. Capítulo I.

140 Marx, K.: *El Capital. Crítica de la economía política*, Buenos Aires, Siglo XXI, 2002, pp. 215-216.

 El parpadeo de la política

o ya sea que prescindamos del carácter cualitativo del trabajo, lo que queda de la actividad que define la esencia del hombre es su característica más general y genérica, su condición de actividad corporal, fisiológica, a partir de la cual el hombre actúa sobre la naturaleza. Pero si tomamos esta caracterización abstracta –como la designa Marx en el primer capítulo–, general o genérica –como la designa en el quinto– del trabajo humano, podemos rápidamente advertir que esa misma caracterización es posible de ser realizada para describir el trabajo de la escritura como trabajo, también, humano (pues hasta ahora, para seguir los pasos de aquella célebre comparación que mencionábamos al principio, y que ya hemos desarrollado un poco más arriba, entre la mejor abeja y el peor maestro albañil, no existe evidencia alguna de que los animales escriban, *ni siquiera la mejor abeja*). Y ello, en efecto, no solo porque el trabajo de la escritura se realiza con el cuerpo, porque éste involucra, para retomar las palabras del propio Marx, gasto de fuerza humana, es decir de "cerebro, músculo, nervio, mano" –y sobre todo, sabemos, de la mano–, sino porque en el ejercicio de la escritura, como en cualquier actividad del hombre en la esfera económica o productiva, la naturaleza misma es transformada por el instrumento que, con ayuda precisamente de la mano, escribe sobre la superficie que modifica. La materia que es grabada con la escritura, que es grabada a partir del uso del instrumento con el que escribimos –sea cual fuere este último, enseguida volveremos sobre esto–, es dicho de otro modo cambiada por el proceso que aquí determina la singularidad del trabajo de la escritura: el grabado. En las primeras versiones en las que este trabajo específicamente humano hizo su aparición en la historia, hace aproximadamente unos 35 mil años, esta modificación de la materia sobre la cual el grabado se produce era, si se quiere, evidente: en las cavernas prehistóricas, en donde hallamos las primeras huellas de la aparición de la escritura, el hombre de antaño modificaba la superficie sobre la que escribía, las paredes de esas mismas cavernas, haciendo incisiones o grafismos que alteraban, aunque sea solo en su superficie, su forma. De modo tal que, para agregar una observación que en nuestros días puede parecer algo redundante o superflua, la primera manifestación histórica de la escritura no necesitó que el instrumento con el que se escribía sea un lápiz, o un elemento cargado de tinta, sino antes bien uno que debió haber sido punzante para ser capaz de penetrar, de hundir la materia, cambiando su consistencia, o sea cambiándola simplemente. Y yendo incluso un poco más adelante en la historia, o más cerca de nuestro presente, con la invención de nuevos elementos o instrumentos para la realización de este ejercicio milenario, estas premisas generales se mantienen intactas: ni con la llegada del papel en China, del pergamino en Asia Menor, allá por el siglo I d.C., ni con la introducción de la pluma en el siglo VII, o del uso del cálamo hasta el siglo XII, estas condiciones genéricas que Marx define para el trabajo humano fueron, en lo esencial, transformadas en el caso de la escritura puesto que la superficie del pergamino o del papel es alterada –aunque, es cierto, es alterada de un modo distinto al modo en que tenía lugar esa alteración en los tiempos prehistóricos porque aquí ya no se trata de hundir la materia sino de agregarle, o en la actualidad de *imprimirle*, algo nuevo: los caracteres, las letras o los signos con los que escribimos–.

Sabemos bien, sin embargo y en parte porque ya lo hemos analizado, que esta caracterización general o genérica del trabajo humano es levemente corregida por Marx unas pocas líneas más adelante cuando vuelve sobre ella en la ya también mencionada comparación entre la mejor abeja y el peor maestro albañil. Porque a diferencia de la primera –escribe Marx– el segundo tiene la capacidad de representarse la celdilla en su cabeza antes de construirla en la cera[141]. El trabajo humano es, por lo tanto, exclusivamente humano en la medida en que está no solo determinado por el gasto fisiológico, el gasto de fuerza humana que lo atraviesa, sino también por el trabajo de representación, por el trabajo del *logos* o del lenguaje que, como aquél, también lo hace posible (y ello, aclara Marx para que no queden dudas al respecto, es lo que en efecto hace que la actividad principal del hombre, el trabajo, haya sido despojado de su "primera forma instintiva"). Ahora bien: si quisiéramos extender las virtudes de esta definición de Marx, y sobre todo de esta última consideración sobre la función del *logos* o el lenguaje a propósito de la caracterización del trabajo humano, al trabajo de la escritura –tomando siempre a este último, puesto que al fin y al cabo lo es, también como trabajo humano– las dificultades de esta empresa comienzan a hacerse enseguida patentes y el sesgo del propio Marx, es decir su sesgo logocéntrico, se muestra también rápidamente. Porque el ejercicio de la escritura como actividad exclusiva del hombre posee una singularidad que lo diferencia del resto de los traba-

---

141 Cf. Capítulo I.

jos humanos. Es decir: aquél no solo contiene, en su despliegue, al lenguaje –como bien señala Marx en aquel pasaje sobre el trabajo del hombre– sino que también lo desborda, lo supera y, en cierto sentido, lo elimina hasta llevarlo hasta su propio límite. En primer lugar, entonces, lo contiene por una razón bastante evidente: si para escribir es necesario el uso de un instrumento que permita grabar la materia, ya sea hundiéndola como en los inicios de esta práctica milenaria o ya sea imprimiéndole lo que escribimos, es necesario al mismo tiempo el uso de otro instrumento, de otra herramienta sin la cual ninguna escritura, sea cual fuere, sería posible: el conjunto de signos lingüísticos, el sistema de diferencias que, precisamente, conocemos con el nombre de *logos* o lenguaje. Para escribir, dicho de otro modo, no solo necesitamos de un medio material, un medio que, en efecto, va cambiando o varía –como acabamos de indicarlo– a lo largo de la historia con el progreso o el avance de la técnica, y cuyo uso está, en la actualidad, dominado mayormente por el soporte digital y/o electrónico, sino también necesitamos de la "inmaterialidad" de ese otro medio que es el lenguaje o el *logos*. Pero, paradójicamente, contra éste también se rebela la escritura y, en este preciso sentido, lo desborda y *no solo* lo contiene. Porque si hablamos de la especificidad o de la singularidad del ejercicio de la escritura como trabajo humano esta especificidad o esta singularidad radica precisamente en el esfuerzo permanente, por parte del que escribe, de superar el lugar o la función del *logos* como vía de representación de lo que escribimos, de lo que estamos escribiendo o de lo que vamos a escribir, antes de hacerlo. No hay, por lo tanto y estrictamente hablando, trabajo de representación *en el instante* en el que se produce el texto escrito, en el momento en el que *hay* escritura. Si nada guía la mano que escribe es porque nada es representado antes de que la mano escriba[142]. Si la escritura se sirve del lenguaje, para decirlo de otro modo, ella se sirve para acabarlo, para eliminar su función más elemental: la de la representación[143]. Ninguna idea, para seguir el ejemplo de Marx del trabajador que se representa la celdilla en la cabeza antes de construirla en la cera, es representada en la cabeza antes de escribirla y transformarla, si

---

142 Cf. Capítulo V.

143 "La escritura –escribe Derrida en *Edmond Jabés y la cuestión del libro*– se escribe pero también se *hunde* en su propia representación". Cf. Derrida, Jacques: *La escritura y la diferencia*, op. cit., p. 92.

quisiera escribirla, en palabra escrita. Para comprender el trabajo de la escritura como trabajo humano –en suma– no basta con despojar al trabajo humano de sus formas instintivas, y agregarle –como en efecto recordaba el propio Marx– el trabajo del *logos* o de la representación. Es necesario también *eliminarlo*. Hay que eliminar, en fin, la imagen logocéntrica de lo que es la escritura, de lo que escribir quiere decir, para llegar a lo que realmente es escribir.

CAPÍTULO IX

El *gesto* y la escritura

— I —

Desde Montaigne, quien en su ya célebre texto *Les essais* fuera el primero en acuñar el término con el que conocemos el género que lo designa en la actualidad, el ensayo es un estilo o un tipo de escritura que, incluso a pesar del propio Montaigne y del nombre con el que supo hacer que éste pase a la posteridad, presenta todo tipo de dificultades a la hora de intentar delimitarlo, precisamente, como un género o un tipo de escritura. Pareciera, dicho de otro modo, que un resto de la escritura ensayística se resiste a ser clasificada u ordenada, es decir determinada de una vez y para siempre. Si incluso pudiéramos imaginariamente trazar una historia de la ensayística, o más bien de los autores y los temas que han formado parte del "género" ensayo, una especie de estudio histórico-filológico del mismo, uno de los rasgos más distintivos y al mismo tiempo constantes de este estudio o de esta historia sería la diversidad de formas y contenidos de los textos que la componen. Puesto que, sabemos, existen ensayos de todo tipo: literarios, filosóficos, de crítica cultural, etc. De algún modo, cualquier tema parece que pudiese convertirse o ser susceptible de transformarse en objeto del estilo ensayístico. Y esto muy a pesar del rechazo con el que el campo académico ha mayormente tratado este estilo de escritura, que no ha dejado de transitar por los márgenes de este campo y de sus instituciones y, sobre todo, del saber o del conocimiento científico –y acá, va de suyo, no solo me refiero al conocimiento científico a propósito de los fenómenos naturales sino también al conocimiento social, cuya herencia positivista se hace sentir en muchos casos con igual intensidad aunque adoptando ropajes distintos: el del apego a la formalidad de la metodología, a la sustentación empírica y a la objetividad de la escritura–[144]. Como ningún otro tipo de escritura, entonces, el ensayo ha sabido y ha tenido la capacidad de penetrar en diferentes campos –incluso, aunque marginalmente como mencionábamos más arriba, en el campo dominado por el género *paper*, es decir el académico– haciendo suyo sus objetos y borrando todo tipo de fronteras entre géneros y estilos. Basta con recordar, por caso, el célebre ejemplo de Borges que, entre la ficción y la ensayística, algunos de sus textos se sitúan en el límite de la literatura y la ensayística propiamente dicha. Sin embargo: ¿es el ensayo realmente un "tipo de escritura", un *género*? ¿Y si no se trata *solo* de un tipo de escritura? ¿Pues no nos dice algo, la ensayística y el ensayo, de la escritura como práctica general, es decir de la escritura como práctica humana?

En uno de los tres grandes clásicos, junto con el texto de Adorno, *El ensayo como forma*, y el de Lukács, *Sobre la esencia y la forma del ensayo* –cuya principal preocupación pasa, en todos ellos, por definir las principales características del ensayo, es decir por delimitarlo en su especificidad como tipo de escritura–, Max Bense propone por su lado, en *Sobre el ensayo y su prosa*, definirlo en primer lugar a partir del sentido del propio término que lo designa. Si, en principio y solo a modo de repaso, recorremos el significado de la palabra en

---

144 Quizás uno de los párrafos más lúcidos sobre este rechazo que buena parte del mundo académico le propinó, una y otra vez, a la escritura ensayística es el que le dedica Ricardo Forster en la introducción a su texto *La muerte del héroe*: "Doblemente criticado por la tradición positivista y la del *Gelehrte* alemán –escribe Forster–, el género ensayístico quiso ser confinado a la periferia de los saberes serios, habitante apenas de un margen compartido por poetas y narradores o, en el mejor de los casos, constructor de un intervencionismo cultural digno de convertirse en objeto de estudio de aquellos que lo abordan, sabiendo destacar las diferencias entre dos mundos opuestos, que hacen del ensayo materia prima de escrituras investigativas que lo traicionan de lado a lado. Escritores de márgenes, pensadores inclasificables, poetas que se internan por regiones ajenas, viejos eruditos que al final de sus vidas, y en la calma de la jubilación, abandonan los lenguajes académicos para distraerse 'sabiamente' utilizando los registros del ensayo. Lo cierto es que casi nunca, por decirlo con suavidad, la tradición del ensayo ocupó un lugar destacado y reconocido dentro de los claustros universitarios, como si lo persiguiera siempre un amateurismo nunca superado, ese tocar de oído que puede servir para la divulgación o el impacto intelectual sobre un amplio público, pero que nada o poco aporta a la genuina labor investigativa que elige seguir los caminos arduos de la seriedad y la autoconciencia estilística, destacando, por sobre todas las cosas, la imprescindible asepsia de la escritura frente al subjetivismo de la forma".

las cuatro lenguas en donde el género ha encontrado su terreno más fecundo, y sobre todo sus representantes más ilustres, nos encontramos con una buena pista que ya el propio Bense identifica para la palabra alemana pero que, aquí, podemos nosotros rápidamente identificar como una característica compartida con el resto de las lenguas: los términos *essay* (en alemán e inglés), *essai* (en francés) y *ensayo* (en español) remiten en todas ellas al mismo significado: *quieren decir intento*. La pregunta que sin embargo se hace Bense a partir de este punto de partida, digamos rápidamente comparativo de la palabra en sus diferentes idiomas, para pensar una definición de la ensayística encauza la resolución del problema según dos vías contrapuestas. Es decir: el sentido al que remite el término ensayo, el intento al que hace referencia la etiqueta del género puede ser leído según dos sentidos –precisamente– distintos: o bien el individuo, el ensayista, es el que carga con la intencionalidad, o sea es el que asume el intento de escribir sobre un tema, o bien es el tema o el objeto, "el propio hecho de escribir" –escribe Bense– el que carga o sobre el cual recae ese intento. ¿En dónde descansa, sería en última instancia la pregunta, el carácter intencional de la ensayística: en escribir sobre algo, o en ese algo sobre lo que se escribe –que sería por supuesto la escritura misma, volveremos enseguida sobre esto–? La respuesta que da Bense es, naturalmente, la segunda:

> Escribe ensayísticamente quien *compone experimentando*, quien hace rodar su tema de un lado a otro, quien vuelve a preguntar, quien vuelve a tocar, probar y reflexionar, quien aborda un tema desde diversos ángulos, toma distancia de él y, en un golpe de genio intelectual reúne lo que ve y prefabrica lo que el tema deja ver bajo ciertas condiciones generales *a través de la escritura*[145].

Este pasaje es fundamental no solo por la primera parte de lo que desarrolla, que no hace otra cosa que confirmar lo que acabamos de decir solo unas pocas líneas más arriba, sino también por la segunda, más específicamente por la última frase con la que Bense lo termina: "y, en un golpe de genio intelectual (el ensayista) –escribe– reúne lo que ve y prefabrica lo que el tema deja ver *bajo ciertas condiciones generales a través de la escritura*". Y enseguida agrega: "(el que ensaya) no hace otra cosa que crear las condiciones en las cuales un objeto toma su lugar en el seno de una configuración literaria", por

---

145 Bense, Max: *Sobre el ensayo y su prosa*, México, Centro Coordinador y Difusor de Estudios Latinoamericanos, 2004, pp. 24-25. El resaltado es mío.

lo que "el carácter específico del ensayo no reside *solo* en la forma literaria en la cual el texto es escrito: (…) es el objeto tratado, que es ensayado, pues aparece –otra vez, subrayamos nosotros– *bajo ciertas condiciones*", que son las condiciones de la escritura. Que el tema o el objeto tenga el carácter de intento en la ensayística, entonces, significa que el tema u objeto se forma según el devenir de la escritura misma. O, dicho de otro modo, el devenir de la escritura es el que prepara y genera las condiciones para que el tema u objeto se desarrolle, finalmente, como texto o escritura.

De allí, podemos por ende coincidir con Bense, es el propio hecho de escribir el intento, es decir la piedra angular del ensayo o su especificidad como "tipo de escritura". Pero también con Bense, o por lo menos a partir de esta lúcida definición y composición de lo que es la especificidad de la ensayística, habría que comenzar también, paradójicamente, a eliminar la adjetivación del ensayo como "tipo de escritura" –conservando, enseguida veremos por qué, su reflexión sobre su especificidad *como* escritura, para profundizarla–. Con este pasaje, en suma, Bense logra no solo delimitar lo que podrían llegar a ser las características propias de un género, el ensayo, sino que logra, al mismo tiempo y sin quizás proponérselo, hacer chocar a la escritura frente a la escritura, hacerla chocar con ella misma. Pues implica, si se quiere y en algún sentido, hacerla que choque cuanto menos con los términos a partir de los cuales fue definida desde la filosofía de Platón: como técnica o medio de conservación, o como modo de composición.

Sabemos, en efecto, que en el célebre mito platónico que relata el encuentro entre Theuth y Thamus la escritura aparecía, según esta primera acepción, como un medio de conservación, como una forma de hacer perdurar los recuerdos contra las limitaciones de la memoria[146]. Si para el Dios egipcio, que presenta el arte de la escritura a Thamus, la escritura era un remedio contra el olvido, un *phármakon*, era porque ella permitía conservar los recuerdos grabándolos sobre la materia, a través del texto escrito. Todo el debate entre ambos personajes, que tiene de un lado a Theuth quien confía en las virtudes de la escritura, y del otro a Thamaus que desconfía de esas mismas virtudes, todo ese diálogo en donde la escritura es una y otra vez empujada a recorrer los dos sentidos opuestos de la palabra griega *phármakon*, como remedio (contra el olvido) o como

---

146 Sobre este punto, remitimos a lo que ya hemos analizado en el cuarto capítulo.

   El parpadeo de la política

veneno (contra la memoria), se efectúa a partir del lugar que se le pretende conceder a la escritura, como herramienta de conservación de los recuerdos: genuino y verdadero para Theuth, y artificial y maléfico para Thamus. Incluso más: las consecuencias ontológicas que de ese mismo diálogo se desprenden –y que ya hemos desarrollado con mayor detenimiento más arriba–, y cuyo epicentro es la autenticidad o la artificialidad de esa forma de recordar vía el texto escrito, según el camino de la *anamnesis* o según el camino de la *hypomnesis*, para retomar las categorías propias de la filosofía platónica, se presentan a partir de la clausura de un debate que antecede, o debería anteceder, al intercambio de Theuth y Thamus: si la escritura *efectivamente* conserva o no los recuerdos, si ella es *efectivamente* un medio de conservación *más allá* de si su forma es o no es la forma verdadera, la forma bajo la cual está comprometido o no el ser o el *eidos* de lo que se recuerda. Es decir: lo único que en ese diálogo no es cuestionado es –precisamente– la idea de que la escritura conserva lo que con ella se escribe.

Sabemos también que Condillac, para citar otro ejemplo al que volveremos enseguida en las próximas páginas, elaboró su propia reflexión sobre la escritura, que no se distanciaba demasiado del gesto platónico. Lo que diferencia ambos gestos, la distancia entre ambas filosofías, allá la de Platón y aquí la de Condillac, es en todo caso que para este último lo que la escritura vendría a conservar con el texto escrito, con la palabra grabada en la materia, ya no serían los recuerdos sino los pensamientos (signos de todos modos lingüísticos). El hombre comenzó a escribir, afirma Condillac en el *Ensayo sobre el origen de los conocimientos humanos*, cuando sintió la necesidad de hacerle conocer sus pensamientos "a las personas ausentes". Es decir cuando sintió la necesidad de conservarlos. Después de alcanzar la comunicación vía los signos orales, entonces, el hombre imaginó nuevos signos, según Condillac los signos escritos, para conservar y hacer perdurar sus ideas más allá de su vida.

Pero lo cierto es que si nos hacemos cargo –es decir si nos hacemos cargo en el sentido de si asumimos su existencia, no en el sentido de asumir sus principios y consecuencias– de ese movimiento de inflación de la palabra escritura que denunciaba Derrida, escribir quiere decir, también, componer[147]. En una de sus acepciones –en la actualidad ya– más típicas, escribir, por caso, una pieza de música,

---

147 Véase sobre este movimiento de inflación el capítulo VIII.

escribir una melodía o una coreografía quiere decir, o puede querer decir para quien lo dice, componerlas. Pero como bien mencionábamos también más arriba cuando apuntábamos acerca de este movimiento de inflación del término escritura, para que ésta sea concebida como composición es necesario, en algún punto, que se libere de su sentido más primitivo y original, es decir es preciso que la escritura se libere de lo que la liga –como quisieran en este punto Condillac y Platón– a su origen, histórico-antropológico en el primer caso, y mitológico en el segundo: en principio, o en primer lugar, es necesario entonces que se libere de la idea que la concibe *solo* como inscripción de signos lingüísticos, de signos que remiten al orden de la voz, es decir al habla –ideas si seguimos el razonamiento de Condillac, recuerdos si lo hacemos para el de Platón–. Pues el músico que escribe sobre el papel una melodía o una partitura, el coreógrafo que escribe una coreografía, ya no *escriben* lo que podría haberse dicho con palabras: escribe uno, y en el primer caso, notas musicales sin sentido estrictamente lingüístico, o bien escribe el otro, y en el segundo caso, movimientos del cuerpo, pasos de danza (que en este último caso, por supuesto, podrían ser descritos con palabras pero que no se pueden inscribir *como* palabras). Y, en segundo lugar, este desplazamiento que concibe la escritura como composición, que va de la escritura como inscripción de signos lingüísticos a la escritura como un tipo de inscripción en general, como un tipo de inscripción de signos ajenos a la lengua, puede, incluso y en algunos casos, sustraerla hasta de esa misma función más original y primitiva, la de la propia inscripción, que es el fundamento último y definitivo para poder entenderla como medio o técnica de conservación.

Hoy en día podemos decir –pues la convención acepta el término como uno de sus sentidos más corrientes producto, en efecto, de aquel movimiento de inflación, insistimos– que escribimos sin necesariamente inscribir lo que decimos que hemos escrito porque la expresión refiere a la acción de escribir sin involucrar el ejercicio de inscribir, es decir porque refiere en su uso, y ante todo, al hecho de componer: se puede escribir (componer) sin escribir (inscribir, grabar) lo que se escribió (compuso). En este sentido –que aparece probablemente en su forma más frecuente en el uso más coloquial de la palabra– la escritura no implica, por ende, *necesariamente* un tipo de inscripción, ni lingüística ni no lingüística, ni lingüística ni musical, ni específica ni general, porque con ella ya no se designa la escritura en su función

    El parpadeo de la política

de conservación (como quisieran, nuevamente, Platón y Condillac). Puede ciertamente involucrar ambos movimientos, el de la conservación y el de la inscripción, pero no los involucra *necesariamente* porque su función primera es, aquí, otra: la de la composición. El pasaje por la conservación o por la inscripción no es una condición *sine qua non* de la escritura entendida como producción o como composición. Escribió, en este sentido, el que *compuso, creó* o *produjo* y ya no necesariamente el que grabó o inscribió en el papel lo que compuso, creó o produjo en otro lugar (típicamente en el pensamiento –uno de los conceptos, este último y dicho sea de paso, con el que se configuró el largo arco semántico del movimiento de inflación de la escritura al que nos referíamos–).

Si fijamos en suma la atención al movimiento de ruptura que realiza Bense cuando concibe al intento del ensayo como un intento centrado en la escritura misma, "en el hecho propio de escribir", en el tema u objeto tratado, sobre el cual se experimenta, se lo desplaza y se lo da vuelta –o se lo hace rodar de un lado a otro, como sostiene el propio Bense–, esa ruptura se vuelve evidente: "escribir experimentando", como escribe quien escribe ensayando, no es una práctica que reduce la escritura ni a una técnica de conservación o inscripción, ni a un ejercicio de composición. Estrictamente hablando, no reduce la escritura a ninguno de los dos modos, o por lo menos a ninguno de ellos si los entendemos a ambos en su forma más plena –según la primera concepción como *mero* ejercicio de inscripción o conservación, y según la segunda como *mero* ejercicio de composición–. Por lo que, en sentido estricto, el ensayo ya no puede ser concebido solo como un tipo de escritura puesto que es su especificidad misma, paradójicamente, lo que designa el movimiento de la escritura en su generalidad o, mejor aun, en cuanto tal, el movimiento de la escritura *misma*, lo que escribir *en sí mismo* quiere decir –y, por lo tanto, aquí no podemos sino subrayar la lucidez de Bense para describir esa especificidad que la relaciona con "el propio *hecho* de escribir"–. El ensayista o el escritor, entonces, compone mientras conserva, conserva mientras compone porque el momento de la composición y el momento de la conservación no son distintos, no son momentos que se suceden, son un solo y único instante puesto que la temporalidad de la escritura no pertenece al orden de la sucesión, es decir al orden del *logos*[148]. Por eso, retomando una

---

148 Cf. Capítulo VII.

vez más el pasaje que citábamos de Bense, quien escribe –ensayísticamente o no– crea las condiciones sobre las cuales se desplaza el terreno de la escritura, es decir compone mientras escribe, mientras conserva lo que compone, mientras la escritura se desplaza, en el desplazamiento de la escritura, *mientras está escribiendo* –creando su propia escritura las condiciones para escribir *sobre* lo que escribe–. El escritor, que en este sentido es siempre un ensayista, abre en definitiva el terreno sobre el cual versa la escritura, compone su objeto y su tema en el instante mismo en el que el terreno se abre, en el instante mismo en el que el objeto se revela como escritura, se *configura* como texto y, así, se conserva. Y si tomamos, en efecto, en toda su profundidad esta concepción de la escritura de la que estamos hablando, ésta no deja de ser más que el simple gesto que se juega, precisamente, *entre* la conservación y la composición de lo que se escribe. Y como tal no solo conserva, inscribe, y compone el tema o el objeto sobre el que trata o sobre el que escribimos. Es el gesto único que se juega entre la composición y la inscripción de lo humano, es decir a partir del cual cada uno escribe *su* escritura o *su propio gesto*[149].

— II —

Cuando los hombres alcanzaron el estado de comunicarse sus pensamientos por sonidos –escribe Condillac en *El Ensayo sobre el origen de los conocimientos humanos*– sintieron la necesidad de "imaginar nuevos signos apropiados para perpetuarlos y para hacerlos conocer a las personas ausentes"[150]. El sistema de esos nuevos signos a los que Condillac les atribuye la función de perpetuar los pensamientos de los hombres y, fundamentalmente, de comunicarlos a las personas ausentes, no es ni más ni menos que ese "sistema" que conocemos con el nombre de escritura. Pero la escritura, como bien deja al descubierto esta frase del *Ensayo*, solo pudo surgir después de que los hombres alcanzaron cierto estado de evolución: porque antes de la comunicación escrita, es decir antes del lenguaje articulado, que por supuesto para Condillac, como

---

149 Agradezco a Eduardo Rinesi, cuyos comentarios sobre el presente apartado, y en particular sobre lo que aquí planteamos sobre la relación entre el ensayo y la escritura, hicieron que éste se vea sensiblemente mejorado.

150 Bonnot de Condillac, Etienne: *Essai sur l'origine des connaissances humaines*, Paris, Vrin, 2014, p. 206. La traducción es mía.

 El parpadeo de la política

heredero de la tradición filosófica de la que forma parte, tomó en primer lugar la forma del lenguaje hablado y luego la forma de la escritura, fue el lenguaje de la acción, es decir el lenguaje gestual, el medio a partir del cual los hombres comunicaban sus pensamientos[151]. Poco más de dos siglos después de que fuera pronunciada en aquel texto de mediados del siglo XVIII, esta frase es retomada, o mejor dicho recuperada por Derrida en otro clásico ensayo que fue objeto en 1971 de una comunicación en el Congreso Internacional de las Sociedades de Filosofía y Lengua Francesa en Montreal, e incluido posteriormente en su célebre libro *Marges de la philosophie* con el nombre de "*Signature, événement, contexte*"[152]. Allí, en efecto, al citar la frase Derrida resalta la última palabra con la que el propio Condillac culmina la afirmación del *Ensayo*: "a las personas *ausentes*"[153]. El resaltado no es, desde luego, casual: con él Derrida intenta dar el puntapié inicial a una larga y lúcida exposición con la que pretende cuestionar, o cuanto menos revisar, el concepto de ausencia que opera en la concepción de la escritura de Condillac, es decir en el origen y en la función que éste le otorga a la escritura –y cuyos efectos, según el propio Derrida, podrían incluso extenderse a la totalidad de su pensamiento, a lo largo y a lo ancho de todo el *Ensayo*–.

La ausencia de la que habla Condillac –escribe entonces Derrida en aquella Conferencia– está determinada de la manera más clásica,

---

151 Esta separación y esta jerarquía que Condillac establece entre los diferentes tipos de lenguajes no deja de ser más que sugestiva a propósito de la cuestión que nos ocupa: la cuestión de la escritura. En primer lugar, por la jerarquía misma: el lenguaje de la acción, el lenguaje gestual, que en algún punto no dejan de ser una sola y misma cosa: pues el gesto es un tipo de acción (Cf. Capítulo III), estarían en un grado evolutivo inferior al lenguaje articulado lo que marca, de entrada, la primacía del *logos*, del lenguaje articulado como la forma más cercana a la forma más plena de la evolución humana, es decir a la forma más plenamente humana. Y en segundo lugar, y más importante aun, por los efectos que esta separación involucra: pues la reducción de la escritura al solo estatuto de lenguaje articulado, separado del lenguaje de la acción y del lenguaje gestual, suprime lo que hace de la escritura *una* escritura: su gesto. El gesto de la escritura, o mejor aun lo que define la escritura: su gestualidad, su movimiento inerte, paralizado en el papel pero, al fin y al cabo, movimiento, gesto, acción de una mano que ya no está plenamente presente, queda en Condillac reducido a la nada.

152 Cf. Derrida, Jacques: "Firma, acontecimiento, contexto", en *Márgenes de la filosofía*, Madrid, Cátedra, 2010.

153 Ibid., p. 353.

como una modificación continua, una extenuación progresiva de la presencia. La representación suple regularmente la presencia[154].

El problema que encuentra el filósofo de la deconstrucción en el concepto de ausencia que rige la definición de Condillac de la escritura reside, así, en la forma en la que se ausentan las personas ausentes a las que ésta se dirigiría. Lo que el primero le reclama a este último es, dicho de otro modo, que esa ausencia es solo diferida, lejana y no una ausencia absoluta. De algún modo, por lo tanto, los ausentes a los que los hombres les escriben para comunicar y para perpetuar sus pensamientos están ausentes solo en forma parcial, o quizás para Condillac no estén en realidad verdaderamente ausentes puesto que ellos aparecen representados, idealizados y por lo tanto *presentes*, en el fin de la escritura, en su fin que es también el origen y la función de la escritura. La ausencia de la que habla el filósofo de la Ilustración no sería, así, ni radical ni estructural, sino simplemente una ausencia transitoria, y en este sentido diferida. Si en el momento que se escribe el destinatario está ausente del campo de percepción del que escribe es, en suma, solo a título provisorio porque su presencia física está ya siempre supuesta en el momento en que se decide comenzar el ejercicio de la escritura. Se escribe para los ausentes para comunicar nuestros pensamientos, o sea para comunicarlos a alguien que en algún momento estará presente para recibirlos: "el signo escrito se adelanta en ausencia del destinatario"[155]. Es decir: simplemente *se adelanta*.

Sin embargo, lejos de esta ausencia accidental del destinatario en la escritura, Derrida plantea que ella forma parte de la estructura misma de la escritura puesto que es necesaria para que ésta se constituya. Su ausencia, la ausencia del destinatario, es por lo tanto absoluta y de ningún modo diferida. Si ella no es la modificación continua o progresiva de la presencia, puesto en otras palabras, es porque es preciso que la comunicación escrita siga siendo legible a pesar de la desaparición absoluta de todo destinatario, de su desaparición física, de su muerte. La función de la escritura, su legibilidad, depende enteramente –sostiene Derrida– de esta ausencia. A esta característica esencial de la escritura ligada a un concepto radical o absoluto de la ausencia, a una ausencia que ya no depende de la categoría de la presencia, Derrida la llama la *iterabilidad* de la escri-

---

154 Ibid., p. 354.
155 Ibid., p. 356.

   EL PARPADEO DE LA POLÍTICA

tura. Es *la identidad de marca* de la escritura. Cada signo lingüístico, por ende, cada código escrito tiene que poder ser repetible, iterable y reiterable más allá de la determinación empírica del destinatario y esto es así para cualquiera tipo de escritura, sea ésta jeroglífica, alfabética, ideográfica o fonética. Tengo que poder repetir lo que está escrito, tengo que poder *citarlo*, y tengo que poder hacerlo en virtud de la marca que identifica a cada signo escrito para que lo escrito pueda ser leído, transmitido y comunicado.

Para defender esta idea, en efecto, Derrida propone un ejemplo extremo, en el límite de lo posible: imaginemos –sostiene– un código lo suficientemente idiomático, lo suficientemente extraño al resto de los códigos escritos –es decir lo suficientemente "secreto y oscuro" sin ser, por las razones que veremos enseguida, absolutamente secreto y oscuro, como para que el mismo sea solo conocido por los sujetos que lo inventaron–. E imaginemos, incluso, que los sujetos que lo inventaron hayan sido solo dos individuos, es decir que solo dos individuos sean los únicos que hayan conocido ese código: ¿diríamos entonces –se pregunta Derrida– que sigue habiendo allí escritura, luego de la muerte de uno o, mejor aun, luego de la muerte de ambos individuos? Hay escritura, responde Derrida, en la medida en que el código, aunque parcialmente secreto, aunque solo conocido parcialmente por dos individuos, y aunque ambos hayan muerto luego de haberlo producido, hay escritura –decíamos– en la medida en que el código inventado posea una marca que lo haga capaz de ser repetido, en la medida en que el mismo contenga una marca implícita que lo haga identificable y, así, capaz de ser transmitido o comunicado. Es esa posibilidad de identificar la marca única que identifica a un código escrito lo que hace posible la escritura. Incluso más: no es necesario siquiera saber el sentido que transporta el código para que su potencialidad de transmisión, de comunicación, de repetición, sea una realidad. O, lo que sería lo mismo, solo si es repetible, iterable, repetible e iterable más allá del que lo inventó, de su origen, de su contexto, puede un código transportar un sentido. Ningún código, por lo tanto, puede ser totalmente secreto y oscuro, estructuralmente secreto y oscuro porque lo que lo convierte en código, en medio de comunicación, es decir aquí y provisoriamente *solo* en escritura, es su marca implícita, su identidad de marca –enseguida, puesto que es esencial para la explicación de Derrida, veremos el estatuto de esta marca: por ahora solo basta con saber que ella es lo que identifica ese código–. Sin

embargo, como en cierto punto anticipa el ejemplo, la misma razón
que hace de la ausencia del destinatario una ausencia estructural de
la escritura, una ausencia necesaria y no accidental, absoluta y no
relativa, es la que explica la ausencia igualmente estructural, absoluta y no relativa, necesaria y no accidental del emisor, es decir del
productor del código:

> Lo que vale para el destinatario, vale también por las mismas razo-
> nes para el emisor o el productor. Escribir es producir una marca
> que constituirá una especie de máquina productora a su vez, que
> mi futura desaparición no impedirá que siga funcionando y dando,
> dándose a leer y reescribir[156].

El punto que, por lo tanto, explica la ausencia del productor del
código, digamos del escritor, como condición estructural de la escritura es, teniendo en cuenta la explicación de esa misma condición
para el destinatario, exactamente la misma: al igual que el destinatario, el que produce el código tiene que poder estar estructuralmente
ausente para que haya escritura porque el código que produjo tiene que poder ser legible, reiterable, más allá de su presencia, luego
de su muerte. El código escrito, producido, no puede no tener una
marca que lo identifique y que lo identifique siempre más allá del
que lo produjo, pues solo así puede ser comunicable. Y aquí, nuevamente, no importa tampoco lo que efectivamente el productor
del código haya querido decir, su sentido, su voluntad de significar,
porque para que ésta exista y pueda ser transmitida primero el
código debe cumplir con su condición de iterabilidad, debe poseer
primero una marca que lo identifique para que el mismo sea capaz
de ser reproducido más allá del emisor, reproducido y, después y
en todo caso, comprendido en su sentido.

Despejada entonces en todas sus dimensiones la característica
esencial de la escritura, su iterabilidad, Derrida se pregunta si ésta
no opera, también, más allá de la escritura, no solo en la escritura
sino en el lenguaje hablado, es decir y por lo tanto, en el lenguaje
en general. Efectivamente, para que la unidad mínima del lenguaje
hablado funcione como lengua debe, al igual que en la escritura,
contener una marca de identidad, una marca que la identifique más
allá de quien la hable, de quien la hable pero también de quien la
escuche, del emisor pero también del receptor, de la presencia cir-

---

156 Ibid., p. 357.

   El parpadeo de la política

cunstancial y permanente de ambos, es decir: *en su ausencia radical*. Es preciso –en suma– que la forma significante que integra cada uno de los componentes del habla se comporte, en algún sentido, como el código escrito mismo: el recorte sonoro de cada una de las unidades con las que construimos el lenguaje tiene que estar en condiciones de prestarse a la iterabilidad, a la repetición, a la identificación que es, precisamente, la que permite que sea repetible. Aunque sea oral, concluye Derrida, lo que hace de toda marca un grafema es, al igual que en la escritura, su capacidad de ser citada y reconocida, separada de su origen, de su contexto y de la producción de sentido que se le asigna. Ahora bien: ¿cuál es el estatuto de esta marca? ¿Y cómo marca, en todo caso, a la escritura y al lenguaje hablado? La pregunta, y su respuesta, conducen en efecto al centro neurálgico de la filosofía de Derrida, que es también el centro neurálgico de su crítica a la historia de la filosofía occidental. La marca que, en la escritura pero también en el lenguaje hablado, hace de cada código escrito y de cada código oral un grafema, que permite su iterabilidad, es una marca que no está nunca plenamente presente, que en el acto mismo que se presenta se borra, que se presenta a través del mismo movimiento que la hace borrar. La marca que identifica la marca es una identidad separada de sí misma, sin unidad. Lo que Derrida llama en este texto de 1971 marca (*marque*) es, pues, lo que en la década de 1960 reconocía, en su primer texto sobre el tema, aunque a partir del análisis de la obra de Rousseau, es decir en *De la gramatología*, con el nombre de huella –o *trace* según la terminología francesa–[157].

Si nos detenemos entonces en la forma en la que esta huella o esta marca –es decir que esta *marque* o esta *trace*– actúa cada vez que hablamos y cada vez que escribimos podemos identificar rápidamente el modo en el que ella se despliega o funciona según la "lógica" de esta economía "evanescente" de la huella, o de la marca, que marca, borrándose, el código escrito y oral, el habla y la escritura. En el habla, la simple voz o la *phoné* con la que Aristóteles reconocía la voz animal, y con la que la separaba, también, de la voz humana, se pierde en la medida en que cuando hablamos el *logos* envuelve y desecha la materia sonora para convertirla en sentido[158]. Cada unidad del lenguaje hablado, en el lenguaje fonético cada letra

---

157 Cf. Derrida, Jacques: *De la gramatología*, México D.F., Siglo XXI, 1998.
158 Cf. Capitulo III.

es, como bien señalaba Saussure, un recorte material de sonido que al transformarlo en lenguaje, al asignarle el estatuto de significante pierde su condición de puro sonido. Pierde esta condición, sin embargo, sin perderla del todo puesto que si la perdiese del todo dejaría de ser reconocible, identificable. Pero tampoco es, va de suyo, del todo reconocible e identificable puesto que si lo fuera perdería su característica de marca, de huella, y se transformaría en una marca plena –una marca que se daría a entender como ruido, como puro sonido– es decir en una identidad plenamente presente, presente a sí e indivisible –y volveríamos así, sin quererlo y enseguida, a la metafísica de la que Derrida quiere deshacerse para pensar el estatuto de la huella–. La marca que identifica cada letra, cada código oral como forma significante, para mantener el análisis en la unidad mínima del lenguaje hablado, aunque desde luego ello podría extenderse a una frase, a una oración, a una afirmación o a un discurso completo, se borra en el mismo momento que se presenta, se presenta ausentándose y así, precisamente, se vuelve grafema, unidad mínima de sentido, significante.

Hay algo en el sonido de la "a", de la "b", de la "c", pero también de la palabra "casa", "auto", etc., que permite el pasaje del puro sonido al sentido, pero ese algo que se presenta, su marca, no es ni puro sonido ni solo sentido, ni solo ruido ni pura marca significante. Y lo mismo sucede, por supuesto, en la escritura. Solo que aquí la marca actúa como una huella que nos da la experiencia de ser una huella visible y no una huella sonora, escuchada; pero en ambos casos se trata simplemente de una huella, de una huella que, en todo caso, se da a entender como huella visible o como huella sonora, escuchada o, mejor aun, que abre ella misma el campo de lo visible y de lo audible pero, estrictamente hablando, es *solo* huella, ni audible ni visible, es solo una marca diferencial cuyo concepto no puede ser encerrado ni en los límites de la categoría de lo sonoro ni en los límites de la categoría de lo visible, categorías y oposiciones metafísicas: ésta es, precisamente, su principal característica como huella, es decir como *trace*. La categoría de *différance*, otro de los nombres con los que Derrida designa a la huella, registra perfectamente este matiz: lo que parece verse en la escritura de la palabra *différance*, la "a" con la que se escribe esta palabra o concepto, que no es verdaderamente ni palabra ni concepto, no es otra cosa que la misma huella que se borra al decir la palabra con la voz en el habla. El habla, en otras palabras, es ya siempre escritura y la escritura es ya siempre

   El parpadeo de la política

habla[159]. La marca que, entonces, identifica cada una de las unidades mínimas de la escritura, en la escritura fonética nuevamente las letras, que vuelve cada una de ellas citables, reiterables e iterables no es ni puro dibujo ni solo código escrito. La forma gráfica que las diferencia tanto como las identifica se pierde en tanto puro dibujo y en tanto solo código (escrito) o sentido. Si, como quisiera Derrida, es posible reconocer en el estatuto de esta marca que marca el lenguaje escrito y hablado, la escritura y el habla, el centro neurálgico de su filosofía y de su crítica a la historia de la filosofía es porque ella alcanza, con su economía sustraída de toda economía, el concepto que organizó desde Platón hasta nuestros días, esta historia: el concepto de ser o de presencia, es decir lo que a lo largo de esa historia fue reconocido también con el nombre de experiencia: "yo extendería esta ley –escribe Derrida– incluso a toda experiencia en general si aceptamos que no hay experiencia de presencia pura, sino solo cadenas de marcas diferenciales".

El ser no está nunca plenamente presente: ni en la voz, ni en el sonido, ni como sentido. Nuestra presencia no es nunca plena sino huella: es la huella o la marca de eso que llamamos presente, del ahora que cada vez que es se escapa y se borra pero permanece, nunca totalmente presente, como la huella de lo que es, del presente que nunca fue simplemente un solo presente, indivisible e idéntico a sí mismo. La experiencia de la plena presencia, de la presencia pura, la auto afección, el percibirse a sí de la propia presencia no es, en esta economía de la pura marca, otra cosa que el efecto de esa economía, de esa marca que nos marca no siendo nunca lo que es, lo que se presenta como que es. Lo que, sin embargo, quisiéramos aquí subrayar es que la marca –la *marque* o la *trace* de la que venimos hablando– está siempre *ya* marcada y está marcada por la marca que marca nuestra presencia, que hace de cada presencia una única presencia. No hay, en sentido estricto, una marca que no esté ya siempre marcada por la economía de una marca que, si bien no escapa a la economía general de la marca o de la huella, de la cadena diferencial de marcas, de la semi presencia o de la marca que se borra cada vez que se muestra, que se hace presente, posee, a la vez, una economía singular de la marca que, cada vez que es, *es marcada* por su propia marca, es decir por *nuestra propia* marca.

---

159 Cf. Derrida, Jacques: "La différance", en *Márgenes de la filosofía*, Madrid, Cátedra, 2010.

En el habla, en el código oral, la marca de la marca es lo que hace de cada voz una voz única, de cada palabra hablada una palabra dicha, soportada por una marca (un gesto) que marca la marca que viene a marcar y hacer posible el habla[160]. Si el efecto de la marca en la voz es lo que la historia de la filosofía llama presencia, el efecto de la marca de la marca es lo que hace de cada voz *una* voz, pero una voz que ya no cae, como quisiera Aristóteles, ni del lado de la pura animalidad ni del lado de la pura humanidad, ni de la simple *phoné* ni del *logos* que en la voz humana vendría a envolver y a suprimir la *phoné* en un mismo movimiento y de una misma vez. El gesto o lo que aquí, siguiendo críticamente a Derrida podemos entonces llamar la marca de la marca o la *trace* de la *trace* –volveremos enseguida sobre esto– no consiste, sin embargo, en un fenómeno puramente acústico, sonoro o físico (pues ¿hay fenómeno puramente acústico, sonoro o físico?), porque este gesto o esta marca de la marca no se reduce simplemente a la frecuencia con la que vibra cada voz, es decir a su timbre. Se trata, en todo caso, de la *pura* vibración con la que vibra una voz, de la energía singular con la que se la hace vibrar, del aliento –que tampoco es solo aliento– con el que cada palabra hablada es, en suma, soplada de la boca para hablar y que forma, mientras se pronuncia, *una especie de melodía*: otra cadena de marcas diferenciales que se agregan, *supliendo*, es decir sin sumársele, a la cadena de marcas diferenciales que Derrida designa, precisamente, con el nombre de huella.

En el código escrito, por otro lado, esa marca que marca la marca, esta energética, este movimiento –o economía– que se agrega al movimiento –o a la economía– de la huella, de la presencia, que lo suple o que la suple (en el sentido que Derrida le da a la noción de suplemento en *De la grammatologie*) es el trabajo de la mano que escribe, el trazado singular de una forma específica (de una *pura* forma) que no puede describirse sino es a través de una imagen o una metáfora, y por lo tanto de una palabra que ya no le corresponde para que su descripción sea exacta[161]. En síntesis, se trata

---

160 Se trata, para decirlo en otras palabras, de la voz que habla por sí misma que desarrollábamos más arriba a partir de Zizek (Cf. Capítulo III).

161 Para retomar una fórmula que ya hemos utilizado en la introducción de este ensayo, esta imagen o metáfora, que como indicábamos precisamente en la introducción no puede ser designada sino es a través de una imagen plena es, por ejemplo, la metáfora o la imagen de "verse a uno mismo en la propia escritura".

de la textualidad singular de cada escritura, o de lo que Flaubert llamaba, también, el estilo[162]. El gesto como indicio o síntesis de esta textualidad o estilo, de este dinamismo sensible marca, así, la marca que lleva el código escrito para convertirse en escritura (en el sentido de Derrida) y la escritura (en el sentido corriente, como el ejercicio de trazar letras) marca la escritura (como archi-escritura, como movimiento de la huella o de la *trace*)[163]. Ahora bien, si esta "segunda" marca –el gesto– marca la marca lo hace dejando una huella (una *trace*) que se agrega a la primera puesto que, en el código escrito o en la escritura, se graba en la materia sensible convirtiéndose precisamente en escritura, es decir *inscribiéndose*. Y esto es, si se quiere, lo que Derrida pasa por alto: en su afán por seguir el movimiento de la huella, de inaugurar una reflexión sobre ese movimiento, el de la escritura como archi-escritura –para barrer, a partir de él, con la metafísica de la presencia– olvida o descuida lo que hace de la escritura, como el movimiento de trazar letras y de grabarlos en el papel escrito, su especificidad: la de ser marca de la marca, por un lado, y la de ser marca de la marca que se graba o se inscribe. La escritura, en el sentido corriente, tiene así el estatuto inédito, específico y singular de lo que, siempre siguiendo críticamente al propio Derrida, insistimos, podríamos denominar la huella de la huella o la *trace* de la *trace* porque esta "segunda" marca o huella es una marca o una huella que, a pesar de que no se presenta nunca plenamente, coincidiendo así con la economía "evanescente" de la *trace* derrideana, se inscribe en el papel como la huella singular del que escribe, dejándose leer como la expresividad única que lo caracteriza, funcionando así como una especie de "firma" porque posee el *efecto* de una firma. Es casualmente en este mismo texto de 1971, en efecto, en donde Derrida, después de haber ocupado casi toda su conferencia en intentar acercarse al movimiento de la huella o de la *trace*, deja al descubierto este descuido de la escritura en el sentido corriente, es decir como huella de la huella o *trace* de la *trace*, al negar toda existencia a este "efecto" o "acontecimiento" de firma (*événement de signature*). Casi al final de la exposición, y volviendo su análisis sobre la ausencia radical del emisor como condición necesaria del código escrito, Derrida se detiene, enton-

---

162 Cf. Flaubert, Gustave: *Correspondance*, Paris, Gallimard, 1980.

163 Volveremos sobre este concepto de dinamismo sensible en el próximo capítulo.

ces, en este tipo muy particular de código escrito, en la firma, y en el "enigmático" acontecimiento o efecto que la produce:

> Por definición, una firma escrita implica la no presencia actual o empírica del signatario. Pero, se dirá, señala también y recuerda su haber estado presente en un ahora pasado, que será todavía un ahora futuro, por tanto un ahora en general, en la forma trascendental del mantenimiento. Este mantenimiento general está *de alguna manera inscrito*, prendido en la puntualidad presente, *siempre evidente y siempre singular*, de la *forma* de la firma. Ahí está la originalidad enigmática de todas las rúbricas. Para que se produzca la ligadura con la fuente, es necesario, pues, que sea retenida la singularidad absoluta de un acontecimiento de firma (*événement de signature*) y de una forma de firma: *la reproductibilidad pura de un acontecimiento puro*[164].

¿Cuál es, entonces, el efecto enigmático de las firmas, lo que Derrida llama un acontecimiento de firma (*événement de signature*)? El de actuar, en algún sentido, como huella de la huella, el de ser el ejemplo paradigmático de la forma en la que la escritura, en su sentido corriente, se comportaría como *trace* de la *trace*. Y ello por dos motivos: en primer lugar porque la característica primordial de la firma es mantener su ligazón con la fuente o con el que escribe, es decir con el signatario, a través de una identidad de marca única. Identifica, en su singularidad, al que escribe. Y en segundo lugar porque esa ligazón con la fuente, este "mantenimiento general" de la ligazón con su fuente –con el que escribe o con el signatario– se produce por medio de la *inscripción* (la palabra la utiliza Derrida) de "una singularidad absoluta" que es la de la *forma* de la firma. Lo que Derrida intenta –en principio, como veremos enseguida– mostrar aquí es, en suma, que la firma parece retener en su forma, en la "puntualidad presente, siempre evidente y siempre singular" de la forma de la firma, de su *marca*, la presencia del emisor del código o del firmante en su estricta unicidad, como una presencia única. Y solo así, en efecto, actúa como firma: en la medida en que esa singularidad está allí retenida, grabada, *escrita* como *una* firma, como una sola y única firma.

Pero allí donde Derrida parecía reconocerle a la escritura, a través de la firma escrita, su condición de huella de la huella, de huella

---

164 Derrida, Jacques: "Firma, acontecimiento, contexto", op. cit., p. 370. El resaltado es mío.

(marca marcada y grabada, escritura) de la huella (de la marca como condición de todo código escrito), justo cuando parece conducir su reflexión hacia un verdadero acontecimiento, el del efecto de la firma como *trace* de la *trace*, Derrida vuelve sobre sus pasos y desecha semejante hipótesis de un acontecimiento puro, de la escritura como huella de la huella: "¿Hay algo semejante? –se pregunta–. La singularidad absoluta de un acontecimiento de firma ¿se produce alguna vez? ¿Hay firmas?". La condición de posibilidad de los efectos de la firma, responde volviendo sobre los argumentos con los que abría la conferencia y cerrándole toda posibilidad a otorgarle a la escritura, como el ejercicio de trazar letras, que traza una firma, en este caso, su especificidad, es simultáneamente la condición de su imposibilidad, "de la imposibilidad de su pureza rigurosa" (de su condición de puro acontecimiento, de huella de la huella, en nuestros términos): para funcionar, para ser legible, "una firma debe poseer –afirma Derrida– una forma repetible, iterable, imitable". No hay, pues, acontecimiento puro, la escritura no esconde ningún secreto: la firma escrita hace efecto, en todo caso, como acontecimiento de firma por el movimiento de la huella, en su condición, por ende, de archi-escritura y no de huella de la huella, de huella (marca grabada, retenida, y retenida como una única huella) de la huella (de la marca).

Sin embargo, a pesar de su resistencia, que por omisión y a veces por rechazo explícito como en este caso, a concederle a la escritura su especificidad por fuera de su condición de archi-escritura; a pesar de caer, en este punto y para ser justos solo en este punto, en el movimiento de inflación de la escritura que él mismo denunciaba algunos años antes, lo cierto es que la escritura, en el sentido corriente, *sí* tiene su marca propia y específicamente humana y con ella, por ende, se muestra en su condición *política*: la escritura, como huella de la huella es marca marcada, marca de la marca pero marca marcada *y* grabada, marca de la marca inscrita, hundida en el material sobre el que ella se graba como una única huella, como la presencia de una única presencia ligada, como la firma y para siempre, a la mano que allí escribió, que dejó allí su huella, entonces, tan única e irrepetible, *initerable*, en este sentido, en su condición humana.

CAPÍTULO X

Una política de la sensibilidad

— I —

La palabra *suis* en francés significa "soy" pero también "sigo". El término puede emplearse, por ende, atendiendo a la conjugación en primera persona del singular del verbo ser, *être*, o del verbo seguir, *suivre*. El sentido de esta palabra, como es evidente y como suele suceder con varios términos no solo en el idioma francés sino también en la mayoría de las lenguas, depende enteramente del contexto en el que ella es empleada. *Je suis*, en fin, puede querer decir "yo soy" o bien "yo sigo". Sin embargo, el equívoco inherente que la lengua francesa reserva a la palabra *suis*, la ambigüedad del sentido a la que estamos haciendo referencia, que remite entonces tanto al verbo ser como al verbo seguir, lo que ya anticipa, en algún punto, la relación inherente que existe entre ser y seguir, una relación en la que la filosofía está inherentemente involucrada, en la medida en que ella se pregunta por el ser, que su pregunta por excelencia es la pregunta por el ser –es decir cuyo dominio de reflexión más específico es el dominio de la ontología–, sirve a Derrida para, precisamente, volver a plantear, o a cuestionar, esa pregunta. En *L'animal que donc je suis*, cuya traducción al español puede entonces ser leída según la fórmula "El animal que luego soy" o "El animal que luego sigo", y cuyo doble sentido es intencionalmente puesto en juego no solo en el título del texto sino fundamentalmente a lo largo del texto mismo, Derrida explica las razones que lo llevaron a prestarse a ese juego para tratar la cuestión animal, una cuestión, por otro lado, siempre mal tratada por la filosofía, o por lo menos por la filosofía occidental. La pregunta,

revisitada, lleva en suma a esta otra pregunta: ¿es la pregunta por
el ser la pregunta primera de la filosofía?

> Creí simplemente haber inventado este juego a la vez inocente y
> perverso del homónimo, este doble uso de la pequeña, de la potente
> palabrita *suis*. Creí incluso haberla justificado de antemano. No
> en general, por supuesto, pues eso sería más bien trivial, sino con
> respecto al animal. Lo inventé, en verdad, puesto que creí inven-
> tarlo y que no recuerdo habérmelo encontrado nunca en la forma
> consecuente de la demostración que pretendo, a saber, que con
> anterioridad (antes, pero ¿antes de qué tiempo, antes del tiempo?),
> antes que la cuestión del ser como tal, del esse y del sum, del ego
> sum, está la cuestión del seguir (...)[165].

Con anterioridad a la cuestión del ser –escribe entonces Derrida–
está la cuestión del seguir. Pero agrega: ¿antes de qué tiempo? ¿antes
del tiempo? Con anterioridad aquí no significa un antes temporal,
sino antes bien un antes a-temporal. Es decir: no se trata de sustituir
una pregunta por la otra, de sustituirlas en el orden del tiempo: no
vendría primero la pregunta por el seguir y luego la pregunta por
el ser, lo que simplemente cambiaría el tiempo en el que se debería tratar, o responder, a cada una de estas preguntas, restituyen-
do así el principio metafísico de ese orden (primero lo uno, luego
lo otro, primero la pregunta por el seguir como pregunta distinta
–¿opuesta?– a la pregunta por el ser). Significa, por el contrario,
preguntarse por el ser preguntándose *al mismo tiempo* –lo que es
ya preguntarse, decíamos, en un "antes" que es un antes que está
fuera de tiempo, pues la modalidad del ser o la modalidad del tiempo del ser no admite dos preguntas al mismo tiempo– por el seguir.
Se trata, puesto de otro modo, de formular la pregunta por el ser
como lo que es en la medida en que lo que es está fuera del tiempo
o de la temporalidad que define el ser y la historia de la filosofía.
Es, en suma, preguntarse por el ser que se es siguiendo, significa
preguntarse por el ser bajo la modalidad del seguir pero de un seguir que no es el seguir siendo: ¿se puede ser, siguiendo? Y, en todo
caso, el ser siguiendo: ¿sería un ser siguiendo, *qué*? ¿Cómo se *es*, o
mejor aun, *qué* se es siguiendo, *yendo tras*? ¿Siguiendo eso que se
sigue, *qué* es lo que se es?

---

165 Derrida, Jacques: *El animal que luego estoy si(gui)endo*, Madrid, Trotta, 2008,
    p. 82.

   El parpadeo de la política

Es cierto que este "inocente y perverso" juego al que se presta la palabra *suis* le sirve a Derrida para derribar los fundamentos de una historia, la historia de la filosofía, y muy en particular para derribarlos en relación con la forma en la que esta historia trató la cuestión animal desde Descartes hasta Lacan –y éste es, en efecto, el motivo central del texto: *L'animal que donc je suis*, el animal que entonces soy o sigo es la fórmula que elige Derrida para dudar de ella–. Sin embargo, no solo la filosofía y su historia son las que caen en desgracia con la invención del juego. No solo es la pregunta por el ser la que es cuestionada, no solo la cuestión animal está allí revisitada sino, también, la pregunta por la política, es decir el interrogante que hace lugar a la filosofía política. Porque: ¿no es la politicidad del hombre –es decir la condición del hombre como *zoon politikon*– la que abre la diferencia entre la esfera de la animalidad y la esfera de la humanidad en la historia de la filosofía política? El ser siguiendo, la relación entre el ser y el seguir hace posible, por lo tanto, una pregunta que olvida la filosofía política, que no cabe en la pregunta por el ser de la política: la pregunta por el *parpadeo* de la política. Tomar en serio el juego, ese "perverso e inocente" juego es, en síntesis, llevar el pensamiento de la política hasta donde ese pensamiento no llega, hasta donde el pensamiento sobre la política no llega porque *no ve*, porque no es alcanzado por lo que él *puede* ver.

Ahora bien: el pensamiento o la reflexión que traza el horizonte de la política a partir de su parpadeo, o que busca ese horizonte *en* el parpadeo de la política no es de ningún modo un pensamiento o una reflexión ajena o ajeno a la política y a su pensamiento, a la política y a la historia de ese pensamiento, es decir a la filosofía política. Como el parpadeo que produce el ojo para ver, cuya duración interrumpe el ver pero hace posible la vista, con él o con ella, con este pensamiento o con esta reflexión sobre lo que es la política se puede, en todo caso, ir más allá de la política pero para trasladarse más acá de ella, tomar distancia de la filosofía política pero no para alejarse sino para acercarse, no para perderla –a ella y a la tradición que ésta encarna– sino para encontrarla de una forma distinta, para encontrarla, en fin, en el instante en el que la política desborda el pensamiento de la política. Que lo desborda pero que no lo anula, entonces, que lo supera pero que no lo suprime. La pregunta por el parpadeo de la política, por ende, puede hacerse perfectamente conservando las particularidades de este "más allá" que anuncia su parpadeo, que anuncia el parpadeo y su duración: ¿hay política "más allá" del *logos* y de la palabra? ¿Hay humanidad más allá de la plena presencia del hombre en el *logos* y en la palabra, más allá del *zoon politikon*? O mejor aun: ¿hay humanidad más allá de la presencia plena, de su plena presencia en la voz que habla, que habla en el espacio público y en la proximidad del habla? ¿Se puede seguir o ir tras el gesto o la huella que inaugura cada voz humana, que hace de cada voz *una* voz, que hace de cada voz una voz única, una voz que habla por sí misma cada vez que se habla? ¿Cómo capturamos ese instante en el que la voz no solo se muestra como voz humana, que no solo es *logos* que interrumpe la *phoné* sino una voz única e irrepetible que ni el *logos* ni la *phoné* pueden describir? ¿Se puede seguir el movimiento que, para volver a Hegel, hace del puro querer decir *un* decir, pero un decir único que corresponde a cada voz decir en la medida en que se dice más allá de lo que se dice con palabras?

Seguir o ir tras, seguir o ir tras del ser, de lo que *se* es o de lo que nos hace ser humanos puede también –en suma– ser una manera de ser, de ser humanos y de estar presentes en un instante que ya no cabe en la temporalidad y en la espacialidad del instante del presente que es, en última instancia, la temporalidad y la espacialidad de la política, del espacio público y de la proximidad del habla. Es decir del hombre como *zoon politikon*. Si, para decirlo con otras palabras, el presente que define nuestra presencia es huella: ¿cómo seguimos o vamos tras la huella de *nuestra* presencia? O mejor aun: ¿cómo seguimos o vamos tras la huella que hace de la presencia, es decir de *cada* presencia, una presencia única, única e *irrepetible* (o, en todo caso, solo repetible *siguiéndola*)? La pregunta por el parpadeo de la política –que resume la pregunta que una y otra vez marcó e impulsó la escritura de este ensayo– puede de este modo sintetizarse en un solo y único interrogante: ¿y si el hombre es un animal político no solo porque habla sino porque *escribe*; no solo cuando habla en la proximidad compartida del habla –en el espacio público– sino cuando guarda silencio *escribiendo*, en la soledad más absoluta (pero compartida) de la escritura?

— **II** —

En *Politique de la littérature* Jacques Rancière descarta, de entrada, los falsos motivos que ligarían a la literatura con la política. En primer lugar –sostiene– este vínculo entre literatura y política no se produce por el simple hecho de que los escritores expresen en su literatura sus compromisos personales con las pujas políticas de su tiempo. Tampoco se trata, por otro lado, de que éstos representen en sus textos, con mayor fidelidad o menor destreza, determinadas estructuras sociales, determinadas identidades políticas o contextos políticos específicos. Todo ello –aclara– en lugar de acercar el arte de la escritura a la política no hace otra cosa que alejarlo. Y la razón de este alejamiento es mucho más evidente de lo que parece: si la literatura tuviera algo que ver con la política porque los escritores trasladan su compromiso político a las historias que ellos narran, o porque estas historias cuentan o narran algún aspecto de lo que denominamos la dimensión de la política: un acontecimiento o un evento de la historia política, lo que la literatura tendría de política no le pertenecería, estrictamente hablando, a la literatura sino a la política. Es decir: la segunda se adheriría a la primera como algo externo a ésta. Pero lo que precisamente Rancière quiere transmitir con la expresión que elige para dar nombre al texto al que hacemos referencia es que hay algo interno a lo que llamamos literatura que la convierte en una práctica política. Hay algo de la pureza del arte de escribir, dicho de otro modo, que liga literatura y política. Para comenzar a despejar, entonces, el verdadero significado de lo que designa la fórmula "política de la literatura" Rancière propone hacerlo despejando primero lo que vendría a designar para él el término política. Si bien se la confunde a menudo con el ejercicio del poder o con la disputa que tiene lugar en torno a su acceso y a su ejercicio, esto no basta, sin embargo, para que haya esfera de la política. Ésta designa, por el contrario, una esfera de la experiencia humana mucho más decisiva que la que describe aquella definición restringida de la política:

> La política –sostiene Rancière– es la constitución de una esfera específica donde ciertos objetos son planteados como comunes y ciertos sujetos vistos como capaces de designar esos objetos y de argumentar sobre ellos. (...) Una célebre fórmula aristotélica declara que los hombres son seres políticos porque poseen la palabra que les permite poner en común lo justo y lo injusto mientras que los animales poseen solamente la voz que exprime el placer o el dolor. Pero toda la cuestión consiste en saber quién es apto para juzgar lo que es palabra o grito, para re trazar (...) *las fronteras sensibles* por las cuales se atesta la capacidad política. (...) Esta distribución y redistribución entre (...) palabra y ruido (...)

es lo que yo llamo el *partage* de lo sensible. La actividad política reconfigura el *partage* de lo sensible[166].

Retomando la célebre fórmula aristotélica sobre el *zoon politikon* (una referencia, la de Aristóteles, que no podemos sino subrayar enfáticamente aunque solo sirva por el momento para anticipar sus efectos, sobre los que volveremos enseguida) Rancière sostiene que

---

166 Rancière, Jacques: *Politique de la littérature*, Paris, Galilée, 2009, pp. 11-12. Mantenemos, no solo en este pasaje sino a lo largo de todo este apartado la palabra francesa *partage* sin traducir para no perder, en la traducción al castellano, la polisemia de sentido que caracteriza y enriquece el término en el idioma original y que en buena medida refleja y explica la complejidad y la riqueza –precisamente– que el concepto de *partage du sensible* tiene en la filosofía de Rancière. En francés, en efecto, el verbo *partager* significa, al mismo tiempo, dividir –distribuir o repartir– y compartir. En castellano, sin embargo, no existe una misma palabra que contenga todas estas posibilidades de sentido. Ahora bien: es precisamente sobre estas distintas posibilidades de sentido sobre las cuales se apoya la categoría que elabora Rancière: el *partage* de lo sensible refiere, así, no solo a la forma en la que lo sensible es dividido –distribuido o repartido– como palabra o ruido, como *logos* o *phoné*, por ejemplo, sino también a la forma en la que esta división es compartida por distintos individuos, es decir a la forma en la que se tiene parte o se participa de esa división, reparto o distribución (no solo porque ella es común a los distintos individuos de una comunidad sino porque uno mismo es objeto de esa división, reparto o distribución). Es por esta razón, dicho sea de paso, que no podemos sino tomar distancia de las traducciones al español, publicadas hasta el momento, del texto ya clásico de Rancière sobre el tema, *Le partage du sensible. Esthétique et politique*, puesto que en todas ellas se optó por forzar la traducción de la palabra original *partage* en detrimento de la riqueza semántica del término, riqueza de la que el propio Rancière se sirve, como vemos, para desplegar su reflexión filosófica. Se trata, en particular, de tres ediciones y de tres traducciones distintas: la edición española de Consorcio Salamanca, a cargo de Antonio Fernández Lera, que traduce *partage* por división, la edición chilena de LOM que elige traducir el término por reparto, y la última publicación de la editorial argentina Prometeo que lo traduce, tomando en cuenta parcialmente esta polisemia de sentido que venimos comentando, por compartir. Por lo demás, y como bien destaca Jorge Eduardo Rivera C. a propósito de su logradísima traducción al castellano de *Ser y tiempo*, y de las dificultades que presenta la traducción de la palabra alemana *Dasein* en el contexto de la filosofía de Heidegger –dificultades que, de hecho, no son en absoluto menores a las que puede presentar la traducción de la palabra francesa *partage* en el marco de la filosofía de Rancière– no nos parece para nada que esta decisión sea un error o un fracaso, más aun si se toma en cuenta, como señala el propio Rivera, que es con esta misma vocación de no perder la riqueza polisémica de una palabra en su lenguaje original y en su relación con un sistema filosófico que se suele dejar sin traducir palabras griegas tales como *logos*, *physis* o *polis*, siendo todas ellas, en la actualidad, "comprendidas por cualquier lector de filosofía". Cf. Heidegger, Martin: *Ser y tiempo*, Madrid, Trotta, p. 454.

la actividad política es el conflicto por determinar qué es palabra
o grito, es decir por volver a trazar las fronteras sensibles a través
de las cuales un sonido se percibe o se siente como expresión de
desagrado o como palabra deliberativa. La política, de este modo,
interviene en el *partage* de lo sensible en la medida en la que ésta
modifica lo que en ese *partage* se da a sentir como palabra o como
sonido, como sentido o como ruido. Si la literatura tiene algo que
ver con esta esfera de la experiencia humana, es decir con la política, es porque ella participa de esta redistribución (*partage*) de los
límites que definen lo sensible. Pero está claro, sin embargo, que
no toda literatura es *intrínsecamente* política. No siempre el arte
de escribir, que en efecto no siempre estuvo asociado a la palabra
literatura, estuvo dotado de esta capacidad de intervenir en lo que
Rancière llama el *partage* de lo sensible. Para Rancière, en efecto,
la política de la literatura tiene un origen histórico bien preciso (el
siglo XIX), con un tipo singular de literatura que es también un régimen específico del arte de escribir, que rompe con la forma en la
que se escribía con anterioridad a esta ruptura (que no casualmente
marca, también, el inicio del período en el que el término literatura
deja de ser utilizado para referirse al saber de los letrados, es decir
a las Bellas Artes, para comenzar a ser comprendido en el sentido
en el que lo comprendemos en la actualidad: como el conjunto de
producciones de las artes de la palabra y la escritura[167]).

Algunos de los autores que Rancière suele incluir como protagonistas de este movimiento de ruptura, y cuyas obras ha sabido
analizar en detalle en diferentes textos o artículos, son Mallarmé,
Flaubert, Victor Hugo o Balzac. En lo fundamental, lo que produjo
en términos de la historia de la literatura este grupo de autores,
que no agota en absoluto los alcances de este giro, es la invención
de una forma inédita de escritura que contradecía el principio que
hasta el siglo XIX gobernaba la concepción del arte en general, y
de la literatura en particular. Antes de la emergencia del régimen
estético del arte, nombre con el que Rancière designa este nuevo
régimen de identificación del arte de escribir, las obras literarias,

---

167 Para Rancière, de hecho, la obra de Madame de Stael *De la littérature consi-
derée dans ses rapports avec les institutions sociales (1798-1800)* representa
algo así como "el manifiesto de este nuevo uso" de la palabra literatura. Un
mayor desarrollo del rol de este texto y de algunos otros en esta ruptura
que Rancière llama revolución estética puede encontrarse en su libro *El
malestar en la estética*.

aunque –insistimos– no se trata únicamente de la literatura sino de cualquiera de las formas en las que este régimen se presenta en las prácticas artísticas: la pintura, la escultura, etc., respondían a otro régimen de identificación del hecho artístico: el régimen representativo del arte. Los fundamentos de este último régimen se encuentran formulados en sus puntos básicos en la *Poética* de Aristóteles.

Así, la escritura como práctica artística, la escritura pero también la pintura, la escultura o el teatro, estaban gobernados por el principio de la ficción: el arte de escribir se identifica, en el régimen representativo que inaugura la *Poética*, con el arte de escribir una historia, con la destreza del artista para construir una *intriga* –o lo que podríamos llamar, también, *la racionalidad de una trama*–: el poema es una historia y el valor de esa historia es lo que define el texto pero también la pintura y el lienzo, la piedra esculpida y la performance sobre tablas como fenómeno artístico. La ficción o la historia fundan, dicho en otras palabras, la generalidad de la poética como norma de las artes en general. Si el texto y la pintura pueden ser comparados entre sí, no es porque la pintura sea un lenguaje y los colores del pintor asimilables a las palabras del poeta: es porque ambas artes cuentan una historia. Y una historia no es otra cosa que una representación, es decir una representación de hombres que actúan, de acciones necesarias o verosímiles que mediante la construcción de lo que en general se conoce como el nudo y el desenlace de esa historia, se encadenan para darle forma a la intriga, es decir a la historia o al poema (en el sentido aristotélico) como hecho artístico.

Desde luego que esta concepción de lo que es el arte y de lo que define las prácticas artísticas en sus diferentes facetas se mantiene, aún después del tiempo transcurrido desde la *Poética* de Aristóteles, plenamente vigente (basta, solo para dar un ejemplo y para no ir demasiado lejos, en detenerse en la forma en la que el cine de industria, probablemente la más actual y la más difundida de las prácticas artísticas, compone, por lo menos en su forma dominante, los productos que produce: la ficción cinematográfica no deja de ser, en su forma dominante –insistimos–, la representación de hombres que actúan, es decir de una historia motorizada por la orquestación de acciones siempre verosímiles y necesarias que le dan forma a esa historia y construyen su intriga específica[168]). Pre-

---

168 Aunque, como bien demuestra Rancière en *La fábula cinematográfica*, es posible encontrar en la industria del cine formas de producción artística

   El parpadeo de la política

cisamente lo que Rancière llama el régimen estético del arte, que no es otra cosa que un régimen distinto de reconocer y de identificar lo que hace del arte, *arte*, y cuya primera forma tiene lugar, no casualmente, en la literatura, y en particular en la literatura de los autores que antes mencionábamos, viene a conmover, entonces, el edificio representativo que dominaba hasta el momento la lógica de composición artística.

En uno de los textos en donde se ocupa particularmente del tema, que lleva por título *La palabra muda. Ensayo sobre las contradicciones de la literatura*, Rancière se detiene, por ejemplo, en la célebre novela de Victor Hugo, *Notre Dame de Paris*. Para empezar, sostiene, la obra lleva por título el nombre de una catedral, de una piedra esculpida con forma de catedral y de ningún modo el nombre de uno o varios personajes, de los hombres y mujeres que protagonizan la novela. En segundo lugar, y esto en algún punto no hay que dejar de aclararlo, por supuesto que no se trata de ignorar que el texto de Victor Hugo es una novela y que, es cierto, cuenta una historia. Pero allí, dice Rancière, la narración de la historia se detiene, en largos trazos de su escritura, suspendiéndose con ello la configuración de la intriga o la racionalidad de la trama que le da vida a esa historia, para dedicar esa escritura más que a la historia misma a la descripción detallada, minuciosa, y sin dudas entonces artística, de la catedral que parece por momentos ser ella misma la protagonista: se "construye con la materia de las palabras –escribe Rancière– un monumento del cual solo cabe apreciar la amplitud de sus proporciones y la profusión de sus figuras"[169]. La catedral, concluye por lo tanto, "no es un modelo arquitectónico (...), es un *modelo escriturario*"[170]. La descripción –en suma– sustituye al hilo de la ficción –a la fábula– y el mutismo de la piedra habla más que los personajes de la historia[171].

---

que rompen con el régimen representativo del arte. Dos textos, además del ensayo mencionado, destina el filósofo francés al análisis y a la descripción de los diferentes matices de esta ruptura: *Las distancias del cine* y *Béla Tarr. Después del final*.

169 Rancière, Jacques: *La parole muette. Essais sur les contradictions de la littérature*, Paris, Hachette, 1998, p. 33. La traducción es mía.

170 Ibid. La traducción es mía.

171 Tomamos aquí la expresión "el hilo de la ficción" en estricta alusión al texto del propio Rancière, *Le fil perdu. Essais sur la fiction moderne*, en donde el autor hace referencia, precisamente, a la sustitución de la ficción, como construcción de una intriga, por este modelo escriturario del régimen estético

Ahora bien: ¿por qué la novela de Victor Hugo, y más ampliamente buena parte de la literatura del siglo XIX, encarnaría una forma de escritura que es ella misma política? En primer lugar, porque la suspensión de la historia en pos de esta descripción casi pura, de esta escritura que hace hablar a las piedras –o en la que "la piedra se hace verbo", como sostiene el propio Rancière a propósito precisamente de la novela de Victor Hugo– es decir la suspensión de la ficción como la representación de hombres que actúan y de acciones que construyen una intriga, es al mismo tiempo la suspensión de un determinado *partage* de lo sensible que divide esas historias en hombres que actúan y en hombres que simplemente se dedican a reproducir su condición de vida. Toda historia o ficción poética en el sentido aristotélico, dicho de otro modo, esconde detrás de sí, o mejor aun se funda como tal, en una jerarquía entre aquellos hombres que son los que traccionan la narración y el encadenamiento lógico de acciones que tienen un sentido en el contexto de esa narración o de esa historia, o lo que es lo mismo que le dan sentido a la narración misma o a la historia, los protagonistas, y de pequeños seres que no tienen ninguna incidencia en ella y que solo son el fondo sobre el cual la ficción se desenvuelve según la acción, siempre admirable y grandilocuente, de los primeros. Y si nos referimos a esta jerarquía como un determinado *partage* de lo sensible es porque ella se corresponde con la división –o más ampliamente con el *partage*– de lo sensible entre palabra y ruido, entre sentido y sonido: los primeros son los que hablan, a los que se los escucha emitir palabras, mientras que los segundos se limitan simplemente a emitir algún sonido, no se los oye sino es a través del ruido que hacen como personajes secundarios, casi invisibles, de una ficción construida sobre la base de esa división –o de este *partage*– entre dos humanidades totalmente distintas. Incluso más: el principio de la ficción que gobierna la poética comprendida según esta forma típicamente aristotélica de composición artística, y más específicamente de composición de la literatura, se complementa siempre con otro elemento esencial a ella: con el principio de decoro que duplica este *partage* de lo sensible bajo la representación de los personajes según la forma que corresponde a la naturaleza de

---

(de ahí, en efecto, el nombre del título de su trabajo: *le fil perdu* significa el hilo perdido y alude, entonces, al hilo perdido de la ficción –moderna– en este tipo de literatura).

lo que representan; los grandes protagonistas deben hablar como tales, ser fieles a la grandeza de las acciones que llevan a cabo, que es en efecto lo que produce el efecto de verosimilitud ficcional, que la historia, las acciones y los personajes que la protagonizan produzcan los resultados que se esperan según esa naturaleza; y los pequeños seres que deben "hablar" también según lo que encarnan o representan: pequeños seres sin nada para decir por fuera de lo único que pueden decir, *nada*.

Si volvemos al pasaje en donde Rancière define la política como la actividad que interviene en el *partage* de lo sensible podemos ver rápidamente que la referencia a Aristóteles posee una pertinencia bien específica: lo que la política de la literatura así comprendida produce en tanto política, y que por lo tanto es también lo que ésta produce en tanto literatura (porque de lo que se trataba era, recordemos, de buscar la política que hace la literatura en tanto literatura, como mecanismo inherente a la escritura), es una determinada política: la que actúa a partir del poder del *logos* o de la palabra. El sentido, para decirlo de otro modo, es lo que garantiza la eficacia política de esta forma de escritura que deshace las evidencias sensibles sobre las cuales se construye la ficción poética y su singular *partage* de lo sensible. Es decir: para presentar otro mundo sensible, sustraído de esta jerarquía entre distintas humanidades, entre grandes y pequeños personajes, entre protagonistas y simples individuos confinados a la pura reproducción de su vida en una historia que no los tiene en cuenta sino a costa de dejar de considerarlos como hombres de palabra capaz de contar, precisamente, una historia, esta política de la literatura se funda en la posibilidad de cambiar el sentido a partir del cual percibimos y comprendemos ese mundo sensible –y por lo tanto *simplemente* lo sensible–. Para hacer hablar a las piedras, para que se escuchen las voces de los que no deberían hacer otra cosa que dedicarse a darle contenido al sonido de fondo que alimenta toda historia, para hacer salir del fondo a esas voces y a esos hombres, para que dejen de ser el fondo de la historia es preciso que esta escritura comunique otro sentido del mundo, reparta nuevamente lo que es palabra y ruido, sentido o sonido, primer plano y fondo, contexto y texto en un determinado texto.

Sin embargo, lo que siguiendo a Rancière podríamos llamar una política de la literatura no agota esta forma de concebir lo que de la escritura es su dimensión política. Y precisamente la referencia a Aristóteles sintetiza perfectamente este sesgo a propósito de lo que para el autor francés hace de la escritura una práctica política. La escritura, puesto de otro modo, no solo es política por lo que ella comunica, o porque ella comunica un nuevo *partage* de lo sensible. Es política, también, por lo que ella transmite más allá de lo que se comunica. Una breve referencia a la Conferencia de Derrida en Montreal –que ya hemos citado más arriba– a propósito precisamente de la palabra comunicación, puede ayudar, aunque solo sea precariamente, a distinguir con mayor nitidez la distancia, también precaria, entre dos esferas de la experiencia humana, la esfera de la comunicación y la esfera de la transmisión, que es también una forma (siempre precaria) de distinguir entre dos políticas distintas:

> (...) la palabra comunicación, que nada nos autoriza inicialmente a despreciar como palabra y a empobrecer en tanto que palabra polisémica, abre un campo semántico que precisamente no se limita a la semántica, a la semiótica, y todavía menos a la lingüística[172].

Para clarificar esta posición, incluso, Derrida propone en la misma conferencia un par de ejemplos que –aclara– si bien recurren al menos provisionalmente "al lenguaje ordinario y a los equívocos de la lengua natural nos enseñan, por caso, que se puede (...) comunicar un movimiento o que una sacudida, un choque, un desplazamiento de fuerza puede ser comunicado –entendámonos, propagado, *transmitido*–"[173]. Si bien estos ejemplos que Derrida trae a colación no dejan de distinguir precariamente –insisto– entre estas dos esferas de las que daría cuenta el uso del término en cuestión, el de comunicación, los ejemplos sirven sin dudas para comenzar a explorar un poco más profundamente esta diferencia. Según precisa entonces Derrida, solemos utilizar el término comunicación en el lenguaje cotidiano en al menos dos sentidos bien distintos: uno cuyo sentido describe la dimensión semántica de la palabra, y otro cuyo sentido no tiene nada que ver con el sentido. El primero, el más frecuente y típico en lo que concierne a su uso apunta lógicamente a los casos en los que hablamos de comunicación para referirnos a la transmisión de fenómenos de significación. Cuando nos referimos a la comunicación entre dos personas, por ejemplo, ponemos en práctica esta primera acepción de lo que es transmitido, es decir, y estrictamente

---

172 Derrida, Jacques: "Signature, événement, contexte", en *Marges de la philosophie*, Paris, Minuit, 1972, p. 367. La traducción es mía.

173 Ibid. La traducción es mía.

hablando, comunicado. Sin embargo, existe también un uso distinto de la palabra. Y este segundo uso no refiere a la esfera semántica o lingüística de lo que se "comunica". Así, para volver al pasaje citado, cuando hablamos de comunicar un movimiento o una sacudida, un choque o un desplazamiento, describimos la transmisión de un determinado fenómeno (el movimiento, la sacudida, el choque o el desplazamiento) pero de ningún modo describimos la transmisión de un sentido o un fenómeno lingüístico. Esta diferencia entre estas dos esferas de lo que puede ser "comunicado", es decir transmitido como sentido o comunicado propiamente dicho, y transmitido más allá del sentido, me parece fundamental para comenzar –decía– a distinguir entre dos políticas distintas y, por ende, entre dos esferas también distintas de la experiencia humana.

Pero comencemos por el principio: yo diría que la historia de la filosofía política, y por lo tanto la historia de lo que llamamos la reflexión sobre lo que es la política, se redujo desde Aristóteles –de ahí, por caso, que el propio Rancière haya comenzado, no casualmente, el pasaje citado haciendo referencia a su figura– a pensar la primera de estas esferas que mencionábamos como la única esfera de la experiencia humana plenamente política. O, para decirlo en los términos con los que veníamos anticipándolo, desde Aristóteles no hemos dejado de pensar la política como la actividad que interviene en la esfera de la comunicación o la transmisión del sentido cuyo espacio más propio es, por supuesto, el espacio que configura lo que llamamos el espacio o la esfera pública –puesto que allí, precisamente, podemos hacernos plenamente presentes por el efecto de la condición que define nuestra condición más plenamente humana: la de la posesión del *logos* o de la palabra–. Por lo que de acuerdo con este principio que delimita el pensamiento aristotélico, que marca una y otra vez a la tradición de la filosofía política –que se constituye en efecto como tradición a partir o en virtud de esta concepción logocéntrica o metafísica–, la "eficacia" política se mide de acuerdo con la capacidad del hombre, o mejor aun de los hombres reunidos colectivamente, de transformar el sentido del mundo, del mundo común que compartimos, como diría Hannah Arendt, que al fin y al cabo conforma nuestra propia realidad humana, es decir que "asegura la realidad del mundo y de nosotros mismos"[174]. El poder de *logos* o de la palabra se erige, así, en el fundamento pri-

---

174 Arendt, Hannah: *La condición humana,* op. cit., p. 60.

mero –y último– de la política. Y aquí, por supuesto, el poder del *logos* es equivalente al poder de la palabra hablada, de la palabra viva, presente así y plenamente en el cuerpo que habla que es, de hecho, la que viene a garantizar en primera instancia el espacio o la esfera pública. El privilegio de la voz corre siempre en paralelo al privilegio del *logos*, el sentido o de la significación.

Pero si volvemos al ejemplo de Derrida, y si lo tomamos *solo* como punto de partida –puesto que en rigor no solo lo que allí se define como la esfera de la transmisión no debería ser comprendida como una esfera absolutamente separada de la esfera del sentido, por las razones que, por diferentes vías ya hemos esgrimido pero sobre todo por lo que veremos enseguida y, por otro lado, porque el propio Derrida la emplea también *solo* para dar inicio al desarrollo de su Conferencia que se ocupa, en realidad, de otro tema, el de la iterabilidad de la escritura[175]–, es posible *comenzar* a pensar esta misma esfera como una esfera que revela, también, nuestra condición más propiamente humana. Porque si bien existe un mundo común que es el mundo que compartimos a partir de la experiencia del sentido o del *logos*, sobre la que actúa la actividad política para reconfigurar, como señala Rancière, el *partage* de lo sensible, para transformar el sentido del mundo, de sus jerarquías y de sus desigualdades siempre intrínsecas –basadas en las diferencias, para configurar ese mundo común, entre lo que es palabra o ruido, sentido o sonido– la práctica de la escritura hace lugar a otra forma de la experiencia humana, más propiamente humana y por lo tanto política, sobre la cual actúa y cuyo mundo común no está configurado, estrictamente hablando, ni por el sentido ni por el *logos*, aunque no deje de depender, en algún sentido –valga la redundancia– de ese mismo mundo del sentido.

Más allá, entonces, de lo que la escritura comunica, transforma y modifica como producto de la potencia del *logos*, más allá de la forma en la que ésta reconfigura el *partage* de lo sensible –volvemos sobre los términos de Rancière–, ésta actúa en su condición política porque lo que ella transmite, para decirlo rápidamente –retomaremos esto enseguida– es una manera singular y única de *habitar* el sentido. Esta esfera de lo que pertenece, por lo tanto, a la *sensibilidad* humana, esfera a la cual nos hemos intentado acercar a lo largo de este trabajo –mucho menos, quizás, por el contenido o las ideas

---

175 Cf. Capítulo precedente.

que expusimos y venimos exponiendo sino ante todo, *y en primer lugar*, a través de la escritura, es decir de *nuestra* propia escritura- es la que configura la esfera del gesto como palabra dicha, es decir, aquí, *escrita*. La fórmula con la que basábamos el argumento del apartado anterior, la fórmula algo enigmática que, siguiendo el texto de Derrida, decidimos componer bajo la expresión "ser siguiendo, seguir el gesto" pretende en gran medida describir el modo a partir del cual es posible dar cuenta de esta otra política de la que la escritura es su testigo más potente, y que remite al mismo tiempo a esa otra esfera de la experiencia que *transmite* la sensibilidad del que escribe que depende, siempre, del gesto que soporta su escritura, es decir el texto escrito. Dos caminos bien concretos, en efecto, pueden sintetizar y explicar mejor, si se quiere, el alcance de esta fórmula: seguir el gesto de la escritura de otro, mientras se lo lee, mientras se lee el sentido de lo que comunica, de lo que dice o, mejor aun, de lo que escribe pero *sobre todo y fundamentalmente* de lo que transmite *más allá y más acá* del sentido, o bien seguir nuestro propio gesto, cuando escribimos, ir tras de nosotros mismos en el momento mismo en el que estamos escribiendo, manteniéndonos al umbral del sentido o del *logos*, son dos formas bien concretas de acceder a esta otra experiencia de lo humano, es decir a esta otra experiencia de la política. Podríamos, con toda justicia aunque con el riesgo de simplificar un poco las cosas, llamar a esta política *una política de la sensibilidad* –de la que la escritura, va de suyo, no es la única práctica que la hace posible aunque sí, probablemente, "la única" en diversos sentidos–[176].

En una breve conferencia que da a fines de marzo de 2006 en Milán, en efecto, Nancy realiza una distinción decisiva para comprender mejor y con mayor profundidad lo que deberíamos entender con el término que define esta política, el concepto de sensibilidad, cuya historia en la historia de la filosofía cuenta con un peso sin dudas también decisivo –basta recordar, por caso y para no ir demasiado lejos, el paso de esta categoría por la filosofía de Kant–.

---

176 En principio, y solo para esbozar una primera aproximación a esta "unicidad" de la escritura en relación con otras prácticas que podrían enmarcarse en este horizonte que delimita la esfera de la sensibilidad entendida como una esfera perteneciente a la esfera política, su particularidad reside, como venimos desarrollando a lo largo de este trabajo, en que esa sensibilidad que expone el gesto se graba, *se inscribe*, como el gesto singular del que escribe en el papel escrito.

Porque, en rigor, todo el entramado argumentativo y teórico que intentamos desarrollar desde el inicio de estas páginas, es decir todo lo que, desde el inicio de este ensayo, hemos llamado la esfera del gesto como aquella esfera específica de la experiencia humana que transmite la sensibilidad única y singular –pero al mismo tiempo compartida, de allí, en buena parte, su condición política, volveremos sobre esto– de cada ser humano, depende de este último término, categoría o concepto, cuya piedra angular es, por supuesto, ese otro concepto al que nos estamos refiriendo, también una y otra vez: el concepto de gesto.

En aquella conferencia, entonces, Nancy distingue con toda lucidez –aunque con el propósito de abordar otro tema, el del arte– entre dos efectos distintos producidos por el sentido con el objeto de distinguir con ello entre dos sentidos distintos: por un lado, sostiene, existe lo que podríamos llamar el sentido sensato o inteligible y, por el otro, lo que podríamos identificar como el sentido sensible. Así, amplía, mientras el primero designa todo lo que del sentido puede ser comprendido, leído –precisamente– en su sentido o, para recuperar el argumento que veníamos exponiendo, *comunicado*, el segundo responde a lo que del sentido es expuesto –o transmitido, si nos atenemos a nuestra propia terminología– como "un dinamismo *sensible* que precede, que acompaña o que sucede al sentido o a la significación"[177]. Y, como lo hace también Derrida en su conferencia de principios de los años setenta que antes citábamos, Nancy propone para ilustrar mejor esta distinción un ejemplo que, según sus propias palabras, no es más que "un modo muy simple" de ilustrarlo: "si digo 'buenos días' sonriendo –sostiene– cambio un poco la significación del 'buenos días', pero sobre todo cambio la *sensibilidad*, por lo tanto, el sentido sensible de la expresión buenos días"[178]. Está claro que no se trata más que de un ejemplo "muy simple", para retomar las palabras del propio Nancy, y que el gesto o la esfera de la sensibilidad humana, es decir del sentido sensible, no consiste en absoluto en, o no puede ser reducido de ningún modo a, un simple movimiento corporal –como el gesto de sonreír cuando se dice buenos días–. Pero sí, de algún modo, el ejemplo ilustra este dinamismo sensible con el cual Nancy definía al principio de su

---

177 Nancy, Jean-Luc: "El arte hoy", en *El arte hoy*, Buenos Aires, Prometeo, 2014, p. 32.

178 Ibid.

frase la esfera de la sensibilidad, del gesto o del sentido sensible. Y la escritura como práctica humana revela este dinamismo sensible que precede, acompaña, sucede o, mejor aun, *soporta* la producción del sentido, la esfera del *logos* o de la palabra[179]. Lo sensible del sentido es, así, el lugar del gesto como el sitio en donde tiene lugar lo que decimos cuando hablamos –lo que más atrás denominábamos la gestualidad vocal, es decir el gesto único y singular que hace de cada voz una voz única[180]–, que es también, y en lo esencial –por lo menos a los fines de lo que queremos acá desarrollar más profundamente– el sitio en donde tiene lugar lo que queremos significar o comunicar cuando escribimos, con el texto escrito.

Pero a diferencia de lo que propone Nancy en aquella intervención sobre el arte en Milán, para nosotros esta esfera de la sensibilidad humana que es transmitida en la escritura, en *cada* escritura, con su gesto, este dinamismo sensible –en suma– expresa no solo la singularidad del artista o de una obra –y aquí se trataría, en todo caso, de la singularidad de la obra escrita– sino también la singularidad de una manera de habitar el sentido, es decir una forma o una manera también singular y única de habitar *en* el sentido que en la medida en la que pertenece a nuestra condición humana no deja de ser, a pesar de su unicidad tan "única", una manera *común o compartida* de habitarlo. Y esto es, en efecto, lo que hace del gesto, de este dinamismo sensible o de esta esfera de la sensibilidad humana no solo el rasgo mínimo del arte –hecho que no discutimos en absoluto y que, incluso, dicha discusión implicaría todo un trabajo aparte– sino el rasgo mínimo, el momento del parpadeo, según nuestra propia terminología, de la política. Cada ser humano, por lo tanto y para decirlo de un modo distinto, habita en el mundo del sentido con una sensibilidad que le pertenece solo a esa forma de habitar en ese mundo, esto es: solo a ese individuo, pero cuya sensibilidad no deja de configurar un mundo común de sensibilidades en el que cada uno habita según la suya propia. El carácter único de cada presencia se presenta así, a través del gesto, de la esfera del sentido sensible, en su singularidad compartida. Por lo que, por otro lado aunque en estricta relación con lo que venimos diciendo, abrirse o "dejarse" abrir a la experiencia sensible del sentido, a la sensibilidad que soporta la significación o al sentido con el que dotamos al

---

179 Cf. Capítulo III.
180 Cf. Capítulo III.

mundo, nos transporta a otra forma de la experiencia distinta, pero por las razones que hemos visto estrictamente relacionada con la experiencia o la esfera del sentido, que también nos libera de la dominación ordinaria, de las jerarquías y las desigualdades a partir de las cuales se constituye esta dominación ordinaria, la configura, y a través del sentido y de los mecanismos con los que dividimos, distribuimos y compartimos lo sensible dominamos y somos dominados en el mundo del sentido. A favor de la larga historia que cuenta la historia de la filosofía política, por lo tanto, podemos agregar que la igualdad, categoría a la que tanto se ha referido esa historia y, sobre todo, la historia reciente de esta disciplina, es decir la filosofía política contemporánea, aparece en esta otra esfera del sentido sensible a través de la marca evanescente del gesto, de aquello que nos hace igual en igual medida que la posesión de la palabra.

En el silencio de la escritura, dicho de otro modo, cuando el sentido deja de decir o comunicar lo que queremos decir, cuando se desplaza hacia el punto en el que "ya no quiere decir nada" resuena, en fin, la vibración de lo que decimos, es decir de lo que escribimos, se expone y se transmite el gesto que nos convierte en seres humanos únicos *e iguales*. Y esta unicidad e igualdad de la que da cuenta –y que es propia de– la práctica política de la escritura se graba, como hemos visto, sin fijarse plenamente, apenas grabándose como pérdida, como el gesto de cada escritura y como la marca "initerable" del que escribe. Aquello que de la escritura se transmite como una forma única de decir lo que escribimos, lo que comunicamos a través del sentido del texto escrito, en suma, remite entonces a esta esfera de la sensibilidad que compone una humanidad distinta, una política que transforma el mundo del sentido en la sensibilidad de un mundo que registra formas singulares de habitar o de vivir en el sentido.

BIBLIOGRAFÍA

Agamben, Giorgio (2008). "Vocación y voz", en *La potencia del pensamiento*. Madrid: Anagrama.

Arendt, Hannah (2009). *La condición humana*. Buenos Aires: Paidós.

Aristóteles (1989). *Política*. Madrid: Centro de Estudios Constitucionales.

Barthes, Roland (1984). "Ecrire la lecture", en *Le bruissement de la langue: essais critiques IV*. Paris: Seuil.

Barthes, Roland (2002). "Sur la lecture", en *Œuvres complètes*, tomo IV. Paris: Seuil.

Barthes, Roland (2002). "Variations sur l'écriture", en *Œuvres complètes*, tome IV. Paris: Seuil.

Bense, Max (2004). *Sobre el ensayo y su prosa*. México: Centro Coordinador y Difusor de Estudios Latinoamericanos.

Berg, Walter Bruno (2010). "Teoría del prólogo borgeano", en de Toro, Alfonso, *Jorge Luis Borges: Translación e Historia*. Hildesheim: Georg Olms Verlag.

Bergson, Henri (1966). "La perception du changement", en *La pensée et le mouvant*. Paris: PUF.

Blanchot, Maurice (1955). *L'espace littéraire*. Paris: Gallimard.

Blanchot, Maurice (1983). *La communauté inavouable*. Paris: Minuit.

Blanchot, Maurice (2002). *La comunidad inconfesable*. Madrid: Arena Libros.

Bonnot de Condillac, Etienne (2014). *Essai sur l'origine des connaissances humaines*. Paris: Vrin.

Borges, Jorge L. (1971). *El Aleph*. Buenos Aires: Emecé.

Bourdieu, Pierre (1990). *Sociología y cultura*. México D.F.: Grijalbo.

Cazenave, Jon (1997). "L'irrintzina: de la valeur emblématique à la désaffection", *Lapurdum*, 2, études basques, revue du Centre de Recherche sur la langue basque et l'expression en langue basque, octubre.

Cohen, Patricia (2007). "Sarmiento, entre la espada, la pluma y la palabra", en Sarmiento, Domingo F., *Facundo*. Buenos Aires: Gradifco.

Derrida, Jacques (1967). "Capítulo 10", *La voix et le phénomène*. París: PUF.

Derrida, Jacques (1972). "Signature, événement, contexte", en *Marges de la philosophie*. Paris: Minuit.

Derrida, Jacques (1989). *La escritura y la diferencia*. Barcelona: Anthropos.

Derrida, Jacques (1998). *De la gramatología*. México D.F.: Siglo XXI.

Derrida, Jacques (2004). "La Pharmacie de Platon", en Platón, *Phèdre*. París: Flammarion.

Derrida, Jacques (2008). *El animal que luego estoy si(gui)endo*. Madrid: Trotta.

Derrida, Jacques (2010). "Firma, acontecimiento, contexto", en *Márgenes de la filosofía*. Madrid: Cátedra.

Derrida, Jacques (2010). "La differance", en *Márgenes de la filosofía*. Madrid: Cátedra.

Derrida, Jacques (2013). *Spectres de Marx. L'État de la dette, le travail du deuil et la novelle Internationale*. Paris: Galilée.

Dólar, Mladen (2007). *Una voz y nada más*. Buenos Aires: Manantial.

Duras, Marguerite (2014). *Escribir*. Buenos Aires: Tusquets.

Gelb, Ignace J. (1976). *Historia de la escritura*. Madrid: Alianza editorial.

Godard, Hubert (2002). "Le geste et sa perception", en *La Danse au XXe siècle*. Paris: Larousse.

González, Horacio (1999). *Restos pampeanos. Ciencia, ensayo y política en la cultura argentina del siglo XX*. Buenos Aires: Colihue.

Hegel, G. W. F. (1971). *Fenomenología del espíritu*. México D.F.: Fondo de Cultura Económica.

Heidegger, Martin (2003). *Ser y tiempo*. Madrid: Trotta.

Martínez Olguín, Juan José (2019). "Devenir Autre: l'écriture comme geste éthique", en *Actes de la 1ère Biennale de Philosophie Pratique et Apliquée*, Elena Théodoropoulou (dir.). Rodas, Grecia: Laboratoire de Recherche en Philosophie Pratique.

Marx, Karl (1982). Carta de Marx a Ruge (marzo 1843), en *Escritos de juventud*. México D.F.: FCE.

Marx, Karl (2002). *El Capital. Crítica de la economía política*. Buenos Aires: Siglo XXI.

Meziane, Mohamed Amer y Sage, Marion (2016). "Un geste de la voix. Sons et mouvements de Valeska Gert", en *Revista Filigrane. Musique, esthétique, sciences, société*, diciembre.

Nancy, Jean-Luc (1999). *La communauté désœuvrée*. Paris: Christian Bourgois Éditeur.

Nancy, Jean-Luc (2001). *La communauté affrontée*. Paris: Galilée.

Nancy, Jean-Luc (2001). *La comunidad desobrada*. Madrid: Arena Libros.

Nancy, Jean-Luc (2014). "El arte hoy", en *El arte hoy*. Buenos Aires: Prometeo.

Nancy, Jean-Luc (2016). *La comunidad revocada*. Buenos Aires: Mar Dulce.

Pierre, Loti (1999). *Ramuntcho*. Burdeos: Aubéron.

Platón (2008). *Fedro*. Barcelona: Gredos.

Rancière, Jacques (1981). *La nuit des prolétaires*. Paris: Fayard.

Rancière, Jacques (1998). *La parole muette. Essais sur les contradictions de la littérature*. Paris: Hachette.

Rancière, Jacques (2007). *Aux bords du politique*. Paris: Gallimard.

Rancière, Jacques (2009). *Politique de la littérature*. Paris: Galilée.

Rancière, Jacques (2011). *La haine de la démocratie*. Paris: La fabrique.

Rousseau, Jean-Jacques (1970). *Ensayo sobre el origen de las lenguas*. Buenos Aires: Ediciones Calden.

San Agustín (1984). Sermón nro. 288, en *Obras Completas de San Agustín*, t XXV. Madrid: Biblioteca de autores cristianos.

Sarmiento, Domingo F. (2007). *Facundo*. Buenos Aires: Gradifco.

Sirat, Colette (1998). "La trace graphique, le geste et la personne", en *Revue des littératures et des arts*, numéro 10.

Verrnant, Jean-Pierre (2014). *Les origines de la pensée grecque*. Paris: PUF.

Zizek, Slavoj (1993). *Tarrying with the negative*. Durham: Duke University Press.

roasting	pāka	peka	
baking	pacana	peéenje	
observe	spaś/ paśya-ti	paziti	
seeing	paśyan	panja	
behold!	paśu		pazi!

English	Sanskrit	Slovenian	Russian
bind (to), fetter	pas, pasati	pasati (to gird)	opojasat'
fasten (to)	paś, paśayati	pasati (to gird)	opojasat'
pelt, hide	driti	dreti (to flay)	drat' (to flay)
urinary duct	mehana, vasti	mehur (bladder)	mehi (bellows)
flock	yūtha		jata
honey	mada, madhu	med	mjed
mead	madhu, madishtha		medica[1]

Note: Monier-Williams's *A Sanskrit-English Dictionary* (SED) English transliteration was generally followed: $\bar{Y}$ is pronounced as **ch**; ś as **sh** and in some cases as s; cerebrals such as ḍ, ṭ, ṇ are relatively rare in Vedic words.

Slovenian-Latin pronunciation is generally used, with some exceptions: **c** is pronounced as **ts** in English; **é** as **ch; š** as **sh; as zh**; (or **j** in French); and **j** as **y.**

Russian - Slovenian transliteration was used.

For Sanskrit transliteration standard diacritical system has been used.

The pronunciation is similar to English, but A is pronounced as an article A, C as CH, S as SH and - over a vowel denotes a long vowel. 'A' also denotes a long vowel in Hindi and Punjabi.

In Slovenian, C is articulated as English TS, C as CH, J as 'Y', S as SH, and Z as J in French.

Russian transliteration follows The Random House College Dictionary guidelines.

Czech é is pronounced as CH, š as SH, z as ZH, í as YE, c as TS

Slovenian pronunciation is similar to Russian; é is pronounced as CH; j as Y; š as SH and z as ZH, c as TS.

Sanskrit transliteration follows *A Sanskrit-English Dictionary* compiled by Sir Monier Monier-Williams, where English is used as a base and C' is pronounced as CH; 'S' as SH and sometimes as S. For the purposes of this comparison, long vowels are not indicated, nor is a distinction made between dentals and cerebrals. This is the reason why SED page number is shown.

CH; 'S' as SH and sometimes as S; also no distinction has been made between long and short vowels nor is a distinction made between dentals and cerebrals.

Hindi and Punjabi use English transliteration; long vowels are indicated by (:) but no distinction is made between dentals and cerebrals.

X indicates that there is no corresponding word with a similar sound and meaning blank indicates that the corresponding word has not been confirmed.

Conclusion

From the above comparisons, it can be seen that Slovenian has preserved more general vocabulary than other Slavic languages such as Czech and Russian that is common to Sanskrit. In some cases, Slovenian still preserves vocabulary and grammatical forms no longer used in modern Indian languages such as Hindi and Punjabi. The conjugation of the verb 'to be' is a good example.

Slovenian has also kept the meanings of the words quite close to the Vedic Sanskrit, along with the sounds. The greatest similarity is the Vedic Sanskrit, which is the language of the Vedas. This indicates that Slav separated from Indians long ago in the remote past to spread over the various parts of Europe.

More Linguistic Comparisons between Sanskrit and Slavic languages:

If we compare Germanic and Slavic languages to Sanskrit and to modern Indian languages such as Hindi and Punjabi, we can find some similarities in all these languages. However, I have observed that Slovenian language has considerably more similarity to Sanskrit than English or German. This is rather remarkable since English has such a vast vocabulary because it draws to its Germanic base also from Greek and Latin and the Romance languages especially French borrows from the Vikings. Nevertheless a modern Slovenian and a Vedic speaking Indian would almost understand each other enough to prepare a meal. Whereas, a Germanic speaker would have a much more difficult time with the understanding of the basic words for wood, fire and water. This proves the fact that Slavs originated first from their Vedic ancestry than the people speaking Germanic, Latin, Greek, and Roman.

A statistical comparison of the vocabulary found in Macdonell's A Vedic Reader for Students has been made and it was found that about 20% of the Vedic words are the same or similar to modern Slovenian. In a similar comparison to Classical Sanskrit in Narayana's Sanskṛtam Jñāna-Jyotiḥ, about 10% of the vocabulary is the same or similar to Slovenian. Some of the comparisons are rendered hereunder:

English	Sanskrit	Slovenian	Hindi	Punjabi
tree	taru	drevo	taru	
wood	dru/dāru	drva	drum	
moist	voda	voden		
soup	supa	zupa	supa	
stir-stick	mekṣaṇa	mesalo		
food	adana	jed		
drink	pa, pibati	piti	pina	pina
give to drink	pāyayati	opajati	pilana	pilana

There are also similarities in words that describe the surroundings and climate.

English	Sanskrit	Slovenian	Hindi	Punjabi
winter	hima	zima	him (snow)	him (snow)
heat	tapana	toplina	tapana	tapana
sweat	svid, svedate	svicati	sved (perspiration)	

There are similarities in vocabulary dealing with an interpersonal relationship:

English	Sanskrit	Slovenian	Hindi	Punjabi
settle/kill	sud, sudate	soditi		
court	sabhā	sobana	sabha	sabha
assembly	sabhā	zbor/sabor		
kill	klath, klathati	klati		
murder	mṛ, marayati	moriti	marna	marna
harsh	krūra	krut	krur	krur
afraid	klav, klavate	klavrn		
timid	bhiyasana	bojazen		
love/attract	lubh, lobhayate		ljubiti	
gratify	pṛ, pryate	prijati	pyar karna	pyar karna
question	prach/pras	prasati	prashna	prashna
give	da, dati	dati	dena	dena
give	day, dayate	dajati		
forcing to give	dayitā	dajatev		

In the religious terminology, there are also some similarities:

English	Sanskrit	Slovenian	Hindi	Punjabi
Lord	bhaga	Bog	Bhagavan	Bhagavan
heaven	nabhas	nebesa	nabh	
monk	maniṣin/muni	menih	manishi	muni

Of the pre-Christian religion there are some remnants of similarities:

English	Sanskrit	Slovenian	Hindi	Punjabi
king of gods	Varuṇa	Svarun		
goddess	bhagavati	boginja		

The relationship between Sanskrit and Slovenian is not only seen in vocabulary, but also in the realm of morphology. Sanskrit, Slovenian along with Sorbian (East Germany) use the dual, and the verbal endings are quite similar (Reindl 1999). For example:

Slovenian	plavam	plavava	plavamo (dial. plavama)
Sanskrit	plavami	plavava	plavama
English	I am swimming	We two are swimming	We are swimming

Languages have a great evolutionary significance because linguistic affinities are also clues to population history. A common language frequently reflects a common origin, and a related language indicates a common origin too, but further back in time (Barbujani 1997). Comparison of Sanskrit and modern Indian languages Hindi and Punjabi with Slovenian belonging to a Slavic language family, shows that there is a linguistic similarity, and the older the language, the greater is the resemblance. Sanskrit, specially Vedic Sanskrit which is the oldest, exhibits more similarities to Slovenian than Hindi or Punjabi. A statistical comparison shows that ~20% of Vedic words are the same or similar to Slovenian in sound and meaning. The similar comparison with the Classical Sanskrit, which is a younger language, shows ~10% similarity. This resemblance is not limited to linguistics, but can be further seen in some family and also some topographical names. This can be taken as an indication, as already concluded above, that Slovenian language finds its direct origin from Vedic Sanskrit and Slovenian people are the first Vedic people who migrated outside India in the remote past. Slovenian language has changed relatively slowly over the millennia. Within this context, it would be reasonable to expect, that a modern Slovenian scholar, familiar with the Slovenian dialects and other Slavic languages, should be able to recognise words and meanings of the Venetic language if it belongs to the same language family. In addition to linguistics, there are also genetic similarities between Slavs of Europe and the peoples of India, which will be taken up for consideration in the section of Genetic Evidence. We give more comparisons to validate further the above hypothesis.

Phonological, Morphological, Syntactic and Semantic Comparisons between Slovenian and Sanskrit:

Reindl (1999) gives an excellent short comparison between Sanskrit and Slovenian (and other Slavic languages). They all are related at the mother-daughter level, that is, if you were to think of the Slavic languages as being 'daughter' languages, Sanskrit would be a 'mother' language to them.

Thus, there are certain similarities that can be observed in the areas of phonology, morphology, syntax and semantic level because of their historical connection.

The phonological similarities are heightened by the fact that Slavic and Indian languages are both part of the 'satem' group of Indo-European (languages of the Vedic family) languages; thus, they will often share an /s/ whereas other languages will have a /k/, such as Germanic /h/. For example, Sanskrit śatam (hundred) and Slovenian 'sto' (hundred), but Latin 'centum' (hundred) and German 'hundert' (hundred).

Slavic   is,   generally   speaking,   phonologically

conservative in many ways, thus allowing us to recognise cognates with Sanskrit because of its own archaic nature. For example, Sanskrit 'vraṇam' (wound) and Slovenian 'rana' (wound), Sanskrit 'makṣa' (fly) and Slovenian 'muha' (fly), Sanskrit 'iṣ, icchati (to look for) and Slovenian 'iskati' (to look for). To Reindl's examples, it is possible to add many others, such as Sanskrit 'muṣka' (muscular person) and Slovenian 'mos'ki' (manly), Sanskrit 'mūṣ' (mouse) and Slovenian 'mis' (mouse), Sanskrit 'i, eti' (to go) and Slovenian 'iti' (to go).

In the realm of morphology, Slovenian preserves the dual number (as does Sorbian, a Slavic language spoken in eastern Germany). The verbal endings in the present tense are strikingly similar between Slovenian and Sanskrit. This can be seen from the verb 'to fall':

Singular   **Dual**   **Plural**

Skt---

patāmi patasi patati/ patāvaḥ patathaḥ patataḥ /patāmaḥ patatha patanti/

Slo---

padam   padas' pada/ padava padasta   padata/padamo   padate padajo/

Eng-

I fall. You fall. He falls./   (Not present)/   We fall. You fall. They fall.

Similarly for the verb 'to be':

	Sanskrit	Slovenian	Russian (archaic)	Hindi	English
Sing.	asmi	sem	ia iest' (iesm')	main hun	I am
	asi	si	ty iest (iesi)	tu hai	you are
	asti	je	iest (iest)	vaha hai	he is
Dual	svaḥ	sva	x	x	x
Dual	sthaḥ	sta	x	x	x
	sta	sta	x	x	x
Plural	smaḥ	smo	my iest'(iesm')	ham hain	we are
	stha	ste	vy iest' (iest'e)	tum ho	you are
	santi	so	oni iest' (sut')	ve hain	they are

Nouns also show similarities between Sanskrit and Slovenian. Both have dual. The modern Indian languages do not have a dual. The vocative is not preserved in Slovenian but is found in Czech, Croatian, Serbian, Macedonian and Bulgarian. The full 8-case system of Sanskrit has evolved in most Slavic languages to 7 or 6 cases (Slovenian 6, Latin 6 and Greek 5).

Syntactically, most Slavic languages have adopted a basic *Subject Verb Object* (SVO) pattern, in distinction to the usual *Subject Object Verb* (SOV) pattern in Sanskrit (Reindl). Although there is no strict rule for placement of SOV. They can be placed at any place, but Sanskrit SOV pattern is the most frequent.

In addition to noun declensions, Sanskrit grammar and Slovenian grammar have additional similarities. Both are highly inflected and have three genders---masculine, feminine and neuter. Both have three numbers---singular, dual and plural; also adjectives are inflected to agree with the nouns. Verbs are inflected for tense, mode, voice, number and person.

Examples of Sentence Structure in Sanskrit:

Skt. *ni-nabhe   masau   śvetaṁ meghaṁ paśyāmi*

Slo. Na nebu   v mesecu   svetlo   meglo   opaz'am.

Eng. In the sky in the month   a bright cloud   I observe.

Similarity with regard to numerals is also glaring, e.g.

Numerals - Ordinals

English	Sanskrit	Slovenian	Hindi	Punjabi
first	prathama (pūrva)	prvi	pahlā	pahlā
second	dvitīya	drugi	dūsrā	dūjā
third	tṛtīya	tretji	tīsrā	tījā
fourth	caturtha	c'etrti	chauthā	chauthā
fifth	pañcatha	peti	pānchvā	pañjavān
sixth	ṣaṣṭha	s'esti	chhaṭhā	chhevān
seventh	saptama	sedmi	sātvān	satvān
eight	aṣṭama	osmi	āṭh	aṭh

English	Sanskrit	Slovenian	Hindi	Punjabi
ninth	navama	deveti	nauvān	nauvān
tenth	daśama	deseti	dasvā	dasvā
twofold	dvaya	dvoje	dugunā	dugunā
threefold	traya	troje	trigunā	tiguna
tenfold	daśa kṛtvas	deset krat	dasguṇā	daśguṇā
both	ubha, f.ubhe	oba, f.obe		
of both kinds	ubhaya	oboje		

In Sanskrit and Slovenian, the ordinals, being all adjectives, are all declined in masculine, feminine and neuter. They agree in gender, number and case with the following nouns.

Additional Vocabulary Comparisons

The Sanskrit vocabulary can be found in Monier Williams' '*A Sanskrit-English Dictionary*', and SED column below indicates the page numbers, where additional meanings can be found. Nouns and adjectives are presented as roots without nominative endings. Verbs are also rendered in a root form plus 3rd person singular or root and just 3rd person singular ending, if there is not enough space.

Sanskrit	Slovenian	Hindi	Punjabi
abhāgā (unfortunate)	ubog	abhāgā	abhāgā
abhinava(quite new, fresh)	obnov-ljen	abhinav	
abhidhā,-dadati (to cover, protect)	obdati		
ad (eating)	jed	anna	anna
ajijivat, cf. jiv (restore to life)	oz'iveti		
apuplavat,cf.plu (to inundate, submerge) poplaviti, āplāvit karaṇā			
akarṇa (without ears)	okrnjen		
aru, arauti (to shout, cry towards)	rjuti	roṇā	roṇā
aruj, arujati (to tear out, demolish)	rus'iti,	ruvati	
askand, -ati (to invade, assault)	naskoci'ti		

Sanskrit	Slovenian	Hindi	Punjabi
asku, askauti (to pluck, tear, pull)	oskubiti		
asu, asuvati (send off towards)	suvati		
auṭa (lip-shaped)	usta	osṭh	hoṭh
aruṇa (redish brown, red)	rujno	aruṇ	aruṇ
badisa, vadisa (hook, fish-hook)	bodica		
bal, balate (to hurt, to mention)	boleti		
bala (young shoot)	bil	bel	vel
bala (sick)	bolan		
bhaga (gracious lord (gods)	bog	bhagvān	
bhagavat (prosperous)	bogat		
bhara (gain, prize, booty)	bera	bhār	bhār
bhara, bharat (shout)	barati	bhār 'force'	bhār 'force'
bharts, -ayati (to abuse, menace)	brcati		
bhiyas (fear, apprehension)	bojazen	bhaya	bhaya
bhiyasana (fearful, timid)	bojazen,-ljiv	bhīṣaṇ	bhīṣan
bhlaś, -ate (to shine, glitter)	bles'c'ati		
bhratri (brother)	brat	bhra:ta:	bhra:
bhru (the brow)	obrv	bhru:	bhaum
bhū, bhavati (to exist, live, abide)	bivati		
bhuta (being, existing)	biti	bhūt	bhūt
bhugna (bent, curved, cowed)	upognjen	jhuknā	jhuknā
bhur, bhurati (to stir, palpitate)	buriti		
bhurloka (world, earth)	brlog 'den'	bhūlok	
bija/vija (origin of poem)	viz'a	bīj	bī
bil/vil, bilati (to split, cleave)	vile 'forks'		
biś, beśati (to go)	bez'ati 'flee'		
bis, bisyati (to urge on, incite)	bezati		
briṅh, -ayati (to further, promote)	brigati se		
bru, braviti (to speak, say, tell)	praviti		
budh, bodhati (to wake, wake up)	buditi	bodha mem rahnā	

Sanskrit	Slovenian	Hindi	Punjabi
buddha (awakened)	buden	buddha	
budhna (bottom, ground)	poden		

This comparison looks only at A and B letters of the alphabet. It should be noted that modern Slovenian still preserves many cognates, that are no longer used in Hindi and Punjabi because Slovenian is the elder sister of Hindi and Punjabi.

Grammatical and Linguistic Affinities

The Indians and the Slavs also have many linguistic affinities. The relationship between Sanskrit and Russian is well known and confirmed. What is not evident from these comparisons is how much closer Slovenian is to Sanskrit, than are other Slavic languages, despite the fact that Slovenians in the western part of Slovenia and the Slovenian-speakers in the eastern part of Italy are geographically the farthest away from India.

Slovenian has preserved numerous ancient Sanskrit (Vedic) words and has kept the meanings closer to Sanskrit in some cases than Hindi and Punjabi. The Sanskrit verb da, dadati/datte/dati has a dual meaning in a sense that it means both to give or to place; the Slovenian infinitive of the verb dati has an identical meaning. However, the infinitive of the verb denā in Hindi and Punjabi means only to give. Hereunder we render a comparison of Sanskrit terms associated with various aspects of life with some of the leading Slavic languages:

Sanskrit	Russian	Czech	Slovenian
Words associated with water. moisture and other			
megha (cloud)	mgla (gloom)	mlha (fog)	megla
mṛṣ, marṣati (to sprinkle, pour out)	marasit'	mßiti	mršéati
pa, papīyat (to quaff, drink intox. Liquors)	zapit'	popijeti	popivati
pa, pāyayati (cause to drink)	poit'	(na)pájeti	pojiti

Sanskrit	Russian	Czech	Slovenian
phena (foam, froth, saliva)	pena	pína	pena
pīti (drinking)	pit'io	pitî	pitje
plu, plavate (to swim, float)	plavat'	plavati	plavati
rasa (moisture, humidity, any liquid)	rosa (dew)	rosa	rosa (dew)
salila (tears)	sliozy	slzy	solze
salilavat (provided with water)	zalityy	zalîvan	zalivan
sarasa (a lake, pond)	ozero	jezero	jezero
snā, snāsyati (to bathe, wash, cleanse)	x	x	snaßiti
udakam (water)	voda	voda	voda (also: uda)
voda, udanya (moist)	x	vodnî	voden
varṣ & pruṣṇoti (to rain, shower down)	marasit'	pršeti	pršiti
apuplavat (to inundate, to submerge)		zaplaviti	poplaviti
varya (watery, aquatic)		x	barje, bara

Words associated with fire

Sanskrit	Russian	Czech	Slovenian
agneya (relating to fire)	ogneniy	ohen'î	ognjen
agni (fire)	ogon'	ohen'	ogenj
agniṭas (fire-pan)	x	ohniští	ognjišée
apaci (to be burnt)	x	opêci	opeéi
dhūma (smoke)	dym	dy'm	dim
dru/daru (firewood)	drova	drêvo	drva
ghṛ, gharṇoti (to burn, to shine)	goret'	hoõeti	goreti, ßareti
jaganu (fire)	x	ohnivi (fiery)	ßgan (fiery)
jṛ = gṛ, jarate (crackle as fire)	zharet'	ßár (glow)	ßareti (to glow)
kṛśānu (fire)	x	kõesati (strike fire)	kres (June fire)
kṛśānu (N. of Agni)	x	x	Kresnik?
Pacana (roasting)	pechen'e	peéenî	peéenje
pac-ati (to cook, bake, roast, boil)	pech'	pêci	peéi
pakṣa (fire-pit, fireplace, any wall)	pech	pec	peé; peéina

Sankrit	Russian	Czech	Slovenian
phutkr̥,-karoti (to puff, blow into)	pokurit'	podkou Ōiti	podkuriti
tapa (warmth)	teplo	teplo	toplina
taru (tree)	derevo	x	drevo
vahni (fire)	ogon'	ohen'	ogenj
vahniṭhāna (fireplace)	ognishche	ohnište	ognjišée

Words associated with food, food preparation and

ad, atsyati (to eat)	yest'	jîsti	jesti
adanīya (to be eaten, what may be eaten	s'ieden	jîdlo	jeden
adya (food)	yeda	jîdlo	jed
cuṣ,-ati (to suck)	sosat'	cucati	cuzati, sesati
cuṣaṇa (sucking)	sosanie'	cucánî	cuzanje
dhe, dhayati (to give suck, nourish)	doit'	dojiti (animal)	dojiti
gavyaya (coming from cattle)	goviadina	hovadina	goveje
gavyaya yuṣa (beef soup)	goviazhia yushka	x	goveja juha
ghāsi (food)	kasha	x	kaša
ghāsa (food, meadow or pasture grass)	x	kosenî	koša
jeh, jehate (be thirsty; to open the mouth)	zhazhdat'; zevat	ßîznit	ßejati; zehati, zevati
jīvatu (victuals, food)	x	x	ßiveß
kośa, koṣa (vessel, box, bucket, store- room)	kovsh	koš	koš, košara
koṭaka (granary, store-room)	x	x	kašéa
kṣira (milk, thickened milk)	syr (cheese)	syr	sir (cheese)
kuṣ,-ati; kuṣ,-ṇāti (to gnaw, nibble; to test)	kushat'	pokoštova ti:skoušet skoušet	(po)kušati; skušati
mas (flesh, meat; month)	miaso; miesiats	maso: mesîc	meso; mesec
mekṣaṇa (stick or spoon for stirring)	meshalka	mêchaéka	mešalka
mikṣ, mekṣayati (to stir up, mix, mingle)	meshat'	mîchatî	mešati
pa, pibati/papīyat (drink)	pit'	pîtî	piti
pac, -ati (to bake, cook)	pech'	peéi	peéi
pacana (cooking,	pechenyi	peéeni	peéenje

roasting)

Sankrit	**Russian**	**Czech**	**Slovenian**
paktṛ (one who bakes or roasts)	pekar'	pekaō	pek
papācyate (to cook very much, burn)	popech'	põepêci	popeéi
papīti (mutual or reciprocal drinking)	x	popîjenî	popivanje
pīta (food, nourishment)	pishcha	x	piéa
pīta (saturated, filled with)	napitan	x	pitan
pūrṇa (filled, full, abundant)	polon, polnyi	plny	poln
sūpa (soup, broth)	sup	x	ßupa
yemana=jemana (eating)	x	x	jemati (zdravilo)

Words associated with death

	Russian	**Czech**	**Slovenian**
bharts-ayati (to abuse, to pain)		x	brcati
du, davayati (to cause pain, sorrow)	davit'(to press)	x	daviti
ka-ati (to scrape, hurt, destroy)	kaznit'(execute)	kazit	kaziti
klath-ati (to hurt, kill)	kolot'	x	klati
kṛcchara (causing trouble, pain)	x	x	kré (cramp)
krudha (harsh, cruel)	x	kruty	krut
kruṣ, krośatii (to cry out, shriek)	krichat'	kriéet	kriéati
math,-ati (to trouble, disturb)	mutit'	x	motiti
mṛ, maryate (to kill, slay)	morit'	x	moriti
mṛ, mriyate/marate (to die, decease)	umirat'	umirat	mreti, umirati
mṛc, marcayati (to hurt, injure)	x	x	mrcvariti
mṛta (dead, rigid, torpid)	miortv	mrtevt	mrtev
mṛtyu (dying, death)	sm'ert'	umirati, smrt	mrtje=mretj ,smrt smrt
mṛtaka (dead man, corpse)	m'ertv'ets	mrtvolamrtvelec	mrtvak
pratap, -ayati (to destroy, torment)	x	trapit	pretepati

Sankrit	Russian	Czech	Slovenian
ru, rauti (to roar, cry outloud)	orat'	rvat	rjuti
ru, ravate (to break, kill)	rubit'	x	ruvati
rūp, ropayat (to cause violent pain)	x	x	ropati (plunder)
ruṣ,-ati (to hurt, injure, kill)	rushit (destroy)	rušit	rušiti (destroy)
vraṇati (to wound)	ranit'	ranit	raniti
vraṇa (wound)	rana	rana	rana
vunt,-ayati (to kill, hurt)	x	x	fentati

Verb 'to be'

Sankrit	Russian	Czech	Slovenian
asmi (I am)	X; yesm'	jsem	sem
asi (you are)	X; yesi	jsi	si
asti (he, she, it is)	yest	x (je)	x (je)
svaḥ (we two are)	X	x	sva
sthaḥ (you two are)	X	x	sta
staḥ (they two are)	X	x	sta
smaḥ (we all are)	X; (yest)	jsme	smo
santi (they all are)	X; (yest)	x (jsou)	x (so)
stha (you all are)	X; (yest)	jste	ste

Numerals

Sankrit	Russian	Czech	Slovenian
eka (one---------1)	odin	nêjakþ (someone)	eden:neki (someone) (neki) (someone)
dvi (dva) (two---------2)	dva	dva	dva
tri (hree------3)	tri	tōi	tri
catur (four--------4)	chetyre	étþōi	štiri (éetveri)
pañca (five ---5)	piat'	pêt	pet
ṣaṣ, ṣa-(six---------6)	shest'	šest	šest
saptan (seven-----7)	siem'	sedm	sedem
aṣṭan (eight------8)	vasiem'	osm	osem
navan (nine-------9)	dieviat'	devêt	devet
daśan (ten-------10)	diesiat'	deset	deset
ekādaśan (eleven---11)	odinnadsat	jedenáct	enajst
dvādaśan (twelve---12)	dvenadsat'	dvananáct	dvanajst
śata (hundred-100)	sut', sto	sto	sto

Names

In addition to the above grammatical and linguistic affinities between the Indians and Slavs, there is also some sharing of the names, especially amongst Slovenians and Indians. In Slovenia, one can find family names such as Šuklje (pronounced Shukla), Kumar, Kumer and Virk and others. In India, one can find the names such as Śukla (pronounced Shukla) amongst Brahmins, Kumar amongst Kṣatriyas and Virk amongst the Vaiśyas.

Indian Names	Meaning	Slo. Names
Āpi	friend, ally, acquaintance	Apih
Apāra	boundless, with no rival, unequalled	Opara
Archanā	respected	Arc'an, Arc'on
Archin	shining, devout	Arc'in
Arha	deserving	Arh
Ariha	killing enemies	Arih
Arjuna	white, clear, fair in visage and mind	Erz'en
Arka	sun, ray, learned man, (Skt. singer)	Arko
Aśmana	stone, gem, thunderbolt	Az'man
Aśnā	eating a lot, voracious	Az'nik
avasanika (Skt)	being at the end	Avsenek
Bahula	broad, ample, large, abundant	Pahulje
Bacil (Skt vacana)	one who speaks much, orator	Bac'nik
Bahuvata	strong armed	Bahovec
baida/vaida(Skt)	wise man, learned	Bajda/Vajda
Bhānu	light, glory, king, master	Ban
bharaga(Skt)	going under load	Baraga
Bharu	bearing a load, lord, master	Baric'
bhasaya(Skt)	resembling a bird	Basaj
bhela(Skt)	timid, ignorant, foolish	Belej
balihara(Skt)	paying tribute, taxes	Belihar
Bhaṅga	to break, destroy, destroyer	Benko
Bharaṇyu	striving to fulfil, protector, master, friend	Beranek
bhruṇa(Skt)	child, boy	Brunc'ic'
Bukkā	the heart, loving, sincere	Buko-ve(Gandhi) (T. I. S.)

Here again, only names beginning with A and B were compared.[1]

---

[1] For Sanskrit, Hindi and Punjabi transliteration, the standard diacritical

Numerical Comparisons

An attempt is made to determine, on a percentage basis, how many cognate words Vedic and Classical Sanskrit share with Slovenian. To compare Vedic Sanskrit with Slovenian, the vocabulary of Macdonell's *A Vedic Reader for Students* was used. All entries were compared, except names and derivatives for a total of 1612 entries. Out of 1612 entries, some 330 were similar to Slovenian in sound and meaning. This is 20.5%.

For Classical Sanskrit comparison, *Sanskrita Jñāna-Jyotiḥ* textbooks 1 and 2 were used. The vocabulary consists of 735 words, where 74 were similar to Slovenian for a 10% similarity.

Numerals - Cardinals

English	Sanskrit	Slovenian	Hindi	Punjabi
one	*eka*	eden, neki 'someone'	ek	ek
two	*dva*, f.*dve*	dva, f.dve	do	do
three	*tri*	tri	ti:n	tinn
four	*catur*	s'tiri	cha:r	cha:r
five	*pañca*	pet	pa:nch	panj
six	*ṣaṣ,ṣaṭ*	s'est	chhe	chhe
seven	*sapta*	sedem	sa:t	satt
eight	*aṣṭa*	osem	a:th	atth
nine	*nava*	devet	nau	nau
ten	*daśa*	deset	das	das
decade	daśati	desetka	dasshak	

(Skt., peta 'open hand with fingers expanded' Slo.,

---

system prevalent in Sanskrit is followed. For Slovenian C' is pronounced as CH, J as Y, S' as SH and Z' as J in French.

For Sanskrit transliteration, Monier-Williams' A Sanskrit-English Dictionary convention, where possible, was followed, but long and short vowels are not indicated. The pronunciation is similar to English, but C is pronounced as CH and S' as SH. For Hindi and Punjabi, Chaturvedi and Tiwari's A Practical Hindi-English transliteration was followed. The pronunciation is similar to English and : denotes a long vowel.

For Slovenian C' is pronounced as CH, J as Y, S' as SH and Z' as J in French.

ped > pet)

In Sanskrit, only the first four numerals are declined in three genders. The numerals 1, 2, 3 and 4 agree in gender and case with the following noun (This is similar to Slovenian). The numerals from 5 to 19 are declined alike in the three genders. They agree with the nouns they qualify in gender, number and case (In Slo., they agree in number and case, but not in gender).

Similarity of Dual Numbers

Slovenian like Sanskrit has the Dual number, which is quite a rarity amongst modern languages. It is present in Classical Greek, but not in Latin. Here is an example of dual number both in Sanskrit and Slovenian:

Sanskrit	: *gavayam mānsam agnau pacāvaḥ.*
Slovenian	: Goveje (pr.goveye) meso na ognju (pr.ognu) peceva.
English	: Beef meat on fire we two are roasting.

There are many other grammatical similarities between Sanskrit and Slovenian, but the most noticeable is the similarity in the vocabulary between Slovenian and Sanskrit This similarity manifests itself in interrogative words, in the household words, words to describe emotion and interpersonal relations, words to describe the body parts, words of motion, and words to describe judicial and legislative actions. In other words, the similarities are not confined only to certain strata of the vocabulary, but are spread over the entire language.

Interrogative Words

Sanskrit	English meaning	Slovenian
Kaḥ	what	KAJ (pr. kai)
Kaḥ	who	KDO
Kadā	when	KDAJ (pr. kdai)
Kva	where	KJE (pr. kye)
Sanskrit	**English meaning**	**Slovenian**

Kathā	how	KAKO
Katra	which of two	KATERA
Kiṁ	why	ZAKAJ (pr. zakai)
Kutaḥ	whence	ODKOD
Kutra	where to	KAM

Household Words

vasi	dwelling, dwelling place	vas
vasati	staying, abidingvasovati	
dama	house, home	dom
vesa	entrance, ingress	veza (pr. vesha)
dur	door	duri
tala	surface, bottom	tla
pota	floor, foundation of a house	pod
agni	fire	ogenj (pr. ogen)
dhūma	smoke, mist	dim
pac, pacati	to cook, roast, bake	peci
udaka	water	voda (uda in dialect)
voda	wet, moist, damp	voden
yushna	soup	juzna (pr. yushna)
karpata	patch, rag	krpa
sīv, sīvyati	to sow, stitch	sivati (pr. shivati)
sīvani	needle	sivanka (pr. shivanka)
sili	spike, arrow	silo (pr. shilo)
badisa	hook, fish hook	bodica (pr. boditsa)
dugdha	milked out, sucked out	duda
duha, duhyati	to give milk	dojiti (pr. doyiti)
gṛ	to crackle as fire	gori
koṭa	shed, hut	koca
sna, snasyati	to bathe, wash, clean	snaziti (pr. snashiti)
sadas	seat, residence	sedez
silindhra	earth, clay	zlindra (pr. shlindra)
puṣpa	flower, blossom	puspan (specific flower)
sala	house, stable	stala (pr. shtala)
kośa	box, drawer, trunk	kos (pr. kosh)
supa	soup	zupa (pr. shupa)
pi, piyate	to drink	piti, etc.

Words of emotion

Sanskrit	English meaning	Slovenian
bhi, bhayate	to fear	bati
lubh, lubhati	to desire greatly, long for	ubiti (pr. l'ubiti)
smi, smayati	to smile, laugh	smejati(pr. smeyati)
pri, priyati	to please, delight	prijati (pr. priyati)
resh, reshate	to howl, roar	rezati (pr. reshati)
vid, vedati	to know, understand	vedeti
ih, ihate	to long for, desire	ihta?
ghora	horror, frightful	gorje (pr. gorye)
upe, upeti	strive to obtain, imploreu	pati
krus, krosati	cry out, shriek	kricati (pr. krichati)
hasa	laughter, mirth	hec (pr. hets)
cit, cetati	to percieve, take notice	cutiti (pr.chutiti)
nanda,	joy, happiness, delight	nada etc

Interpersonal Words

Sanskrit	English meaning	Slovenian
mr̥, mr̥yate	to die	mreti
vr̥, varati	to hide, conceal, cover	varati
ras, rasayati	to scream aloud	rasajati (pr. rasayati)
bali	gift, tribute	bala
vr̥, vr̥nīte	to choose for one's self	vriniti
bharts, -ati	to abuse, deride	brcati (pr. brtsati)
du, davayati	to cause pain or sorrow	daviti
math, -ati	to trouble, disturb	motiti
da, dati	to give, bestow	dati
day, dayati	to impart, allot	dajati (pr. dayati)
budh, budhi	to wake, wake up	buditi
	to attend to	bdeti
vid, vedati	to know, understand	vedeti
	to mind, notice	videti
grabh, -nati	to size, grasp	grabiti
ajijivat	restore to life	ziveti (pr. oshiveti)
div, divyati	to play, sport, joke	ivjati (pr. divyati)
rup, rupyati	to violate, disturb	opati
krath, -ati	to hurt, kill	rotiti
klath, -ati	to hurt, kill	lati
pratapayati	destroy, torment,	pretepati etc.

Family members

Sanskrit	English meaning	Slovenian
mātā	mother	mat, mati
tāta	father	ata, tata
sunu	son	sin
bhrātā	brother	brat
bhrātṛtvam	brotherhood	bratstvo
vidhavā	widdow	dova
vanitā	unmarried, unmarried man	fant
māturbhrātā	mother's brother	materin brat
muṣka	muscular or stout persom	moski pr. moshki)
svaka	relation, kinsman	svak
snuṣā	daughter-in-law	naha
drapa	fool, idiot	trapa

Parts of the body

ostha	the lip	usta
bhrū	eyebrow	obrv
nagna	naked	nag
nās,or nus	nose	nos, (nus)
akṣī	eye	oko
meha	urine	mehur (bladder)

Thus from the above discussion, and close similarity of the words between Sanskrit and Slovenian, especially that of the Dual number, it can unhesitatingly be concluded that Slovenians are among the first Aryan settlers in Europe from India who left India in search of foreign habitats. Eastern Europe was first inhabited by them. Habitations in Western Europe came later.

Topographical Names

In Slovenia, one can find topographical names such as: Alino, Avsa, Bac'va, Baderna, Bela, Bale, Gaber, Golo, Kolpa, Kolarec, Krka, Kot, Kum, etc.

On the Indian sub-continent, it is possible to find similar topographical names: Alina, Ausa, Bachwara, Baderna, Bela, Bala, Gabhur, Gola, Kalpa, Kolaras, Karko, Kota, Kum, etc. (Muthiah and Poovendran)

Linguistic Comparison of Elemental and Agro-pastoral Terminology

The tables below allow comparing two Slavic languages with their remote cousin Hindi together with their ancestor Sanskrit. We cite here the most striking similarities from elemental and agro-pastoral vocabulary and semantically structured comparisons of cereal farming terminology. The corpus for farming comparisons was initially extracted from Russian proverbs related to agriculture collected by V. I. Dal' (Dal' 1994: 563-567) and later completed with semantically and morphologically related words.

A) Elemental

English	Russian	Slovenian	Sanskrit	Hindi
air in motion	veter m.	veter m.	vāta	vāt, vāyu f.
alive	zhivoi	ßiv,a,o(mfn)	jīva, (mn) jivā(f)	jīvā m.
animal	zhivotno'e n.	ßival f.	jīvī m.	jīvī m.
cloud	oblako n.	megla f, oblak m.	megha	megh
copulation	iebl'a (vulgar) jebanje n.	yabhana n	maithun	
dew, moisture	rosa f.	rosa f.	rasa	rasa
die (to)	umirat'	mreti	mri(mriyate)	maranā
drink (to)	pit'	piti	pī (pīyate), pā (pibati)	pīnā
drink(causing to)	pojit'	pojiti v. pojenje n.	pāyana n.	pīlānā
eat (to)	iest'	jesti, jedati	ad (atsyati, ādayati)	khānā
fire	ogon' m.	ogenj m.	agni/vahni	agni
food	pishcha f.,	ßiveß m.,	jīvatu (mn), adana, pitu m.jīvan	
	ieda .f	jed f., piéa f.		
ground, earth	z'eml'a f.	prst f., zemlja f., tla f.	prithvī(f), tala	prthvī, sthal
heat (to)	topit'	topiti	tapa (tapati)	tapanā
heat	t'eplo(ta) n.	toplota f.	tāpa	tāpa
kill, hurt (to)	kolot'	klati	krath, klath (klathati)	māranā (to kill animals)
English	**Russian**	**Slovenian**	**Sanskrit**	**Hindi**
live (to)	zhit'	ßiveti	jīva (jīvati)	jīnā
living being	zhivyie	ßivina (fp) (cattle)	jīvita	jīvita
meat	m'aso n.meso n.		mās(n)=mānsa	mānsa

English	Russian	Slovenian	Sanskrit	Hindi
moon	mes'ats m.	mesec m.	māsa m	māsa
month	mes'ats m.	mesec m.	māsa m or n	māsa
mountain	gora f.	gora f.	giri(m)	giri
murder (to)	morit' (archaic)	moriti	mṛ (mārayati)	mārnā
sex, copulate	iebat' (vulgar)	jebati (vulgar)	yabh (yabhati) sambhoga	karṇā
sky	nebo n.	nebo n.	nabha	nabha
sun	solntse n.	sonce n, solnce n.	sūrya	sūrya
tree	derevo n.	drevo n.	dru, taru m.	taru
vapour	dym m.	dim m.	dhūma	vāṣpa
water	voda f.	voda f.	uda n.	pānī
wet/moist	vlaga f.	voden	voda, ārdra	gīlā
winter	zima f.	zima f.	hima	śītakāla
yell (to)	krichat'	kriéati	kruś (krośati)	chīnkhanā

B) Pastoral

English	Russian	Slovenian	Sanskrit	Hindi
beef	gov'adina f.	goveje meso	gomānsa(n)	gomānsa
cattle	skot m.	govo, govedo n.	gāva	gāy
cow	korova f.	krava f.	goḥ	gau, gāya.
grass	trava f.	trava f.	tṛṇa(n)	tṛṇa
herd	stado n.	paša f.	pāśava(n)	paśu
herdsman	pastukh	pastir, pašnikar m.	gopa, pashupālak	paśupāla
lamb	iagn'onok m., bac(m)	jagnje(n)	vatsa	bachchaṛa
milk(thickened) (milk)	syr (cheese)	sir m. (cheese)	kshīra (n)	kshir
mutton	baranina f.	ovéje meso n.	avimānsa(n)	gośta
pasture	pastbishche n.	pašnik m.	paśavya(n)	pashuchar
ram	baran m.	oven m.	avi	mesh
sheep	ovtsa f.	ovca f.	avikā	bheḍa
shepherd	ovchar m.	ovnar, ovéar m.	avipāla	charavāhā
wool	sherst' f./runo n.	volna f, runo n.	urṇā	
yoke	iarmo n/igo n.	igo n., jarem m.	yuga	yoktra

C) Farming

English	Russian	Slovenian	Sanskrit	Hindi
farmer	krest'anin m.	kmet m.	krishaka, kshetrī m.	krishaka
master, owner	gospodin khoz'ain m.	ospodar, lastnik m.	pati, gopati	pati, gopati
plough man	pakhar'm.	oraé, oratar, oravec m.	Kṛṣaka, sairika	halavāha
English	**Russian**	**Slovenian**	**Sanskrit**	**Hindi**
reaper	zhn'ets m	ßanjec m, ßanjica f.	lavaka, chedaka	lāvaṇī kartā
sower	s'eiat'el' m	sejaé, sejavec m.	vaptā m, vijavaptā m	bīja bonevālā

winnower	v'eiat'el' m	vejaé, vejavec m.	pāvaka	pāvak m
thresher	molot'il', shchik m.	mlatié m.	mardana m	mardan m
field	pol'e(n)	polje n, njiva f., kṣetra n., bhūmi f. n'iva f.		khād
field (ploughed)	paśn'a f.	zorana zemlja f.	sītyakshetra n.	
furrow	borozda, brazda f.		sītā f. Harāī	pashn'a f.
garden	sad m.	vrt m.	udyana, upavana n.	udyān
manure, dung	navoz m.	gnoj(m), sranje(n)	gomaya, sāra	gobar

D) Instruments

plough(wooden)	sokha f.	drevo n.	hala n, sīra, gokīla	hal
plough (metal)	plug m.	plug m, oralo n.	lāṅgala n.	lāngala m.
flail	tsep' m.	cep/cepec m.	kaṇḍanī f, musala n	mūsal
harrow	borona f.	brana f.	koṭiśa	hengā m
hoe	motyga f.	motika f.	khanitra, khātra (n)	khanitra
mill	mel'nica f.	mlin(m)	peṣaṇa, catra(n)	chak-ki
scythe	kosa f.	kosa f.	khaḍgīka, lavitra(n)	hansiyā
sickle	serp m.	srp m.	lavitra(n), dātra(n)	dātrī/dāti
threshing-floor	gumno n.	gumno n.	khala m.	khaliyān m

E) Products for humans

bread	khleb m.	kruh m.(hleb-loaf)	pūpa, abhyusha	
flour	brashno(n)	moka f (brašno-food) muka(f)	śaktu, godhūmacūrṇa,	
sheaf	snop m.	snop(m)	stamba m.	

F) Food for animals

forage	korm m.	krma f.	gavādana n.	chārā
grass	trava f.	trava f.	tṛṇa n.	ghās
hay	s'eno n.	seno n.	śuṣkatṛṇa n.	chārā

G) Verbs and gerunds

furrow	borozdit', pahat'	brazditi	sītam kṛ, hal (halati)	hal chalānā
harrow	boron'it'	branati	koṭikṣetreṇa bhūmim kri	hengā chalānā
harrowing	-	branitva, branitev f.	krashṭanam	hengā, chalanā

English	Russian	Slovenian	Sanskrit	Hindi
hoe	motyzhit',	okopati, rahljati, rykhl't	khanitreṇa khan (khanate)	khodanā
mill	molot'	mleti	cūrṇ (cūrṇayati)	pīsnā
milling	pomol m.	mletva, mletev f.	cūrṇatva n	pīsnā
plough	pahat'	orati	halena krish (karshati)	hal chalānā
ploughing	pashn'a f.	oratva, oratev f.	halanam	hal chalānā
reap (to)	zhat	ßeti	lu (lunāti)	kāṭ anā
reaping, harvest	zhatva	ßetva, ßetev f.	lavanam	lāvaṇī
seed	s'eyat	dati seme, posejati	vījam dā	bījanā
sow	s'eyat,	sejati zas'evat'	vap (vapati), vapanaṁkṛ	bonā
sowing	posev m.,	setev f, sejanje n sejanje n.	vapanambonā	
thresh	molotit'	mlatiti	dhānyādi mrid	pīṭnā
threshing	molot'ba f.	mlatitva, mlatitev f.	mardanam	pīṭnā
winnow	v'eiat'	vejati	śudh (śodhayati)	osāvā
winnowing	v'eianie n.	vejanje n. vejatev f.	prasphoṭanam	osānā

H) Cultivated plants

English	Russian	Slovenian	Sanskrit	Hindi
cereals, grain	zhito n	ßito n.	dhānya n, sītya n.	dhānyu
barley	iachmen' m.	jeémen m.	yava, yavaka	jav f
beet	sv'ekla f.	pesa	pālanga	chukandar
cabbage	kapusta f.	zelje n, kapus m	śākaprabheda, śāka	bandgobhī f
carrot	morkov' f.	koren m.	garjara	gājar
cucumber	ogorets m.	kumara f.	karkaṭī	khīrā
flax	l'on m.	lan m.	atasī, umā, mālikā	ṣaṇa
hemp	konop'la f.	konoplja f.	śaṇa (n), bhaṅgā	paṭuā
millet	proso n.	proso n.	aṇu, priyaṅgu	bājrā, jvāra f
nut	or'ekh m.	oreh m.	dṛḍhaphalam	dhibrbri
oats	ov'os m.	oves m.	oṭsangnaka	jai f
onion	luk m.	luk(m), éebula(f)	palāṇḍu, nīcabhojya	pyāja
pea	gorokh m.	grah m.	kalāya, hareṇu	maṭar
rowen	otava f.	otava f.	x	
rye	rozh (f)	rß f. zhito(n)	x	
spelt	polba f.	pira f.	x	

English	Russian	Slovenian	Sanskrit	Hindi
swede	br'ukva f.	repa f.	x	
turnip	r'epa f.	repa f.	griññana	śalgam
wheat	pshenitsa f.	pšenica f.	godhūma	gehun[1]

It is evident from the above linguistic comparisons that, Sanskrit and Slavic languages share many cognates in what is called as the pre-pastoral and pastoral terminology, which would indicate a common origin or a common homeland prior to and during the domestication of the livestock. However, this close linguistic affinity does not continue into the farming stage of human development. At the farming stage, this linguistic similarity ends abruptly. There is no obvious similarity in the cereal farming terminology which is apparent by the lack of resemblances in the words describing the cereal farming instruments, methods and products, despite an attempt to select the words that are closest in sound and meaning. Some similarities would be expected, particularly in the names of the plants and cereals used for food, given that wild grasses (wild cereals) were utilized by Levantine foragers as early as 19,500 years ago and have been inferred to have been used by aboriginal Australians perhaps as far back as 30,000 years ago (Fuller 2002). Herodotus writing ~2500 years ago also reports: 'There is another set of Indians whose customs are very different. They refuse to put any live animal to death, they sow no corn and have no dwelling-houses. Vegetables are their only food. There is a plant which grows wild in their

---

[1] **Russian** transliteration generally follows the guidelines of 'The Random House College Dictionary.'

Slovenian pronunciation is similar to Russian: c is pronuciated as TS; Ô as CH; j as Y; š as SH; ß as ZH.

Sanskrit transliteration of Devanāgarī follows '*A Sanskrit-English Dictionary*' compiled by Monier Williams, where English is used as the base but : c is pronounced as CH; dot under a letter denotes a cerebral letter.

Hindi transliteration follows the Sanskrit.

m means masculine; **f** feminine; **n** neuter; **fp** feminine plural; **v.** verb

country, bearing seed about the size of millet-seed in a calyx: their wont is to gather this seed and having boiled it, calyx and all, to use it for food' (Herodotus 1942: 61). All of this gives credence to M. Snoj who in his etymological dictionary proposes that Slovenian 'ßito' meaning grain, cereals has its origin in 'ßiveß', 'ßivilo' meaning food, provisions, foodstuff and ultimately in 'ßiveti' (pron. zhiveti) to live; this corresponds to 'ßiti' (zhiti) meaning to live (Snoj 1997). This is analogous to Sanskrit 'jīv (jīvati)' meaning to live; 'jīvātu' meaning life (RV.) and also victuals, food and 'jīvala' meaning full of life, animating (AV.).

Similarly, we are making analogous chronological inferences, based on linguistic and genetic comparisons between Indians and Slavs, that the ancestors of Slavs and Indians had a common pre-pastoral sojourn, followed by the domestication of sheep and cattle and then nomadic pastoral society. The split of Slavs from the mainstream occurred during their pastoral stage, before the development of agriculture.

We know that three-quarters of the population in the Indian sub-continent speak the languages, which are based on Sanskrit. Also in Europe, Slavic languages share many linguistic and grammatical similarities with Sanskrit, particularly Vedic Sanskrit. It is enigmatic that the Slovenian language, bordering on Italy, Austria and Hungary, still shares more linguistic similarities with the Sanskrit, than with the neighbouring languages. In addition, Slovenians also have greater genetic similarity, with respect to R1a1 frequency, to the extent North Indian populations of India, than to their European neighbours to the west. Furthermore, Slovenian language, due to its archaic character, still preserves many Sanskrit lexical and grammatical forms no longer used in the present day Indian languages. The conjugation of the verb 'to be' (already cited above) is illustrative of this similarity.

Conclusion

The origin and the development of agro-pastoral technology can be traced through Sanskrit agro-pastoral terminology. Its beginnings can be seen in the words such as pāśa meaning snare, trap, noose and in the verbs paś, paśati to bind, paś, pāśayati to fasten, bind in addition to paśyati to look at, observe. This process is an integral part of domestication, which started with trapping of the young animals and keeping them tethered under watchful eyes so that they will not run away as they grew older. This is the initial terminology in the steady progress of taming and domestication of wild animals, to the point where animals became part of human culture. The domestication of animals commenced with the keeping of the animals singly close to human habitation. This is reflected in the word 'paśu' which originally meant - any tethered animal singly or collectively, a herd, a domestic animal as against mṛga - game or wild animal (SED p. 611, 828), but paśu can also mean cattle and in the Vedic language any animal or beast along with jīvita and jīvana meaning any 'living being'.

As the pastoral society progressed, the cattle began to represent wealth and this required some specialisation to take care of the herd, to protect it and to find it a good pasture. This was done by gopā a herdsman, guardian. The ownership/control of the cattle and the cowherds was in the hands of gopati the lord of cowherds, leader, chief (SED p.365). The cattle were also the means of trade, goṣā meaning acquiring or bestowing cows (PSED p.414). The word 'goṣṭha' means to assemble and collect. During milking, the cattle were assembled and kept at a station for cattle or cow-pen 'goṣṭhāna', which was usually attached to the house; similarly 'goṣṭha' was an abode for cattle, cow-house, cow-pen; 'goṣṭhāna' a place where cows are kept and these places also served for purposes of meetings, assembly and fellowship/goṣṭhi. The 'goṣṭhin' is also the chief person or president of assembly (SED p. 367). It should be noted that this is primarily Vedic terminology.

Parallel pastoral terminology is found in Slavic languages such as Slovenian and Russian as listed under Pastoral terminology relating to cattle: 'past' (trap or snare); 'paśati' (to fasten); 'paziti' (to watch); 'pa"a' (herd or pasture); 'pa"nja', pastbi"ée 'pasture'; pastir, pastuh 'herdsman'.

In the search for the origin and the original meaning of the Slovenian and Russian words 'gospod' and 'gospodin' meaning 'lord, master'; and 'gost' meaning 'guest'; the answer is best found in the Vedic Sanskrit, particularly in the cattle-herding terminology.

Slo. and Russian 'gospod', 'gospodin' meaning 'lord, master, gentleman'.

Skt. 'gopati' - the compound word meaning 'the lord of cowherds, leader, chief'.

gospati - genitive compound meaning 'the lord of cowherds, leader, chief'.

goṣpati - due to sandhi 's' can change to 'ṣ' without changing the meaning.

go, gau - genitive is 'gos'- m.-an ox, f.-a cow,-pl. cattle

pati - m. husband, master, owner, possessor

In Sanskrit, the frequent combination of declinable stems with one another to form compounds which then are treated as if simple, in respect to accent, inflexion and construction, is a conspicuous feature of the language, from its earliest period, according to Whitney's Sanskrit Grammar (SG) p. 480. The two characteristic features of a compound are unity of accent and employment of the uninflected stem in the first member or members, but there are exceptions present in the Vedic language. To form the compound, in Classical Sanskrit 'go' has to be used. However, in the Vedic Sanskrit compounds, the genitive case is very common before 'pati'; for example 'gnās-pati' - meaning husband of a divine woman; where 'gnās' is gen. of 'gnā' - meaning a divine female, 'jās-pati' meaning the head of the family where 'jās' is gen. of 'jā' -meaning born, produced (VGS pp 271-273), (SED p.416). In this particular case, 'gos-pati' is the Vedic version of 'gopati' where the genitive 'gos' instead of the root 'go' is used to form the compound. This is also analogous to 'dam-pati' meaning 'lord of the house', derived from 'dams-pati' (VGS p.273). 'Gospod/ gospodin' are analogous compounds, and in this case, both the Slovenian and Russian preserve the Sanskrit genitive case 'os' in the compounded word. When comparing, Skt. 'gospati' and Slovenian and Russian 'gospod' and 'gospodin', there is also an evidence of a sound change of 't' into 'd' similar to Skt. 'pat, patati' and Slo. & Ru. 'padati and padat' all words meaning 'to fall'.

It is evident that 'gospod/gospodin' are analogous to Vedic 'gos-pati' which appears to be rooted in what is called the agro-pastoral society and era, when the wealth and prestige was based on the number of cattle owned and described the person as the owner of the herd and an employer of other people, as the lord of the cowherds and as chief of the people who were guarding and tending his cattle.

Slo. 'gospodar' (master, landlord, head of household including hired hands)

Skt. gopa - the lord of cowherds, leader (SED p.365)

gos-pā - guardian of cattle (Vedic version, VGS p.273)

dhara - having, holding, possessing (SED p. 510)

The intrinsic meaning of 'gospodar' can be deduced from 'gos-pā-dhara' meaning possessing guardians of cattle; this would signify a person of some importance and power since the herdsmen would be working for him.

Slo. Gostija (a feast, treat, banquet):

Skt. Ghāsa - m. - flesh, meat; devourer (SED p.377

ghāsa - m.- food, meadow, grass

da-m.f.(ā)n.- giving, granting, offering; a gift (SED p.464)

dā, dāti - RV.- to give, bestow, grant (SED p. 473)

dāti - RV. liking to give >tti (SED p.474)

ti - a primary suffix added directly to the root (root = verb); feminine nouns -ktin suffix   (VGS p.257)

ya - a secondary suffix added to words already ending in a suffix (VGS p. 254-265). In the Vedic nominal stem formations, the declinable stems are chiefly formed by means of suffixes added to the roots. These suffixes are of two kinds: primary or those added directly to the roots (which may at the same time be compounded with verbal prefixes); and secondary, or those added to the stems already ending in a suffix and to pronominal roots (VGS p. 254). The suffix <-ti> denotes chiefly verbs (action nouns). The compounded word 'dā-ti' (dā+ti = dāti = he, she, it gives = verb; dā + ktin = dāti f. means a gift. However, when this word 'dāti' is the final number of a compound, it is reduced by syncope to <tti>: 'bhaga-tti'- f. -'gift of fortune', 'magha-tti'- f. 'receipt of bounty' (VGS p.257)]. The secondary suffix <ya> forms adjectives of relation and abstract nouns, for example 'paśav-ya' - meaning relating to cattle. It thus follows that:

'Gostija' can be derived from compounded 'ghasa-tti-ya' meaning 'relating to receiving food' or 'ghāsa-tti-ya' meaning 'relating to the gift of food' with the intrinsic implication of giving and receiving hospitality which in most cases would involve food. The meaning being 'relating to the offering/ giving food', and a banquet is really an occasion where food is provided for the guests by the host.

Slo. & Ru. 'Gost' (a guest, visitor)

Sk.ghāsa - grass/green vegetables; devourer (SED p.377)

ghasi - food (SED p. 377)

ghāsa - food, grass

goṣṭha - abode for cattle, stable (SED p.263)

goṣṭhī - an assembly, meeting, society, association

(SED p.414)

goṣṭhya - m.f.n. - being in a cow stable (SED p. 367)

dāti > tti - see gostija

In India, it was a custom that a person looking for an overnight stay, would be allowed to sleep in a stable where the grooms and the herdsmen slept.

'Gost' can be derived from 'ghāsa-tti' - meaning one who received a gift of food which could be the origin for the 'gost' and 'guest'. The other possibility is that it refers to a temporary visitor or traveller just receiving shelter as goṣṭ hya - meaning 'being in a cow stable'. However, the word 'gost' does not differentiate between one 'receiving food' from the one 'receiving lodging'.

Slo. Goveje - adj. (beef), Ru. govjaie

Skt. gavaya - m.f.n. - as beef (SED-p.354)

gavyaya - m.f.(ii)n. - belonging to or coming from cattle

Slo.& Ru. Govedina, govjadina - noun - (beef coming from killed cattle)

Skt. go-vadha - m. - the killing of a cow (SED p.366)

-īna - secondary nominal suffix expressive of direction.

(VGS p.261)

In the Vedic nominal stem formations, secondary nominal suffixes form adjectives with the general sense of relating to or connected with. In the case of secondary suffix < ina > (primary suffix is 'in') is chiefly expressive of relation. AV. an example of the usage: 'viśvajan-īna' meaning 'source of all kinds of people'.

Thus 'govedina' can be derived from go-vadha-īna - meaning related to or connected with a killer or slaughterer of cow.

Slo. upan - (mayor the chief executive official of a city, town or village)

Skt. jā - race, tribe; mother (PSED p. 450)

pā - protecting, guarding (PSED p.607)

nī - a leader or guide (SED p. 565)

pāna -protecting, keeping; protection, defence (SED p.613)

Historically, the term 'upan' was used to describe the doyen of a village or villages and is first mentioned in 777 AD and written as 'jopan'. Later they became officials of the feudal lords (-tih 1996 p.143). upan can be derived from jā-pāna - meaning protecting the tribe. This would indicate that the function of the 'upan' was to protect or to lead the tribe. In this compound, the stem 'jaa' and not the genitive form is used for the first member of the compound.

There is also a word in Persian that is similar in sound '"uban' or '"oban' meaning a 'shepherd'. However, Alinei questions the usual explanation that it came to the Balkans via Turkic language. In his opinion, such loan words would be more easily understandable, if connected to the introduction of specialised stock raising in the Balkans, by the kurgan culture of the IV millennium B.C. or by their latter successors (Alinei 2003).

Slo. upnik - pastor, a priest in charge of a church

Skt. jap, japati - to pray in a low voice (SED p. 411)

ni - suffix for action or agent nouns (VGS p. 258)

nī - a leader or guide (SED p. 565)

ka, aka - a Taddhita (secondary) affix used in forming adjectives; it may be added to nouns to express similarity.

(SED p. 240)

'Upnik' can be derived from 'jap-nī-ka' - meaning 'leader in prayer' which would indicate a leadership position, but in this case in a religious function.

How can we be sure that the terminology is original and not an innovation? Alinei (2004) offers some guidelines to test these possibilities. He cautions: ''Lexical self-dating has, one major drawback, which limits its application, the original names of datable referents may change, as they frequently do, after the original lexicalization. This drawback is of particular importance in the case of prehistoric referents.'' In the examples shown, it is evident that the meanings of the lexemes associated with cattle have not changed over the millennia. However, the original appellation of the cattle owner, who exercised authority over shepherds has now evolved to denote a person who has control over others and employs others to work for him, not only in cattle herding but also in other endeavours. It also includes a person who does not do manual work for a living. This is still close to the original meaning. The fact that these words, similar in sound and meaning, have been used so far apart geographically and historically would indicate that they were not innovations, but original lexemes. In this case, we have two witnesses to attest that the terminology is original not an innovation.

Schmidt also thought that Balto-Slavonic provides the link between the Aryan (Indian) and Germanic languages. And if we take the trouble and compare the language of the Aryans and other European languages, we can easily see a great similarity between Slovenian language and Sanskrit. This similarity is considerably greater than between Sanskrit and the present Celtic, Germanic and Romance languages. All this proves the fact that Slovenian directly related to Sanskrit whereas other European languages like Celtic, Germanic and Roman have originated from later Vedic Sanskrit or say indirectly related to Sanskrit. Another way around it can be maintained that Slovenians are among the first Vedic migrants from India inhabiting first the Eastern part of Europe in the remote past. Settlements into the western part of Europe came later.

The Aryan Problem

The Aryan problem is directly related to the question of the origin of Indo-Europeans. Sanskrit is the oldest Indo-European language spoken on the globe with Ṛgveda as the oldest human literary record available so far. The earlier scholars had a fallacy that every language, at least in its earliest stages, was spoken by a distinct ethnic/racial group. The race concept promulgated by anthropologists divided the whole humanity into certain racial/ethnic groups such as Negroid, Mongoloid etc. The protagonists proposing a race speaking the parent Indo-Europan language picked up the Sanskrit Word Ārya and built up the theory of the Aryan race. As such the placement of Aryans at a particular place will become the deciding factor of the original source of humankind. That is why, from time to time scholars have been vigorously debating to locate the actual homeland of Āryans, so that the origin of humanity may be decided.

Ārya

In Sanskrit, the word Ārya has occurred to denote various meanings - a noble, civilized, respectable, or honourable man, an inhabitant of Āryāvartta etc.

In Slovenia, there is a place named Arja vas (Ārya vāsa-literally meaning in Sanskrit as the habitation of Aryans), where ancient archaeological sites have been found. This suggests that there is a good possibility that there is a connection between Sanskrit 'Arya' and a phonetically similar name 'Arja' in Slovenia. In fact, the transmutation of 'j' is often taking place in Indian languages as 'y'. An instance is the word 'Yasodā' (name of Lord Krishna's co-mother) which is often pronounced as 'Jasodā'. Thus Slovenian 'Arja' is a corrupt form of the word 'Arya' of Sanskrit. In addition, the Slovenian gentry (kosezi) was called Arimanni by the Aquilean scribes, according to historian Peter Stih in his book Slovenska Zgodovina. This too shows that the root word ARI (Arya) was being used in the right context, with the correct meaning, to describe the Slovenian gentry in the Middle Ages.

The prevalence of words ARI and Arjavas in Slovenia clearly shows that the first Indian Vedic language-speaking migrants who were the inhabitants of Āryāvartta (the ancient name of India) reached Slovenia and the place where they settled in Slovenia was called 'Arja vas'.

Origin of the Aryans

As discussed earlier, the origin of Aryans will be the deciding factor for the origin of Indo-Europeans.

S. Srikanta Sastri has noted that a number of scholars have advocated a theory that the Aryans are indigenous to the Indian sub-continent and that the expansion or migration of the Aryans started from India. Some of the arguments to support this theory are as follows:

--There is no evidence to show that the Vedic Aryans were foreigners or that they migrated into India within traditional memory. There are literary materials available to indicate that they regarded Sapta-Sindhu as their original home. The Vedic Aryans, if at all they came from outside, must have lived in Sapta-Sindhu so many centuries before the Vedic period that they had lost all memory of the original home.

--The linguistic affinities are positive proofs of Aryan immigration outside India. Other Aryan languages may have come into existence as a result of the corruption of the Sanskrit language owing to new geographical conditions prevalent at the places of migration of Aryans from India.

--Aryans migrated from India, but they were a superfluous population of roving tribes and did not leave literary records (Ghosh 1988).

--Rajaram cites Shrikant Talagari who proposed that the presence of Indo-European speakers from India to Ireland going back to prehistoric times may be ascribed to a combination of political and ecological disturbances in the Ṛgvedic heartland that seems to have taken place in the fifth millennium B.C. (Rajaram & Frawley 1997).

--The Roma (Gypsies) are an example of the out of India immigration. Linguistic evidence suggests, that they are of diverse Indian origin. They became one of the peoples of Europe, when they arrived in the Byzantine Empire 900-1100 years ago (Gresham et al. 2001).

Prof. B. K. Ghosh, on the other hand, presents arguments, which indicate that India was not the original home of the Aryans:

--The fact that the whole of South India and some parts of North India too are to this day non-Aryan in speech is the strongest single argument against the Indian-home hypothesis, especially as the existence of a Dravidian speech-pocket in Baluchistan suggests that the whole or at least a considerable part of India was non-Aryan in speech. It may reasonably be argued that had India been the original home of the Aryans, they would have certainly tried to Aryanize the whole of the sub-continent, before crossing the frontier barriers in quest of new avenues.

--The cerebral sounds of Sanskrit which sharply distinguishes it from all other Indo-European speech-families including Iranian, are best explained as the result of Austric and Dravidian influences on the language of the incoming Aryans.

--Some scholars have assumed that blond hair was the chief characteristic of the Indo-Europeans. Blond hair was also known in India. The grammarian Patañjali declared blond hair to be one of the essential qualities in a Brāhmaṇa. True Brāhmaṇas, therefore should have been blondes in the pre-Christian era (Ghosh 1988).

Within the known historical times, the riches of India has been like a magnet that attracted numerous armies to the sub-continent to plunder the wealth, beginning with the

Persians. Herodotus wrote almost 2500 years ago that the Indians are more numerous than any other nation and they paid to the Persian king Darius, a tribute exceeding that of every other people (Herodotus). The Persians were followed by the invasion of Alexander with his Macedonian and Greek army, then by Mongols and last by the British. This underlines the fact, that India was the goal of many and shows the usual path taken by the plundering armies. This historical fact proves without any shadow of a doubt that Aryans had their Indian origin and they were not aliens in India.

Various Theories about the original home of the Aryans

As proved from the foregoing discussion, India is the original home of the Aryans, and so there cannot be any question of their immigration into this country. There are some scholars in Europe who support this theory. Some have referred the Aryans to such antiquity - tens of thousands of years according to more than one theory- that there can be no question of any historical period prior to them.

In Europe, on the other hand, some historians are of the opinion, that the Indo-European language group was developed there and that the Aryans of India originated in Europe. According to them, Aryans came from outside India. When they arrived in India, they already found people with high civilisation living in cities such as Mohenjo-Daro and Harappa with populations of tens of thousands.

According to them, the Aryans were militarily much stronger and better organised and were able to conquer the original inhabitants. This was not done easily, for Ṛgveda mentions hard battles and refers to destroyed cities. The Aryans were agricultural and pastoral peoples, who lived in smaller settlements and did not occupy the cities that they destroyed. It was much later that cities started to flourish again.

There are many other scholars who believe that the Aryans developed on the steppes north and east of the Caspian sea. Then they moved southward into Central Asia and then from there fanned out across the Iranian Plateau into India. There are other theories also. Thus K. Penka declared for Scandinavia as the original habitat and G. Kossina for Germany. A strong case was put up by Schrader for the area lying just north of the Black Sea, while Kretschmer preferred a larger area stretching from the east of France to the Caspian, and Mueller and Schmidt went even farther east. More recently Giles suggested the plain of Hungary. It is interesting, if we look at the map of Europe, that 1200 years ago this was largely Slavic-speaking area, except for Scandinavia, and even now, the majority of the population is Slavic.

In the history book '*The Wonder That Was India*', we read that the likely home of the Indo-Europeans was the Steppe-land which stretches from Poland to Central Asia. They migrated westwards, southwards, and eastwards, conquering local populations and gradually their original language adapted itself to the tongues of the conquered peoples. Some invaded Europe to become the ancestors of the Greeks, Latins, Celts and Teutons. Yet others remained in their old home, the ancestors of the later Baltic and Slavonic people.

In the book, '*The Vedic Age*' we read that it was the Florentine merchant Filippo Sassetti who, after five years' stay in Goa (1583-1588), declared for the first time that there existed a definite relation between Sanskrit and some of the principal languages of Europe. But that this relation, is due to the origin from a common source which was suggested only in 1788 by Sir William Jones in his famous address to the Asiatic Society of Bengal. He thus established the common origin to a number of languages such as Greek, Latin, Gothic, Celtic, Sanskrit, Persian, etc. to which the scholars have given the name Indo-European or Indo-Germanic.

What is surprising is the fact that the Slavic languages were not mentioned, despite the fact that more people spoke them than say, Persian, Greek, Gothic, or Celtic. This was in all probability due to the ignorance of Slavic languages on the part of the scholars. In addition, the use of Indo-Germanic to describe the Indo-European languages was wrong, because it gave an impression of great similarities between Indian and Germanic languages, which is not supported by linguistic data. The great pioneer of comparative linguistics Franz Bopp never used the term Indo-Germanic and, indeed, argued against it. Now, scholars prefer to use a more encompassing term such as Indo-European, although there have been attempts to use other names, such as Aryan or Indo-Aryan. Indo-Iranian is now generally used for Indo-European languages of India and Persia. However, the most relevant name appears to be the Vedic Languages.

In the 1800's it was Max Mueller who applied the name Aryan to the language family now known as Indo- European. The term survives in the name of Indo-Aryan to describe a branch of the Indo-European language family that includes the languages of Pakistan and northern India, such as Sanskrit and modern Hindi and Urdu. Indo-Aryan is often employed to designate the early Indo-European speaking peoples.

In a book published in 1854, the French writer Count Joseph de Gobineau gave a racial meaning to Aryan. De Gobineau was a career diplomat and as a diplomat travelled to Persia, Greece, Brasil, Sweden and Newfoundland (which was not part of Canada at that time). De Gobineau held the white race to be superior to all others and the Aryan race to be supreme among whites. He claimed that Teutons were the purest modern representatives of the Aryans. This theory aroused interest in Germany and was espoused by the composer Richard Wagner among others. In addition, this theory was taken up by H. S. Chamberlain, and he became de Gobineau's most important follower. H.S. Chamberlain was an Englishman by birth but lived most of his life in Germany. He was so well-liked in Germany, that he became Kaiser's anthropologist and, of course, he also claimed that the Teutons were superior to others.

De Gobineau and Chamberlain were the forerunners of the Nazi racial theories. In the 20th century, these theories were taken up by the German (born in Austria) dictator Adolf Hitler[1]. He acknowledged his indebtedness to de Gobineau and Chamberlain for his political philosophy.

The above theories are just an eyewash without any solid pieces of evidence behind them. In fact, the word Arya was misused from time to time for political and other reasons. The real fact remains the same that Aryans were not a race, indigenous people of India use to address each other by the term 'Arya'.

The Aryan Problem: A Linguistic Approach

The Aryan Problem is chiefly formulated by the linguistic speculations of the scholars. Actually, the acquaintance of Sanskrit with the western world stimulated various types of studies on various aspects of learning, the comparative philology being one of them. On studying Sanskrit, it was observed by Western scholars, Florentine merchant Filippo Sassetti being the first one of them, that there was a great resemblance between Sanskrit and some of the principal languages of Europe, viz. Greek, Latin, Slavonic, Lithuanian, Old High German, etc. Hence, keeping this fact in view, further studies were advanced to find out the clues that might define or answer to the discernible resemblance between Sanskrit and the other Principal languages of Europe. In one of such attempts it was revealed to Sir William Jones, as it is evident from his famous address to the Asiatic Society of Bengal in 1756, that

---

[1]   Rumors say that he used to do prāṇāyama and was a vegetarian. Also as rumors tell, that he applied the tactics of Dhanurveda for warfare. The swastika is just reversed, and from Cesar he lend his greeting.

the said affinity (resemblance) between Sanskrit and European languages owed to a common source that, perhaps, no longer existed. This common origin was assigned to the number of languages of Asia and Europe, such as Greek, Latin, Zend, Gothic, Celtic, Sanskrit, Persian, Lithuanian, etc. to which the linguists gave the nomenclature of Indo-European. The comparative philologists taking a cue from sir William Jones made further surmises and speculated about the possible existence of such a common source. Obsessed with this pre-conceived notion, they strove hard to structure the idiom of the imaginary common source language after comparing the cognate forms of the analogous languages of Asia and Europe and the newly constructed language was named as Proto-Indo-European language.

However, the oldest, perfect, copious, exquisitely refined and wonderful structure of the Sanskrit language continued to dominate the unconscious mind of the scholars. Perhaps, this is why they were compelled to name the racial group within which the Proto-Indo-European language would have been originated as Aryan i.e. the people who used to speak Sanskrit. And since the identification of the Aryan race with the imaginary common source, the investigations are on to identify anthropologically and locate geographically the primitive racial group designated as Aryan. The differing and varied views of the scholars have added to the more complex and complicated nature of this problem. The scholars have made efforts to handle this problem variously taking recourse to various methods. Some have tried, as stated above, a linguistic solution, others have taken into account the archaeological excavations, still, others have opted for historical and literary evidence. On the whole, all the scholars may be classified into two groups. The first ones are those who advocate the indigenous origin of the Aryans and others are those who support their non-indigenous origin. The idea of indigenous origin, though highly favoured at one time, is losing its support now. On the contrary, the theory of the non-indigenous origin of the

Aryans is gaining more and more support both at home and abroad. The supporters of the theory of the indigenous origin of the Aryans though have sufficient literary, historical and archaeological proofs in their favour, but the linguistic speculations of the comparative philologists have to great extent rendered their theory groundless and thus it was relegated to the background.

The postulation of a so-called Proto-Indo-European language has made, on two grounds, the strong prima-facie evidence against the highly favoured theory that India was the original homeland of the Aryans. The first ground being that a large number of known Indo-European languages are crowded together within the comparatively small space of Europe, covering practically the whole of that continent whereas outside Europe, instead of a compact body of idioms of that speech family are found only scattered members of it stretching out, as it were, in single file, between the Semitic and the Altic-finno Ugrian linguistic areas and ending, at last, in the age of the earlier Ṛgveda, in the region of Punjab. The geographical distribution of the idioms of the Indo-European speech family, therefore, does suggest that the original home of the Indo-European is to be sought rather in Europe than in Asia. The second ground being that of all the living Indo-European languages of the present day, it is Lithuanian, and not Sanskrit (even if considered a living language) or any of its daughter dialects, that has kept closest to the basic idiom constructed by comparative philology.

It can be pointed out here that the postulation of a Proto-Indo-European language and the construction of its idiom was an outcome of the cultural, racial and religious bias of the westerners. Having established their political supremacy over the rest of the world they, as it happens usually, developed a superiority complex with regard to their race, culture and religion. Obsessed with that superiority concept, they looked down upon other races, cultures and religions as inferior ones. First of all, they looked down upon the Vedas also as the outpourings of a primitive priestly class. To exemplify this, it will be useful to quote here Griffith who in the preface to his English translation of the RV. expressed his religious bias as follows: "I must beg my European scholars not to expect to find in these hymns and songs the sublime poetry that they meet within Isaiah or Job or Psalms of David" Thus, though they initiated their studies of Sanskrit with the view to find in it the traces of half-crude, uncultured and savage race of the world, they discovered in it, on the contrary, the traces of the most refined and cultured race of the world. This new discovery gave a great blow to their concept of superiority and compelled them to review and revise their old assumptions. Though their earlier tradition sought their connections with the ancient Semitic race of Mesopotamia, Egypt or Palestine, they were all set, to safeguard their dignity, by setting aside the same tradition in the light of new discoveries. The close affinity between Sanskrit and other European languages helped them to uphold their superiority by seeking their new connections with the Aryan race. Max Müller discarded the old views and observed this new connection as follows: "Sanskrit is the most ancient type of the English of the present day, (Sanskrit and English are but varieties of one and the same language), so its thoughts and feelings contain in reality the first roots and germs of that intellectual growth which by an unbroken chain connects our own generation with the ancestors of the Aryan race, with those very people who at the rising and setting of the sun listen with the trembling hearts to the songs of the Veda, that told them of the bright powers above and of life to come after the sun of their own lives had set in the clouds of the evening. Those men were the true ancestors of our race, and the Veda is the oldest book we have in which to study the first beginnings of our language, and of all that embodies in language".

He went on to say "We are by nature Aryans, Indo-European not Semitic, our spiritual kith and kin are to be found in India, Persia, Greece, Italy, Germany, not in Mesopotamia, Egypt or Palestine." Actually, it was the craze to become the descendent of the most advanced and civilised race, that led the western scholars to change the course of history or otherwise the traditions cannot simply be overlooked. Tradition plays a significant role in the formulation of the history of humankind. At least a true historian cannot afford to overlook it. All the races of the world even if migrated to other parts of the globe, traditionally remember their origin for centuries. For instance, the Parsis in India remember their origin even after eight hundred years of their immigration to India. The ancient Egyptians and Phoenicians remembered their respective lands of origin even though they had forgotten their location. The Semitic people though migrated into Mesopotamia and Palestine, their traditions all point to Arabia as the original home of their race. So did the Europeans. They could remember their Semitic ancestry by way of tradition. But they neglected it outrightly and put their concerted efforts to establish their connection with the concocted race Aryans. They forget that Mesopotamians had also their Indian origin. Moreover, the establishment of a new connection was not sufficient to serve their purpose, until and unless the concocted race Aryans were located geographically somewhere in Europe. Actually, their main aim behind this was to deprive India and Indians of the titles as most sophisticated, advanced, civilised, refined, etc., that were to be conferred on them but they attributed the same to themselves. To achieve this object, the similarity of Sanskrit and other European languages was seen from an altogether different angle. This similarity meant that Sanskrit and other European languages are but the varieties of one and the same Proto-language that originated somewhere in Europe. Though further researches carried on along the Europeans' guide-lines dispelled their own assumption and shifted the venue of the Aryan homeland from Europe to Central Asia. The insistence of European scholars on locating Aryans somewhere in Europe only has again led some scholars of certain schools of thought to hopelessly mix up this problem with the racial question. Failing to achieve their objectives with the help of linguistics and archaeology, they adopted racial anthropology as their chief weapon of battle.

Whosoever may conjecture whatsoever and howsoever, the Aryan problem, as the present authors think, is purely a linguistic formulation. If the tangle of the relationship of Sanskrit, which still lingers on, with the other European languages is resolved amicably this problem will come to an end automatically. The other factors such as anthropological, literary, archaeological, historical or racial have no say of their own in this regard, as they can easily be manipulated to suit the arguments of any contender.

To start with, it can be maintained that speculations and imaginations have no role to play so far as a scientific inquiry is concerned. The conclusions or inferences made from the physically existing data will be more valid and acceptable and will also add to the dignity of science. On the other hand, inferences made out of suppositions cannot be the scientific ones, rather they will be the travesty of science. So, to say, here, that instead of forging some imaginary language to answer the affinity or resemblance between Sanskrit and the other Indo-European languages, a more valid, more perfect and more scientific answer may better be sought on the basis of internal and external evidences of the cognate Indo-European languages or if possible of the other alien languages that have attested the analogous usage.

Whosoever a genuine researcher attempted to conduct impartial and unbiased studies in the field of comparative philology, he would have has held Sanskrit as the oldest dialect that has lent its idiom to other Indo-European languages and formed their basis. In this regard, a few of the scholars may be quoted.

We may borrow here from Grimm's preface to the second edition of his admirable grammar some words which are worthy of consideration. "As the too exalted position of Latin and Greek serves not for all questions in German grammar, where some words are of a simpler and deeper sound, so, however, according to A.W. Schlegel's excellent remark, the far more perfect Indian grammar may in these cases, supply the requisite correctness, the dialect which history demonstrates, to be oldest and least corrupted must, in the end, present the most profound rules for the general exposition of the race, and thus lead us on to the reformation, without the entire subversion of the rules hitherto discovered, of the more recent modes of speech."

In this connection, we may also share here the ideas of Bopp. According to him, "We could have dreamed a century ago that a language would be brought to us from the far east, which should accompany, pari-passū, nay, sometimes surpass, the Greek in all these perfections of forms which have been hitherto considered the exclusive property of the latter, and be adopted throughout to adjust the perennial strife between Greek dialects by enabling us to determine where each of them has preserved the purest and the oldest forms?"

Macdonell may also here be referred to. He maintains, "On the very threshold of Indian literature more than three thousand years ago, we are confronted with a body of lyrical poetry which, although far older than the literary monuments of any other branch of Indo-European family, is already distinguished by refinement and beauty of thought, as well as by skill in handling of language and metre."

Dr. Ramgopal's results are also noteworthy. He deduces as follows, "Although a common Indo-European origin for all cognate words found in Sanskrit, Greek and Latin is postulated by modern philologists and Sanskrit is not accepted as their primary source, it cannot be gainsaid that the oldest form of cognate words has been preserved in the Vedic language".

The bold remarks of Lt. Col. Vans Kennedy, who made researches into the origin and the affinity of the Principal languages of Asia and Europe calls for the attention of a true and genuine researcher. He observed thus "But, if the Sanskrit be as original a language as its internal structure incontrovertibly proves, and if it had received its present form before the time of Homer, as the Sanskrit words in his poems unquestionably attest, it must necessarily follow that is was not from Greek, Latin, Persian, German and English that Sanskrit received the words belonging to these languages, but that these languages received them from the Sanskrit." At another place he adds "when, therefore, these circumstances are considered, it would seem irresistible to follow that Sanskrit itself is that primitive language from which Greek, Latin and the mother of Teutonic dialects were originally derived."

In addition to the above inference made by the scholars by taking stock of the extant Indo-European languages, the findings of the present author also go a long way further to support the views of their predecessors as quoted above. During the course of his comparative studies of Indo-European languages, the authors have come to realise that all Principal languages of Asia and Europe, which are introduced by comparative philologists as contemporary cognate languages of Sanskrit, have developed or registered in their course of evolution all such linguistic characteristics as are discernible in the later phases of Sanskrit. This forms a piece of strong prima-facie evidence, enough to dispel the suppositions of modern philologists that identify Sanskrit as contemporary to her alleged sister languages of Indo-European family and accord her a high antiquity to be termed as the oldest known language of the world that formed or lent the idiom at least, to all the Indo-European Languages that belonged either to the Semitics or the so-called Aryans. It seems that a pretty long period after the most exalted and advanced Vedic language had taken shape in India, the Indians migrated and settled in various parts of the world what we called as Semitic Europe and the rest of Asia where they gave origin to new languages, due to their separation from the mainstream, that were nothing else but the corrupt forms of their mother language Sanskrit. Nothing can be a stronger proof of this than that all of the Principal languages of Europe have retained their idiom which cannot be distinguished from that of Sanskrit on many points. The Sanskrit books contain accounts of many migrations from India to all directions. The evidence of such migration of Aryans is also supported by the historical records and archaeological surveys conducted from time to time in the Asian and European countries.

The first Aryan presence is marked by the use of the word suryas, to designate the sun, by the Kassites into the hands of whom fell Babylon around 1760 B.C. Actually, suryas is the Vedic word which was perhaps carried by Indian immigrants known as Kassites to Babylon around or before 1760 B.C.

Lt. Col. Vans Kennedy has felt the presence of Sanskrit-speaking people, on the basis of his linguistic investigations, in those places where were established the Babylonian and Assyrian Empires around 1400 years before the Christian era.

Actually, the emergence of the Syrian (Assyrian) dynasty in the 15th century B.C. warrants the assumption that western Asia was conspicuous by the presence of that Indian Kṣatriya clan which belonged to the Surya Vaṁsa (solar dynasty) or the lineage as assigned to Lord Rāma in the Rāmāyaṇa much before the 15th century B.C.

Some clay tablets excavated at Boghazköi in Asia minor in 1907 shed a good deal of light on the Aryan expansion in that part of the globe 1400 years before the Christian era. These clay tablets include the records of treaties that concluded between the Hittite king Shubbiluliuma and the Mitanni king Mittiuaza at the beginning of the 14th century B.C. The gods of both kingdoms are invoked as guardians of treaties and in the list of gods invoked are found the names of important Vedic deities, viz Mitra, Varuṇa, Indra and Nāsatyau. Similar views on the basis of the foregoing evidence are shared by Dr. Ramgopal and a number of eminent western scholars including Jacobi, Konow, Hillebrandt and Winternitz. This also gives one the insight to understand the possible role of Sanskrit in forming the idiom of Hittite, one of the oldest known Indo-European dialects around 1500 BC. Close affinities between the Avestan and the Vedic language are too well known. The Gathas of Avesta, when subjected to a little phonetic change, appear like that of a Vedic mantra. Actually, they seem to testify to one section of the Vedic Indians ruling Iran in ancient times who having been isolated from their mainstream and having been acclimatised to the novel geographical environment, developed a peculiar behaviour in phonetics and accentuation that led them to cause various phonetic and accentual variations in their inherited oral tradition and thus the hoary litanies notwithstanding the ravages of time lost their real colour and took altogether an alien shape in a pretty long course of linguistic history. The Avestan Gathas along with the Ulfilas, the Gothic Bible, is dated back to 1000 BC. This time is 400 years earlier than the inscriptions of Old Persia which is often compared with old High German. All this helps one to understand that the Aryans invaded and settled down in Mesopotamia much before 1000 BC. In the opinion of Prof. Konow, the extension of Indo-Aryan civilisation into Mesopotamia took place after the bulk of the Ṛgveda had come into existence.

In addition to the above-cited archaeological, historical and linguistic evidence, we shall now examine this problem from purely a linguistic point of view.

1. It has been notified that the Sanskrit 's' finds its transmutation into 'h' in the corresponding passages of Avesta. For example, the following uses may be noted where the Sanskrit s changes into h in Avesta.

Sanskrit	Avesta
sā	hā 'they'
sapta	hapta 'seven'
sakṛt	hakérét 'once'

asi	ahi 'thou art'
asmai	ahmai 'to this'
swar 'heaven'	hvare 'sun'
swa	have 'his'

The similar tendency can be registered in abundance in the development of Prākṛta languages, where the Sanskrit 's' changes into 'h'.

This dispels all those speculations that make Avesta contemporaneous to Vedic Sanskrit. This also accords the origin of Avesta to quite a later epoch when Prākṛtas were taking shape in India.

2. It may also be pointed out here that the use of periphrastic future is attested sparingly in the Saṁhitās and Brāhmaṇas. It becomes more frequent in the later literature. It is, as is well known, formed from the noun of the agency by adding the verb substantive in the first and second persons. Avesta could also retain, on the analogy of later Sanskrit, a kind of the periphrastic future in which the forms of the third person were nomen-agentis inflected for the three numbers, similarly in the Avesta the corresponding verb 'ab' 'to be' works as the verb substantive to be added to the noun of agency. In Sanskrit, we have netāsmaḥ (1st P. plural) and netāstha (2nd. P. plural), similarly, in the Avesta, we have patmahi 'we shall protect', patasto 'you will protect'. From the foregoing discussion, it is evident that no contemporaneity can be established between Sanskrit and Avesta.

3. To extend the ongoing discussion it may also be added here that the active past participle forms formed with the suffix-vat are peculiar to the later Sanskrit. Avesta also attests such forms as are identical with Sanskrit active past participle formed with the suffix-vat. The following are some of the examples of active past participle formed from passive past participles by suffixing the termination -vat.

Root	**Past Passive**	**Past Active**

	Participle	**Participle**
1. vr 'to work'	varsta	varstavat[1]
2. sā 'to become propitious'	sāna	sānavat

These types of instances on the contrary, sometimes create a dangerous misconception among scholars and lead them to speculate the extra-Indian influence on Sanskrit. It is often assumed that if a form is not found in the Vedas and is then found in later Sanskrit, it must have been borrowed from some other Indo-European source which it is akin to. The possibility of an extra-Indian influence on Sanskrit cannot wholly be ruled out, but it has its limitations. This influence can be perceived as a victim's influence on victor's language. Actually, the invaded class could exert the least impression on the invader's language, except a little bit of influence on vocabulary as it is evident from the example of India of Mogul and British period. For example, Indian languages borrowed more from the languages of invaders rather than the languages of invaders borrowed from Indian languages. On the other hand, the victors may influence at large the vocabulary of the victim's language, if its idiom is fully developed, or otherwise, it may cause also to shape its idiom, if it is half-formed. Similarly, in the case of Indian dominance over non-Indians or Semitics, Indians may owe to them for the little bit of influence on their vocabulary, but the Semitics, on the other hand, may owe to them for the construction of their idiom if it was half-formed or for the large-scale influence on their idiom on the most of the points, analogous to that of Sanskrit. Before proceeding further, it may very well be observed here that for the time being, at least, unless the physical existence of some other language, having an analogous idiom, older than the oldest, Sanskrit is discovered, Sanskrit will continue to dominate the field as an idiom forming language for the other languages of Indo-European stock on account of her having

---

[1] As to these examples, see Kanga's *Avestic Grammar*, 563, quoted by Swaminathan, P. 175.

been attested the oldest form of the Indo-European idiom. The linguists will also be bound to speak within the four corners of Sanskrit. In the light of the above concept, it can be concluded that in so far as the origin of the idiom of Indo-European languages is concerned, they owe allegiance only to Sanskrit. It may further be maintained that the chances of borrowing in Sanskrit from the other Indo-European sources may not be so high as it is often talked about.

Thus, the co-existence of the cognate forms simultaneously in the other Indo-European languages and in the later phases of the development of Sanskrit is sufficient to prove the contemporaneity of the other Indo-European languages to the later Sanskrit. To dispel any possibility of other Indo-European borrowings to Sanskrit, a majority of such cases may be quoted as to show that the vast variety of forms prevalent in the Vedic stage reduced to a few only in the later stage and those few only are seen to have found the currency of usage in the other Indo-European languages, too. These examples will be strong enough to set aside any such speculation as tries to establish the sisterly relationship between Sanskrit and the other principal Indo-European languages. They will also help theorise the idea that the other Indo-European languages owe their origin to Sanskrit at a much later stage of her linguistic development. A few of the cases may be quoted as under:

1. The Sanskrit infinitive, as is well known, has its wide-ranging history from the Vedic period down to the Classical one. The Vedic language attests to the uses of over a dozen suffixes to convey the meaning of infinitive, but at a later period, the use of other suffixes save '-tum' could not find the currency of usage. This use of Sanskrit infinitive formed with the suffix '-tum' is also recognised by the comparative philologists in the first part of the Lithuanian compound forms of the subjunctive mood, namely 'dûtum-bi', 'dûtm-bei', 'dûtum-bime', 'dûtum bite', 'dûtum biwa', etc. and in the accusative of the Latin supine-dātum, datum, etc. Thus,

we can see the origin of other Indo-European languages quite late from Sanskrit, as no other Vedic suffix except that survived in the later stage seems to have percolated in them.

2. It may also be noted here that 'r' sound was more frequent in the times of the Ṛgveda, later its use became less and less common and was replaced by 'I'. A similar trend is discernible in the development of European languages. In those languages also the Sanskrit 'r' when followed by a dental occlusive (t, th, d, dh) or fricative (s) was sometimes replaced by 'I'. For example, the Sanskrit form jartu, which is a side form of jaṭhara, finds its evolution in Gothic 'kilthei', which is generally associated with Sanskrit jaṭhara (replacing r by I) by comparative philologists; similarly, the Sanskrit 'kar(s)u' finds its development in the Greek 'telson', where, too, 'r' paves the way to 'l'.

3. Moreover, the active endings in the first person plural in the RV. have been -masi and -mas, the former being more than five times as frequent as the latter; in the AV. - mas becomes commoner than -masi and in Classical language -masi disappears altogether. On the other hand, the Vedic -masi' owing to the change of s into h, finds corruption in the Gathas of Avesta as -mahi. But -mas, as is usual, with little phonetic variations percolates in the European languages as -mes in Greek; -mus in Latin; -mēs in old High German; -mē is Lithuanian; and -m in old Slav. Examples to this effect are:

Sanskrit	:	*tiṣṭhāmasi*
Avesta	:	histāmahi
Greek	:	istames
Latin	:	stamus
Old High German	:	stamēs
Lithuanian	:	stowime
Old Slav.	:	stöim[1]

---

[1] For these examples cf. Bopp, Vol. 2, P. 618.

Comparative philologist Bopp, F. was surprised to see a remarkable concurrence of Prākṛta with Old High German and Latin in the point that both the European languages have contracted Sanskrit affix -aya to 'e' in the like manner of Prākṛta. Compare Sanskrit -mānayāmi, Prākṛta -māṇemi, Old High German var-mānēm 'I desire' and Latin 'moneo'.

This remarkable concurrence that surprised Bopp will also surprise those who want to understand the real process of evolution of Prākṛtas and other European languages simultaneously and concurrently from their mother, Vedic Sanskrit.

Eventually, from the foregoing discussion, it can be inferred that the Sanskrit speaking race, the Aryans, originally belonged to India. They migrated from this land to the other parts of the globe to colonise the unattended lands on the globe. This gave birth to the whole bulk of other Indo-European languages and other languages in the world. This is why they still have a close affinity to their original source Sanskrit either directly or indirectly via other languages.

Language of the Aryans

The most important issue to confirm the status of Aryans is the identification of language spoken by them since their origin. Here it may be pointed out that old Indo-Aryan dialects are referred commonly to as Sanskrit. The most archaic Sanskrit is that of the Vedas. Vedic Sanskrit is the language of the indigenous inhabitants of India, and is the language used in the hymns of Ṛgveda (Vedic is the English adjective formed from the Sanskrit noun Veda, and means knowledge. Veda also means knowledge in Slovenian). The earliest literary records of Indian culture are the Vedas, composed in archaic or Vedic Sanskrit. They are of scientific nature (During the Vedic period science was not separated from Dharma. In fact, the other way round, Vedas were also called as Dharma). The oldest composition is Ṛgveda, but there is no consensus as to the age of this literature. The estimates of competent scholars vary considerably. According to Indian tradition, since Vedas are the knowledge of the creation, so this knowledge came into being the very movement the universe was created. This knowledge was revealed to the first-ever born human beings who were none else but high-spirited Ṛṣis born on the land of India. There are some scholars who claim that Vedas are 3,000 years old, while others think that they are as much as 6,000 years old, and perhaps even older. Here it may be of interest to know that there is a marked similarity between Slovenian and Sanskrit, this is particularly true with Vedic Sanskrit, where the greatest resemblance exists[1].

Sanskrit uses Deva-Nāgarī script. However, to compare words phonetically we will use transliterated words with diacritical marks. Here it may be informed that Sanskrit script can be used to write almost all the sounds of the literary Slovenian language, but it does not have a separate letter for C, F, X and Z. Sanskrit has also sound SHCH, which is very common in Slavic languages, and in Russian, it has its own letter. Thus Sanskrit reveals itself in the form of Russian and Slavic languages. This also proves the fact that Russian and Slavic languages are the immediate descendants of Sanskrit.

Waves of Migrations from India (in Prehistoric World)

The foregoing discussion supports the Indian tradition. Accordingly, India is the cradle of civilisation and the first humans originated on the soil of India and migrated to different parts of the World. There were many waves of peoples that went to inhabit various parts of the world and gave birth to many races of the world.

The Negritos - Seafaring Indian migrants from the south came to Africa and gave birth to Negritos. Now the ancestors of Negritos are only a few survivors, as they were suppressed and absorbed by other races following them.

---

[1] For more information on this, see the present author's work 'Introduction to the Vedas', available on amazon webcites.

The Proto-Australoids - Formed of people from India who migrated after being declared as outcasts because of their non-Vedic activities.

The Mongoloids - Formed of the 'Vānara' race of India. They now consist of Palaeo-Mongoloids living in Assam and on the Indo-Burmese border, and Tibeto-Mongoloids found in Sikkim and Bhutan who came from Tibet in later times.

The Mediterranean - Formed of Paleo-Mediterranean, migrated from south India (Kannada, Tamil and Malayalam tracts) are medium-statured, dark-skinned and of slight build. The true Mediterranean or European type are taller and fairer and formed of people coming from Punjab, Haryana and Upper Gangetic Valley.

The Alpines - Formed of Indian population migrated from Gujarat and Bengal.

The Nordics - Indigenous population of India who gave birth to Vedic speech, and by their organisation, imagination and adaptability helped to bring about a foundation of the great Vedic civilisation of India. Present-day Nordic elements are strong in parts of the North-West frontier of India, particularly along the upper reaches of the Indus, the Panjkora, the Kunar and the Chitral rivers. The Nordic elements are also representing the Chitpavan Brāhmaṇas of the Maharashtra of India. The Nordic type became tall, fair-skinned, yellow or golden-haired and blue-eyed when transferred to European lands.

Now in the age of colour television, we can see that light coloured people do not live only in the Scandinavian countries, but also in the Slavic countries, including Slovenia.

Genetic Evidence

Varṇa system is the main feature of Indian society. Varṇa is a collection of people who share similar professional, psychological, cultural and spiritual values and practices. Generally, people of a Varṇa try to marry a person of the same Varṇa; examples of inter-Varṇa marriages are also traceable. In the mediaeval period, this Varṇa system finds its transmutation into the ugly caste system.

Here it may be pointed out that the caste system developed with the influx of foreigners into Indian society after the Mauryan period. The identity of indigenous and foreigners was done on the basis of the birth of a person. This birthmark was slowly and steadily began to be applied to various professional classes also. A person born to parents of a particular profession was also identified with the same class of profession, as he also usually remained to stick to that profession. This tendency gave birth to the caste system in Indian society. Contemporary India is a land of enormous human, cultural and linguistic diversity. The social structure of the present Indian population is dominated by various castes in the shadow of the old Varṇa system. According to the old Varṇa system, the population was arranged into four main Varṇas: Brāhmaṇa (visionary people), Kṣatriya (defence personnel), Vaiśya (marketing class) and Śudra (production class). In spite of all this type of diversity, genetic diversity is very low. Recent researches in genetic field (published in Times of India, New Delhi, Thursday, December 28, 2006, at page 14 'Times Nation') carried out at the Keck school of Medicine of the Univesity of Southern California (USC) by an Indian American Scientist, Pragna I. Patel, Professor of biochemistry and molecular biology and Noah Rosenberg, assistant Professor in the department of human genetics at the University of Michigan, assisted by other researchers from USC Institute for Genetic Medicine at the Keck School of Medicine, the

University of Michigan, the departments of neurology and molecular human genetics at Baylor college of Medicine in Houston, Texas, and the centre for Medical Genetics at the Marshfield Medical Research Foundation, Marshfield, Wisconsin, proves the low level of diversity amongst Indian people spanning such a large geographical region, and that the people of Indian sub-continent constituted a distinct group when compared to populations from other parts of the world.

The study led by Prof. Patel represents the largest study of Indian genetic variation performed to date, in terms of the total number of sites in the human genome that were surveyed. Their study is based on 432 Indian-born Individuals in the US representing 15 different Indian populations.

The above findings discard the views of many scholars that the Indian culture and society have been affected, by multiple waves of migration, that took place in historic and prehistoric times. In fact, migrations took place from different regions of India outside and not towards India. The contemporary tribal population are largely Dravidian or Austro-Asiatic speakers. In view of the persistent survival of Dravidian languages in the pockets of Iran, Baluchistan and Afghanistan, some linguists believe that Dravidian speakers came from outside. Others, however, believe that since Dravidian speakers are largely restricted to India, these languages may have developed within India (Roychoudhury et al. 2000). But the above findings prove that Dravidian is not different from Aryans genetically and culturally. Only the regional difference is there. Dravidian is a regional nomenclature and not the cultural or religious one. Dravidians were also Aryans so far as their culture and religion are concerned. They went outside India from time to time which caused the origin of Dravidian speaking people elsewhere on the globe.

Study of mtDNA

Let me inform here that the mtDNA is in the DNA and muating slowly, so it is possible to find information of our ancestors in it.

Geneticists have been able to shed some light on the origins of the different populations of our world, their age and what genes they carry. The population of the world can be defined genetically. Torroni et al. (1998) studied mtDNA sequence variations, which are inherited on the mother's side, in 9 Eurasian populations and found that haplogroups H, I, J, and K are widely distributed among European populations. In addition, other studies revealed additional haplogroups T, U, V, W, and X. These 9 haplogroups, together with a few representatives of the Asian haplogroup M and African haplogroups L1 and L2, were found to encompass virtually all mtDNAs in Europe (Torroni et al. 1998). The above genetic studies speak of one humanity on the earth so far as the mtDNA is concerned whether it is Europe or Asia or Africa. This also proves the fact that entire humanity is one with one common source and that common source can be none else but India. As the ancient Indian literary tradition registers so many statements corroborating the above fact. Manu, the first lawgiver of humankind, clearly points out that humans originated in India were the firstborn ones on the globe. He further elucidates that India was the first place of the origin of Education. It was the Indians in the past who taught the ethical and moral values to the entire humanity on the globe (Manusmṛti, 2.20) .

> *etaddeśa prasūtasya sakāśād agrajanmanaḥ*
>
> *svaṁ svaṁ caritraṁ śikṣeran pṛthivyāṁ sarvamānavāḥ.*

Not only this, the *Ṛgveda* (9.63.5) states that it was India who took an initiative to civilise the whole world.

> *kṛṇavanto viśvam āryam*

Study of Haplogroup H

Haplogroup H is the most common haplogroup in all European populations and reaches its highest frequencies in western and northern Europe. This haplogroup is also common in the Caucasoid populations of the Near East and North Africa and is also observed in northern India. The divergence values suggest that haplogroup H originated in the Near East ~25-30,000 years ago and reached Europe along with the Indian migrants. At the present time, the Haplogroup H distribution in Slavic-speaking Bulgarians is 30% and 6% in the Indian (here India also includes Pakistan) speaking Punjabis. However, in the Telugu (Dravidian) speaking Andhra Pradesh the Haplogroup H is absent (Torroni et al. 1998). This would suggest that Europe was inhabited by Indian migrants from North India. That is why the languages of Europe are more similar to North Indian Languages and not south Indian languages. On the basis of the H haplogroup, it can be maintained that Telugu speaking south Indians (Caucasoids) split from North Indian Caucasoids before haplogroup H was originated in the remote past about 25-30,000 years ago. This is perhaps the reason why Telugu is quite different from Sanskrit compared to other south Indian languages.

Study of Haplogroup 'V'

Haplogroup 'V' has a much more limited geographical distribution, and it is observed only in northwestern Europe in some Iberian populations and North Africa. Thus this distribution indicates that haplogroup V originated either in Europe or in North Africa. In addition, the sequence divergence estimates suggest that haplogroup 'V' is more recent than haplogroup 'H' and originated only ~12,000 years ago, and the most likely homeland of the haplogroup 'V' is the Iberian peninsula. However, this haplogroup V is not present in the Tuscan population of Italy, nor in the Indian and Eastern Slavic i.e. Bulgarian populations (Torroni et al.1998). This would suggest that the North Indian and Eastern Slavic populations separated from other

European populations, after the formation of Haplogroup 'H' ~25-30,000 years ago, but before Haplogroup 'V' was formed about 12,000 years ago after the separation. Geographical studies are required behind the origin of these haplogroups.

Study of Y chromosome and mitochondrial DNA

Barbujani (1997) makes an observation, that the partial correlation with language is stronger for Y chromosomes than for mtDNA. This suggests that when women were incorporated into a group of speaking a different language, they passed to the future generations, along with their own genes, the husbands' language.

Kivisild et al. (1999) in their analyses of Indian and western-Eurasian mtDNA lineages (Czechs, Slovaks and Russians included), found an extensive deep late Pleistocene (51,000-67,000 BP) link between contemporary Europeans and Indians provided by the mtDNA haplogroup U. This probably predates their spread to Europe. Only a small fraction of the 'Caucasoid-specific' mtDNA lineages found in Indian populations can be ascribed to a relatively recent admixture, which they date at 9,300+- 3,000 BP and also conclude that this does not support a recent massive Indo-Aryan invasion, at least as far as maternally inherited genetic lineages are concerned.

Malaspina et al. (2000) have analysed the Y chromosome in various populations and have broken it down into networks such as 1.1, 1.2, 1.3, 2.1, 3.1G, 3.1A, 1.4 and others. They conclude that 1.1, 2.1, and 3.1G coalesce (unite to form a community) in the Paleolithic (ca. 100,000 BP) and that network 1.1 is the oldest. The following is the indicated presence in Indian and Slavic populations:

	1.1	2.1	3.1G	Tot.
Punjabi	.23	0	.15	.38
Sindhi	.30	.05	.15	.50
Slovak	.43	.09	0	.52

Ukrainian	.33	.17	0	.50
Polish	.31	.03	.19	.52

Two networks 1.2 and 3.1A coalesce in a window of time post-dating Last Glacial Maximum (ca. 20,000 BP):

	1.2	3.1A	Tot
Punjabi	0	.46	.46
Sindhi	.05	.35	.40
Slovak	0	.39	.39
Ukrainian	0	.50	.50
Polish	.06	.39	.45

Network 3.1 A clearly discriminates between Western and Eastern European and Indian populations (Malaspina et al.). In Portugal and Central Spain, it is not found; in Southern Spain, it is present at .02 level. On the Italian peninsula, it is present at .10 in Apulia and Venetia. East of Italian peninsula, the presence increases and is present at similar levels in Central and Eastern Europe and also on the Indian sub-continent (Mogenstale-Profizi et al. (2001) have found that Barco population in Veneto is quite like Tuscanian and they suggest that history left tracks in different gene frequencies).

Network 1.3, which dates back to the last 3,000-4,000 BP, is common in Sardinians but is not present in Indians or Slavs.

Malaspina et al., have not analysed Slovenian population. However, genetic analyses by Rosser et al., indicate that Slovenians are very close to Slovaks in their genetic profile.

Directions of Migrations

In Dr. Thanseem's paper, published in BMC Genetics 2006, 7:42, titled 'Genetic affinities among the lower castes and tribal groups of India: Inference from Y chromosomes and mitochondrial DNA', the data has been presented with the analysis and attempt to reconstruct the evolutionary history of Indian caste and tribal populations. Amongst the evidence shown, he also accentuates that the sister clads; R1a1 (M17) and R2 (M124) of the M207 lineage together form the largest Y haplogroup lineage in India, with a frequency of 32%. His data shows that R2 (M124) frequency in India is 10%; this is in agreement with the data of Sengupta et al. 2006 who show that R2 frequency is at ~9%, varying between 5% for tribal populations to 19% for North Indian higher caste populations, but in contrast, it is at 0% in East Asia. In addition, Kivisild et al. 2003 have found that R2 frequency in West Bengal is 23%, but in Sinhalese, it is 47%, outside of the subcontinent R2 is relatively rare, at 2% in Uzbekistan, Kyrgyzstan and Iran, 1% in Kazakhstan, 0% in Near East, Caucasus and Europe. Elsewhere, Luis et al. 2004 report that frequencies are low; for example, in Egypt, the frequency is at 1%, and 0% in Oman. From a geographic viewpoint, this has all the indications that R2 is quite localised and concentrated close to or on the Indian subcontinent. This, in turn, could be taken as an indication that R2 is indigenous to the Indian subcontinent and had only a minor role in migrations from the Indian subcontinent. The exception being the Sinto Romani (Gypsies), who according to Wells et al. 2001 have an M124 frequency of 53% and thus, the Y-chromosome results provide clear genetic evidence of a link of the Gypsies with India. Considerably more enigmatic is the wide distribution of R1a1 (Semino 2000, Rosser 2000, Qamar 2002, Behar 2003, Cordaux 2004, Sengupta 2006), which stretches like an arc, north and west of the Caspian Sea, from the Atlantic Ocean to the Bay of Bengal. In Europe, the highest frequencies have been detected amongst the Slavic populations: 63 % in Sorbs who live on the border of Germany, Poland and Czech R 54 % in Poles 47 % in Russians and Slovaks 37 % in Slovenians 35 % in Macedonians. The frequency amongst Slavs is lowest in Yugoslavs at 16 %. In contrast to the Slavic speakers, R1a1 frequency in non-Slavic populations of Europe is considerably lower, for instance: 1% in Irish 2% in Italians of Rome 5% French of Paris, Sengupta et al. 2006 show that in Central Asia, R1a1 frequency varies widely and is at 63% in the eastern Kyrgyz and Tajiks. From Table 6 in their paper, it can be seen that the R1a1 is spread over the whole of India with a total frequency of 23%. Its frequency on the Indian sub-continent is at: 45% in North Indian (NI) Upper Caste, 29 % in South Indian (SI) Upper Caste, 26% in North Indian Lower Caste, 19% in NI speaking tribal population 12% in South Indian Middle Caste, 10% in NI Middle Caste, 0% in SI population. This is similar to the findings which show the R1a1 frequency is 44% for Upper Castes; 22% for Lower Castes and 26% for Tribal groups. From genetic comparisons, it can be seen that in Europe, where ~40% of the population speak Slavic languages, the R1a1 frequency is at its highest in the Slavic speakers, but Rosser et al. show that it is also common in Germans and Scandinavians, which would indicate a genetic admixture. In this case, the direction of the gene flow can be deduced; in all likelihood, from India towards Slavic speakers than to Germans and Scandinavians. This again proves that Slavs are the first Aryan settlers in Europe. Sengupta et al. suggest that peoples carrying R1a1 could have entered the Indian sub-continent from the north-west during the late Pleistocene and then expanded there, 11,000 to 17,000 years ago. But the actual interpretation should be like that Slavic habitation came up first in Europe around 11,000 to 17,000 years ago due to migration from India via Kyrgyzstan, Tajikistan and Ukraine in the steppes of Russia.

Support of this hypothesis may be found in another Y chromosome genetic marker, I-M170, which is frequent in Europe, but it is not present in India. It is very frequent along with M17 amongst the Slavic-speaking populations and Scandinavians. This may be an indication that M17 was present in India and I-M170 originated in the Balkans and central Europe after the Ice Age. Pinhasi et al. (2000) conclude, based on archaeological evidence that 12,000 to 14,000 years ago Mesolithic and Late Paleolithic populations in Europe were concentrated in the eastern Adriatic coast, the Danube Gorge, southern Poland and Slovakia, the Elbe region, the outskirts of the German Alps next to Munich also in southern France and the northern coast of Spain. Then 8,000 to 10,000 years ago, there was a great expansion of Mesolithic populations into new areas. It is likely that during this period 8,000 to 10,000 years ago, the genetic marker I-M170 originated with the already extant R1a1-M17 in central Europe and northern Balkans. Perdih (2002) evaluates the extent of ice coverage during the Ice Age and its effect on the populations in Europe. Based on his calculations of the height of the permanent ice cover, he hypothesises that it was still possible to travel from the present-day Bulgaria in the Balkans to the east during LGM. The Danube Gorge would be the most likely route of barter and travel. In addition, this route would allow the genetic marker M170 to move east from the Balkans and M17 reached central Europe from the west of it from the area north of the Black Sea. There is, of course, the possibility that M17 originated on the Indian subcontinent and that the migrations took it west where M170 originated after the ice age. The absolute numbers support this hypothesis, since over 100 million males in India, now, carry this M17 genetic marker. However, a recent immigration from the west would not only bring linguistic similarities, but also M170 which is present at high frequencies in the Slavic-speaking populations, but M170 has not been found in India. Semino et al. (2000) have proposed that M170 originated in Europe in descendants of humans that arrived from the Middle East 20,000 to 25,000 years ago and that with the Epi-Gravettian culture it spread north and east after climatic improvement after LGM.

We have already shown the linguistic relationship between Slavs and Indo-Aryans. Although we have addressed the relationship primarily from a lexical perspective--from pastoral terminology, there is also an affinity in grammar, which we have shown previously. This affinity with the Slavic languages is particularly noticeable in the Vedic Sanskrit and less so in the Classical Sanskrit. Comparing linguistically, Slovenian, geographically the most westerly Slavic language, and Classical Sanskrit, ~10 % of the vocabulary is similar in sound and meaning. However, when the comparison is made between Slovenian and Vedic Sanskrit, the similarity is considerably higher at ~20%. Surprisingly, Slovenian also retains many grammatical similarities with Sanskrit no longer present in the modern-day Hindi (Skulj & Sharda 2001). With such extensive similarities between the ancient language of India and the modern Slavic languages and the present-day genetic affinities, it is apparent that a large percentage of Indians and Slavs had a common ancestry, in the ancient past.

Distribution of Human Genes

The recognition of new Y-chromosome markers represents a major leap in the investigation of human genetic diversity (in male lineages, complementing the information from female lineages derived from mitochondrial DNA). The resulting phylogeny supports out-of-Africa origins of our species and opens the way to further insights into prehistoric demography and world prehistory (Renfrew 2000). Applying molecular genetics to questions of early human population history, and hence to major issues in prehistoric archaeology, is becoming so fruitful an enterprise that a new discipline - archaeogenetics - has recently come into being. That many of its applications have so far related to prehistoric Europe is due in part to the detailed archaeological attention devoted to Europe by a series of 19th and 20th-century scholars. It is also due in part to the early application of a specific demographic model, the 'wave of advance' to explain the chronological patterning that emerged as farming spread across Europe at the onset of the Neolithic period (Renfrew 2001).

Based on the genetic information compiled by Semino and 16 co-authors, they suggest that the present European population arose from the merging of local Palaeolithic groups and Neolithic farmers arriving from the Near East after the invention of agriculture in the Fertile Crescent. Two lineages, those characterised by M170 and M173 appear to have been present in Europe since Palaeolithic times (Semino et al. 2000).

Two networks 1.2 and 3.1A coalesce in a window of time post-dating Last Glacial Maximum (ca. 20,000 BP)

M173 Lineage-Distribution and Age

Semino proposes that M173 is an ancient Eurasiatic marker that was brought by or arose in the group of Homo sapiens who entered Europe and it diffused from east to west 40,000 to 35,000 years ago spreading the Aurignac culture. M 173 lineage is shared by haplotypes Eu18 and Eu19, which characterise about 50% of the European Y chromosomes. Semino also estimates the age of M173 to be ~30,000 years, which appears consistent with the hypothesis, that M173 marks the Aurignac settlement in Europe or, at least, predates the Last Glacial Maximum (Semino et al. 2000). This genetic marker proves the migration of Aryans from India to Europe between 40000-35000 years ago.

The frequency of Eu18/HG1 is at its highest in the Basques at 90%, 81% in the Irish and decreases from west to east. In the Slovenian population, it is present at 21%, in Czechs at 19% and in Russians at 7% (Rosser 2000). On the Indian sub-continent, it is present at 11% and 12% in Pathan and Sindhi ethnic groups speaking Indo-European languages (Semino et al. 2000, Qamar et al. 2002) and in Punjab at 8% (Kivisild et al. 2003). This trend indicates that EU18/HGI developed after the Aryans with EU19/HG3 migrated and settled in Europe 40000-35000 years ago. Later Aryan settlers in Europe might have retreated or transferred to other parts of the globe from the cold climate of Europe during the Glacial period 20000-13000 years ago.

In contrast, haplotype Eu19/HG3, which is also derived from M173 and is distinguished by M17 mutation, is virtually absent from Western Europe. In Basques, it is totally absent (0%). Its frequency increases eastward and is present in the Slovenian population at 37%, in Czechs at 38%, in Russians at 47% and reaches 54% in Ukraine, where Eu18/HG1 is virtually absent (Semino et al. 2000). Haplotype Eu19/HG3 is also found in the Indian sub-continent at 45% and 49% in Pathan and Sindhi language groups (Qamar et al. 2002). The density of EU19/HG3 in India proves India as its homeland and the route of Indian migration to Europe can easily be determined by the decreasing trend of this gene in various parts of Europe. For example, the route of Indian migration can be ascertained as Indians with this gene migrated from the area of Punjab and reached Europe via Russia, Czechoslovakia and Slovenia.

It is thus possible that the Aryans re-migrated the Indian part of the Globe as they retreated from the cold climate prior to the ice age and again as a result of the dispersion after the Last Glacial Maximum. Both events would have taken place so long ago that they would have been long forgotten. It is a fact, that the Aryans in India still have the memory of outflow to foreign lands. On the basis of his genetic studies, Kivisild questions a commonly-held hypothesis that there was a massive Indo-Aryan invasion into India 4,000 years ago. He has found an extensive deep late Pleistocene genetic link between contemporary Europeans and Indians. He estimates the divergence to have taken place ~7,300 BC+ - 3,000 years (Kivisild 1999). Some geneticists interpret this as marking the movement of the Kurgan people, from north of the Caspian Sea, dated to ~7,000 years ago (Rosser et al. 2000). Kurgan from the North Caspian sea has their relations with the Kurgans located in south India in Mangalore of Karnataka state. Another scholar, Kazanas, argues that based on the latest archaeological finds and data from archaeoastronomy, anthropology and palaeontology, Indo-Aryans are indigenous from at least 4,500 BC and possibly 7,000 BC (Kazanas 2002).

With this in mind, it would be safe to say that the Slavic

and the Indo-Aryan populations are at least 6,500 years old. During this long time, people carrying the Indo-Aryan Eu19/HG3 genetic groups have had enough time to spread over a wide range from India to Europe.

Genetic research and studies of the peoples of India show that Indians have considerably more genetic similarities with the Caucasoids than with the Negroids (Majumder 1998). To be more precise, a number of researchers have found that Indians share many genetic similarities with the Europeans. Underhill has noted that haplogroups derived from M170 and M173 lineages are found mostly in Europe and the Indus Valley (Underhill et al. 2000). Semino observes that haplogroup Eu19/HG3, which appears at the highest concentration in Eastern Europe at between 29%-60%, is also present at a substantial frequency in North India and Pakistan (Semino 2000); calculated at 32% (from information provided in Table 1, Underhill 2000.

Note: Semino nomenclature uses Eu; whereas Rosser nomenclature uses HG.

M170 Lineage-Distribution and Age

Semino proposes that M170 originated in Europe in descendants of men that arrived from the Middle East 20,000 to 25,000 years ago, who have been associated with the Gravettian culture. It has been suggested that Gravettian and Aurignac coexisted for a few thousand years. When human groups were forced to vacate Central Europe, during the Last Glacial Maximum with the exception of a refuge in the northern Balkans, Western Europe was isolated from Central Europe. However, an Epi-Gravettian culture persisted in the area of present-day Austria, the Czech Republic, and the northern Balkans. After climatic improvement, this culture spread north and east (Semino et al. 2000).

Semino proposes that the polymorphism M170 from which haplotype Eu7/HG2 is derived represents another putative Palaeolithic mutation whose age has been estimated to be ~22,000 years. The mutation is most frequent in Central Eastern Europe, at 45 % in Croats and 49% in Yugoslavs (Rosser et al. 2000) and also occurs in the Basques that have accumulated a subsequent mutation (M26) that distinguishes Eu8 (Semino et al. 2000). In Slovenians, HG2 is detected at 27%, in Czechs at 19% and in Russians at 17%. It is also present on the Indian sub-continent; Pathan and Sindhi in Pakistan show a frequency of 16% and 9% (Qamar et al. 2002). However, in his study Kivisild, who considers these genetic clusters as European specific, has not detected them in India (Kivisild et al. 2003). In fact, this genetic cluster originated in Europe among the descendants of Aryans who migrated from India some 40000-35000 years ago. This also speaks of the reverse migration of Aryans at a later stage from Europe towards India and elsewhere on the globe.

Putting this into perspective; Passarino considers haplogroups Eu7 and Eu18 on the Y-chromosome in extant populations as being indicative of the descent from Palaeolithic populations. This population was to have spread all over Europe 13,000 and 9,000 years ago (Passarino 2001). In this category of descendants from Palaeolithic populations, there are 48% of Slovenians, 38% of Czechs, 24% of Russians. On the Indian sub-continent, 27% of Pathans, 21% of Sindhi and 8% of Punjabis fall into this category. This data again indicates the retreats of Aryans to their homeland with a new genetic marker. Among such retreated Aryans Kurgis may be mentioned.

Genetic Comparisons

Two localities are considered more alike if the same haplogroups occur at similar frequencies and if the various haplogroups differ by fewer mutations. Clines are usually associated with distinct population movements. Demic diffusion, which is a combination of demographic growth, range expansion, and limited admixture is an example of a form of directional population expansion causing allele frequency clines. Clines may be generated by the loss of genetic variation or by admixture between two genetically distinct groups initially separated by a non-populated area (Karafet 2001).

Bradley (2000) shows that the motif of dual domestication is a common one in livestock. On the basis of mtDNA results, he demonstrates that sheep and cattle were domesticated both in the Fertile Crescent and also on the Indian sub-continent. It can be inferred that the domestication of the sheep and cattle on the Indian sub-continent is the likely source of the linguistic similarity between Indian and Slavic cognate terminology relating to the sheep and cattle (Skulj 2006).

In addition to linguistic similarities, the comparisons of the human genetic markers on the Y-Chromosome also indicate a close relationship. Geneticists, studying the human DNA note that a Y-Chromosome genetic marker which they named, according to Y Chromosome Consortium, haplogroup R1a1 (HG3) is the most common among the Slavic populations in Europe and in India, at 47% and 30% respectively; but is found to be as high as 51% in Punjab (Kivisild 2002). If we do the math, using the published statistics, we see that in Europe, ~61 million Slavic speaking males have this genetic marker, but on the Indian sub-continent, the number is almost four times higher, at ~240 million males.

It could be argued that this genetic affinity is due to the recent arrival of the Indians. However, such a recent migration from Southeast Asia would have also picked up and brought a Finno-Ugric genetic marker Haplogroup N3 (HG16 of Rosser's nomenclature) to the Balkans, since it is widely distributed in Russia and Ukraine-between the Black Sea and the Baltic Sea (Rosser 2000). The Uralic-speaking people are suggested to have been descendants of the hunter-gatherers who lived in the pre-glacial zone between the Carpathian Mountains and the Volga River during the last glacial maximum and have inhabited the Baltic area for ~10,000 years (Laitinen 2002).

It is significant that this Hg N3 genetic marker has not been found either south of the Carpathian Mountains, central Europe, or in the Balkans. This would indicate that the populations carrying the Hg R1a1 (HG 3 of Rosser's nomenclature) came to the Balkans before the Finno-Ugric population spread into Northeastern Europe, European Russia, and Ukraine about 10,000 years ago. Therefore, the R1a1 expansion from the Indian sub-continent to the Balkans must have occurred prior to this Finno-Ugric expansion ~10,000 years ago; thus avoiding and mixing with the populations with the Finno-Ugric genetic marker.

The reverse major population movement, within the last 10,000 years, from central Europe to India, is highly unlikely. Such a migration would have brought a Finno-Ugric genetic marker Hg N3 and also the palaeolithic, more than 20,000 years old Hg I. This Hg I genetic marker is common throughout Europe; the highest frequencies have been found in the Balkans (Marjanovic 2005, Pericic 2005). It is important to note that these two genetic markers Hg N3 and Hg I have not been detected in India (Cordaux 2004, Sengupta 2006).

Inferences from genetic comparisons

India has served as a major corridor for the dispersal of modern humans. The date of entry of modern humans into India remains uncertain. By the middle of Palaeolithic period 50,000-20,000 years ago, humans are found to be present in many parts of India. The people of India are culturally stratified as people living in the hilly terrain, who constitute ~8% of the population and people dwelling in the plains.

DNA testing is now a powerful tool to prove or disprove research in various fields of anthropology, anthropography, archaeology, prehistory, and linguistics using the clues provided by the genetic markers on the maternally inherited mtDNA and the paternally inherited Y-chromosome. R-M17 (HG 3) is a Y-chromosome mutation of M173 lineage which along with M170 appears to have been present in Europe since Paleolithic times. There is statistical evidence that, after the Last Glacial Maximum R-M17 expanded from the refuge in Ukraine and expanded both westward and eastward; it is rare in western Europe, but is widely present in eastern and central Europe, being found at a frequency of 50-60% in Poles, Hungarians, Ukrainians, Belorussians and Russians (Semino 2000, Malyarchuk 2005). The frequency decreases westward; in Slovenians and Czechs-the most westerly Slavic speaking countries to 37% and 38% respectively, followed by a precipitous decrease in Italy and Spain where the frequency is only 2% (Rosser 2000), but in contrast to western Europe, in India R-M17 is present at 17%-26% (Cordaux 2004, Quintana-Murci 2001).

On the basis of the analysis of extensive data set of Indian Y chromosomes by Cordaux et al. it can be inferred that Indians are closely related to central Asians. On the basis of the analysis of the above data, it can be concluded that paternal lineages of Indians gave birth to Indo-European speakers who migrated from central Asia, basing this on the high frequency of haplogroup R-M17 (HG 3), which is present in all groups with the average of 21%, but reaches a frequency of 40% in north India.

Quintana-Murci et al., also present genetic evidence derived from their study of Y chromosome lineages in southwestern Asia supporting the occurrence of two major population movements from India; one to southwestern Iran who settled as farmers, where haplogroup J-M172 (HG 9) is very frequent; the other to western and central Asia who remained as pastoral nomads, where R-M17 (HG 3) is the most frequent haplogroup. Their frequency data supports the idea that Indo-European speakers spread from India to central Asia into modern Iran bringing the spread of genes and culture (including language) to southwestern Asia. Iran's ancient name Aryāyaṇa (meaning the arrival of Aryans) also supports the above hypothesis.

In the Balkans, R-M17 frequency follows a similar pattern; Slovenians in the north-west at 37%, Croats at 29%

and Macedonians at 35%. Then there is a sharp demarcation, between Slavic and non-Slavic populations and the frequency drops appreciably, in Albanians to 10 % and in Greeks to 12% (Rosser 2000, Semino 2000).

Also other researchers, such as Quintana-Murci et al., found that R-M17 is also frequent in the east of the Caspian Sea and extending to the Indian sub-continent. Iran also shows marked differences between the regions from west to east; the frequency in the west is at 3%, but in the eastern provinces it is at 31%. The frequency in Pakistan is 32% and India 26% (or say 29% with India and Pakistan combined) (Quintana-Murci 2001). This is similar to the frequency found in the Balkans. However, in absolute terms, India has about five times as many men with this mutation than Europe. This proves India to be the original source of European races.

The Haplogroup I-M170 which represents another putative Palaeolithic mutation M170; its age has been estimated to be ~22,000 years old. Geneticists postulate that it survived in the Balkans during LGM, and then spread after LGM. The mutation is now most frequent in Scandinavia - south Sweden and Norway at 40% and in the Balkans among the Slavic speakers - Bosnians at 42%, Slovenians at 38%, Croats at 38% and Macedonians in northern Greece at 30%. The frequency then drops to 24% in Albanians and to 14% in Greeks. I-M170 is present in all Slavic populations. However, it has not been found in India (Semino 2000, Rootsi 2004, Cordaux 2004). This would indicate that the separation of the Slav from the Indian family had already taken place before the demic diffusion from the Balkans had occurred. Thus I-M170 marker can not be associated with the linguistic similarities between Sanskrit and Slavic languages.

However, Haplogroup 2, which was used - pre-Y Chromosome Consortium (YCC) nomenclature - to identify I-M170 in Europe, was reported by Qamar et al., to be present in the Burusha population in Pakistan (Qamar 2002).

The people speak Burushaski (note the -ski ending), which is said to be an isolated language. The Burusho claims descent from the generals of Alexander's army who were exclusively Macedonian (Mansoor 2004).

Generally, it is the R-M17 marker that best correlates with the linguistic similarities between the Slavic speakers in Europe, Eurasia and the Indo-Aryan speakers in India. Although the I-M170 marker is present in Pakistan. This indicates clearly that R-M17 is the contribution of modern India to the Slavic speakers in Europe and Eurasia, whereas 1-M170 is the contribution of Macedon (very likely the path of Alexander from Macedon) to Pakistan. But if this is considered a contribution of Alexander's army from Macedon, then the Greek invasion theory of India is grounded as is claimed by Louis Jacolliot (See, India The civiliser of the World: P.18). Accordingly, there was no Greek invasion of India. Since I-MI70 is present in Pakistan only and is absent from India, it strongly validates Louis Jacolliot's and the present authors' view that Alexander's army was defeated at the frontiers itself and could not cross the boundaries to reach India as is claimed by most of the historians. Had the army reached India, I-MI70 would have also been present in India.

Hg R1a1 (HG3) Y-Chromosome Frequencies in Europe, West Asia and India

Population	%	Author
Basques	0	Rosser et al 2000
Irish	1	Rosser et al 2000
Western Europe	4	Kivisild et al 2002
Slovenians	37	Rosser et al 2000
Czechs	38	Rosser et al 2000
Slovaks	47	Rosser et al 2000
Sorbs	63	Behar et al 2003
Poles	54	Rosser et al 2000
Belarussians	39	Rosser et al 2000
Ukrainians/Kiev	30	Rosser et al 2000
Ukrainians	44	Kharkov et al 2004
Russians/North	43	Nasidze et al 2005

Russians/Moscow	47	Rosser et al 2000
Russians/Tashkent	47	Nasidze et al 2005
Anatolia & Caucasus	5	Kivisild et al 2002
Iran	11	Kivisild et al 2002
India	30	Kivisild et al 2002
Punjab	51	Kivisild et al 2002
Gujarat	24	Kivisild et al 2002
West Bengal	39	Kivisild et al 2002
Sri Lanka	24	Kivisild et al 2002
Nepal/Kathmandu	35	Gayden et al 2007
Pakistan	37	Firasat et al 2007
Burusho	28	Qamar et al 2002
Pathan	45	Qamar et al 2002
Sindhi	49	Qamar et al
2002Bangladesh	39	
(W. Bengal)	39	Kivisild et al 2002

Indian and Slavic Genetic Affinity

From the historically prevalent social structure of Indian populations, it may be predicted, that there has been very little male gene flow across ethnic boundaries. The analysis of DNA samples indicates that there has been virtually no male gene flow among ethnic groups, whereas, there is considerably more female gene flow. The upper castes, while sharing haplotypes with the middle and lower castes, do not share any haplotypes with the tribes (Bhattacharya et al. 1999).

Other researchers also confirm the close affinity, based on the Y chromosome, between Hindi-speaking Indians and Europeans (Quintana-Murci et al. 1999) and also rank the degree of this similarity. Kivisild shows that eastern Europeans (Poles, Czechs and Ukrainians) are genetically closer to Punjabis, Western Bengalis and Brahmins from the Konkan region of India than they are to southern or western Europeans. Likewise, Punjabis are closer to eastern

Europeans than they are to Gujaratis. Also, Punjabis, Western Bengalis and Konkonastha Brahmins are closer to eastern Europeans than they are to Pakistanis and Indian Lambadis, Chenchus and Koyas (Kivisild et al. 2003).

Bamshad has gone a step further and compared the affinities between the castes and also between the Europeans. He has found that the affinity to Europeans is proportionate to caste rank; the upper castes being most similar to Europeans particularly East Europeans. These findings are consistent with greater West Eurasian male admixture with castes of higher rank. The lower castes, on the other hand, are more similar to Asians. For this comparison, Eastern European samples from Russia and Romania were used (Bamshad et al. 2001). If this study is true, it can be inferred that the people from higher castes of India migrated to Europe and people from lower castes of India migrated to Asian parts.

The direction of Gene Flow

Some would argue that genetic and linguistic affinity between Slavs and Indo-Aryans is due to the recent arrivals from the east. However, a recent migration from the east would have also brought Hg N3 to the Balkans, since it is widely distributed in Russia and Ukraine-between the Black Sea and the Baltic Sea, but this genetic marker has not been found in the Balkans. This indicates that R1a1 migration to the Balkans took place before Hg N3 arrived in European Russia and Ukraine. Hg N3 has the highest frequency amongst the Finns at 61% and has been considered a Finno-Ugric marker. Laitinen et al. (2002) estimate that Finno-Ugric tribes arrived in the Baltic region 5,000-6,000 years ago. Therefore, the Hg R1a1 migration from the east to the Balkans must have occurred prior to the Hg N3 expansion and thus avoided contact with the populations when Hg N3 was already present (Skulj 2006).

Enigmatically, Hg I, which is posited to be older than Hg R1a1 and is believed to have expanded from a refuge in the northern Balkans after LGM (Semino 2000), has not been detected in India. Hg I is widespread throughout Europe; from the British Isles to Russia and from the Baltic Sea to the Balkan peninsula. The frequency is particularly high in the Balkans, as high as ~71% in the Croats of Bosnia-Herzegovina. It is frequent in Russia and Ukraine at ~20%, and also in the rest of Europe, particularly in Scandinavia. In England the frequency is 18%, Denmark 39%, Norway 40%, south Sweden 40%, and Estonia 19%. The estimated age of Hg I is 22, 000 years, which would give it an abundance of time for expansion, and it is also considerably more widely spread in Europe than Hg R1a1. It should be noted that, despite all the theories of Aryan migrations from Europe, Hg I has not been detected in India. Hg I-M170 has been detected in Pakistan at 0.57% (Sengupta 2006) and at 0.3% (Firasat 2007), where it could have been brought by the army of Alexander the Great (Qamar 2002, Firasat 2007). At lower frequencies, Hg I is found in the Near East, Caucasus, and Central Asia but not in Iran. In the populations of Central Asia, the frequency is only 1.5% (Marjanovic 2005, Qamar 2002, Rootsi 2004).

It is significant, that both Hg N3 and also Hg I did not reach Iran and India. This can be taken as another indication that the migration(s) carrying Hg R1a1 did not originate in Europe. A northern, central, or east European origin of Hg R1a1, and the subsequent expansions and migrations would have picked up both Hg I and Hg N3 chromosomes and the linguistic affinities with Sanskrit and taken them eastward in the direction of India. However, the only high frequency of Hg R1a1 chromosomes and the high linguistic affinities with Sanskrit are common to Slavic and Indo-Aryan populations. This is not the case for other European or eastern European genetic markers such as Hg I and Hg N3, since Hg I and Hg N3 are absent from India.

As mentioned before, Hg N3, which is widely distributed among Finno-Ugric populations where the high frequencies occur, is also frequent in the Slavic populations surrounding the Baltic and the Black Sea, where the largest absolute numbers occur. This marker, which is considered to be as old as R1a1, has not reached the Balkans, nor has it migrated to India (Skulj 2007).

Based on the above mentioned genetic markers, one has to conclude that Hg R1a1 chromosomes came from India and reached the Balkans before Hg N3 expanded between the Baltic and the Black Seas. Also the expansion of Hg I from the Balkans was impeded and did not reach India. All of this would be in agreement and support 'Out of India Theory' (OIT) of the 'Satem' branch of the Indo-European language family. Furthermore, the domestication of cattle in the Indus valley and no indication of domestication of European aurochs (Edwards 2007) further support the OIT.

That is why, it is very difficult, to accept the relatively young age of R1a1, which Kharkov et al. propose to have coalesced in a common ancestor 2,500-3,800 years ago. If this R1a1 genetic marker is one of the youngest, why is it, in this Darwinian world, the most prolific and prior to the discovery of the Americas was the most widely distributed haplogroup? At high frequencies, it stretches like an arc north of the Black and Caspian Seas from southern Adriatic in Europe to the Bay of Bengal and Sri Lanka on the Indian sub-continent.

However, the numerical success of the R1a1 in India and in Europe raises some obvious questions:

1. In the populations north of the Black and Caspian Seas where Hg I and Hg N3 are at high frequencies:

-What has prevented the carriers of ostensibly much older genetic markers from blossoming and taking over the planet and leaving R1a1 chromosome in a minor role?

-What prevented N3 from supplanting R1a1?

-What prevented Hg I from doing the same, or Hg P which is considered to be even older than Hg I?

2). In the populations south of Black and Caspian Seas:

-Why have the Anatolian and Middle East agriculturists, with older haplogroups such as Hg J and Hg E, lagged behind R1a1 populations in numbers, since they would have had a head-start in time, agricultural food production and technology?

3). Was the agro-pastoral way of life the sole means to provide this advantage, or was it a combination of some other form of the 'elite dominance' in culture, warfare, technology or resistance to particular diseases that enabled the populations with the high frequency of R1a1 chromosome to surpass in frequency all others in Eurasia?

There is anecdotal evidence that the Indian population in Canada has a much higher incidence of cardiovascular diseases, than other nationalities. These diseases affect, primarily individuals past their best reproductive years. Therefore, in light of the high population numbers with the R1a1 genetic marker, it would be reasonable to expect that, possible resistance to certain diseases, during youth and during reproductive years, could have been a significant factor in the superior relative reproduction rate of males with Hg R1a1, compared to individuals with other genetic markers. However, this requires further investigations.

Part of the answer will probably be found to be in the evidence that the age of Hg R1a1 is considerably older than the estimates of Kharkov et al of 2,500-3,800 years. In addition to being, in all probability much older; we estimate the age at more than 100,000 years, the carriers of R1a1 must have had tremendous Darwinian advantages mentioned above, to surpass the other Y-chromosome genetic competitors in their reproductive fitness.

Passarino et al 2001 presented two different dates for the age of R1a1 M17 lineage, namely, 7,654 years and 13,031 years. In addition, their data shows that the highest frequency of the oldest haplotype c-Ht 17 of the M17 lineage occurs in India, where it was observed in 10.5% of the males, i.e. 57.5 million men. In Eastern Europe, it occurs at

9.5%, in the Balkans at 3.8%, in Western Europe at 0.3%, and in the Middle East at 2.5%. This may be taken as an indication of the direction of the gene flow. These statistics are also an indication that the gene flow originates from India.

As discussed earlier, the absence of Hg I and Hg N3 in India and their high frequencies in Europe also indicates that the gene flow was not from Europe to India, but from India to Europe.

Using Alinei's 'lexical self-dating', there is evidence that a common agro-pastoral origin of Sanskrit 'gopati' and Slavic 'gospod', 'gospodin' meaning lord/master/gentleman occurred more than 8,000 years ago (Skulj 2006). Therefore, the people who invented this terminology must have had their origin prior to that period of human history when the domestication of cattle began.

Conclusion

1.) Genetic and linguistic affinities between the Indo-Aryan and Slavic populations indicate that their ancestors had a common sojourn during the pre-pastoral and also during the pastoral age.

2.) A split between them occurred prior to the innovation of cereal production in agriculture.

3.) Hg R1a1-M17 lineage appears to have come to Europe, via the ancestors of the present-day Slavs, from the Indian sub-continent, before the spread of farming ~9000 years ago.

4.) Genetic evidence does not support a large-scale invasion of India from Europe during prehistoric times since no evidence of Hg I-M170 or of Hg N3-TAT has been found in India.

5.) The coalescence of Hg R1a1, the most frequent genetic marker in Indo-Aryan and Slavic populations, very likely occurred more than 100,000 years ago. Only in this way could this genetic marker grow to such a degree in absolute numbers and also in high relative frequencies in relation to other genetic Y-Chromosome genetic markers, present in the populations of the world.

Dates of Migrations

Based on mtDNA sequences in ancient Australians, Adcock et al. (2001) see evidence that there is a morphological evidence for the survival of Neanderthal genes in Europe after the arrival of Cro-Magnon people. Underhill et al. (2001), suggest that modern humans dispersed across Africa and into Western Asia, Asia and Malaysia and then into Northern Eurasia. Overlain on these events are the contractions with the Last Glacial Maximum (LGM), and the consequent post-glacial expansion of both hunter-gatherers and agriculturists. Underhill et al. (2000) see evidence that small sub-group of humans separated into several fairly isolated groups. These groups remained small throughout the last glaciation before they underwent a roughly simultaneous expansion in size.

Richards et al. (2000), used the founder analysis method for analysis of nonrecombining DNA sequence data, with the aim of identification and dating of migrations into new territory. They conclude that (i) there has been substantial back-migration into Near East, (ii) the majority of extant mtDNA lineages entered Europe in several waves during the Upper Paleolithic (ca. 45,000 BP), (iii) there was a founder effect on the bottleneck associated with the Last Glacial Maximum (ca. 20,000 BP) from which derives the largest fraction of surviving lineages, and (iv) the immigrant Neolithic (ca. 9,000 BP) component is likely to comprise less than one-quarter of the mtDNA pool of modern Europeans.

Dates of Arrival in the Alps and Southeastern Europe

Richards et al. (2000) using mtDNA trace lineages back into prehistory, through the Last Glacial Maximum (LGM), to the first settlement of Europe by anatomically modern humans, almost 50,000 BP. They have found that, there have been five migrations to various regions of Europe and the first four migrations from 45,000-9,000 BP, brought over 90% of the genes to Europe, and that less than 10% of the population came to the present regions in the last 3,000 years to the present day.

Into the Alps came 6.9% of the population, into Southeastern Europe 8.2% and into Northeastern Europe 5.5%.

Significance of Genetic Studies

Genetics thus gives credence to theories that discard the Aryan invasion theory. The origin of the haplogroup H gene in near east 25,000 to 30,000 years ago and its expansion to Europe suggests Aryan migration to Europe from India after the end of the ice age in Europe and North America. This migration would have taken place well before haplogroup V was formed about 12,000 years ago. This, in turn, would allow the possibility, that the age of the Vedas to be much older than 3,500 years, that has been advocated by some western scholars under the impression of the Biblical age of the earth. Of course, we should not discount the possibility, that there may have been also other migrations after the Last Glacial Maximum. Perhaps archaeology, genetics, and linguistics will someday be able to shed more light on this matter and show us if there were more migrations or just the one.

Time to redraw the Human Family Tree

Until Meave Leakey of Kenya found new evidence, it was believed that the first and oldest species of our family Homo habilis, evolved into Homo erectus, and finally into Homo sapiens. New evidence shows that the two earlier species lived side by side about 1.5 million years ago in Kenya and that they have a common still-undiscovered ancestor that probably lived two to three million years ago. After studying the fossils, Leakey's team announced their findings and concluded that it was time to redraw the family tree and rethink other ideas about human evolutionary theory, especially about our most immediate ancestor, Homo erectus (Borenstein 2007).

More Evidence from Population and Genetic Studies

The human population is estimated at 6.5 billion years ago. Over the millennia the human population growth has been closely associated with social organisation and with technologically assisted food production. Historically, the human population has grown very slowly and the exponential growth did not begin until the last few centuries.

From Hanson (2000) we learn that many authors have informally summarised world history as continually accelerating change and that many others have described human history as sequences specific growth modes. Human history has also been described as a slow expansion of hunter-gatherers, followed by faster growth with the domestication of animals and plants and then followed by even faster growth with science and industry. The age of the human population has been estimated by De Long to be 1 million years and Hawks et al to be 2 million years. From 2 million years ago up to about 5,000 BC, it is postulated that hunters were dominant, then, as the world population grew to approximately 5 million to 20 million, farmers began to dominate. (Hanson 2000, U.S. Census Bureau 2007).

McEvedy et al. (1978) estimated that 12,000 years ago the human population was at approximately 4,000,000; then it took 11,500 years of near-linear growth to reach 425,000,000 in the 15th century. After 1500 AD, the exponential population growth began and it took only 400 years for the population to reach 1.6 billion in the year 1900 AD and then only 100 years for the population to reach 6 billion (McEvedy 1978).

On the other hand, Kremer (1993), went back further into pre-history and estimated that 1 million years ago, there was already a human population of 125,000, which grew, albeit very slowly, and reached 4 million people 12,000 years ago and increased to 425 million in 1500 AD.

The question arises, how many male or Y-chromosome lineages were in existence or came into existence due to mutations over a span of 1 million years and how many of them are extinct now, and also what was the situation 12,000 years ago. At the present time, there are 116 different known haplogroups world-wide (Arredi 2004, Underhill 2000). Indian sub-continent shows great genetic diversity since 36 of them are present in India and Pakistan (Sengupta 2006) and R1a1 being the one with the highest frequency of 30% in India (Kivisild 2002).

As mentioned before, the ancient historian Herodotus in his accounts of the tribute paid to the Persian king Darius, noted that Indians were the most numerous nation on earth that the people of his time were acquainted with and accordingly, Indians paid tribute exceeding that of every other people. He stressed that the tribes of Indians are numerous and do not all speak the same language and also that some are nomads others not (Herodotus 1942: 259-261). With regard to the relative size of the population, the situation has not changed appreciably in 2,500 years since the time of Herodotus, since the people of the Indian sub-continent are still the most numerous and represent about 23% of the world's population (U.S. Census Bureau 2007).

Similar facts in case of Slavs in Europe: Herodotus writes, 'The Thracians are the most powerful people in the world, except, of course, the Indians; and if they had one head, or were agreed among themselves, it is my belief that their match could not be found anywhere, and that they would very far surpass all other nations. But such union is impossible for them, and there are no means for ever bringing it about. Herein, therefore, consists of their weakness. The Thracians bear many names in the different regions of their country, but all of them have like usages in every respect, excepting only the Getae, the Trausi and those who dwell above the people of Creston' (Herodotus p.374). Alinei has advanced a hypothesis based on the historical and linguistic evidence that Thracians was the name Herodotus gave to the Slavs owing to the fact that the Thracians were one of the most powerful and representative elites of the Slavic-speaking Eastern Europe (Alinei: 2003). Modern-day relative population numbers appear to reflect those of the ancient world. The population on the Indian sub-continent is still the largest in the world and the Slavic speakers form the most numerous language group in Europe and they occupy more than one-half of the landmass of Europe (Rand McNally: 1980).

Discussion

Here we do not address the origins of human language, which, some believe, has its beginnings 150,000 years ago (The Economist, September 22nd, 2007), nor of the Indo-European languages, which some believe that they have their beginnings in central and eastern Anatolia and others posit their origin north of the Black Sea. From Anatolia, according to some hypotheses, the distribution of the early form of the language and its successors spread into Europe in association with the farming (Renfrew 1987: 205). However, this hypothesis is not supported by the genetic data. We have demonstrated that the Slavs and Indians share both genetic and linguistic affinities and that the distribution of their ancestors stretching from the Balkans, central and northern Europe, also north of the Black Sea and along north-eastern shores of the Caspian Sea and on the Indian sub-continent from Punjab to the Bay of Bengal and Sri Lanka, is associated with the pastoral age and that the subsequent split into Slavic and Indian language speakers predates the origin of farming.

At present, there are two hypotheses that propose to account for the greater similarity of Indians with western Eurasians than with the Mongoloid people to the east of India. First, there is a widely known hypothesis of an entry of nomadic Indian tribes around 4,000 years ago, either from the west or from the Central Asian steppes in the north. Second, there is a more recently proposed postulate, which is based on the fact that 8,000-9,000 years ago several varieties of wheat and other cereals reached India, presumably from the Fertile Crescent. This hypothesis is supported by linguistically based suggestions of a recent common root for Elamite and Dravidic languages (Kivisild 2000).

In addition to the invasion theories, the theory of the indigenous origin of the Aryans on the Indian subcontinent has been advocated by a number of scholars. There is no evidence to show that the Vedic Aryans were foreigners or that they migrated into India within traditional memory. Sufficient literary materials are available to indicate, that the Vedic Aryans themselves regarded Sapta-Sindhu as their original home (Ghosh 1951: 220). Ghosh also cites H. Güntert and F.R. Schröder who have shown that Western Europe is one of those areas that were Aryanized last (Ghosh 1951: 214). This is in agreement with the frequency of R1a1; only 4% in Western Europe, 1% in Irish and 0% in the Basques who are the farthest away from the Indian part of the Globe. This is in contrast to high frequencies amongst the male Slavs in Europe at 47 % the males in India at 30% (Kivisild 2004, Rosser 2000) numbering 61 million and 169 million respectively and 237 million for the whole Indian sub-continent.

Kivisild et al (2000) have found that the node of the phylogenic tree of the mtDNA, ancestral to more than 90% of the present-day typically European maternal lineages, is present in India at a relatively high frequency. The age of this ancestral node is greater than 50,000 years. They have also found that mtDNA haplogroup U is the most abundant mtDNA variety in India as it is in Europe. Furthermore, they believe that there are now enough reasons to question the recent Indo-Aryan invasion into India some 4,000 years ago and alternatively to consider India as a part of the common gene pool ancestral to the diversity of human maternal lineages in Europe.

Age of Hg R1a1 or Time since Coalescence

Kharkov V.N., et al. (2004) attempt to clarify the ethnogenesis of the Slavs in general and Eastern Slavs in particular, by studying the Y-Chromosome diversity in the Ukrainians and other populations of Eurasia. They agree with some of the published estimates, that Hg R1a1 coalesced in a common ancestor 2,500 to 3,800 years ago. Although in their paper, they alluded to the relatively high frequency of R1a1 in India and Pakistan, they did not inquire into the significance of such large numbers of R1a1 carriers, both in the Indian sub-continent and amongst the Slavs, in Europe. They also failed to demonstrate how R1a1 could become one of the most widespread and also the most numerous genetic marker both in Europe and in the Indian sub-continent during a relatively short period of time, i.e. less than 4,000 years.

They note that haplogroup (Hg) R1a1 (earlier designated as Hg 3) is the most common Y-Chromosome variant among the Ukrainians at ~44%. Upon further analysis of the published results in the literature, it appears that Hg R1a1 is one of the most frequent genetic markers in the world. It is most frequent in the populations speaking 'Satem' group of I-E languages, namely the Slavic speakers in Europe and the Indo-Aryan speakers in the Indian sub-continent. If we do the math, using the US Census I. P. Center population figures and the percentages published in the literature (Rosser et al.2000, Semino et al. 2000, Pericic et al. 2005, Sengupta et al.2006, Kivisild et al.2002) we see that in Europe, ~61 million Slavic speaking males have the Hg R1a1 genetic marker; but in India the number is more than two and a half times higher, at ~170 million males and on the Indian sub-continent as a whole, the number is ~240 million or almost four times higher than in the Slavic populations. Sengupta (2006) also report that the R1a1 frequency in I-E speakers of Upper Castes is at 45%, which is similar to frequencies in the Slavic populations of Europe.

This would indicate that a similar increase of Hg R1a1, relative to populations with other genetic markers, took place among the Slavic populations of Europe as in the caste populations of India.

In order to do a reality check on the age of Hg R1a1, we will use a macro-analytical global approach and consider the recorded genealogies of known historical individuals, some in a position of privilege, others just common men. We will then compare the results with the estimated coalescence dates of Hg R1a1-M17 lineage found in the literature, where the micro-analytical approach, based on mutation rates, is used for determining the ages of Y-Chromosome mutations.

The Mutation Rate is defined as the rate at which a genetic marker mutates or changes over time (Kerchner 2007). There is as yet no general agreement on the mutation rate at an average Y-Chromosome short tandem repeat locus; the range is quite wide; 0.00069 per 25 years (Zhivotovsky 2004); 0.00069 per locus per mutation, with an intergeneration time of 25 years (Gayden 2007); 0.00026 per 20 years (Forster 2000); 0.002 per generation (Kerchner 2007) and 0.0018 per generation (Quintana-Murci 2001). The subsequently calculated age estimates are based on these mutation rates. Understandably, there is also no consensus on the length of time from coalescence, for the first male with Hg R1a1 mutation, which is the most recent common ancestor. These ages vary from 1,650-4260 years (Kayser 2,000); 2,500-3,800 years (Kharkov: 2004); 3,800 years (Zerjal: 1999); 7,500 years (Karafet: 1999); 10,000 years for a migration time (National Geographic, The Genographic Project: 2005); palaeolithic (Passarino: 2001); present in Ukraine before Last Glacial Maximum 20,000 years ago (Semino: 2000).

For this reason, it is worthwhile to compare the age estimates, based on mutation rates, with the reproductive capabilities of known historical men to determine what is, a reasonable time interval, for more than 300 million men, representing ~ 9.2% of the world's male population, now living with this Hg R1a1 mutation, to come into existence; starting from a single individual. The 300 million men with R1a1 on the Indian sub-continent and among the Slavic speakers in Europe represent the majority, but not all the men with this genetic marker. Excluded are smaller numbers for Scandinavia, Western Europe and Iran in the calculations. Let us evaluate some recorded time events and real reproduction rates. For example:

Tremblay

Pierre Tremblay and Ozanne Achon have married 350 years ago, in 1657 when the European population, in what is now Canada, numbered 2000 people (Statistics Canada). Thus the couple would represent 0.1% of the European population, at that time. They, in turn, had 10 children, four of them boys and 58 grandchildren, the majority of whom were male. Now they have 80,000 descendants in Canada (Gordon 2007) who represents 0.24% of the population. This is a substantial growth both in absolute numbers and relative growth compared to the surrounding population. The Tremblay males now number 40,000 and in turn, make up 0.24% of the total Canadian male population of 16,500,000. If they were to expand at the same rate in the future, relative to the rest of the population, according to their historical reproduction rate, it will take their descendants ~1,500 years to reach 1% of Canadian male population and 45,000 years to reach a level of 30% of the total Canadian male population. However, from a global perspective, 40,000 males represent only 0.00123 % of the world's male population. To reach the first 1 %, of the world's population at this growth rate, in the New World with all the advantages of space, freedom from hunger and relative ease of reproduction, it will require 285,000 years (X = 350:0.00123 = 285,000). To approach and reach 9.2 % of the world's male population, at this phenomenal Tremblay rate of reproduction, it will take ~2,600,000 years (285,000 x 9.2).

Giocangga

Geneticist Tyler-Smith (2005) has estimated that 1.5 million Chinese men are descendants of Giocangga, the grandfather of the founder of the Qing dynasty, from about 500 years ago. His descendants were in a privileged position and the extraordinary number is thought to be a result of the many wives and concubines his offspring took. Because of the special privileges, the children would have had a good chance of survival (BBC News). This number of 1.5 million males represents 0.23% of the total male population of China, estimated at 660,926,000 males. If we extrapolate, assuming that these descendants will still enjoy the privileged position in society and expand further, relative to the rest of the population, it will take the descendants of Giocangga ~2,200 years to reach 1% of the population (X = 500:0.23 = 2,174 years). To reach 10% of the Chinese population it will take a total of ~22,000 years and to reach 30% of the total male population it will take ~65,000 years, assuming that their future growth rate will replicate their past performance. From a global perspective, 1.5 million males represent 0.046% of the world's male population. Assuming that their reproductive rates will remain the same, relative to the world's population, to reach 1% of the world population, it will take them ~11,000 years (X = 500:0.046 = 10,870). However, to reach 9.2% of the world's male population, it will require ~100,000 years, starting from this individual.

Burusho people

Qamar et al (2002) report of the presence of 50,000-60,000 Burusho people in Pakistan, who claim to be descendants of the army of Alexander the Great and who speak their own language isolate. After 2300 years, they represent now only 0.036% of the population of Pakistan. At this rate of relative growth, it will take 64,000 years for the Burusho people to reach 1% of the Pakistani population and 640,000 years to reach 10% of the population of Pakistan and 1,900,000 years to reach 30% of the population of

Pakistan. From a global perspective, 30,000 Burusho males represent 0.000923% of the world's male population. At this growth rate, it will take 2,500,000 years (X = 2,300 : 0.000923 = 2,491,874) for Burusho people to reach only 1% of global population.

Hg I-M170/M223/M379 in Pakistan--Sengupta et al. (2006) and Firasat et al (2007) report that 0.57% and 0.3% respectively, of the Pakistani males, are identified with this genetic marker. According to Firasat (2007), this genetic marker may have been brought by the Greek slaves 150 years before Alexander the Great, but more likely by Alexander's army of 25,000-30,000 mercenary foot soldiers from Persia and West Asia and 5,000-7,000 Macedonian cavalry during the invasion 327-323 BC. Hg I-M170, which is a component of the European Y-Chromosome gene pool and accounts for 18% of the total paternal lineages, is widespread in Europe. In Europe six sub-haplogroups of Hg I-M170 have been reported (Rootsi 2004). In Pakistan, only the sub-haplogroup I-M223/M379 is found. The subhaplogroup I-M223 is relatively rare in Europe, nevertheless, it is also found amongst the Slavic speakers in the Balkans (Marjanovic 2005). Assuming that the genetic marker was brought to Pakistan by the Macedonian cavalry of Alexander the Great and by using the data provided by Firasat (2007), it is apparent that it took ~2,300 years for this genetic marker to reach 0.3% of the Pakistani population of 165 million and that at this rate of relative growth, it will take a total of 7,700 years to reach 1% of the population and 77,000 years to reach 10% of the Pakistani population, despite the elite status of the (probably multiple) progenitors. And it will take them 230,000 years to reach 30 % of the country's male population. From a global perspective, using Sengupta's data, 0.57% of Pakistan's male population represents 0.94 million males or 0.029% of the world's male population. At this growth rate, it will take ~79,000 years (2300:0.029 = 79,300) to reach 1% of the world's population and a total of 730,000 years to reach 9.2% of the world's male population.

Average Chinese man

Tyler-Smith (2005) has also estimated that the average Chinese man, of 500 years ago, now has only 20 descendants. This is only 0.000003% of the total population. At this rate of relative growth, it will take ~160 million years for the male descendants of this ordinary man to reach only 1% of the total Chinese population.

From the above real-time examples, it is apparent that the growth of the human populations, having specific human traits, be it a genetic marker, language, or a surname, relative to the rest of the population, is a long-term process. The process of growth relative to the rest of the population has to be accompanied with special attributes not present in the surrounding population. This special 'reproductive fitness advantage' (RFA), can be in the form of fertility or reproductive fitness, special privileges, or resistance to disease which ensures the survival of the progeny and allows the privileged population to grow faster than the surrounding population. This is analogous to the mechanics of a similar process such as language replacement, which Lord Colin Renfrew named 'elite dominance' (Renfrew 1998: 95,132).

To account for the relatively high frequency of Hg R1a1, there is no reason to believe that the Slavic populations have an inherently higher reproduction rate than surrounding populations, due to reproductive fitness. For example, the population of Russia is now decreasing and will continue to decrease into the foreseeable future, relative to other countries (The Economist, June 2007). Therefore, in order for the male population with this genetic marker to have grown to more than ~300 million, in addition to other factors, the time since coalescence or the age of the haplogroup, must have played a large part in the relative growth with respect to the world populations. Other factors such as economic, cultural, physical, military superiority, or resistance to disease must have been present in varying degrees to have allowed the males with this R1a1 genetic marker to grow so dominantly in relation to the rest of the human genetic markers in the populations.

Assuming that Upper Castes in India had a privileged position, similar to descendants of Giocangga in China, it is reasonable to extrapolate from the known data to determine how long it would take from the time of coalescence for genetic marker such as Hg R1a1 to increase to 30 % of the population in India. Therefore, based on an assumption that the relative growth of the privileged descendants in India, were similar to those in China, it would take about 65,000 years or 2,600 generations to reach 30% of the population, starting from a single privileged individual if no expansion from the Indian sub-continent took place.

It is noteworthy that the majority of the populations on the Indian subcontinent speak the I-E languages, which are based on Sanskrit. Also in Europe, Slavic languages share many linguistic and grammatical similarities with Sanskrit, particularly Vedic Sanskrit. It is enigmatic that the speakers of Slovenian language, bordering on Romance, Germanic and Finno-Ugric language families, still share more linguistic similarities with the Vedic Sanskrit than with Latin or Germanic languages and have greater genetic similarity, with respect to Hg R1a1 frequency, to the Indo-Aryan speaking caste populations in India, than to their westerly neighbours in Europe. Furthermore, Slovenian language still preserves many Sanskrit lexical and grammatical forms no longer used in present-day Indic languages (Skulj & Sharda: 2001). Thus it is possible to regard R1a1 as an Indo-Aryan and Slavic genetic marker

Based on these linguistic and genetic similarities, it is not out of order to combine the Slavic and Indian populations and the relative percentages of Hg R1a1 of 47% and 30%, respectively, as reported by Kivisild (2002). This means that the coalescence of the common ancestor of Hg R1a1 would have taken place, considerably earlier than the Ice Age. Only the early coalescence can account for the high frequency and wide distribution of Hg R1a1, prior to modern-day population migrations. This reproduction rate is in line with that of the historical personage, Giocangga, whose descendants would require 100,000 years to get to 9.2 % of the world's male population, based on their past reproduction rates. Taking into consideration the reproduction rates of historical individuals, it can be concluded that the time since the coalescence of Hg R1a1 must be at least 100,000 years, but more likely more.

This age estimate, since coalescence, should not be discounted as unrealistic, since this area of the world has supported human life for more than 1 million years (Kremer 1993, Zerjal 2002) and humans have been speaking for at least 150,000 years (The Economist, September 2007 p.57). Thus the population studies carried out in the Indian context clearly assigns more than one million-year-old antiquity to the human population in India.

Literary Evidence

Manu and Great Floods on the Indian Sub-continent

Linguistic and genetic similarities between Indians and the Slavs call for answers to the interesting questions about their common ancestry, their migration paths, and the dates of their migrations. After developing linguistic similarities and a common agro-pastoral terminology and subsequently splitting into two main branches, what were the directions of the movements? Did its eastern branch already have separate Iranian and Indian entities during the migration towards the Indian sub-continent? Was this a separate development after Aryans, after a sojourn with Iranians, migrated towards the Indian sub-continent? How long did they wait, before they were ready or had the need to cross the Himalayas to reach India proper?

Or are these linguistic and genetic affinities between the Slavs and Indians all due to an expansion of Aryans from the Indian sub-continent?

Is there a possibility that the migration went in the opposite direction, from the Indian part of land to central Asia and then Europe?

A. D. Pusalker in 'The History and Culture of the Indian People 'The Vedic Age' notes the differences of opinion among scholars as to the part of India where the bulk of Ṛgveda was composed. Max Mueller, Weber, Muir and others held that Punjab was the main scene of the activity of the Ṛgveda, whereas, in the view of Hopkins and Keith, it was composed in the country around the Sarasvati River south of modern Ambāla. Brunnhofer, Hertel, Huessing and others argued that the scene was in Afghanistan and Iran. However, judging by the names of the rivers in the Ṛgveda, it shows that the Vedic people knew the whole of the Punjab and occupied the best part of it.

Almost a century ago, A. A. Macdonell in 'A Vedic Reader for Students' presented the then commonly accepted hypothesis, based on the then known linguistic evidence, influenced by Bishop Usher's calculation that creation occurred in 4004 BC, that the separation between Indians and Iranians took place ~3300 years ago; but at the same time he also presented different viewpoints and noted that a Sanskrit scholar Prof. Hermann Jacobi estimated that the Iranian-Indian separation took place ~3000 years earlier - 6500 years ago, i.e. 4500 BC. Neither Macdonell nor Jacobi addressed the earlier split of proto-Slavs and Indo-Iranians.

Macdonell posits that Ṛgveda dates from 800 BC. However, he is even-handed and also mentions that, based on the different astronomical phenomena mentioned in the Vedas, Sanskrit scholar Jacobi estimated that Vedic hymns date from 3000 BC. Here the main hindrance to going beyond these dates was the dominance of Church and Bishop Usher's statement that creation occurred 4004 BC. If the creation occurred in 4004 BC, then how can everything else be created before that. As such all statements were given under the impression of Bishop Usher become null and void, as now the science has proved that the earth was created some 4 Billion years ago and the biological life sprang on it around 2 Billion years ago.

Furthermore, we find B.G. Tilak who was not impressed by Church and Bishop Usher's statement. He puts the Vedas back as far as 6000 BC. In addition to this Indian tradition dates the Vedas back to 2 Billion years ago.

There are several milestones in Indian history. The latest one is the Mahābhārata war and the commencement of 28th Kaliyuga. Various scholars have put various dates for the Mahābhārata war. Earlier it was argued by scholars that the date for the Mahābhārata war was 38 years before the commencement of Kaliyuga. But now the use of planetarium software proves that the Mahābhārata war began 38 years after the commencement of Kali-yuga i.e. on 22 Nov. 3067 BC. As per the records of various astronomical books like Sūryasiddhānta etc. the date for the commencement of 28th Kaliyuga is 3102 BC. Thus the date of the Mahābhārata war can also be fixed somewhere around the date of commencement of Kaliyuga.

On the basis of historical descriptions available in Purāṇas, one can find that people of Manu Vaivasvata's line survived the Great Flood, which occurred 95 generations before Bhārata War. By using a figure of 18 years as the equivalent of one generation, the Great Flood can be calculated to have occurred in 4467 BC (95x18=1400+3067=4467). If 25 or 30 years as equivalent to a generation are used, as some geneticists are doing today, the dates for the Great Flood could also be 6017 BC (95X30= 2850+3067= 6017 BC. i.e. 8000 years ago.

The devastating floods can be used as points of reference which are valuable since they can be dated and have been described not only in the Indian scriptures - Purāṇas but also in the Greek, Hebrew, and Babylonian accounts. Were these accounts describing the same event or the results of the worldwide phenomena of the disintegration and melting of the glaciers in the northern hemisphere ~ 10,000 years ago? In all likelihood, the accounts describe different events on different continents as they occurred at the end of the Ice Age. As the ice melted and the resulting waters were temporarily stopped by ice dams and then released with great devastation and human tragedies, before draining into the oceans.

Clarke G., et al. (2003) in their paper "Superlakes, Megafloods and Abrupt Climate Change" determined that around 8500 years ago, the Laurentide Ice Sheet, which at its maximum formed a 3-km-thick dome over Hudson Bay was disintegrating rapidly. The resulting waters formed a super lake - Lake Agassiz, in what is now Canada. The lake waters burst the ice dam and released the waters via Hudson Bay into the northern Atlantic Ocean ~ 8450 years ago. This, in turn, was followed by a cooling event ~ 8200 years ago.

An analogous cataclysmic event occurred in Europe,

when the waters of the Mediterranean Sea flooded the Black Sea and raised its level by 120 meters and increased its size substantially by 60,000 square miles, as the surrounding lands were inundated. Siddall M. et al. (2004) estimate that the Black Sea infill occurred ~8400 years ago. The timing corresponds to the emptying of Lake Agassiz. Schoppe G.S. & Schoppe C.M. (2004), in their paper 'Atlantis-The Sunken Indo-European Capital in the Black Sea', cite Pitman/Ryan and their radiocarbon dating of fresh and saltwater shells which supports a catastrophic deluge more than 7000 years ago.

Similar events occurred elsewhere. Montgomery D.R. et al. (2004) in their paper "Evidence for Holocene megafloods down the Tsangpo River gorge, southeastern Tibet" give evidence of megafloods on the Indian subcontinent dating them at 8860 and 9870 years ago and call these post-glacial megafloods among the most erosive events in recent Earth history.

The memory of these events or other similar events occurring during this period of global warming ~10,000 years ago may be the one preserved in the Purāṇas. A question arises; which inundation has been recorded in the Purāṇas, the Black Sea enlargement or megafloods in the Himalayas? If it refers to the megafloods in the Himalayas, this would indicate that the Indo-Aryans who were present on the Indian sub-continent migrated to other parts of Europe after the occurrence of cataclysmic events. That is why, the memory of the Great Flood was still fresh in minds of the people who migrated from India to Greek, Judia, and Babilonia.

The Greek historian Herodotus in 'The Persian Wars' tells us that in his time, 2500 years ago, Indians were more numerous than any other nation with which he was acquainted (p.259). He also notes that, the tribes of Indians are numerous and that they do not all speak the same language (p.261). The relative demographic situation has not changed drastically over the millennia. The present-day demographic studies reveal that the population in present-day India (including Pakistan and Bangladesh) is higher than in any other country. At the same time, the speakers of the Indo-Aryan languages are the most numerous of the language groups in India (including Pakistan and Bangladesh). This proves beyond any shadow of the doubt that the Indian sub-continent, the ancient most in the world, aptly deserves to be called a cradle of human civilisation.

Here it may be clarified that the genetic marker on Y-chromosome haplogroup R-M17, which is shared by north Indians and Europeans with equal frequencies clearly shows that Europe was inhabited by Indians who migrated from the North.

Archaeological Evidence

Archaeological evidence suggests that the first migration of anatomically modern humans from Africa to the other world regions took place roughly 100,000 years ago. After a period of isolation between African and non-African groups, another expansion may have occurred ~60,000 years ago. This is supported by data that indicates that modern humans reached Australia 50,000 or more years ago. There is also a theory that India is the cradle of civilisation and that a major population expansion took place from India to Eurasia and Oceania since India is geographically central to Eurasia and Oceania and it may have been relatively easy for Indians to reach Africa along the coast. (Mountain, et al. 1995).

Cavalli-Sforza et al. estimate that the disappearance of Neanderthals and the first appearance of the modern humans in southwestern Europe occurred 30,000-35,000 years ago and somewhat earlier in eastern Europe. The separation of Caucasoids from northeast Asia also took place 35,000 years ago (Cavalli-Sforza, et al. 1988).

The most important pre-Indo-European migration led people from South India to the Zagros Mountains, in the present Iran ~10,000 years ago. It will also be important to point out here that migrations from the Dravid region of India (falling into the south) also took place during the Mauryan period. Most of the migrations from the South took place in Arabia and Palestine during the Mauryan Period. Aramaic language is spoken in Palestine and around is nothing but the corrupt form of Tamil. It is for this reason that the Morians mentioned in the Aramaic language are the famous Mauryas of India. The mention of Mauryas in the Bible proves the fact that the people who composed the Bible were none others but the people who migrated from India during or after the Mauryan period in search of new refugia. There should not be any doubt in mind to accept this fact.

It is stated above that the words uttered by legendary Christ are preserved in the original form in the Bible as well as in its translation. For example, let us see here some words. In the Bible, there are two words 'Korwan' and 'Korapanam', which are originally Tamil words and are corrupted in translations. In fact, these are two separate words. Korwan means the thing offered to the God or a victim offered to a deity. This word is corrupted in Aramaic to 'Korbani or Kurbani'. 'Korapanam' means a thing or money kept in front of a deity with prayer. However in the Bible's translation both the words are supposed to be a thing kept for a deity. In Tamil Korapanam or Korikkapanam means the money offered to a deity in worship. Korban = Kodubbanai is also a Tamil word. It is not necessary to tell that Tamil is converted to Aramaic. The word 'Boanerjes' means 'Vaneruje' in Tamil and both these similar words mean 'Son of thunder producer'.

When crucified Christ allegedly said, 'Eloi, Eloi, Lama Sabacthani'. These words are almost Tamil, with a little change. The original form of this sentence is 'Eloi, Eloi, Lama Sabac tha ni.' = Eloi, Eloi, Sabac Lama thani. = The Pure Tamil sentence is, 'Eloi, Eloi, Sabikka Lamada Ni'. The meaning of this sentence is 'Oh God, why are you crushing me like this? Why do you not take me away quickly to you?' In the modern Tamil, the sentence as told by a Tamil person in Pune, according to Dr. P.V. Vartak is, 'Ennai, Sabic Lamada Ni '. Ennai = to me. Sabic = curse or crush. Lama = God. Da is a suffix showing triviality. Ni = you. Many such similarities may be shown. However, whatever is told is quite sufficient, but I cannot avoid the fascination to show very important and attractive words showing similar meaning.

Who are Caucasoids? Caucasoids are defined as a fairly white group consisting of 12 populations, from various linguistic groups, five of which were pooled as 'Europeans'; others were Lapps, Indians, Sardinian, S. W. Asians, and Berbers in North Africa (Cavalli-Sforza, et al. 1988).

Archaeological evidence suggests that parts of northern and central Asia probably have been inhabited continuously for the past 35,000 years, but humans could have entered northern Europe only after the Scandinavian ice sheet melted 8,000-15,000 years ago. Little is known about the origins of the Asian populations; there has been substantial recent movements and acculturation, and the relationships of the modern populations are poorly understood. Most Europeans speak Indo-European languages, but Lapps in northern Scandinavia, the Finns, the Estonians (and the Hungarians), speak languages belonging to the quite different group, the Uralic language group (Zerjal, et al. 1997). This is analogous to India, where the population is mostly Caucasoid, but the languages spoken belong to different language groups, namely Indo-Aryan and Indo-European. As such, it may be maintained that Europe could not have been populated before the Scandinavian ice sheet melted 8000 years ago. The population of Europe must have formed of Indian migrants who settled along the places which got cleared of the ice-sheets. Noah's flood mentioned in the Bible must be a record of the phenomenon of melting ice sheet in the minds of migrants from India.

Observations and Conclusions

Linguistic Studies

Linguistic studies point to a common origin of Indians and Slavs. Following are the observations:

1. There is a notable linguistic similarity between the Slavic languages and the Aryan languages such as Hindi and Punjabi.

2. Slavic languages preserve many grammatical and lexical similarities that they share with Sanskrit that is no longer found in modern Indian languages such as Hindi and Punjabi.

3. Slovenian, in particular, appears to be very archaic, because it still preserves a number of grammatical and lexical forms that are no longer present in some other Slavic languages nor in the Aryan languages.

4. Slovenian and Sanskrit have more grammatical and lexical similarities than, say, Slovenian and Germanic languages despite the geographic proximity. Approximately 20% of Slovenian vocabulary corresponds to the ancient Vedic Sanskrit in sound and meaning and 10% to Classical Sanskrit, but considerably less in Hindi and Punjabi. This indicates that the Slovenian is more close to Vedic Sanskrit than the other Indo-European languages. This closeness, on the other hand, points out the fact that Slovenian was the first Indo-European language to have originated from Vedic Sanskrit. Other European languages developed later from Sanskrit either directly or through Slovenian, depending upon the spread of the Indian population in various parts of Europe. Since more the language is close to Vedic Sanskrit, more the ancient origin it owes to Sanskrit and the more ancient settlement of Aryan migration it points out in its region.

5. The linguistic similarity of about 20% between Slovenian and Vedic Sanskrit is significant because the

present-day similarity between the Slovenian language and the neighbouring German is only about 6%. On the other hand, Slovenian has about 80% of the vocabulary that is similar to Russian, in sound and meaning, despite the much greater geographical separation.

6. Slovenian vocabulary is close to Vedic Sanskrit than to Classical Sanskrit or to Hindi and Punjabi and, surprisingly, modern Slovenian still preserves and uses many Vedic words that are no longer used in Hindi and Punjabi. This clearly shows that Slovenian originated first from Vedic Sanskrit due to the separation of Vedic migrants from their mainstream even long back whereas Hindi and Punjabi have a recent origin from Sanskrit.

7. In morphology, Slovenian language along with Sorbian preserves the dual, which is no longer used in modern Indian Languages. Verbal endings are also very similar. As for nouns, the 8-case system of Sanskrit is reduced in most Slavic languages to 7 or 6 cases. This also proves the fact that the Slovenian language is among the firstborn languages of what is called as the Indo-European family from Sanskrit.

8. Most of the agropastoral terminology common to Sanskrit and Slavic languages probably developed more than 8,000 years ago, during the initial stages of the domestication of cattle, followed shortly by the gopati (Sanskrit) and gospod/gospodi (Slav) meaning lord, master, before the split of the ancestors of Slavs and Indians took place.

9. On the basis of linguistic evidence presented by Gray and Atkinson (2003) in their study, it can be concluded that the divergence of Europeans from Indians took place about 7,000 years ago.

10. The linguistic evidence in words for horse and mare - aspa- and aspaa- in Avesta; aśva and aśvā in Sanskrit; konj and kobila in Slovenian; kon' and kobila in Russian, can be taken as another indication that the horse was domesticated

in different regions, most likely after the separation of the ancestors of Slavs from Indians. This can also be taken as an indication that the separation occurred during the period, as noted by Vila et al. (2001) when the horse disappeared from Eurasian steppe about 10,000 years ago and before the horse was domesticated and became more common again, about 6,000 years ago. This is in agreement with the archaeological evidence, which affirms that one of the domestications took place on the Eurasian grassland steppe about 6,000 years ago.

11. Based on 'lexical self-dating' linguistic evidence, the agro-pastoral terminology developed before the split of the ancestors of the Slavs from their Indian family during the initial stages of the cattle domestication, which occurred 8,000-10,000 years ago, well before the domestication of the horse, which took place later, about 6,000 years ago.

12. Despite numerous similarities between Sanskrit and Slovenian, there is no common recognisable terminology for metals. This points out to the fact that Indian migrants to the Slovenian part of Europe were not skilled in metallurgy. There is also the possibility that they could not have excavated metallic ores in their new land of refugium and so could not make use of it in their early stage of migration. The discovery and dating of the 'Ice Man' in the South Tyrol with his copper axe, indicates that metals were discovered in Europe around 5,200 years ago. In India, metallurgy was known even in the Vedic period far before this period.

Genetics Studies

The conclusions of genetic studies are also no less revealing. The following can be concluded on the basis of genetic studies.

1. There is a significant correlation between genetics in the Slavs and the Indians. This is particularly true when the genetic comparison is made on the basis of paternally inherited DNA haplogroups on the Y chromosome. The

genetic profiles of the Slavic speakers resemble rather closely those of the Indian language (Aryan) speakers.

2. Populations with genetic similarities as defined by haplotypes Eu7 and Eu19 show a greater linguistic similarity, even when geographically separated, than the neighbours with lesser genetic correlation. This indicates the common origin of people with haplotypes EU7 and EU19. Their geographical separation indicates the migration of one of their stream to the far-flung areas. The neighbours having lesser genetic correlation indicates a new class of migrants who came and settled in that region later.

3. The researches in genetic field (published in Times of India, New Delhi, Thursday, December 28, 2006, at page 14 under the column 'Times Nation') carried out at the Keck school of Medicine of the Univesity of Southern California (USC) by an Indian American Scientist, Pragna I Patel, Professor of Biochemistry and Molecular Biology and Noah Rosenberg, Assistant Professor in the Department of Human Genetics at the University of Michigan, assisted by other researchers from USC Institute for Genetic Medicine at the Keck School of Medicine, the University of Michigan, the Departments of Neurology and Molecular Human Genetics at Baylor college of Medicine in Houston, Texas, and the centre for Medical Genetics at the Marshfield Medical Research Foundation, Marshfield, Wisconsin, proves the low level of diversity amongst Indian people spanning such a large geographical region, and that the people of Indian sub-continent constituted a distinct group when compared to populations from other parts of the world. This shows that the Indians are one group of people and they cannot be divided in various races like Dravidian and Aryan etc.

The study led by Prof. Patel represents the largest study of Indian genetic variation performed to date, in terms of the total number of sites in the human genome that were surveyed. Their study is based on 432 Indian-born Individuals in the US representing 15 different Indian populations.

4. Genetic evidence based on mtDNA, presented by Kivisild et al. (1999), indicates that the separation of Slavs and Indo-Aryans could have taken place anytime between 6,300 and 10,300 years ago.

5. Genetic evidence based on Y chromosome analyses, published by Quintana-Murci et al. (2001), established that 8,100 B.C. is the upper limit for the time when the population carrying R-M17 mutation started expanding towards the west.

6. Based on genetic data Kivisild disagrees with a commonly held hypothesis which suggests a massive Aryan invasion into India some 4,000 years ago. Based on the investigations of the maternally inherited mitochondrial DNA, he estimates that the divergence between Europeans and Indians took place some 9,300+/- 3,000 years ago. However, the investigation is not able to distinguish whether there were one or many migration waves, or whether there was a continuously long-lasting gradual admixture. The results, nevertheless, do not support a recent massive Aryan invasion into India.

Climatic Studies

1. The climatic study and the data presented by Adams & Otte (1999), namely the occurrence of 'Older Dryas' around 11,000 B.C., of 'Younger Dryas' around '10,800 B.C., and a sudden cooling event about 6,200 B.C. gives one to understand that Indo-Europeans after their separation from Indians were present in central Asia as Indo-Iranians before they could enter the cool Europe under favourable climatic conditions.

2. Barbujani & Bertorelle propose that in the Upper Paleolithic, around 40,000 years ago, Neanderthal people were replaced by anatomically modern humans, who moved in from Levant and settled in many areas of the continent. At the latest Glacial Maximum, some 18,000 years ago, Northern and Central Europe were largely covered with glaciers. Human presence then seems restricted to the

warmest regions or refugia, and only later reappears more to the North, accompanying the retreat of the ice sheet (Barbujani & Bertorelle 2001).

3. Perdih gives evidence that during the Last Glacial Maximum, it was possible for humans to survive in eastern Europe along the shore of the Black Sea, along with the Danube and in the present Balkan countries of Macedonia, Bulgaria and Serbia. These countries experienced an uninterrupted settlement and development during the last 45,000 years. However, during the Last Glacial Maximum, the glaciers on the mountains interrupted the trade patterns. Glaciers prevented the trade with Greece to the south and also to Bosnia to the west. People could only travel and trade to the east (Perdih 2002). This uninterrupted contact between people in the Balkans and those along the Black Sea may explain the widespread presence of Slavic languages and the potential for further spread when the climate became more favourable for habitation.

4. Adams and Otte propose that the climatic instability led to the language spread. They postulate that any population group that acquired both the general cultural traits that caused it to spread rapidly out of a refugium and the technology to enable it to do so, would have experienced rapid population growth. There is a possibility that the population increase causing the spread of Indo-European languages that occurred at the end of the Last Glacial period Maximum about 14,500 years ago. However, another event that might have affected the spread was the widespread cold, dry event that occurred 8,200 years ago (Adams & Otte 1999).

References

1. Adams, J., Otte. 1999: *Did Indo-European Languages spread before farming? Current Anthropology* 40: 73-77.

2. Adcock GJ, Dennis ES, Easteal S, et al. (2001): *Mitochondrial DNA sequences in ancient Australians: Implications for modern human origins.* PNAS vol. 98 no.2:543-547.

3. Alinei, M., 2003: *Interdisciplinary and linguistic evidence for Paleolithic continuity of Indo-European*, Uralic and Altaic populations in Eurasia, with an excursus on Slavic ethnogenesis. Paper read at the Conference Ancient Settlers in Europe, Kobarid, [Slovenia] 29-30 May, 2003.

4. Alinei, M., 2004: *The problem of dating in Linguistics.* English translation by S. Kostiæ from Italian. *Origin of European Languages, Vol. 1, The Continuity Theory*, Bologna, Il Mulino, 1996.

5. Antoine R: *A Sanskrit Manual,* 13th ed. (Calcutta, India: Xavier Publications, 1991), pp.117-121.

6. Arredi B, Poloni ES, Paracchini S, Zerjal T, et al 2004: *A Predominantly Neolithic Origin for Y-Chromosomal DNA Variation in North Africa, The American Journal of Human Genetics,* 75: 338-345.

7. Arya, Ravi Prakash: *Vedic and Classical Sanskrit: A Contrastive Analysis of Vedic and Classical Phonological and Morphological Features,* Indian Foundation for Vedic Science, Delhi, 2006.

8. Arya, Ravi Prakash and Skulj, Joseph: *Vedic Theory of the Origin of Speech,* Indian Foundation for Vedic Science, Delhi, 2008.

9. Bamshad, M., Kivisild, T., Watkins, W.S., et al., (2001): *Genetic Evidence on the Origins of Indian Caste Populations. Genome Research* Vol. 11, 6: 994-1004.

10. Barbujani, G. (1997). *DNA Variation and Language Affinities. Am. J. Hum. Genet.* 61:1011-1014.

11. Barbujani, G., Bertorelle, G. (2001): Genetics and the

population history of Europe. *Proc. Natl. Acad. Sci. USA* 98: 23-25.

12. Bar-Yosef, O., 2002: *The Natufian Culture and the early Early Neolithic: Social and Economic Trends in Southwestern Asia*, in *Examining the farming/language dispersal hypothesis,* eds. P. Bellwood & C. Renfrew (McDonald Institute Monographs.) Cambridge: McDonald Institute for Archaeological Research, p.113-126. ISBN: 1-902937-30-1.

13. Barnouw, V., 1982: *An Introduction to Anthropology: Physical Anthropology and Archaeology*, Vol. 1, Homewood, Illinois, The Dorsey Press, p. 143.

14. Basu, A., Mukherjee, N., Roy, S., Sengupta, S., Banerjee, S., Chakraborty, M., Dey, B., Roy, M., Roy, B., Bhattacharyya, N.P., Roychoudhury, S., Majumder, P., 2003: *Ethnic India: A Genomic view, With Special Reference to Peopling and Structure. Genomic Research* 13:2277-2290.

15. Behar DM, Thomas MG, Skorecki K, Hammer MF, et al 2003: *Multiple Origins of Askenazi Levites: Y Chromosome Evidence for Both Near Eastern and European Ancestries,* Am. J. Hum. Genet. 73: 768-779.

16. Berenstein S. 2007: *Human family tree redrawn, Toronto Star* AA3, Aug 9, 2007.

17. Bhattacharyya, N. P. (1999): *Negligible Male Gene Flow Across Ethnic Boundaries in India, Revealed by Analysis of Z-Chromosomal DNA Polymorphisms. Genome Research* Vol. 9, Issue 8, 711-719.

18. Bopp, F: *A comparative Grammar of the Sanskrit, Zend, Greek, Latin, Lithuanian, Gothic, German and Slavonic Languages.* Tr. into English by Edward B. Eastwick, Leipzig, 1856.

19. Bradley, D.G., 2000: *Mitochondrial DNA Diversity and Origins of Domestic Livestock, in Archaeogenetics: DNA and the population prehistory of Europe,* eds. C. Renfrew & C. Boyle (McDonald Institute Monographs.) Cambridge: McDonald Institute for Archaeological Research, p.315-320. ISBN: 1-9o2937-30-1.

20. Burrow, T. 1995: *The Sanskrit Language,* 2nd ed. Motilal Banarsidass, Delhi, 2001, p.3 ISBN: 81-208-1767-2.

21. Cardaux, R., Aunger, R., Bentley, G., Nasidze, I., Sirajuddin, S.M., Stoneking, M., 2004. *Independent Origins of Indian Caste and Tribal Paternal Lineages. Current Biology* 14:231-235.

22. Cavalli-Sforza L, Piazza A, Mennozzi P, Mountain J (1988): *Reconstruction of human evolution: Bringing together genetic, archeological, and linguistic data.* Proc. Natl. Acad. Sci.USA 83:6002-6006.

23. Chatterji, S. K. (1988): *'Race Movements and Prehistoric Culture,' in The Vedic Age: The History and Culture of the Indian People,* ed. Majumdar R. C., Bombay. Bharatiya Vidya Bhavan, p 143-171.

24. Clarke G., Leverington D., Teller J., Dyke A. (2003): Superlakes, Megafloods, and Abrupt Climate Change. *Science.* Vol.301, 15 August 2003, www.sciencemag.org

25. Comrie, B., 2002: *Farming Dispersals in Europe and the Spread of the Indo-European Language Family, in Examining the farming/language dispersal hypothesis,* eds. P. Bellwood & C. Renfrew (McDonald Institute Monographs) Cambridge: McDonald Institute for Archaeological Research, p.409-419. ISBN: 1-902937-30-1.

26. Edwards CJ, Bollongino R, Scheu J, Chamberlain A, et al. 2007: *Mitochondrial DNA analysis shows a Near Eastern Neolithic origin for domestic cattle and no indication of domestication of European aurochs, Proceedings of the Royal Society,* 274: 1377-1385.

27. Ehret, C., 2002: *Language Family Expansions: Broadening our Understandings of Cause from an African Perspective,* in *Examining the farming/language dispersal hypothesis,* eds. P. Bellwood & C. Renfrew (McDonald Institute Monographs) Cambridge: McDonald Institute for Archaeological Research, 369-377. ISBN: 1-902937-30-1.

28. Emeneau MB: *'Sanskrit'. Encyclopedia Americana,* 2000, 24:232-233.

29. Feuerstein, G., Kak, S., Frawley, D. (1995): *In search of*

the *Cradle of Civilization*. Wheaton, Il., USA/ Adyar, Madras, India, Quest Books, p. 107,148-149. ISBN: 0-8356-0720-8.

30.   Firasat S, Khaliq S, Mohyuddin A, Papaioannou M, et al. 2007: *Y-chromosomal evidence for a limited Greek contribution to the Pathan population of Pakistan, European Journal of Human Genetics* 15:121-126.

31.   Gandhi M: *The Penguin Book of Hindu Names* (New Delhi, India: Penguin Books, 1993), pp.1-79.

32.   Gray, D. R., Atkinson, Q.D., 2003: *Language-tree divergence times support the Anatolian theory of Indo-European origin. Nature* 426: 435-438.

33. Feuerstein G., Kak S., Frawley D (1995): *In Search of the Cradle of Civilization,* Wheaton, Il, USA: Quest Books, 1995 ISBN 0-8356-0720-8 p.107.

34.   Forster P, Röhl A, Brinkmann C, Zerjal T, et al 2000: *A short tandem repeat-based phylogeny for the human Y chromosome, Am. J. Hum. Genet.* 67: 182-196.

35.   Fox M (1999): Neanderthals Likely Bred with Humans. National Post Nov. 1999, Toronto, Canada.

36.   Frawley D, (1991): Gods, Sages and Kings p. 247. Passage Press, Salt Lake City, Utah.

37.   Fuller D 2002: *An Agricultural Perspective on Dravidian Historical Linguistics: Archaeological Crop Packages, Livestock and Dravidian Crop Vocabulary, in Examining the farming/language hypothesis,* editors Bellwood & Renfrew, Cambridge: McDonald Institute for Archaeological Research p.204. ISBN: 1-902937-20-1.

38.   Gayden T, Cadenas AM, Regueiro M, Singh NB, Zhivotovsky LA, Underhill PA, Cavalli-Sforza LL, Herrera RJ 2007: *The Himalayas as a Directional Barrier to Gene Flow, Am. J. Hum. Genet.* 80: 884-894.

39.   Ghosh BK 1951: *The Aryan Problem, in The History and Culture of the Indian People: The Vedic Age,* eds. Majumdar RC, Pusalker AD, Majumdar AK, Bombay, Bharatiya Vidya Bhavan pp.214, 220, 248.

40.   Gordon S 2007: *Storied Quebec clan fights for 1st place in last*

names, in *Toronto Star-Voice of GTA* July 2, 2007 p.A1.

41. Gresham, D., Morar, B., Underhill, P. A., et al. (2001). *Origins and Divergence of the Roma (Gypsies). Am. J. Hum. Genet.* 69:1314-1331

42. Herodotus *The Persian Wars* translated by George Rawlinson, Random House USA, 1942 pp.259-261.

43. Jagdish, B.K. Hassija, C. *The Eternal World Drama* pp. 357.

44. Jones, M., 2002: *Issues of Scale and Symbiosis: Unpicking the Agricultural 'Package', in Examining the farming/language dispersal hypothesis,* eds. P. Bellwood & C. Renfrew (McDonald Institue Monographs.) Cambridge: McDonald Institute for Archaeological Research, p.369-377. ISBN: 902937-30-1.

45. Kazanas, N., 2002: *Indigenous Indo-Aryans and the Rig-Veda. J. Indo-European Studies* 30: 275-334.

46. Karafet TM, Zegura SL, Posukh O, Osipova I, et al. 1999. *Ancestral Asian source(s) of New World Y-chromosome founder haplotypes. Am. J. Hum. Genet.* 66: 817-831.

47. Karafet T, Xu L, Du R, Wang W, et al 2001: *Paternal Population History of East Asia: Sources, Patterns and Microevolutionary Processes. Am. J. Hum. Genet.* 69: 615-628.

48. Kayser M, Roewer L, Hedman M, Henke J, et al. 2000: *Characteristics and frequency of germline mutations at microsatellite loci from the human Y chromosome, as revealed by direct observation in father/son pairs. Am. J. Hum. Genet.* 66: 1580-1588.

49. Kerchner CF 2007: *An Overview and Discussion of Various DNA Mutation Rates and DNA Haplotype Mutation Rates.* http://www.kerchner.com/dnamutationrates.html.

50. (Lt. Col.) Kennedy Vans: *Researches into Origin and Affinity of Principal Languages of Asia and Europe, London,* 1828.

51. Kharkov VN, Stepanov VA, Borinskaya SA, Kozhekbaeva ZhM, et al 2004: *Russian Journal of Genetics.* Vol. 40, No. 3: 326-331.

52. Kivisild, T., Bamshad, M. J., Kaldma, K., et al., 1999:

 Origin of Indo-Europeans

Deep common ancestry of Indian and western Eurasian mitochondrial DNA lineages. Current Biology 9:1331-13334.

53. Kvisild T, Papiha SS, Rootsi S, Parik J, et al 2000: *An Indian Ancestry: a Key for Understanding Human Diversity in Europe and Beyond. Archaeogenetics: DNA and the population prehistory of Europe,* eds. Renfrew & Boyle, Cambridge: McDonald Institute for Archaeological Research pp.267-283. ISBN: 1-902937-08-2.

54. Kivisild T, Rootsi S, Metspalu M, Metspalu E, et al 2002: *The Genetics of Language and Farming Spread in India, in Examining the farming/ language dispersal hypothesis,* eds. Bellwood & Renfrew, Cambridge: McDonald Institute for Archaeological Research pp. 215-222. ISBN: 1-902937-20-1.

55. Kivisild T, et al. (1999): *Deep common ancestry of Indian and western-Eurasian mitochondrial DNA lineages.* Current Biology 9:1331-1334.

56. Kremer M. 1993: *Population Growth and Technological Change: One Million B.C. to 1990. Quarterly Journal of Economics* 108: 681-716.

57. Lakshminarayana S.: *Sanskrita Jñāna-Jyotiḥ,* book 1 and 2 (New Delhi, India: Arya Book Depot, 1997).

58. Laitinen V, Lahermo P, Sistonen P, Savontaus M-L 2002: *Y-Chromosomal Diversity Suggests that Baltic Males Share Common Finno-Ugric-Speaking Forefathers, Human Heredity* 53: 68-78.

59. Lindgren, G., Backstrom, N., Swinburne, J., Hellborg, L., Einarson, A., Sandberg, K., Cothran, G., Vila, C., Binns, M., Ellegren, H., 2004: *Limited number of patrilines in horse domestication. Nature Genetics* 36:335-336.

60. Loftus, R.T., Mc Hugh, D.E., Bradley, D.G., Sharp, P.M., 1994: *Evidence of two independent domestications of cattle.* Proceedings of the National Academy of Science, USA Vol.91, pp 2757-2761.

61. Macdonell, A.A. 1917: *A Vedic Reader for Students,* 2nd. ed. Delhi, Low Price Publications, 1995, p. xi. ISBN: 81-86142-68-1.

62. Macdonell A.A.: *A Vedic Grammar for Students.* Delhi 1995 (VGS).

63. Macdonell: *A History of Sanskrit Literature*, 5th Edition.

64. Majumder, P.P. (1998): *People of India: Biological diversity and affinities. Evol. Anthropol,* 6: 100-110.

65. Majumder, P.P. (2001): Indian Caste Origins: Genomic Insights and Future Outlook. *Genome Research* 11:931-932.

66. Mansoor, A., Mazhar, K., Khaliq, S., Hameed, A., Rehman, S., Siddiqi, S., Papaioannou, M., Cavalli-Sforza, L.L., Mehdi, S.Q., Ayub, Q., 2004: *Investigation of the Greek ancestry of populations from northern Pakistan. Human Genetics* 114: 484-490.

67. Malaspina P, et al. (2000): Patterns of male-specific inter-population divergence in Europe, West Asia and North Africa. Ann. Hum. Genet. 64:395-412.

68. Marjanovic, D., Fornarino, S., Montagna, S., Primorac, D., Hadziselimovic, R., Vidovic, S., Pojskic, N., Battaglia, V., Achilli, A., Drobnic, K., Andjelinovic S., Torroni, A., 2005: *The peopling of Modern Bosnia-Herzegovina: Y-chromosome Haplogroups in the Three Main Ethnic Groups. Annals of Human Genetics* 69:1-7.

69. Mazumdar, R.C. et al: *The History and Culture of Indian people*, Vol. I, *Vedic age*, Bhartiya Vidyā Bhavan, Bombay, 1965.

70. McEvedy C, Jones R 1978: *Atlas of World Population History, U.S. Census Bureau* July 16, 2007.

71. Medjugorac, I., Kustermann, W., Lazar, P., Russ, I., Pirchner, F., 1994. *Marker-derived phylogeny of European cattle supports demic expansion of agriculture. Animal Genetics* 25: 19-27.

72. Mogentale-Profizi N, Chollet L, et al. (2001): *Mitochondrial DNA sequence diversity in two groups of Italian Veneto speakers from Veneto. Ann. Hum. Genet.* 65:153-166.

73. Montgomery D.R., et al (2004): *Evidence for Holocene megafloods down the Tsangpo River gorge southeastern Tibet. Quaternary Research* 62: 201-207.

74. Monier-Williams M 1899: *A Sanskrit-English Dictionary*, 1993 ed. Delhi, India, Motilal Banarsidass Publishers. ISBN: 81-208-0069-9.

75. Mountain J, Herbert J M, Bhattacharyya S, Underhill P A, Ottolenghi C, Gadgil M, Cavalli-Sforza L L (1995): *Demographic History of India and mtDNA-Sequence Diversity. Am. J. Hum. Genet.* 56:979-992.

76. Munshi, K.M.: *Glory that was Gurjardeśa* I, Section II.

77. Muthiah S and Poovendran P: *States Atlas of India* (Delhi, India: Indian Book Depot, Map House, 1995).

78. Narale R.: *Hindi for English Speaking People.* Thornhill, ON, Canada, 2001.

79. Narale R.: *Sanskrit for English Speaking People.* New Delhi 2004.

80. Narayanah L: *Samskritam Jnana-Jyotih.* Arya Buk Dipo, Delhi, India 1997.

81. Nasidze I, Quinque M, Dupanloup I, Cordaux R, Kokshunova L, Stoneking M 2005 : *Genetic Evidence for the Mongolian Ancestry of Kalmyks, American Journal of Physical Anthropology* 120 (Published on line in Wiley Interscience)

82. Noble J W, (2000): Skulls believed those of first human migrators. National Post. May 13, 2000, Toronto, Canada.

83. Otte, M. (2003): *Arguments for Local Origins of Europeans.* Paper presented at an international conference 'Ancient settlers in Europe' at Kobarid Museum in Kobarid, Slovenia 29-30 May 2003.

84. Passarino G, Semino O, Bernini L F, Santachiara-Benerecetti A S (1996): *Pre-Caucasoid and Caucasoid Genetic Features of the Indian Population, Revealed by mtDNA Polymorphisms. Am. J. Hum. Genet.* 59:927-934.

85. Passarino, G., Underhill, P.A., Cavalli-Sforza, L.C., et al. (2001): *Y Chromosome Binary Markers to Study the High Prevalence of Males in Sardinian Centenarians and the Genetic Structure of the Sardinian population. Human Heredity* 53:136-139.

86. Perdih, A. (2002): *Vplivi zadnje poledenitve na*

praprebivalstvo Evrope. Proceedings of the Conference: Ancient Settlers of Central Europe, ed. by Anton Perdih (Ljubljana, Slovenia: Zalozništvo Jutro, 2002), p.41.

87. Pericic M, Lauc LB, Klaric IM, Rootsi S, et al. 2005: *High-Resolution Phylogenetic Analysis of Southeastern Europe Traces Major Episodes of Paternal Gene Flow Among Slavic Populations, Mol. Biol. Evol.* 22 (10): 1964-1975.

88. Pusalker A.D. (1951): *The History and Culture of the Indian People: The Vedic Age,* 5th ed. Bombay, India, Bharatya Vidya Bhavan, 1988, pp.248, 272-275.

89. Qamar, R., Ayub, Q., Mohyuddin, A., Helgason, A., Mazhar, K., Mansoor, A., Zerjal, T., Tyler-Smith, C., Mehdi, S.C., 2002: *Y-Chromosomal Variation in Pakistan. Am. J. Hum. Genet.* 70: 1107-1124.

90. Quintana-Murci, L., Krausz, C., Zerjal, T., Sayar, S. H., Hammer, F., Mehdi, S. Q., Ayub, Q., Qamar, R., Mohyuddin, A., Radhakrishna, U., Jobling, M. A., Tyler-Smith, C., McElreavey, K., 2001: *Y-Chromosome Lineages Trace Diffusion of People and Languages in Southwestern Asia. Am. J. Hum. Genet.* 68:537-542.

91. Ramgopal: *History and Principles or Vedic Interpretation,* Concept Publishing Company, Delhi, 1983.

92. Rand McNally, 1980: *Cosmopolitan World Atlas.* Rand McNally & Company, Chicago/New York p.136-152.

93. Reindl DF: Information in an e-mail from Professor Donald F. Reindl, Department of Slavic Languages and Literatures, Indiana University, 09/04/99.

94. Renfrew, C., 1998: *Archaeology & Language: The Puzzle of Indo-European Origins.* Pimlico edition, Random house, London, p.163-176, 183. ISBN 0-7126-6612-5.

95. Renfrew, C., Forster, P., Hurles, M. (2000). *The past is within us. Nature Genetics*-volume 26-november: 253-254.

96. Renfrew, C.(2001): *From molecular genetics to archaeogenetics. Proceedings National Academy of Sciences.* April 24, vol. 98, no. 9: 4830-4832.

97. Richards M, Macauley V, Hickey E, et al. (2000): *Tracing*

European Founder Lineages in the Near Eastern mtDNA Pool. Am. J. Hum. Genet. 67:1251-1276.

98. Rootsi S, Magri C, Kivisild T, Benuzzi G, et al 2004: *Phylogeography of Y-Chromosome Haplogroup I Reveals Distinct Domains of Prehistoric Gene Flow in Europe, Am. J. Hum. Genet.* 75: 128-137.

99. Rosser, Z.H., Zerjal, T., Hurles, M.E., Adojaan, M., Alavantic, D., and 60 others, 2000: *Y-Chromosomal Diversity in Europe is Clinal and Influenced Primarily by Geography, Rather than by Language.* Am. J. Hum. Genet. 67:1526-1543.

100. Roychoudhury, S., Roy, S., Dey, B., et al. (2000). *Fundamental genomic unity of ethnic India is revealed by analysis of mitochondrial DNA. Current Science* Vol. 79, No.9, 10. November: 1182-1192.

101. Savli, J., Bor, M., Tomazic, I., trans. Skerbinc, A.(1996): *Veneti: First builders of European community- Tracing the history and language of early ancestors of Slovenes.* Wien. Boswell: Editiones Veneti. ISBN 0 9681 236 0 0 p 72-77.

102. Sayce, A.H.: *Assyrian Grammar*, London, 1872.

103. Semino O, Passarino G, Oefner PJ, Lin AA, et al 2000: *The Genetic Legacy of Paleolithic Homo sapiens in Extant Europeans: A Y Chromosome Perspective, Science* Vol. 290 10 November 2000: 1153-1159.

104. Sengupta S, Zhivotovsky LA, King R, Mehdi SQ, et al 2006: *Polarity and Temporality of High-Resolution Y-Chromosome Distributions in India Identify Both Indigenous and Exogeneous Expansions and Reveal Minor Genetic Influence of Central Asian Pastoralists, Am. J. Hum. Genet.* 78: 202-221.

105. Skulj J & Sharda JC 2001: *Indo-Aryan and Slavic Affinities, in Zbornik prve mednarodne konference: Veneti v etnogenezi srednjeevropskega prebivalstva.* Proceedings of the First International Topical Conference*: The Veneti within the Ethnogenesis of the Central-European Population,* Perdih A & Rant J eds. Ljubljana, Slovenia: Jutro, pp 112-121. ISBN 961-6433-06-7.

106. Skulj J, Sharda JC, Narale R, Sonina S 2006: *Lexical Self-*

dating: *An Evidence for Common Sanskrit and Slav Origin*, *Vedic Science* Vol. 8 No.1: 5-24.

107. Skulj J 2007: *Y-Chromosome Frequencies and the Implications on the Theories Relating to the Origin and Settlement of Finno-Ugric, Proto-Hungarian and Slavic Populations*, in Zbornik pete mednarodne konference: Izvor Evropejcev/Proceedings of the Fifth International Conference: *Origins of Europeans*. Perdih A ed. Ljubljana, Slovenia: Jutro, pp. 27-43. ISBN 961-6433-83-9.

108. Skulj Joseph and Arya, Ravi Prakash: *Vedic Theory of the Origin of Speech*, Indian Foundation for Vedic Science, Delhi, 2008.

109. Smith F H, Trinkaus E, Pettitt P B, Karavanic I, Paunovic M (1999): *Direct radiocarbon dates for Vinidija G and Velika Pecina Late Pleistocene hominid remains. Proc. Natl. Acad. Sci.* USA 96:12281-12286.

110. Snoj M 1997: *Slovenski etimološki slovar,* Ljubljana, Mladinska knjiga. ISBN 86-11-14772-3.

111. Štih, P. & Simoniti, V., 1996: *Slovenska Zgodovina do Razsvetljenstva.* Korotan, Ljubljana p. 143 ISBN 3-85013-3125.

112. Štih Peter: *Autochthonal Theories Among Slovenes* (Paper presented at annual gathering of American Association for the Advancement of Slavic Studies, Nov. 12, 2000, Denver, Colorado---U of Ljubljana, Slovenia).

113. Swaminathan Aiyar, R: *Dravidian Theories*, Motital Banarsidass, Delhi. 1987.

114. Telefonski Imenik Slovenije (T.I.S).

115. Tomazic I, (1999): Slovenci. Editiones Veneti, Ljubljana, Slovenia.

116. Torroni A, Bandelt H-J, D'Urbano L, Lahermo P, Moral P, Sellito D, Rengo C, Forster P, Savontaus M-L, Bonne-Tamir B, Scozzari R (1998) : *mtDNA Analysis Reveals a Major Late Paleolithic Population Expansion from Southwestern to Northeastern Europe. Am. J. Hum. Genet.* 62:1137-1152.

117. Tyler-Smith C 2005: *1.5 m Chinese 'descendants of one man'*,

BBC   News   Tuesday,   1   November   2005,
http://news.bbc.co.uk/1/hi/world/asia-pacific/4396246.stm.

118. Underhill PA, Shen P, Lin AA, et al. (2000): *Y chromosome sequence variation and the history of human populations. Nature genetics* 26:358-361.

119. Underhill PA, et al. (2001): *The phylogeography of Y Chromosome binary haplotypes and the origins of modern humans*, Ann. Hum. Genet. 65:43-62.

120. U.S. Census Bureau 2007: *Historical Estimates of World Population.*

121. Valladas, H., Clottes, J., Geneste, J.-M., Garcia, M.A., Arnold, M., Cachier, H., Tisnerat-Laborde, N., 2001: *Evolution of prehistoric cave art. Nature* 413: 478.

122. Vila, C., Leonar, J.A., Gotherstro, A., Marklund, S., Sandberg, K., Liden, K., Wayne, R.K., Elegren H., 2001: *Widespread origins of domestic horse lineages. Science* 291:474-477.

123. Venkatacharya H.A.: Personal communication from Professor H.A. Venkatacharya, Professor Emeritus of Sanskrit, University of Toronto.

124. Wandycz, P.S. (1970): Slovakia. *Collier's Encyclopedia* 21:83-86.

125. Whitney W.D.: *Sanskrit Grammar*, Delhi 1997.

126. Williams M.: A Dictionary English & Sanskrit, 4th ed. (Delhi, India: Motilal Barnasidass, 1982), pp. 1-859.

127. *Y Chromosome Consortium 2002. A Nomenclature System for the Tree of Human Y-Chromosomal Binary Haplogroups, Genome Research* 12:339-348.

128. Zerjal T, Dashnyam B, Pandya A, Kayser M, Roewer L, Santos F, Shiefenhoevel W, Fretwell N, Jobling M, Harihara S, Shimizu K, Semdjidmaa D, Sajantila A, Salo P, Crawford M, Ginter E, Evgrafov O, Tyler-Smith C, (1997): *Genetic Relationship of Asians and Northern Europeans, Revealed by Y-Chromosomal DNA Analysis. Am. J. Hum. Genet.* 60:1174-11830.

129. Zerjal T, Pandya A, Santos FR, Adhikari R, et al. 1999: *The*

use of *Y-chromosomal DNA variation to investigate population history: recent male spread in Asia and Europe*, in *Genomic diversity: applications in human population genetics*. Papiha SS, Deka R, Chakraborty R, eds. Plenum Press, New York, pp. 91-102.

130. Zerjal T, Wells RS, Yuldasheva N, Ruzibakiev R, Tyler-Smith C 2002: *A Genetic Landscape Reshaped by Recent Events: Y-Chromosomal Insights into Central Asia*, Am. J. Hum. Genet. 71: 466-482.

131. Zhivotovsky LA, Underhill PA, Cinnioglu C, Kayser M, et al 2004: *The Effective Mutation Rate at Y Chromosome Short Tandem Repeats, with Application to Human Population-Divergence Time*, Am. J. Hum. Genet. 74: 50-61.

Dictionaries and Grammar Books

1. Anton Bajec, Rudolf Kolarié, Lino Legiša, Janko Moder, Mirko Rupel, Anton Sovre, Matej m̊malc, Jakob m̊olar, France Tomšié: *Slovenski pravopis.*

2. Apte V.S., *The Practical Sanskrit-English Dictionary*. Delhi 1978.

3. Awasthi S., *Chambers English Hindi Dictionary*. New Delhi 1995.

4. Betteridge H.T.: *Cassell's German & English Dictionary*. London 1966.

5. Chaturvedi M., Tiwari B. N.: *A Practical Hindi-English Dictionary*. Delhi 1994

6. Daša Komac: *Angléško-slovenski in slovensko-angléški moderni slovar.*

7. Grad A., Škerlj R., Vitorovié N.: *Veliki angleško slovenski slovar*. Ljubljana 1998.

8. Mahendra Chaturvedi, Bhola Nath Tiwari: *A Practical Hindi-English Dictionary.*

9. Monier-Williams M., *A Sanskrit-English Dictionary*. Delhi 1993 (SED).

10. Narale Ratnakar (Acharya): *Hindi Teacher for English Speaking People.*

11.   Narale Ratnakar (Acharya): *Sanskrit for English Speaking People.*

12.   O'Brien M.A.: *Russian-English and English-Russian Dictionary.* London, 1954.

13.   Pleteršnik M.: *Slovensko-nemški slovar,* Ljubljana 1894

14.   Preobrazhensky A. G.: *Etymological Dictionary of the Russian Language.* New York 1964.

15.   Snoj M.: *Slovenski etimološki slovar.* Ljubljana 1997.

16.   Stein J.: *The Random House College Dictionary.* New York 1980.

17.   Thomas M. I.: *Cassell's Compact Latin-English English-Latin Dictionary.* London 1937.

18.   Williams M: *A Dictionary English & Sanskrit.* Delhi 1982.